漢學研究叢書・文史新世界叢刊

蔡沈《書集傳》經典化的歷程：宋末至明初的觀察

The Course of Canonization of "Shu-Ji-Chuan" by "Cai Shen": Obserration from the End of Song Dynasty to the Beginning of Ming Dynasty

許育龍　著

本書受
「中國國家社科基金重大項目『臺灣經學文獻整理與研究
（1945-2015）』」，及「中國博士後科學基金資助項目」資助
特此誌謝

序

　　昔人嘗謂五經莫備於《書》，蓋以五經各主帝王政事之一端，而《書》則備紀帝王政事之全體，修齊治平之規模事業，盡在其中，斯漢世以還，學者所以恒言「書以道事」，又言「書記先王之事，故長於政」，是其事即政事也。

　　然諸經之中，亦以治《書》為尤難，要凡二端：一以典、謨、訓、誥、誓、命，文辭古奧難曉。夫「周誥殷盤，佶屈聱牙」，昌黎韓氏已言之。近儒博雅如王靜庵，尚自言於《書》所不能解者殆十之五，餘無論矣。次則有今古文真偽之辨，千古疑案，是非得失，澄清為難。蓋濟南伏生口授而為漢世博士所傳者二十九篇，號今文《尚書》，逮孔安國得孔壁所傳，定為五十八篇，而後為梅賾、姚方興所奏立者，則古文《尚書》，唐世九經、宋世十三經所收錄，即是本也。然自明清以還，歷經學者考定，知其書自伏生所傳者外，諸篇皆非安國孔壁之舊，殆出魏晉間所偽。信是說者，以謂閻百詩《尚書古文疏證》所辨，舉證逾百，已鐵案如山；然閻氏同時，毛西河即有《冤詞》之訴，其後同所見者亦未滅跡。蓋倘以晚出偽書而盡黜之，則儒者所尚帝王政事之精義，如「危微精一」四言，前人以為所以開知行之端者，出〈大禹謨〉；「主善協一」四言所以示博約之義者，本〈咸有一德〉，皆偽古文。自餘傳世名言，「滿招損，謙受益」「非知之艱，行之惟艱」「有容德乃大」「玩人喪德，玩物喪志」「民惟邦本，本固邦寧」，諸如此類，以文獻之真斷之為偽者，以義理之善衡

之則無不真也。夫甄別今古以兩行，可以雙美；至若真偽相冒，又或
黜偽存真，無乃兩傷耶！

不惟古文諸篇經文之偽，即世傳孔安國所為五十八篇之傳註，並
是偽作，於今習稱《偽孔傳》，顧出唐前，則中古以上《書》說，猶
賴是以存焉。有宋儒學復興，其始道學諸儒多留心性理，頗輕文籍著
述，於漢儒以下治經業績，亦似不甚重之。下迄南宋朱子，卓然綰合
新儒學與漢唐舊統而一之，故編定《四書》而外，又欲另定五經讀
本，唯所業既廣，未遑遍註群經，以《書》中多涉上古天文、地理、
樂律、曆數、名物、制度種種專門之學，而講友蔡季通精識博聞，並
有專長，其子蔡沈從學於門，乃以撰著《書傳》屬付之，殆亦有取其
專門之家學歟？

朱子雖未親撰其書，然嘗置疑於《書》者數事：謂今文多艱澀，
古文反平易。或以記錄之實語難工，潤色之雅詞易好，然伏生背文暗
誦，乃偏得其所難，而安國考定於科斗古書錯亂磨滅之餘，反專得其
所易，可疑者一。孔安國《傳》恐魏晉人所作，託安國為名；〈序〉
文亦不類西漢文字，可疑者二。《書小序》亦非孔子自作，乃周秦間
低手人作之，可疑者三。又謂〈禹貢〉說三江及荊揚地理，所目見者
皆有疑，至北方即無疑，乃不曾見爾，可疑者四。及教人讀《書》，
則謂如〈仲虺之誥〉〈太甲〉之類明白者，當熟玩；如〈盤庚〉〈康
誥〉難曉者，當闕疑。是皆朱子稽古之絕識獨見，凡後儒所揭發可疑
之犖犖大者，大輅椎輪，約略已啟其端緒矣。惟朱子又嘗言：「《書》
中可疑諸篇若一齊不信，恐倒了六經。」故諸所存疑，多引而未發，
不復深探。至於宋世之註，朱子所取者惟蘇軾、林之奇、王安石、呂
祖謙四家，但謂蘇傷於簡，林傷於繁，王傷於鑿，呂傷於巧，是皆所
以開示蔡沈取捨之則也。

蔡沈承命撰《書傳》，於逐篇之首，皆備分今古，如〈堯典〉注

「今文古文皆有」，即伏生所傳；〈五子之歌〉注「今文無，古文有」，即所謂孔氏多出伏生之篇，而後世疑為偽者，書例或即承師命而為也。其子杭表進其書於朝，別有《小序》一卷，乃逐條辨駁，如朱子之攻《詩序》，而通行本皆削去不刊。自序云：「慶元己未冬，先生文公令沈作《書集傳》，明年先生歿，又十年始克成編。」是其書實撰於朱子身後。序又云：「《集傳》本先生所命，故凡引用師說，不復識別。」其旨或在尊師，而論者猶嫌其疏易。《四庫提要》明其得失，曰：「朱子之說《尚書》，主於通所可通，而闕其所不可通，見於語錄不啻再三，而沈於殷盤、周誥，一一必求其解，其不能無憾也固宜。然其疏通證明，較為簡易，且淵源有自，大體終醇。」王靜庵論《書》多闕疑，一如朱子，蔡《傳》則於難通罕闕焉，而靜庵仍推以為集宋人之大成而優於《偽孔》，要皆不失為公允之論者。

從遊許君育龍，不憚煩難，刻勵劬勤，用功蔡《傳》，於前人成說，每實事求是以為徵驗而未肯勸取苟從。用力既久，漸有心得，乃斐然有著述意。蓋四庫館臣以蔡《傳》所以為後世學者尊奉者，殆由蒙元延祐開科，與古註疏並立學官，人置註疏而肄其書之故。所說簡截，承學之士恒襲其說。育龍獨爬疏剖析，徵據元世董鼎、陳櫟、陳師凱、鄒季友四家之書，下索明初《書傳會選》《書傳大全》編纂底蘊，勾稽發覆，闡抉其間《書》學發展之變化，而後蔡《傳》於元明間經典化過程之委曲，粲然昭昭，可得而明，而朱蔡師弟解說之異同，亦因以附見。茲者育龍之書將付剞劂，問序於余，因略述所知於其書之大旨焉。夫開科取士之制，去日久矣，然嗣後學者苟欲為疏通知遠之學，於蔡《傳》仍斷不宜束之高閣，而進窺其為書之沿革，育龍是書未必無小補也。

何澤恒

二〇一七年七月序於台灣大學中文系第十八研究室

目次

序 ……………………………………………………………… 何澤恒　1

緒論 ……………………………………………………………………………… 1

第一章　朱子與《尚書》研究的相關問題 ……………… 11

第一節　朱子未註全本《尚書》 ………………………………… 13
第二節　朱子與今、古文《尚書》的問題 ………………… 24
第三節　朱子命蔡沈作《書集傳》 ………………………… 37

第二章　《書集傳》成書到延祐開科前的地位變化 ……89

第一節　《書集傳》成書後在宋元之際的流傳 ……………… 91
第二節　宋元之際學者對《書集傳》的引用及意見舉隅 ……… 100
　　一　陳　淳（1159-1223）………………………… 100
　　二　真德秀（1178-1235）………………………… 104
　　三　陳大猷 ……………………………………………… 109
　　四　王　柏（1197-1274）………………………… 112
　　五　黃　震（1213-1280）………………………… 115
　　六　王應麟（1223-1296）………………………… 120
　　七　金履祥（1232-1303）………………………… 124
　　八　陳　普（1244-1315）………………………… 129
　　九　王天與 ……………………………………………… 131

第三節　《書集傳》成書後在宋元之際所受之批評 ············· 139

第三章　《書集傳》在元代科舉的地位 ················· 149

第一節　從「戊戌選試」到「延祐貢舉」的《書集傳》流傳 ··· 150

第二節　元代科舉「兼用古注疏」的意義 ················· 163

第三節　延祐貢舉後《書集傳》的地位 ················· 185

第四章　《書集傳》在元代的經典化過程 ················· 209

第一節　以朱學立場補足蔡《傳》——董鼎、陳櫟 ········· 212

　　一　董鼎與《尚書輯錄纂註》 ················· 213

　　二　陳櫟與《書說折衷》、《尚書集傳纂疏》 ········· 224

第二節　僅取蔡《傳》文字為之註解——陳師凱 ········· 241

第三節　為《書集傳》加音義——鄒季友 ················· 260

第五章　明初《書集傳》經典地位的確立 ············· 281

第一節　《書傳會選》對《書集傳》的修改 ················· 283

第二節　《書傳大全》的編成與《書集傳》地位的獨尊 ········ 308

結論 ················· 331

參考書目 ················· 335

索引 ················· 349

緒論

　　蔡沈[1]《書集傳》是《尚書》學史上一部極為重要的著作,它不但是朱子學派《書》學的代表,也是元、明、清三代官方《尚書》的考試定本,地位崇高。屈翼鵬先生[2]曾說該書「影響後世最大,至奪注疏之席而代之」[3],劉起釪則認為:「自元明以後科舉取士一以朱熹之學為宗,(蔡《傳》)取代了東漢以後鄭玄注和東晉以後《尚書》的偽《孔傳》在經學上的地位。」[4]蔣秋華先生以為:蔡沈(1167-1230)《書集傳》,在經學史上之所以有如此的地位,除了是受其師朱熹(1130-1200)所託外,該書日後成為元、明、清三代科舉考試的《尚書》定本亦有影響。六百餘年間的《尚書》學史,幾乎都與此書脫不了關係。[5]正由於蔡《傳》有著如此地位,因此,討論元、明時代的《尚書》學發展,必須由朱子,以及朱學代表的《尚書》註釋本——《書集傳》著手。

1　「蔡沈」在某些文本當中又寫作「蔡沉」,古「沈」、「沉」通用,故會發生此種情形,本文則於行文時一律用「蔡沈」,至於引文時,則徑以原文為主。文中於其他異體字的情況,亦以同樣的方式處理。至於引書方面,由於古籍流傳之時於各版本中書名往往不同,因此本文在正文敘述時採通稱,注解或參考書目當中,同樣徑以該版本所記書名為主。

2　本文於行文之中,對受業師及師門尊長皆稱「先生」,以別於其他前輩學者,於注明出處時則一律不加敬稱,以求簡潔。

3　屈萬里:《尚書釋義》(臺北市:中國文化大學出版部,1995年),頁17。

4　劉起釪:《尚書學史》(北京市:中華書局,1989年),頁242。

5　蔣秋華:〈明人對蔡沈《書集傳》的批評初探〉,收入林慶彰、蔣秋華主編:《明代經學國際研討會論文集》(臺北市:中央研究院中國文哲研究所,2002年),頁269。

　　然而《書集傳》究竟是如何以一家之言，達到這樣的地位？舊說往往認為自從元代延祐貢舉之後，《尚書》採用蔡沈《書集傳》，不但讓蔡《傳》定於一尊，而且連帶使得各家的《尚書》說受到忽視，至乎失傳。例如《四庫總目》〈書傳會選〉一條下就說：

> 蔡沈《書傳》雖源出朱子，而自用己意甚多，當其初刊行已多異論。宋末元初，張葆舒作《尚書蔡傳訂誤》、黃景昌作《尚書蔡氏傳正誤》，程直方作《蔡傳辯誤》，余芑舒作《讀蔡傳疑》，遞相詰難。及元仁宗延祐二年，議復貢舉，定《尚書》義用蔡氏，於是葆舒等書盡佚不傳。陳櫟初作《書傳折衷》，頗論蔡氏之失，迨法制既定，乃改作《纂疏》，發明蔡義，而《折衷》亦佚不傳，其〈序〉稱科舉以朱子為宗，書宗蔡《傳》，固亦宜然，蓋有為也。[6]

又《欽定書經傳說彙纂》條下云：

> 宋以來說五經者，《易》、《詩》、《春秋》各有門戶。惟三《禮》則名物度數，不可辨論以空言，故無大異同。《書》則帝王之大經大法，共聞共見，故自古文、今文互有疑信外，義理亦無大異同。蔡沈《集傳》始睥睨先儒，多所排擊。然書出未久，而張葆舒、黃景昌、程直方、余芑舒等，紛紛然交攻其誤，是必有未愜者在矣。自元延祐中，使以蔡《傳》試士，明洪武中雖作《書傳會選》以正其訛，而永樂中修《書經大全》

6　〔清〕紀昀、永瑢等：《武英殿本四庫全書總目》（臺北市：臺灣商務印書館，2001年），第1冊，卷12，頁274。

仍懸為功令，莫敢岐趨。[7]

之後許多研究者，遂紛紛沿襲《四庫總目》的說法，例如劉起釪在《尚書學史》中便引用了《四庫總目》，且在後文也舉出了張葆舒、黃景昌、程直方、余芑舒等人雖直攻蔡《傳》之誤，不過後來全部失傳，又提出陳櫟原本有《書傳折衷》譏議蔡《傳》之失，不過功令既尊蔡氏，他也就改變原本的看法，改作《尚書集傳纂疏》來推崇蔡《傳》，最後說「可見封建王朝一旦定為科舉功令之書，誰也不敢反對它了。」[8]此外，游均晶也提到：「宋元之際，學者對《書集傳》的評價有許多爭議，有學者如黃震，對《書集傳》贊許有加，也有如張葆舒、黃景昌、程直方、余芑舒等儒者，群起對蔡《傳》作訂正、辨誤的工作。也許是元代官學采用《書集傳》作為考試書的緣故，張葆舒等人的著作，因乏人問津而失傳了。」[9]其說顯然受到《四庫總目》的影響，不但都以延祐貢舉作為最大原因，所舉出的張、黃、程、余四人的順序也如出一轍，劉起釪的著作中，更將《四庫總目》裡一再提出的陳櫟作為例證。因此，就認定了在蔡《傳》完成後，宋末元初原本有許多人對蔡《傳》不滿，並且紛紛著書以駁其非。不過，後來因為延祐開科在《尚書》一科上，選擇了《書集傳》作為定本，導致大家都以蔡《傳》為本，更有甚者，如陳櫟之流，還必須自毀少作，另寫一本書來表明立場。

的確，從後代的眼光看起來，不能否認延祐開科程式對蔡《傳》地位的影響。不過，影響是否真的如此立即且明確？此外，倘若真如

7　〔清〕紀昀、永瑢等：《武英殿本四庫全書總目》，第1冊，卷12，頁280。

8　劉起釪：《尚書學史》，頁246。

9　游均晶：《蔡沈《書集傳》研究》（臺北市：東吳大學中文研究所碩士論文，1996年6月），頁123。

前賢所言，元代延祐貢舉的影響如此之劇，加上明代也是以《書集傳》作為科舉的唯一定本，那麼為什麼直到明代還有反對蔡《傳》的著作出現？為何在「兼用古注疏」的元代，蔡《傳》讓陳櫟不得不改變著作立場，而在蔡《傳》定於一尊的明代，卻反倒有像袁仁《尚書砭蔡編》這樣的作品出現？此外，為何在成書之時如此受到非難的書籍，在不到一百年之內，卻成為科舉的指定用書，這之間到底又發生了什麼事？除此之外，明太祖朱元璋曾在與群臣討論日月五星運行時，認為蔡《傳》釋義有所不妥，因而下令群臣纂修訂正，所以有《書傳會選》一書。但成祖之時，卻又將蔡《傳》定為一尊，以該書為主而修《書傳大全》，這之間的變化又是如何？種種現象，都令人想一探究竟。

雖說《書集傳》對後世《尚書》學影響甚大，然而相關的研究並不多，目前對於《書集傳》有較為深入討論的著作，較早的研究成果是古國順〈蔡沈《書集傳》之研究論著述評〉，這篇文章就蔡《傳》以及在宋、元、明、清的發展情況大略作出整理[10]。劉起釪在《尚書學史》這部目前唯一自先秦至清代的《尚書》學通史當中[11]，在第七章〈宋學對《尚書》學的發展與疑辨〉的第二節第六部分〈集宋學大成的朱熹學派與蔡沈《書集傳》成為《尚書》學正宗〉，亦有論述，可惜篇幅甚短，僅能作為《書集傳》一書的簡介而已[12]。其次是程元敏先生在《書序通考》一書的第八章〈朱熹蔡沈師弟子書序辨說版本徵孚〉部分，對於朱子的《尚書》說及命門人作《書傳》的過程與傳

---

10 古國順：〈蔡沈《書集傳》之研究論著述評〉，《女師專學報》，第12期（1980年6月），頁77-95。

11 二〇〇八年程元敏先生的《尚書學史》由五南圖書公司發行，這部一千六百多頁的鉅著，幾乎涵蓋了《尚書》學的問題，可惜只寫到五代十國為止。

12 劉起釪：《尚書學史》，頁241-246。

世蔡《傳》版本，作了詳盡分析[13]。此外，蔡根祥的《宋代尚書學案》，這部書以學案的方式，整理宋代《尚書》學，其中第三編〈南宋《尚書》學案〉的第八章〈晦翁《尚書》學案〉第二節〈蔡沈〉，對於蔡沈的生平、《尚書》學淵源及朱、蔡異同問題作出敘述[14]。而游均晶《蔡沈書集傳研究》一書，對於《書集傳》的成書經過、體例以及當中關於漢宋學的部分，提出了詳細的分析[15]。王春林《蔡沉《書集傳》校注與研究》，該書分為上下篇，上篇是《書集傳研究》，詳細考察蔡沈生平，以及《書集傳》一書的學術背景、解經特色、天命觀、心法論等；下篇則為《書集傳校注》，以呂本為底本，《四庫》本為對校本，並參以其他版本所作的整理[16]。

　　許華峰先生在《董鼎書傳輯錄纂註研究》當中，藉由分析董書的引書內容，對在元代延祐開科之前，鄱陽、新安地區對於《書集傳》一書的評價，提出了說明[17]。陳恆嵩先生〈《書傳大全》取材來源研究〉證明胡廣等奉敕所修的《書傳大全》，實以董鼎《書蔡氏傳輯錄纂註》及陳櫟《書蔡氏傳纂疏》為底本，進行修纂，未曾抄襲陳師凱

---

13 程元敏：《書序通考》（臺北市：臺灣學生書局，1999年），頁207-261。

14 蔡根祥：《宋代尚書學案》（臺北市：臺灣師範大學國文研究所博士論文， 1994年6月）。

15 游均晶：《蔡沈《書集傳》研究》。游均晶尚有〈蔡沈《書集傳》考述〉一文，收入《東吳中文研究集刊》，第3期（1996年5月），頁97-125。經閱讀後，發現其論點大多已納入學位論文中，因此不另外列舉。

16 王春林：《蔡沉《書集傳》校注與研究》（北京市：中國人民大學哲學院博士論文，2009年5月）。

17 許華峰：《董鼎書傳輯錄纂註研究》（中壢市：中央大學中國文學研究所博士論文，2000年12月）。許華峰先生尚有〈《四庫全書總目》對宋、元之際「《尚書》學」的評述〉，收入《人文學報》，第22期（2000年12月），頁97-136。〈《朱熹集》卷六十五中與《尚書》相關諸篇之寫作時間考〉，收入《人文學報》，第23期（2001年6月），頁131-157。兩篇文章主要研究成果亦已收入學位論文之中，故不再行列舉。

《書蔡氏傳旁通》，訂正了前人的說法[18]；〈劉三吾編纂《書傳會選》研究〉[19]則是說明《書傳會選》的纂修動機、纂修人員以及全書所糾蔡《傳》內容非為〈凡例〉所言之六十六條，應為九十九條，且將〈召誥〉篇的註解幾乎全部修改。從上述研究結果可以發現，此一論題尚有相當大的研究空間，除了許華峰、陳恆嵩兩位先生的研究，已經解決了一部分問題之外，其他諸如《書集傳》在延祐開科之前的完整接受情況，延祐開科究竟為什麼是以蔡《傳》當作指定用書，以及在定立科舉程式後，經典地位又如何形成？又為何在明初受到洪武皇帝所指責的《書集傳》，在短短不到幾年之間，於永樂年編《五經大全》時，便轉而具有「獨尊」的地位？

政治朝代可以因為江山易主而有顯而易見的斷代，學術思想則絕非如此，它是一種連續不斷的發展過程。因此，在文學史的寫作中，就有分代文學史與分體文學史的分別，後者即是針對學風與朝代不同，不能以同樣方式切割，所產生的寫作體裁，經學史研究亦是如此。自《四庫全書總目》將經學分為六變以來[20]，學者已認知到經學史的研究，不能單純以朝代來切割。而本文的研究，雖然在時代上是從宋末至明初，以朝代來看橫跨了宋、元、明三代，然而實際上處理的問題卻只有一個，便是蔡沈《書集傳》從成書直到獨尊，其間地位如何提升，是以看似跨越三代龐雜無比而無法處理，實際上卻只集中於一處。

至於本文所要處理的問題，並非宋末到明初所有的《尚書》學相關問題，而是宋末到明初對於蔡《傳》的意見及相關事件。例如黃榦

---

18 陳恆嵩：〈《書傳大全》取材來源研究〉，收入《明代經學國際研討會論文集》，頁295-316。

19 陳恆嵩：〈劉三吾編纂《書傳會選》研究〉，收入《經學研究論叢》，第9輯（臺北市：臺灣學生書局，2001年），頁57-93。

20 〔清〕紀昀、永瑢等：《武英殿本四庫全書總目》，第1冊，卷1，頁53。

雖然身為朱子一傳重要門人，門徒眾多；魏了翁與真德秀並為宋末兩大學者，影響甚大，同時，他們也都有對於《尚書》方面的意見或著作。但是，由於黃榦與魏了翁的著作中沒有引用及論述《書集傳》，也看不到對蔡沈有什麼意見，因此，本文不對此二人多作討論。又如宋人東陽陳大猷，《宋史》無傳，〈藝文志〉亦不載其著作；元人鄒季友，亦是一生平不見史書且名不見經傳之人。然而前者著有《書集傳》、《書集傳或問》，當中引五、六十條與蔡《傳》有關的意見，是目前引《書集傳》的《尚書》專著中，相當早的一部；後者著有《尚書蔡傳音釋》，此書以類似陸德明《經典釋文》為群經作音義一般，為蔡《傳》作音釋，明代之後多與《書集傳》合刻作《書集傳音釋》，對蔡《傳》的「經典化」影響既深且大。故雖然此二人無論在思想史、經學史上都無足輕重，但本文仍擬以相當篇幅研議。

　　而本文主要研究的方向，大概可以分為兩方面，一是蔡沈《書集傳》在文人當中，尤其是朱子學派當中，究竟是如何被接受，而成為朱門《尚書》學代表作？根據程元敏先生的研究，事實上早在蔡沈之前，朱熹就曾命陳埴、謝誠、李相祖（時可）、黃士毅、湯中等人作集傳[21]，而在成書之後，朱門一傳弟子陳淳就曾說：「蓋《書》之為經，最為切于人事日用之常，昔先師只解得三篇，不及全解，竟為千古之恨。自先師去後，學者又多專門，蔡仲默、林子武皆有《書解》，聞皆各自為一家。」[22]朱子三傳弟子金履祥也曾在〈尚書表注序〉中說：「朱子傳注諸經略備，獨《書》未及。嘗別出〈小序〉，辨正疑誤，指其要領，以授蔡氏而為《集傳》，諸說至此有所折衷矣。但書成於朱子既沒之後，門人語錄未萃之前，猶或不無遺漏放失之

---

21 程元敏：《書序通考》，頁228-232。

22 〔宋〕陳淳：《北溪大全集》，收入《文淵閣四庫全書》（臺北市：臺灣商務印書館，1986年），第1168冊，卷25，頁697。

憾。」[23]可見，這部書在成書之後，有很長一段時間，並未受到認可，所以才會產生上述《四庫總目》的說法。但是，到了陳澔之子陳師凱作《書蔡傳旁通》時，不但以蔡《傳》為經而「旁通」之，更說出：「蔡《傳》所考不可破，而孔氏、蘇氏、真氏、陳氏諸說非是。」[24]究竟這部書在朱學內部是如何從被否定到被肯定，從非朱子之真傳到所說不可破？

另一方面，就是在官方立場上，到底《書集傳》一書有什麼樣的地位變化，從宋理宗時代，就有呂遇龍在上饒郡學為之刊刻。元代延祐開科，更將這部書與朱子《四書》、《詩集傳》、《易本義》，程頤《易傳》與胡安國《春秋傳》並列為科舉考試定本[25]，之後成為元、明、清三代的科考指定用書。然而，朱學實為南人之學，當時南北道絕，一直到趙復北來之後，程朱之學方為北方人所知[26]。此外，趙孟頫自元仁宗未即位時，就極受仁宗的寵愛，待仁宗即位後，更是屢屢加封，《元史》本傳說「帝眷之甚厚，以字呼之而不名」[27]。在延祐二年時，他也參與過更定國子學貢試方法[28]，但是從趙孟頫的文章中可得知，他對於《書集傳》一書合今古文的作法並不認可，那麼，到底是什麼緣故讓此書成為科舉用書。又明代成祖時敕修《四書》、《五經》大全，於《尚書》一經亦是以蔡《傳》為主，再用兩部與蔡

23 〔宋〕金履祥：《尚書表註》，收入《通志堂經解》，第13冊（臺北市：漢京文化事業有限公司，1980年），卷首，總頁7941。

24 〔元〕陳師凱：《書蔡傳旁通》，收入《通志堂經解》，第14冊（臺北市：漢京文化事業有限公司，1980年），卷5，總8685頁。

25 〔明〕宋濂等：《元史》（北京市：中華書局，1976年），卷81，總頁2018-2019。

26 〔明〕宋濂等：《元史》，卷188，總頁4314。

27 〔明〕宋濂等：《元史》，卷172，總頁4022。

28 〔明〕宋濂等：《元史》，卷80，總頁2030。

《傳》相關的書籍加以剪裁而成[29]。但是，在明太祖朱元璋與群臣討論日月五星運行時，以為蔡《傳》釋義有所不妥，因而下令群臣纂修訂正，所以有了劉三吾編《書傳會選》一事，此書就是為了修正《書集傳》的問題，結果在稍後的成祖卻產生這種變化，又是什麼力量所造成？在這方面，陳恆嵩先生曾有數篇文章考證這兩部書的成書問題和內容[30]，本文亦試圖在這個研究基礎上尋求解答。

---

29 這兩部書籍據陳恆嵩先生的研究，應是陳櫟《尚書集傳纂疏》以及董鼎《尚書輯錄纂註》，見所著〈《書傳大全》取材來源研究〉，收入《明代經學國際研討會論文集》，頁295-316。

30 陳先生除了上述〈《書傳大全》取材來源研究〉一文之外，尚有《五經大全纂修研究》（臺北市：東吳大學中國文學研究所博士論文，1998年6月）。〈劉三吾編纂《書傳會選》研究〉，收入《經學研究論叢》，第9輯，頁57-93。

第一章
朱子與《尚書》研究的相關問題

　　《四庫總目》〈經部總敘〉將漢以下的經學分成六個階段，然後說：「要其歸宿，則不過漢學、宋學兩家，互為勝負。」[1]以漢、宋兩家作為經學的兩大分類。雖然對於經學分為漢學、宋學是否恰當，與漢學、宋學的定義，前輩學者有諸多不同看法[2]，不過不論是兩派、三派、四派說，均將「宋學」獨立成一類，而且均以朱熹作為宋學中的代表及集大成人物[3]，馬宗霍以為：「宋學集大成於朱子，自寶慶以後，朱學盛行，凡治經者，莫不崇尚朱說。」[4]周予同則認為南宋有「以朱熹為領袖的『歸納派』，以陸九淵為領袖的『演繹派』以及以陳亮、葉適為領袖的『批評派』」三派[5]。錢賓四先生也說：「宋學乃中國下半期學術思想之總起點，而熹則為宋學中之集大成。」[6]

　　從官學系統來看，雖然南宋時期朱學曾一度遭禁，但在寧宗嘉定四年（1211），著作郎李道傳就曾奏請將「《論語》、《孟子》集註，《大學》、《中庸》章句、或問」頒之太學，使諸生誦習，雖然此一建

1　〔清〕紀昀、永瑢等：《武英殿本四庫全書總目》，第1冊，卷1，頁54。

2　關於經學各種的分類，可參考周予同：《中國經學史講義》第五章〈經學的學派〉，收入朱維錚編：《周予同經學史論著選集》（上海市：上海人民出版社，1996年）。至於清代以來漢學、宋學定義的相關問題，可參考張循：〈漢學的內在緊張：清代思想史上「漢宋之爭」的一個新解釋〉，《中央研究院近代史研究所集刊》，第63期（2009年3月），頁49-96。

3　「宋學」一詞，至少可以包含「經學」和「理學」兩個面相，無論是哪個面相，朱熹都是代表人物。

4　馬宗霍：《中國經學史》（臺北市：臺灣商務印書館，2000年），頁127

5　周予同：《羣經概論》（高雄市：復文圖書出版社，1989年），頁19-20。

6　錢穆：《宋明理學概述》（臺北市：中國文化大學出版部，1980年），頁102。

議未獲實行，不過隔年（1212）旋即又有國子司業劉爚奏請將《論語》、《孟子》集註立學，這個建議為寧宗皇帝允許[7]。之後隨著理宗寶慶三年（1227）贈朱子為太師，追封信國公[8]，理宗淳祐元年（1241）從祀孔廟[9]，朱學地位已有顯然提升[10]。元、明兩代科舉更加強了朱學的影響力，元代科舉指定用書中，《易》、《詩》二經均有用朱子註，《書》則有蔡沈《書集傳》，又明初修《四書》、《五經》、《性理》三部大全，一是以朱學為主，此一餘波一直影響至清代編纂《性理精義》，皮錫瑞以為：「漢學至鄭君而集大成，於是鄭學行數百年；宋學至朱子而集大成，於是朱學行數百年……以經學論，鄭學、朱學皆可謂小統一時代。」[11]

7　此處《續資治通鑑》與《宋史》記載有些許出入，《續通鑑》載：「嘉定五年……是冬……國子司業劉爚，請以朱子《論語》、《孟子》集註立學，從之。」見〔清〕畢沅：《續資治通鑑》（臺北市：台灣啟明書局，1960年），卷159，總頁885-886。《宋史》載：「請以熹〈白鹿洞規〉頒示太學，取熹《四書集注》刊行之。」見〔元〕脫脫等：《宋史》（北京市：中華書局，1977年），卷401，總頁12171。

8　〔元〕脫脫等：《宋史》，卷41，總頁789。

9　〔元〕脫脫等：《宋史》，卷42，總頁821。

10　關於朱學在南宋末年的地位，研究者有不同的意見，艾爾曼（Benjamin A. Elman）以為：「雖然在1240年到1313年間，道學也曾被立為正統，具有重要的象徵意義，而且雖然從宋理宗（1225-1264）以降，道學在南方的科舉考試試題中有漸趨重要的現象……但其影響程度仍未能超出官學、書院、或杭州地區而達到全帝國。」見〈南宋至明初科舉科目之變遷及元朝在經學歷史的角色〉，收入楊晉龍主編：《元代經學國際研討會論文集》（臺北市：中央研究院中國文哲研究所籌備處，2000年），頁76。蕭啟慶以為：「及理宗（1225）即位，朝廷為政治需要，不得不公開表彰《四書》，將朱熹及北宋理學諸子同祀於學宮。雖然此時宋廷未曾正式規定以程朱著作為科舉程式，但已承認其官學地位。」見《元代的族群文化與科舉》（臺北市：聯經出版公司，2008年），頁14。涂雲清則認為：「南宋末年，程、朱之學已經漸漸在書院中流傳，但一直沒有成為官方的唯一主流學術。」見《蒙元統治下的士人及經學的發展》（臺北市：臺灣大學中國文學研究所博士論文，2009年），頁317。

11　〔清〕皮錫瑞著、周予同注釋：《經學歷史》（臺北市：漢京文化事業有限公司，1983年），頁281。

在《尚書》方面也不例外，元、明二代《尚書》的官學代表著作，當以蔡沈《書集傳》最為重要，錢基博《古籍舉要》說：「大抵南宋以前說《書》者，多守孔《傳》，而南宋以後說《書》者，咸本蔡學。」[12]劉起釪《尚書學史》認為：「自元明以後科舉取士一以朱熹之學為宗，（蔡《傳》）取代了東漢以後鄭玄注和東晉以後《尚書》的偽《孔傳》在經學上的地位。」[13]蔣秋華先生在〈明人對蔡沈《書集傳》的批評初探〉一文當中，也表示：

> 蔡沈（1167-1230）的《書集傳》，在經學史上，是一部代表宋代經學的重要著作，這不僅與他稟受其師朱熹（1130-1200）之命撰成此書，有十分密切的關係，更因其書日後成為元、明、清三代科舉考試的《尚書》定本，而益發突顯其重要性。三朝六百餘年間，《尚書》方面的研究論著，無論是贊成或反對蔡氏的，幾乎都與此書脫不了關係。[14]

正由於蔡《傳》有著這樣的地位，因此，討論元、明時代的《尚書》學發展，必由朱子，以及朱學代表的《尚書》註釋本——《書集傳》著手。

第一節　朱子未註全本《尚書》

朱子之學極博，所注之書甚夥，於《四書》、《五經》多有發揮，

---

12 錢基博：《古籍舉要》（臺北市：新文豐出版公司，1979年），頁32。
13 劉起釪：《尚書學史》，頁242。
14 蔣秋華，〈明人對蔡沈《書集傳》的批評初探〉，收入林慶彰、蔣秋華主編：《明代經學國際研討會論文集》，頁269。

如《易》有《周易本義》、《易學啟蒙》，《詩》有《詩集傳》，《禮》有《儀禮經傳通解》[15]，《四書》有《四書章句集注》、《四書或問》。然而，在五經當中，真正朱子手訂成書的僅《易》、《詩》二書，《禮》修未竟而易簀，但畢竟已有計畫，且開始進行，可視為朱子所訂。但《書》與《春秋》二經，朱子在《尚書》方面只有注〈書序〉、注〈堯典〉、注〈舜典〉、注〈大禹謨〉、〈金縢說〉、〈召誥序〉、注〈召誥〉、注〈洛誥〉、〈武成日月譜〉、〈考定武成次序〉等十篇著作，且〈大禹謨〉、〈洛誥〉兩篇並未注完，〈大禹謨〉僅注至「率百官若帝之初」，〈洛誥〉更只到「周公拜手稽首，曰」，〈金縢說〉、〈武成日月譜〉和〈考定武成次序〉三篇文章則是屬於考辨，而非注釋。此外，在今本《語錄》卷七十八、卷七十九兩卷，亦有許多弟子所記的意見。至於《春秋》，朱子則全無專門著作，且《語錄》僅有一百四十四條記錄而已。對於《春秋》不作注的原因，或許是如朱子自己所說：「某生平不敢說《春秋》。若說時，只是將胡文定說扶持說去。畢竟去聖人千百年後，如何知得聖人之心？」[16]「《春秋》難看，三家皆非親見孔子。」[17]「況生乎千百載之下，欲逆推乎千百載上聖人之心？況自家之心，又未如得聖人，如何知得聖人肚裏事？某所以都不敢信諸家解，除非是得孔子還魂親說出，不知如何。」[18]他認為《春秋》是孔子之書，而自度於千百載之後，不能知聖人之意，所以不敢輕易為《春秋》作解。且在今日可見的資料當中，朱子對《春秋》的談論也甚少，《語錄》止得一卷，亦無單篇著述，從學生曾提出要求云：「先生既不解《春秋》，合亦作一篇文字，略說大意，使後學知所

---

15 該書在慶元六年朱子去世時，尚未編完，之後由黃榦、楊復陸續完成。

16 〔宋〕黎靖德編：《朱子語類》（北京市：中華書局，2007年），卷83，總頁2150。

17 〔宋〕黎靖德編：《朱子語類》，卷83，總頁2153。

18 〔宋〕黎靖德編：《朱子語類》，卷83，總頁2155。

指歸。」[19]可知朱熹本身，對《春秋》一經的態度不但別於他經，且論述較少。不過，在朱子〈答龔惟微〉這封書信中，曾經提到：「聞進學不倦之意，甚幸甚幸。但《春秋》之說，向日亦嘗有意，而病於經文之太略，諸說之太煩，且其前後牴誤非一，是以不敢妄為必通之計，而姑少緩之。然今老矣，竟亦未敢再讀也。」[20]可以知道，朱子早年似乎也有注釋《春秋》的想法，只是一直沒有付諸實踐。

　　然而，如果細察《語錄》中文字，會發現朱子不注《春秋》，除了是千百年後無從得知聖人之真意之外，或許還有另外的原因，首先，朱子否定傳統關於《春秋》的「微言大義」、「一字褒貶」之說，他認為：「《春秋》大旨，其可見者：誅亂臣，討賊子，內中國，外夷狄，貴王賤伯而已。未必如先儒所言，字字有義也。」[21]「此是聖人據魯史以書其事，使人自觀之以為鑒戒爾。其事則齊威、晉文有足稱，其義則誅亂臣賊子。若欲推求一字之間，以為聖人褒善貶惡專在於是，切恐不是聖人之意。」[22]其次，《春秋》對於朱子來說，恐怕性質更接近於「史」，當弟子問「《春秋》當如何看」時，他的回答是：「只如看史樣看。」[23]又說：「且當看史工夫，未便要穿鑿說褒貶道理。」[24]錢賓四先生以為將《春秋》當史看是「朱子教人讀《春秋》之最要法門」[25]。此外，許多研究者都以為《通鑑綱目》乃朱子之

19　〔宋〕黎靖德編：《朱子語類》，卷83，總頁2157。

20　《晦庵先生朱文公文集》，收入朱傑人等主編：《朱子全書》（上海市：上海古籍出版社、合肥：安徽教育出版社，2002年），第23冊，卷59，頁2812。

21　〔宋〕黎靖德編：《朱子語類》，卷83，總頁2144。

22　〔宋〕黎靖德編：《朱子語類》，卷83，總頁2145。

23　〔宋〕黎靖德編：《朱子語類》，卷83，總頁2148。

24　〈答潘子善〉，《晦庵先生朱文公文集》，收入朱傑人等主編：《朱子全書》，第23冊，卷60，頁2920。

25　錢穆：《朱子新學案》（臺北市：三民書局，1971年），第4冊，頁101。

《春秋》學[26]，但是《資治通鑑》本身已屬於編年體之史書，《通鑑綱目》亦入史類，此外，紹熙元年朱子知漳州時，刻有四經四子，四經乃《易》、《書》、《詩》及《左傳》[27]，在《春秋》一經上，他並沒有將三傳全附，捨棄了講求聖人微言大義的《公》、《穀》，而選擇了偏向史學性質的《左氏》。如果此一判斷可以成立，那麼依照朱子自身的學術理路來看，不注《春秋》似乎不只是因為不敢作而已，就如同他晚年給蔡元定的信中所說：「《春秋》無理會處，不必枉費心力。」[28]

不過《尚書》則不同，從《語類》中看，朱子應有意為《尚書》作註，當楊道夫請他注《書》時，他曾說：「某嘗欲作《書說》，竟不曾成。」[29]在〈答潘文叔〉中也說：「《尚書》亦無他說，只是虛心平氣，缺其所疑，隨力量看教浹恰，便自有得力處，不須預為較計，必求赫赫之近功也。近亦整頓諸家說，欲放伯恭《詩說》作一書，但鄙性褊狹，不能兼容曲徇，恐不免少紛紜耳。」[30]可見，與其他各經相同，朱子本人應當有為《尚書》作註的打算，且前已提及，朱子有十篇《尚書》相關文章，其中完整註釋的有〈書序〉、〈堯典〉、〈舜典〉、〈召誥〉，不完整的注解則有〈大禹謨〉與〈洛誥〉兩篇。而在

---

26 章權才云：「雖然朱熹沒有《春秋》方面的著作，但卻有一部類似《春秋》一書的論著，這就是孝宗期間撰就的《資治通鑑綱目》……歷代學者對此書也極力推崇。發明其大義的著作成批成批推出。其中，有疏通其義旨者，有箋釋其名物者，有辨證其傳寫差錯者……他們都從不同程度和不同角度，把《資治通鑑綱目》跟《春秋》擺在相仿佛的位置。」見其所著：《宋明經學史》（廣州市：廣東人民出版社，1999年），頁205。

27 束景南：《朱熹年譜長編》（上海市：華東大學出版社，2001年），總頁994-999。

28 〈答蔡季通書〉，《晦庵朱文公續集》，收入朱傑人等主編：《朱子全書》，第25冊，卷1，頁4678。

29 〔宋〕黎靖德編：《朱子語類》，卷78，總頁1981。

30 《晦庵先生朱文公文集》，收入朱傑人等主編：《朱子全書》，第22冊，卷50，頁2290。

注〈書序〉時，有「其〈泰誓〉真偽之說，詳見本篇，此未暇論也。」[31]「且據孔安國此〈序〉復合為一，以附經後，而其相戾之說見本篇云。」[32]從這兩條資料來看，朱子有想為《尚書》作全注的意圖，是相當清楚之事。不過，至少在朱子去世之前，他都沒有完成一部完整的《書經》註解[33]。其後他的門人如黃士毅、湯中等人，都曾經為朱子作《書說》的輯錄，但畢竟是後人所輯，非朱子本人的作品，因此，陳淳才說：「嗚呼痛哉！吾道之不幸，而先生之亡也。《禮經》脩矣而未具，將誰有制作之才可以紹其業；《書》傳纂矣而未就，將誰有帝王之學可以畢其章？《春秋》深斥諸儒失聖經之旨，又將誰能發其大義而振其宏綱？」[34]

　　然而，朱熹既有這樣的計畫，為什麼沒有為《尚書》作註呢？學者大多以為，朱子晚年投入對《禮》的整理工作，因此，無暇再顧及《尚書》。例如陳良中以為：「朱子晚歲修禮成為了他學術的主要工作，又佔據了他可以支配的最優秀的人力資源，因而《尚書》的集注工作遲遲不能開展。」[35]蔡方鹿也說：「朱熹晚年，病勢日困，年老體衰，已沒有精力去做整頓《禮》書以外的工作了。」[36]這固然這是原

31　《晦庵先生朱文公文集》，收入朱傑人等主編：《朱子全書》，第23冊，卷65，頁3151。

32　《晦庵先生朱文公文集》，收入朱傑人等主編：《朱子全書》，第23冊，卷65，頁3152。

33　雖然《經義考》中有載「朱子《尚書古經》一條」，且引《直齋書錄解題》云：「晦庵所錄，分經與序，仍為五十九篇，以存古也。」但是朱彝尊已云未見，且下「《書說》」一條所引陳淳、都穆等人的說法，都認為朱子沒有全本的《尚書》註解。

34　〔宋〕陳淳：〈奠侍講待制朱先生〉，《北溪大全集》，收入《文淵閣四庫全書》，第1168冊，卷49，頁886。

35　陳良中：《朱子尚書學研究》（上海市：華東師範大學博士論文，2007年），頁136。

36　蔡方鹿：《朱熹經學與中國經學》（北京市：人民出版社，2004年），頁399。

因之一，卻非唯一因素。[37]群經當中，《尚書》性質相當特殊，《詩》僅是多鳥獸草木之名，但《書》卻包含了太多經學以外的專家之學，如〈堯典〉中之天文曆法、〈禹貢〉中之山川地理、〈洪範〉中之圖書象數，以及散佈於各篇的各種名物制度等等，非專家不易理解，因此註《書》的難度極高[38]，當人問朱子為何於《尚書》未有解時，他的回答是：「便是有費力處，其間用字亦有不可曉處。」[39]而當他自己教人讀《書》時，也說要挑緊要的讀，於不可曉處，但可闕之[40]，如「期三百有六旬有六日，以閏月定四時成歲」這種天文曆法的部分，不懂也不要緊[41]。

此外，若就朱子本身的學術思想體系而言，或許還有一個理由。群書之中，朱子最為重視的是《大學》、《論語》、《孟子》、《中庸》這四部由其合刊，日後幾乎取代五經而成為進學之首的「四書」。從語錄及文集中，都不難看出《四書》對他的重要性，今本《語錄》一百四十卷，關於《四書》部分便有六十二卷，佔了四成以上的份量。除此之外，朱子不但是第一個將《四書》合刻的人[42]，而且窮其一生都在研究與修定《四書》。根據束景南的研究，朱熹於隆興元年（1163）三十四歲那年完成《論語要義》、《論語訓蒙口義》，乾道八年（1172）完成《語孟精義》，並鋟版於建陽，之後在淳熙四年完成

---

37 例如朱熹晚年著有《周易參同契考異》一卷，據束景南的繫年，初稿成慶元二年春（1196），後來屢經修正，定本於慶元五年（1199）刊刻於建陽。見束景南：《朱熹年譜長編》，總頁1360-1361。

38 錢穆，《朱子學提綱》（臺北市：東大圖書股份有限公司，1991年），頁151。

39 〔宋〕黎靖德編：《朱子語類》，卷78，總頁1979。

40 〔宋〕黎靖德編：《朱子語類》，卷78，總頁1979。

41 〔宋〕黎靖德編：《朱子語類》，卷78，總頁1983。當然，在作思想發揮時可以採這樣的態度，但在注經時則不可如此，這也是朱子遲遲不作注解的原因之一。

42 雖然北宋的理學家多有討論《學》、《庸》、《論》、《孟》的內容，不過，將這四本書合稱為「四書」，並且規定出次序以及合刻的人都是朱熹。

《四書集注》，並於淳熙九年（1182）在婺州刊刻，使經學史上第一次出現「四書」合刻，之後分別在淳熙十三年（1186）、淳熙十五年（1188）、紹熙三年（1192）都曾有過大幅度的修改[43]。至於五經，雖然不能說不重要，然而，畢竟是「第二」要讀的書，而不是「最先」要讀的書，所以當然順序在《四書》之後[44]。他曾說：「某平生也費了些精神理會《易》與《詩》，然其得力未若《語》、《孟》之多也。《易》與《詩》中所得，似雞肋焉。」[45]又說「《語》、《孟》、《中庸》、《大學》是熟飯，看其它經，是打禾為飯。」[46]可見，相較於五經，他更重視「四書」，因此，他說：「先看《語》、《孟》、《中庸》，更看一經，卻看史，方易看。」[47]李方子在〈資治通鑑綱目後序〉中也認為：「子朱子首釋《四書》以示入道之要，次及諸經，而後可以讀此書焉。」[48]之所以會如此，是因為理學傳統的緣故。退五經尊《四書》是宋明理學異於漢唐經學的特色，自北宋周、張、二程，便開始表彰《四書》，至朱子匯集合刻、為之作註後，已儼然成為一個新經學傳統[49]。理學家講究道學傳統，而以上承孔、曾、思、孟等聖人自詡，因此以為讀五經不如讀《四書》，五經雖有其經典地位，亦

---

43 詳見束景南，《朱熹年譜長編》。

44 錢賓四先生云：「朱子平日教人，必教其先致力於四書，而五經轉非所急。」見其所著：《朱子新學案》，第4冊，頁120。蔡方鹿以為：「朱熹受二程思想的影響，提出了系統的『四書』學，強調『四書』的本義在於闡發義理，其重要性超過本義不在直接闡發義理的『六經』。不僅在先後、難易上以『四書』為先，『四書』治，然後及於『六經』，而且在直接領會聖人本意、發明義理上，也以『四書』為主，而把『六經』放在次要的位置。」見其所著：《朱熹經學與中國經學》，頁568。

45 〔宋〕黎靖德編：《朱子語類》，卷104，總頁2614。

46 〔宋〕黎靖德編：《朱子語類》，卷14，總頁249。

47 〔宋〕黎靖德編：《朱子語類》，卷10，總頁175。

48 李方子，〈資治通鑑綱目後序〉，收入曾棗莊、劉琳主編：《全宋文》（上海市：上海辭書出版社、合肥市：安徽教育出版社，2006年），第294冊，卷6702，頁262。

49 章權才：《宋明經學史》，頁7。

有義理在其中，卻都不如《四書》對聖人言行、義理之徑直闡發。與其學聖人以及後學所整理出來的東西，不如直接去從聖人本身的言行來學習，也就是直接學聖人，如此則可以少隔一層。之後隨著元代科舉以《四書》為第一場考試的科目，並且規定只能由朱注中作答，更加速了這樣的轉移，使得在之後數百年，《四書》成為中國知識份子最重要的研讀書籍之一[50]。

五經之中，《尚書》並非朱子最重視的書籍，雖然歷來都認為，朱子以〈大禹謨〉十六字心傳作為思想中心，認為這是堯以傳舜、舜以傳禹的要義，不過，也只是這句話而已，對於整部《尚書》，他並不抱著極度重視的態度，在《朱子語類》當中有這樣的記載：「或問讀《尚書》。曰：『不如讀《大學》』若《尚書》，卻只說治國平天下許多事較詳。」[51]又云：「《書》中易曉處直易曉，其不可曉處，且闕之。如〈盤庚〉之類，非特不可曉，便曉了，亦要何用？」[52]居然說出「曉了亦要何用」這種話，可見他的不重視了。是以他對於《書》經的態度，並沒有像對於其他經一般積極，如《易》與《詩》二經，朱子於早年便有所關心，他在淳熙四年（1177）冬季完成《周易本義》[53]，淳

---

50 周春健：〈序〉，《元代四書學研究》（上海市：華東師範大學出版社，2008年），頁3-4。

51 〔宋〕黎靖德編：《朱子語類》，卷78，總頁1982。

52 〔宋〕黎靖德編：《朱子語類》，卷78，總頁1984。

53 關於《周易本義》的成書年代，有兩種看法，傳統的說法認為是在淳熙四年（1177），例如清代王懋竑的《朱子年譜》即在這一年下面記「《周易本義》成」，收入《朱子全書》，第27冊，頁242。錢賓四先生在《朱子新學案》〈朱子之易學〉一章中以為「淳熙四年本義成書」，第4冊，頁16。孟淑惠在《朱熹及其門人的教化理念與實踐》〈附錄〉（臺北市：臺灣大學，2003年）中的著作年表亦持此說。而近年束景南則是以為當在淳熙十五年（1188），淳熙四年是《易傳》，傳統說法是誤將二書相混，見《朱熹年譜長編》，頁913。其後蔡方鹿亦認同此說，見蔡方鹿，《朱熹經學與中國經學》，頁293-294。

熙十三年（1186）三月完成《周易啟蒙》、十月完成《詩集傳》，這或許就是他說「某平生也費了些精神理會《易》與《詩》」[54]的原因，而錢賓四先生說：「朱子經學，於《詩》於《易》，特所究心。」[55]此外，朱子也很重視《禮》，他非但在很早就完成《祭儀》（1169），開始修訂《家禮》（1175），更曾經上書請求朝廷修三《禮》，文中以為：「臣聞之，六經之道同歸，而《禮》、《樂》之用為急。」[56]在其求不果之後，慶元元年（1195），以暮年之齡開始與群弟子修訂《禮》經。朱熹要人從聖人學，而聖人之學的具體實踐與規範就在於禮[57]，他曾說：「天只生得許多人物，與你許多道理。然天卻自做不得，所以生得聖人為之修道立教，以教化百姓，所謂『裁成天地之道，輔相天地之宜』是也。蓋天做不得底，卻須聖人為他做也。」[58]雖然說理原天生，不過天畢竟不能制作，所以聖人為天制作出禮，而內容便是天理的具體呈現，因此他說：「這箇禮，便是天理節文，教人有準則處。」[59]

從上述資料可知，在五經當中，除了晚年思考後不願著說的《春秋》之外，《易》、《詩》、《禮》三部經書，朱子都曾經親自為之作

54　〔宋〕黎靖德編：《朱子語類》，卷104，總頁2614。

55　錢穆：《朱子新學案》，第4冊，頁1。

56　〈乞修三禮劄子〉，《晦庵先生朱文公文集》，收入朱傑人等主編：《朱子全書》，第20冊，卷14，頁687-688。

57　彭林云：「朱熹禮學的重要特點之一，是強調禮的踐履性，認為人的良好品性，主要來自後天教育。而接受儒家教育的路徑，是自幼開始履行禮的各項規訂。所謂禮，就是符合聖人知道的行為規範。朱熹認為，聖人之道就在禮之中，祇有通過踐履禮，才能及聖人之道。」見所著：〈論朱熹的禮學觀〉，收入蔣秋華、馮曉庭主編：《宋代經學國際研討會論文集》（臺北市：中央研究院中國文哲所，2006年），頁368。

58　〔宋〕黎靖德編：《朱子語類》，卷14，總頁259。

59　〔宋〕黎靖德編：《朱子語類》，卷41，總頁1048。

解，雖然《禮》經整理未果，可是畢竟也早就把計畫訂定下來，只是因為歲數已高，尚未完成就過世了。然而，對於《尚書》一經，朱子的態度，便與自己所說的讀經方法不同[60]，而且雖然曾經有寫作計畫，也曾專門撰寫一些文章來注解及討論，可是最後還是將之交給弟子，可以說是有所著作的群經當中，用力最少的一部經書。之所以造成這樣，恐怕尚與《尚書》強烈的史書性質有關。在此，不得不提到朱子的兩種面相，朱子既是一個理學家，也是一個經學家，在朱子之前的理學家如周、張、二程、楊時、謝良佐、李侗等等，可說均未對五經有過完全且細密的注解[61]，但到了朱子，不但親注《四書》、《易》、《詩》，對《書》、《禮》有寫作計畫，並且在注解當中，大量引用漢、唐古注疏，這是朱子與其他理學家不同的地方，他將原本與漢、唐經注傳統漸行漸遠的宋代經學，再往回拉，是以李曉東在說宋代理學家解經時，將朱子及其弟子門徒歸為「重訓詁的『義理』派」[62]。不過，朱子畢竟還是一個理學家，最著重的還是「義理」，所以往往會發現朱子在注經時的態度，與學生整理的《語錄》有所差異的現象，甚至連在《語錄》當中，都有些許矛盾。正是因為這樣，所以朱子一方面教人讀經要仔細讀，若經書有疑則如負痛在身，但另一方面，卻又說〈盤庚〉即便曉了又何用？管他《春秋》是魯史舊文、聖人筆削，干他何事？這都是因為朱子身兼經學家與理學家，在不同情

---

[60] 這或許是朱子同時身為經學家與理學家，在立場轉變情況下所產生的矛盾。從目前的《朱子文集》中可以看到，朱子在注解《尚書》篇章時，採用的還是全注的方式，這與前引《語錄》中的說法有相當出入。

[61] 據《宋史》〈藝文志〉周敦頤著有《太極圖》，張載有《易說》、《詩說》，程頤有《易傳》、〈堯典舜典解〉、《春秋傳》，楊時有針對王安石所著的《三經義辨》，謝良佐有《論語解》，當中只有伊川《易傳》是對《易》的全解。

[62] 李曉東：〈經學與宋明理學〉，收入林慶彰編：《中國經學史論文選集》（臺北市：文史哲出版社，1992年），頁10。

境下，有不同態度，所產生的不一致。是以朱子教人讀《尚書》，要見「二帝三王」之心，要「體貼向自家身上來」，主要都是在義理上，因此他會說「三王無理會」，不用去計較那些考證[63]，而殷盤周誥雖然號稱詰屈聱牙，但是朱子念念不忘的卻是：「不知怎生地，盤庚抵死要恁地遷那都。若曰有水患，也不曾見大故為害。」[64]而不是當中的名物訓詁。此乃朱子思想中一極大關鍵，其對古文《尚書》的矛盾，亦可以此說解，此當於下節詳論。

　　如果回頭用「義理」檢視五經的話，會發現朱子先注的《易》涉及宋儒所關心的天理問題，《詩》則是關聯到教化，至於晚年用力最多的《禮》，則是天理所要具體實行的方案，都與宋儒所關心的議題以及義理密切相關。但是《書》與《春秋》，前者雖有義理在其中，但亦有許多只需知道即可的部分；後者非但難讀，且《左傳》僅為史事，而《公》、《穀》又傷穿鑿，因此錢賓四先生說道：「六經中《尚書》、《春秋》，皆為後世史書淵源，朱子教人只把看史方法來看此兩書，朱子教人看《尚書》，貴能識堯、舜之心，此猶如云讀《三國志》貴能識諸葛亮、曹操之心而已。讀史不識得史中人物心事，那算得讀史。」[65]而由上述的朱子學術思想，可以得知，從閱讀的次序和重要性，史書都是排在《四書》和經書之後，如果朱子也是依它來作為著作的優先順序，那麼《尚書》會被排在最後，《春秋》之所以不注，似乎也是在情理之中。

63　〔宋〕黎靖德編：《朱子語類》，卷78，總頁1977。

64　〔宋〕黎靖德編：《朱子語類》，卷78，總頁1980。

65　錢穆：《朱子新學案》，第4冊，頁101。

第二節　朱子與今、古文《尚書》的問題

今人論考今、古文《尚書》，往往會將朱熹列入其中，例如戴靜山先生在《閻毛尚書古文公案》中，論及疑古文者，首列吳棫，次為朱子[66]。劉起釪在《尚書學史》，亦將吳棫列為宋代正式對古文《尚書》作辨偽的學者，接著依次是鄭樵、晁公武，然後說「朱熹是在疑偽古文一事中影響極大的一家」，以為：

> 朱熹對孔安國《傳》及其〈大序〉和〈書序〉疑辨得很勇決，
> 但對偽古文本身，則一方面揭露得很明晰，一方面卻又有意維
> 護……他必須維護「六經」的權威地位，因為他們的理學托生
> 之地在偽〈大禹謨〉，所以必須維持他的經典地位於不墜（又
> 見上文）。因而他叫他的學生蔡沈撰《書集傳》時，仍維持古
> 文《尚書》的整體原型不動。[67]

認為朱熹早已發現了今、古文《尚書》的問題，只不過由於理學的根基在於〈大禹謨〉中「人心惟危，道心惟危，惟精惟一，允執厥中」的「十六字心傳」，因此非但朱子自己不敢詳細而果決的推翻，甚至連蔡沈在受命作《書集傳》時，也被要求不得分立今、古文，而必須維持《尚書》五十八篇的樣貌。此外，陳良中在《朱子《尚書》學研究》更是將朱子對於辨偽的貢獻，推崇到極至，他說：

> 自朱子首分今、古文，《尚書》學史上就漸漸出現今、古文分
> 離的著述，趙孟頫《書今古文集注》首先分編今、古文，吳澄

---

66 戴君仁：《閻毛尚書古文公案》（臺北市：編譯館，1979年），頁10-11。
67 劉起釪：《尚書學史》，頁279-283。

《書纂言》專注今文、認定古文二十五篇為偽。而對古文《尚書》的辨偽就成為《尚書》研究的重心，明梅鷟……清儒閻若璩……惠棟……程廷祚……由朱子開闢的疑辨之路由曲徑而成康衢。[68]

認為後世之所以能夠辨古文《尚書》之偽，雖然是歷代不斷努力的結果，但肇源於朱子，如果不是朱子先有了這個分別，後代便無由開起。另，蔡根祥在《宋代尚書學案》中，也認為朱子對今、古文《尚書》的疑辨，下了很多功夫，他說：

總合朱子辨偽之學，其辨〈小序〉、孔安國〈序〉、孔《傳》，言辭勇決，已成定論；至於辨《尚書》古文、今文，則慌惚其辭，未予決斷。朱子曰：「《書》中可疑諸篇，若一齊不信，恐倒了六經，如〈金縢〉有非人情者……〈盤庚〉更沒道理……。〈呂刑〉一篇，如何穆王說得散漫，直從苗民蚩尤為始作亂說起。」若依朱熹所辨，去其疑偽者，則一本《尚書》，所餘者無幾矣。依此以往，六經之文，其以為必無疑者，當寥寥可數，可謂聖人言語，義理心性，皆一切推倒，然則學者尚何所據哉！故朱熹緩其辭曰可疑，曰不可解，曰未易理會，皆不欲倒了六經之意也。[69]

同時，游均晶也在《蔡沈《書集傳》研究》中說：「有趣的是，朱、蔡雖同疑孔安國古文《尚書》，卻不全部懷疑，只怕倒了六經。」[70]自

---

68 陳良中：《朱子尚書學研究》，頁105-106。

69 蔡根祥，《宋代尚書學案》，頁828。

70 游均晶，《蔡沈書集傳研究》，頁95。

戴靜山先生以下，許多學者，皆以怕「倒了六經」，且理學家所據以為學說中心的「虞廷十六字心傳」是出自於偽〈大禹謨〉這兩點，來作為朱子早已發現今、古文《尚書》的區別，卻沒有對今、古文《尚書》作一確切論斷的理由。王春林曾經整理這些認為朱熹疑古文《尚書》學者的意見，將之歸納為：「一是朱熹區別古、今文，實際上是暗示了真偽《尚書》，因而朱熹疑古文《尚書》為偽；二是朱熹疑古文《尚書》為偽，但他既疑經又維護，所以提出『《書》有兩體』之說來維護；三是朱熹之所以維護《古文尚書》是『恐倒了六經』，也就是說朱熹擔心六經的權威性受到挑戰。部分學者認為，朱熹既懷疑又維護古文《尚書》，是因為朱熹以偽古文《尚書》中的一篇〈大禹謨〉為基本文獻，建立了道統說。」[71]這些學者，都認為其實早在朱子的時候，就已經發現了今、古文《尚書》真偽的問題，只是由於身為理學家的因素，而沒有積極的進行辨偽。

　　然而，對於這個說法，有人持不同的意見，在安井小太郎的《經學史》當中，談到朱熹《尚書》學時，曾引到佐藤一齋著有〈朱子不疑尚書辯〉一文，提出了七個證據，說明朱子不疑古文《尚書》[72]。又劉人鵬在〈論朱子未嘗疑古文《尚書》偽作〉一文中，以為朱子所謂的「今文多艱澀而古文反平易」，只是提出了一個疑問，並沒有反諷古文為偽的成分，朱子本身其實篤信古文《尚書》。朱子疑古文這個說法，是後來的學者，如陳振孫、吳澄等人，因為已經有了成心，在看朱子的話時，便有了定見，同時利用朱子來加強自己的說法而產生。而今文、古文文體的問題，其實在朱子之前，宋代學者已多有懷疑，

---

71 王春林：〈「朱熹疑偽《古文尚書》」一說考辨〉，《福建論壇（人文社會科學版）》，2009年第8期，頁41。

72 〔日〕安井小太郎著，林慶彰、連清吉譯：《經學史》（臺北市：萬卷樓圖書公司，1996年），頁153。

但一直是個中性的懷疑而已，並無就此論斷哪些篇章都是假的[73]。此外，許華峰先生在《董鼎書傳輯錄纂註研究》中認為：

> 至於前人常以「恐倒了六經」作為朱子為何不明指古文《尚書》為偽的理由，亦與事實不符……其中所舉的〈金縢〉、〈盤庚〉、〈呂刑〉三篇例證，皆屬今文。且朱子疑這三篇的理由，都是內容（特別是義理）上的問題，而不是文辭難易或訓詁的問題。以「恐倒了六經」作為朱子未辨古文《尚書》之偽的理由，並不合理。[74]

如果從「疑經」這一點來看，朱子不只是疑《尚書》，他還疑〈詩序〉、疑《孝經》，而如果我們審視朱子之所以疑的理由，則大多是由於「義理」上的不合，而非出於訓詁上的不正確。例如他疑〈詩大序〉，說：「〈大序〉亦有未盡。如『發乎情，止乎禮義』，有只是說正詩，變〈風〉何嘗止乎禮義！」[75]「因論《詩》，歷言〈小序〉大無義理，皆是後人杜撰，先後增益湊合而成。多就《詩》中採摭言語，更不能發明《詩》之大旨。」[76]他疑《孝經》，《語類》中記載：「因說《孝經》是後人綴輯，問：『此與《尚書》同出孔壁？』曰：『自古如此說。且要理會道理是與不是。適有問重卦并〈彖〉、〈象〉者，某答以且理會重卦之理，不必問此是誰作，彼是誰作。』」[77]又認為：「《孝經》，疑非聖人之言。且如『先王有至德要道』，此是說得好處。然下

---

73 劉人鵬：〈論朱子未嘗疑《古文尚書》偽作〉，《清華學報》，新第22卷第4期（1992年12月），頁399-430。

74 許華峰：《董鼎書傳輯錄纂註研究》，頁38-39。

75 〔宋〕黎靖德編：《朱子語類》，卷80，總頁2072。

76 〔宋〕黎靖德編：《朱子語類》，卷80，總頁2075。

77 〔宋〕黎靖德編：《朱子語類》，卷82，總頁2141。

面都不曾說得切要處者，但說得孝之效如此。如《論語》中說孝，皆
親切有味，都不如此。〈士庶人章〉說得更好，只是下面都不親切。」[78]
從這些文句中，我們可以看出，朱子對於經文的疑信與否，大多是根
據義理，他在〈答袁機仲〉中才會說：「熹竊謂生於今世而讀古人之
書，所以能別其真偽者，一則以其義理之所當否而知之。」[79]因此，
他在引經的時候，都是以義理為主，例如在〈己酉擬上封事〉中，
他說：

> 伊尹之告太甲曰：「今王嗣厥德，罔不在初。」又曰：「今嗣王
> 新服厥命，惟新厥德。」召公之戒成王曰：「若生子，罔不在
> 厥初生；自貽哲命。今天其命哲，命吉凶，命歷年。知今我初
> 服，宅新邑，肆惟王其疾敬德。」蓋深以是而望於其君，其意
> 亦已切矣。[80]

這篇上給皇帝的封事當中，他引了三段《尚書》文字，在伊尹告太甲
部分，前一句出自〈伊訓〉，後一句出於〈咸有一德〉，至於召公戒文
王句，則是從〈召誥〉中引出，而〈伊訓〉、〈咸有一德〉都是古文
《尚書》的篇章。又在〈論災異劄子〉，朱子引了這樣的文字：

> 蓋嘗聞之，商中宗時，有桑穀並生于朝，一暮大拱。中宗能用
> 巫咸之言，恐懼脩德，不敢荒寧，而商道復興，享國長久，至

---

78 〔宋〕黎靖德編：《朱子語類》，卷82，總頁2142。
79 《晦庵先生朱文公文集》，收入朱傑人等主編：《朱子全書》，第21冊，卷38，頁
1664。
80 《晦庵先生朱文公文集》，收入朱傑人等主編：《朱子全書》，第20冊，卷12，頁
618。

于七十有五年。高宗祭於成湯之廟，有飛雉升鼎耳而鳴。高宗
能用祖己之言，克正厥事，不敢荒寧，而商用嘉靖，享國亦
久，至于五十有九年。[81]

朱子所引這段後半部的內容，出自於《尚書》〈高宗肜日〉篇，是屬
於今文《尚書》的篇章。從這些例子，可見，至少在實際運用方面，
朱子並不分今、古文，而是著重在這些記載當中的義理，只要義理得
正、可資參考，他都願意取用。當然，在文章中引用時是一回事，在
作經解時又是另一回事，就像安井小太郎在駁佐藤一齋的七點證據
時，以為：「引述古文中有益於世用的文句，與是否懷疑古文不能相
提並論。又引用自己未必確信的典籍及其文句作為己說的證據，是司
空見慣的事。」[82]所以，即便朱子在文章寫作當中，多次引用古文
《尚書》的文字，但是的確無法用以作為朱子不疑古文《尚書》的有
力論據。

　　不過，在《朱子語類》當中，還有這樣一段記載：

伯豐再問：「《尚書》古文、今文有優劣否。」曰：「……然更
有脫簡可疑處。蘇氏《傳》中於『乃洪大誥治』之下，略考得
些小。胡氏《皇王大紀》考究得〈康誥〉非周公、成王時，乃
武王時……吳才老又考究〈梓材〉只前面是告戒，其後都稱
『王』，恐自是一篇……兼〈酒誥〉意是武王之時。如是，則
是斷簡殘篇，不無遺漏。今亦無從考正，只得於言語句讀中，
有不可曉處闕之。」又問：「壁中之書，不及伏生書否？」

81　《晦庵先生朱文公文集》，收入朱傑人等主編：《朱子全書》，第20冊，卷14，頁684-
　　685。
82　〔日〕安井小太郎著，林慶彰、連清吉譯：《經學史》，頁153。

曰：「如〈大禹謨〉，又卻明白條暢。雖然如此，其間大體義理
固可推索。但於不可曉處闕之，而意義深遠處，自當推究玩索
之也。然亦疑孔壁中或只是畏秦焚坑之禍，故藏之壁間。大概
皆不可考矣。」[83]

此條明顯可以看出，朱子對於《尚書》講究的是文句明白與否，他甚
至疑那些伏生所傳的今文，應該有遺漏之處，不然不至於很多地方說
不通。而對於壁中書一事，朱子雖未完全接受，不過，也沒有斥其為
非，並且沒有對今文、古文孰優孰劣作出斷語，若以〈大禹謨〉為
例，甚至可以說朱子並不認為古文的篇章較差。又朱子曾云：

二典三謨，其言奧雅，學者未遽曉會，後面盤、誥等篇又難
看。且如〈商書〉中伊尹告太甲五篇，說得極切。其所以治心
修身處，雖為人主言，然初無貴賤之別，宜取細讀，極好。[84]

在這裡，朱子所謂〈商書〉中伊尹告太甲的五篇，應該是指〈伊
訓〉,〈太甲〉上中下和〈咸有一德〉，而這五篇，事實上都是古文的
篇目，但是朱子卻要學生把這幾篇拿來細讀，並且稱這幾篇「極
好」，如果朱子當真對於《尚書》的古文部分，有偽作的懷疑的話，
如何又會說出這樣的話來呢？因此，李學勤也認為：「朱子雖然發現
了上述文體問題，他本人還是尊信傳世古文《尚書》各篇。實際上，
他在《尚書》中最推重的各篇，大多是這種古文。」[85]所以，朱子是

---

83 〔宋〕黎靖德編：《朱子語類》，卷78，總頁1978-1979。
84 〔宋〕黎靖德編：《朱子語類》，卷78，總頁1983。
85 李學勤：〈朱子的《尚書》學〉,《朱子學刊》，第1輯（福州市：福建人民出版社，
　　1989年4月），頁97。

否對今、古文《尚書》篇章的真偽，有相當確切且清楚的認知，本文以為，恐怕還是要持較為保留的態度。

　　不過，朱子的確對《尚書》作過考辨，他曾從經學家的態度，由文字上去考訂，對所謂孔安國所作的「孔傳」提出了質疑，他說：

> 《尚書》決非孔安國所注，蓋文字困善，不是西漢人文章。安國，漢武帝時，文章豈如此！但有太麤處，決不如此困善也。如〈書序〉做得善弱，亦非西漢人文章也。[86]

又：

> 《尚書》孔安國《傳》，此恐是魏、晉間人所作，托孔安國為名，與毛公《詩傳》大段不同。今觀〈序〉亦不類漢文章。如《孔叢子》亦然，皆是那一時人所為。[87]

他從文字上面，發現孔安國《傳》並不是西漢人的文字，而是與《孔叢子》同時人所作。今日大多以為《孔叢子》乃王肅所偽作，古文《尚書》為晉人所作，則朱子這一判斷可說相當準確。除此之外，常為學者用以論斷朱子曾疑古文《尚書》的「某嘗疑孔安國書是假書」一句，下文其實是：「比毛公《詩》如此高簡，大段爭事。漢儒訓釋文字，多是如此，有疑則闕。今此卻盡釋之，豈有千百年前人說底話，收拾於灰燼屋壁中與口傳之餘，更無一字訛舛！理會不得。」[88]從上下文可以看出，朱子所謂的「疑孔安國書」，所指亦是孔

86　〔宋〕黎靖德編：《朱子語類》，卷78，總頁1984。
87　〔宋〕黎靖德編：《朱子語類》，卷78，總頁1984-1985。
88　〔宋〕黎靖德編：《朱子語類》，卷78，總頁1985。

《傳》[89]，雖然如此，也是從漢儒訓釋文字方面做比較而得出的結論。從這兩段文字來看，可見朱子對於孔《傳》的確相當懷疑。當然，更不用說朱子斷〈書序〉為偽，乃眾人皆知之事，因此，將朱熹放在疑辨古文《尚書》這個脈絡，也並非是不合理。

　　黃榦為朱子作行狀時，曾歷數其對群經的貢獻，對《尚書》一經就說：「於《書》則疑今文之艱澀，反不若古文之平易。」[90]李方子作朱子行實時，也說：「謂《書》之出於口授者多艱澀，得於壁藏者反平易，學者當沉潛反復於其易，而不必穿鑿附會於其難。」[91]可見朱子的這項疑問，也被門人認為是重要心得之一。此外現存幾篇朱熹的《尚書》注解中，在〈堯典〉、〈舜典〉、〈大禹謨〉三篇的篇題下，已加註今文古文之有無，例如〈堯典〉下注「此篇古文、今文皆有」，〈舜典〉下註「古文有，今文合於〈堯典〉」，〈大禹謨〉下註「古文有，今文無」[92]。後來蔡沈作《書集傳》時，也有同樣的體例，於每篇篇題下注明今文或古文之有無，因此，如果有意識的將分今、古文作為古文《尚書》辨偽條件之一的話，將朱子列於其中，恐怕也不是一件說不過去的事情[93]。不過，就像戴靜山先生所言，朱子的疑古

---

89 劉人鵬：〈論朱子未嘗疑《古文尚書》偽作〉，頁410-411。

90 〈朝奉大夫華文閣待贈寶謨閣直學士通議大夫諡文朱先生行狀〉，黃榦：《勉齋先生黃文肅公文集》（北京市：北京圖書館出版社，2005年，影印北京國家圖書館藏元延祐二年重修本），卷34，頁40左。

91 〔宋〕李方子：〈朱文公行實〉，收入《全宋文》第294冊，卷6702，頁269。

92 見《晦庵先生朱文公文集》，第85卷。

93 例如周予同以為「《尚書》學之能自拔於偽托，朱熹蓋不無篳路藍縷之功焉。」見《朱熹》，收入朱維錚編：《周予同經學史論著選集》，頁155。劉起釪認為：「蔡承朱熹辨偽古文、偽孔《傳》及〈書序〉之後，所以將〈書序〉單獨集中附於書後辨析之，又將偽孔安國〈序〉列後，亦全篇予疑辨。但仍保存偽孔本58篇經文，都做了《集傳》，不過在每篇篇題下注明『今文古文皆有』或『今文無古文有』，這就暗示了『今文有』的是漢代真《尚書》，『今文無』的則是晚出的。」見所著《尚書

文，僅是憑主觀感覺到古文可疑而已，並沒有去考證[94]，也正因為他是用主觀感覺，亦即以他自己所認為的「義理」來判斷，所以才會出現連今文都一併懷疑的言論。

不過，朱子雖然認為孔《傳》非孔安國所作，不是西漢文章，但是註解之時，在名物訓詁方面，卻依然大量使用孔《傳》的說法。在經學研究的傳統說法上，對於漢學和宋學的差別，大多以為漢學重訓詁而宋學重義理[95]。前文曾經提到，李曉東以為朱子是重訓詁的義理派，朱子在說經的時候，是以義理為主，不過，在講義理的同時，朱子並沒有忽略文字訓詁。例如在《四書章句集注》當中，會先訓釋音義，然後才說義理，如解《論語》〈學而〉「有朋自遠方來，不亦樂乎」一句，先說「樂音洛」以說解字音，再云「朋，同類也」，說明「朋」字之義，然後再說：「自遠方來，則近者可知。程子曰：『以善及人而信從者眾，故可樂。』又曰：『說在心，樂主發散在外。』」[96]以義理解之。同樣，解「君子不重則不威，學則不固」，亦先云「厚，厚重。威，威嚴。固，堅固」以訓解字義，再云：「輕乎外者，必不能堅忽內，故不厚重則無威嚴，而所學亦不堅固也。」[97]在解《尚書》時也是一樣，諸家《尚書》解中，朱子較為稱道的是蘇

學史》，頁244。蔡方鹿也據此，認為：「這就為後世分辨今古文，從而開辨古文之偽，提供了借鑒。」見蔡方鹿，《朱熹經學與中國經學》，頁394。

94 戴君仁：《閻毛古文尚書公案》，頁10。

95 例如〔清〕皮錫瑞認為：「且宋以後，非獨科舉文字蹈空而已，說經之書，亦多衍義理，橫發議論，與漢、唐注疏全異。」葉國良先生等亦以為：「宋代的經學家，吸收了佛、道二氏能夠吸引人的某些長處，加以改造，使之成為經學的新內涵，另一方面則揚棄舊有的解經方式，而以闡釋義理為其重點，一取一棄，遂成就了宋代的新經學。」見葉國良等：《經學通論》（臺北市：大安出版社，2006年），頁560-561。

96 〔宋〕朱熹：《論語集注》，收入《四書集注》（臺北市：藝文印書館，1996年），卷1，頁119。

97 〔宋〕朱熹：《論語集注》，收入《四書集注》，卷1，頁125。

軾、林之奇、王安石與呂祖謙四家，雖然他說「蘇氏傷於簡，林氏傷
於繁、王氏傷於鑿、呂氏傷於巧」，不過也說「然其間儘有好處」[98]，
認為可以參考。而朱子自己在作《書》解時，有些說法顯然應該受
到《東坡書傳》與《尚書全解》的影響，如〈堯典〉第一句「曰若稽
古帝堯，曰放勳。欽、明、文、思、安安」，朱子在《文集》中作如
此解：

> 曰、粵、越通。曰若者，發語辭，古人文字中多用之，〈周
> 書〉所謂「越若來三月」，亦此例也。稽，考也，史臣將敍堯
> 事，故先言考古之帝堯者，其德如下文所云。曰者，猶言其說
> 如此也。放，至也。孟子言「放乎四海」是。勳，功也。言堯
> 之功大而無所不至也。欽，恭敬也；明，聰明也；敬為體而明
> 為用也。文，文章也；思，意思也；文著見而思深遠也。安
> 安，無所勉強之貌，言其德性之美皆出於自然，而非強勉，所
> 謂性之者也。[99]

從這段文字當中，可以發現，朱子解經明顯是以訓詁與義理並重，對
於每一個字的字義都先作訓釋，然後再去說解義理。不過，僅是如
此，並不能作為特色，因為在宋儒其他的經解中，也能夠看到對文字
訓解的部分，例如同樣一段文字，在蘇軾在《書傳》是這樣解釋的：

> 若，順也。稽，考也。放，法也。有功而可法曰放勳，猶孔子

---

98 〔宋〕蔡沈：《朱文公訂正門人蔡九峯書集傳》（北京市：北京圖書館出版社，2003
　　年，北京圖書館藏宋理宗淳祐十年呂遇龍上饒郡學刻本），〈書傳問答〉，卷前，頁2。
99 《晦庵先生朱文公文集》，收入朱傑人等主編：《朱子全書》，第23冊，卷65，頁
　　3154。

曰：「巍巍乎其有成功。」此論其德之辭也。自孟子、太史公成以放勳、重華、文命為堯、舜、禹之名，然有不可者，以類求之，則皋陶為名允迪乎？欽，敬也。或言其聰，或言其敬，初無異義，而學者因是以為說，則不勝異說矣。凡若此者，皆不取。欽明文思，才之絕人者也，以絕人之才，而安於無事，此德之盛也。惟天下之至仁為能安其安。[100]

至於像林之奇《尚書全解》當中，雖然對於訓釋不若東坡《書傳》這麼的明顯，但是也並非沒有注意到，例如《尚書全解》解「曰若稽古」云：「若稽古者，孔氏曰：『能順考古道而行之者。』王氏云：『聖人於古有稽者，有可若者。』李校書推本古文書，以曰字為胡越之越，與〈召誥〉『越若來三月』同，此說甚善，當從李校書之說。」[101]不過，朱子所採用的訓詁，有一個特別的地方，在於，它往往與古注疏相同，例如上述〈堯典〉「曰若稽古帝堯，曰放勳。欽、明、文、思、安安」，孔《傳》的解釋是：「若，順。稽，考也。能順考古道而行之者帝堯。勳，功。欽，敬也。言堯放上世之功化，而以敬明文思之四德，安天下之當安者。」[102]除了「曰若」朱子認為是發語辭，與孔《傳》不同之外，其他如將「稽」解為「考」、「勳」解為「功」、「欽」解為「敬」，兩者說解均相同。又〈舜典〉「帝曰：「格汝舜！詢事考言，乃言底可績，三載；汝陟帝位。」孔《傳》的解釋是：「格，來。詢，謀。乃，汝。底，致。陟，升也。堯呼舜曰：

---

100 〔宋〕蘇軾：《書傳》，收入《文淵閣四庫全書》（臺北市：臺灣商務印書館，1986年），第54冊，卷1，頁486-487。

101 林之奇：《三山拙齋林先生尚書全解》，收入《通志堂經解》，第11冊，卷1，總頁6469-6470。

102 〔漢〕孔安國傳、唐孔穎達等正義：《尚書正義》，收入《十三經注疏・附校勘記》，第1冊，卷2，頁19。

『來，汝所謀事，我考汝言。汝言致，可以立功，三年矣。三載考績，故命使升帝位。』」[103]而朱子在《文集》當中所作的注解是：「格，來；詢，謀；乃，汝；厎，致；陟，升。堯言詢舜所行之事而考其言，則見汝之言致可有功，於今三年矣，汝宜升帝位也。」[104]兩者的解釋更是如出一轍。當然，不能據此兩段文字，就說朱子對古注疏相當信服，因為在其他部分也有兩者相異之處，不過，從這兩段文字中，不難看出朱子對古注疏的繼承，因此李曉東說：「朱熹與張、程的明顯不同，表現於對漢儒的態度上。他對漢儒章句之學並不排斥……朱熹以訓詁字義、考訂章句作為讀經、解經的首要步驟，認為這些學問有助於理解經義、啟發思路……其中《四書章句集注》、《詩集傳》的確是本著這個精神寫成的，於經中難字難詞、名物典章都作了簡要解釋，不少字義一承漢儒，切合經旨。」[105]陳良中以為：「從朱子對歷代《書》說的引用來看，其引書特點非常鮮明。一、有關典章制度的訓釋概用古注疏，解經逐字逐句加以理會，字詞訓釋多用古注，與宋儒不重古注而自作文的學風不同，此乃朱子對宋儒義理解經多臆斷及空疏流弊的警惕，是向漢學的回歸，是漢學與宋學的融合。」[106]因此，即便朱子疑孔《傳》為偽作，認為它不能代表西漢時的經學思想，可是他並沒有就此完全否定孔《傳》，相反的，在為

---

103 〔漢〕孔安國傳、唐孔穎達等正義：《尚書正義》，收入《十三經注疏・附校勘記》，第1冊，卷3，頁34。

104 《晦庵先生朱文公文集》，收入朱傑人等主編：《朱子全書》，第23冊，卷65，3162頁。

105 李曉東：〈經學與宋明理學〉，頁10-11。

106 陳良中：《朱子尚書學研究》，頁94。陳良中在此以為朱子是「向漢學回歸」、「漢學與宋學的融合」，雖然朱子之學的確有重視古注疏的現象，然而在朱熹的時代是否有「漢學」、「宋學」這樣的分別？又，宋儒是否不重古注？或許也是可以再商榷的問題。

《尚書》作註解的時候，還採用了許多孔《傳》在章句訓詁方面的文字，這點後來也為蔡沈所繼承。

第三節　朱子命蔡沈作《書集傳》

　　蔡沈《書集傳》是元、明、清三代官方《尚書》的考試定本，它擁有崇高的地位，屈翼鵬先生曾說該書「影響後世最大，至奪注疏之席而代之」[107]。然而，蔡《傳》的重要性來自於它作為「朱學」的合法繼承地位，由於朱子本身並沒有像《四書》、《詩經》一般，為《尚書》作全本註解[108]，而是將這個工作交付於蔡沈，因此，後人便以此書作為朱學《尚書》的代表。據蔡沈在《書集傳》〈序〉中所言：

> 慶元己未冬，先生文公令沈作《書集傳》……沈自受讀以來，沈潛其義，參考眾說，融會貫通，迺敢折衷微辭奧旨，多述舊聞。二〈典〉、〈禹謨〉，先生蓋嘗正是，手澤尚新。嗚呼！惜哉！（原注：先生改本已附文集中，其間亦有經承先生口授指畫，而未及盡改者，今悉更定，見本篇。）《集傳》本先生所命，故凡引用師說，不復識別。[109]

其子蔡杭在〈面對延和殿所得聖語〉中亦云：「先臣此書，皆是朱熹之意。朱熹晚年訓傳諸經略備，獨《書》未有訓解，以先臣從游最

107　屈萬里：《尚書釋義》，頁17。

108　雖然朱熹本身沒有完整的《尚書》註，卻有一些零星單篇的析解，以及後人所輯的《書說》和語錄。程元敏先生和許華峰先生在著作當中，都對這些篇章有所整理。詳見程元敏：《書序通考》，頁207-228。許華峰：《董鼎書傳輯錄纂註研究》，頁41。

109　〔宋〕蔡沈：《朱文公訂正門人蔡九峯書集傳》，卷前，頁1右-1左。

久，遂授以大意，令具藁而自訂正之。今朱熹刪改親筆，一一具存⋯⋯」。[110]真德秀為蔡沈所作的〈九峰先生蔡君墓表〉也說：「文公晚年訓傳諸經略備，獨《書》未及焉，環眤門下生，求可付者，遂以屬君。〈洪範〉之數，學者久失其傳，聘君獨心得之，然未及論著，亦曰成吾書者沉也。君既受父師之託，稟稟焉常若有負，蓋沉潛反復者數十年，然後克就。」[111]此外，在《宋史》〈儒林傳〉、《宋元學案》〈九峯學案〉，都有類似的記載，足以肯定《書集傳》是一本蔡沈受朱子囑咐的著作，並且在該書寫作期間，曾經和朱子有過許多的討論，同時吸收了不少朱子關於《尚書》的最後定見，最能代表朱子晚年的觀點，堪稱「朱子訂定」的《尚書》著作[112]。

不過，為什麼是託付給蔡沈而不是其他人？朱子曾自信的說過：「《書》解甚易，只等蔡三哥來便了。」[113]可見對於蔡沈作《書》傳一事相當放心。事實上，在蔡沈之前，朱子就曾經命門人陳埴、謝誠等人為《尚書》作傳[114]，又有李相祖（時可）、黃士毅、湯中等，為朱子編集《書》說，此外還有吳昶所上《書說》曾讓「文公深嘉之」[115]，而受業朱子的鄒補之，也著有《書說》，雖然其書今均已不傳，不過，可以知道，蔡沈並不是朱熹一開始就屬意的人選。朱熹晚年正式整理

---

110 〔宋〕蔡沈：《朱文公訂正門人蔡九峯書集傳》，卷前，頁1左。

111 〔宋〕真德秀：《西山先生真文忠公集》（臺北市：臺灣商務印書館，1965年，《四部叢刊初編》影印明正德刊本），卷42，頁7右。

112 程元敏：《書序通考》，頁246。王春林：〈「朱熹疑偽《古文《尚書》」一說考辨〉，頁44。

113 〔宋〕黎靖德編：《朱子語類》，卷117，總頁2833。《朱文公訂正門人蔡九峯書集傳》前所附之〈書傳問答‧陳淳安卿記朱熹語〉作：「書解甚易，只等蔡仲默來便了。」見卷前〈書傳問答〉，頁3。

114 程元敏：《書序通考》，頁228-232。

115 朱彝尊原著、林慶彰等編：《經義考》（臺北市：中央研究院中國文哲研究所，1997年），第3冊，卷82，頁347。

《書經》的工作，慶元三年（1197）考訂〈武成〉次序，慶元四年
（1198）冬命李方子、李相祖、謝誠之、黃榦、林夔孫等人整理《尚
書》資料，開始全面為《尚書》作集傳[116]，慶元五年（1199）冬朱子
始決意託《書集傳》於蔡沈，並且將之前所整理的資料全都交付給蔡
沈[117]。據束景南的研究，朱熹最早指點弟子作《尚書》注是在慶元三
年，他首先屬意的是潘時舉，兩人曾有過討論，後來朱子覺得潘時舉
無法完成這部著作，才在四年（1198）冬讓諸弟子作集傳，而其中以
李方子最受重視，他把前半委託李方子，後半委託謝誠之，而這些活
動蔡沈都沒有參與[118]。根據陳良中的研究，他認為朱子相信象數之
學，弟子蔡沈草成《洪範皇極內篇》，朱子贊嘆有加，並決意讓蔡沈
完成《書集傳》，傳其《書》學[119]。《洪範皇極內篇》其實是蔡沈的家
傳，朱子與蔡沈之父蔡元定的交情亦師亦友，朱子曾說：「此吾老友
也，不當在弟子列。」[120]蔡元定與其父蔡發，兩人均精於天文象數，
尤其〈洪範〉更是元定、仲默父子兩代用力頗多之學，《宋史》〈蔡元
定傳〉云：「〈洪範〉之數，學者久失其傳，元定獨心得之，然未及論
著，曰：『成吾書者沉也。』沉受父師之託，沈潛反復者數十年，然
後成書，發明先儒之所未及。」[121]就時間上來說，蔡沈奉父遺囑作

---

116 束景南：《朱熹年譜長編》，頁1340。又，命諸弟子整理《尚書》一事，陳良中以
　　為從慶元三年開始，見陳良中：《朱子尚書學研究》，頁130。

117 〔明〕朱熹〈答蔡仲默〉云：「謝誠之《書說》六卷、陳器之《書說》二卷今謾附
　　去，想未暇看，且煩為收起，鄉後商量也。漳州陳安卿在此，其學甚進。」見
　　《晦庵朱文公續集》，收入朱傑人等主編：《朱子全書》，第25冊，卷3，頁4717。

118 束景南：《朱子大傳》（北京市：商務印書館，2003年），頁1082-1086。

119 陳良中：《朱子尚書學研究》，頁54。束景南也有類似的意見，以為：「朱熹初委李
　　相祖、李方子、謝承之等各撰《書》集傳，至是乃命蔡沈作《書集傳》，蓋蔡沈最
　　精於《尚書》，作〈洪範傳〉，為朱熹所賞識也。」見《朱熹年譜長篇》，頁1383。

120 〔元〕脫脫等：《宋史》，卷434，總頁12875。

121 〔元〕脫脫等：《宋史》，卷434，總頁12876-12877。

《洪範皇極內篇》先成，之後才稟受朱子之命而作《書集傳》。蔡根祥認為，雖然在目前關於蔡元定的記載中，並未言及他的《尚書》學，不過從《朱子文集》中可以發現，蔡元定曾經有〈多方〉、〈多士〉兩篇的注解[122]，在朱門一傳當中，蔡元定與朱子從游既久，且朱子疏釋群經時，也常常和蔡元定彼此討論[123]。所以，蔡沈之所以受到朱子的託付，一方面是由於其有《尚書》家學，而且依據朱子與蔡元定的往來，使朱子對他深具信心；另一方面，也是因為蔡沈當時已經有〈洪範皇極內篇〉的草稿，可以讓朱子看到他的學力，進而可以安心將《書集傳》囑付給他。因此，陳良中更進一步說：「蔡沈〈洪範〉之學是承自其父蔡元定的獨傳之秘，在朱門弟子中沒有第二人，這是朱子選他為自己《書》學傳人的根本原因。」[124]

不過，由上文可知，蔡沈《書集傳》並非朱子學派當中，唯一稟受師命，且含有朱子本人意見的書籍，然而，為什麼這本書最後卻成為朱學的《尚書》著作代表呢？因為，我們從資料上可以發現，在《書集傳》上呈並印行之後，朱子學派的學者對部書並不是沒有意見，例如朱熹的弟子陳淳就說：「蓋《書》之為經，最為切于人事日用之常，昔先師只解得三篇，不及全解，竟為千古之恨。自先師去後，學者又多專門，蔡仲默、林子武皆有《書解》，聞皆各自為一家。」[125]並不能就此代表朱子。朱子三傳弟子金履祥（1232-1303）

---

122 蔡根祥：〈蔡元定之尚書學及其相關問題之研究〉，《高雄師大學報》，第17期（2004年12月），頁180。

123 楊萬里於〈薦蔡元定章〉云：「嘗與朱熹疏釋六經、《語》、《孟》、《學》、《庸》之書，每有洞見自得之妙。」收入《蔡氏九儒書》，卷2，頁149。今於《朱子文集》當中，亦有多封與蔡元定討論經義的書信。

124 陳良中：《朱子尚書學研究》，頁155。

125 〔宋〕陳淳：〈答郭子從書〉，《北溪大全集》，收入《文淵閣四庫全書》，卷25，第1168冊，頁697。

也曾在《尚書表注》〈序〉中說：「朱子傳注諸經略備，獨《書》未及。嘗別出〈小序〉，辨正疑誤，指其要領，以授蔡氏而為《集傳》，諸說至此有所折衷矣。但書成於朱子既沒之後，門人語錄未萃之前，猶或不無遺漏放失之憾。」[126]顯然也對蔡《傳》有所不滿。而這樣一部著作，在數十年之後，卻成為科舉考試的指定用書，當中的轉變過程，後文會再深入討論。

　　前文提及朱子解經乃訓詁與義理並重，同樣的，蔡沈承朱子之命所作的《書集傳》也呈現出這種傾向。在游均晶的研究中，已經發現《書集傳》在訓詁方面，有大量徵引繼承古注疏的情況。游氏認為蔡沈對於漢學典範的繼承有兩種情況，一種是認為舊說正確而全句採用，一種是對孔《傳》、孔《疏》的意見擇善而從[127]。事實上，不管是全句採用或是擇善而從，都說明了蔡沈在《集傳》之內，大量引用了漢唐注疏的意見，例如在〈微子〉中，關於父師、少師的解釋，孔《傳》作：「父師，太師，三公，箕子也。少師，孤卿，比干。」[128]之後諸解大多認同這個說法，以父師為箕子，少師為比干，不過，雖然是同樣的解釋，可是東坡《書傳》云：「微子，紂兄也。父師，箕子，紂之諸父。少師，比干也。」[129]林之奇《尚書全解》則是詳加說明用父師、少師的原因[130]，至於蔡《傳》也持同樣的說法，不過卻是作：「父師，大師，三公，箕子也。少師，孤卿，比干也。」文字上

---

126 此據《通志堂經解》本，《經義考》所引文字有所不同。見《通志堂經解》，第13冊，卷首，總頁7941。

127 游均晶：《蔡沈書集傳研究》，頁65-67。

128 〔漢〕孔安國傳、〔唐〕孔穎達等正義：《尚書正義》，收入《十三經注疏‧附校勘記》，第1冊，卷10，頁145。

129 〔宋〕蘇軾：《書傳》，收入《文淵閣四庫全書》，第54冊，卷8，頁566。

130 林之奇：《三山拙齋林先生尚書全解》，收入《通志堂經解》，第13冊，卷21，總頁6777-6778。

與孔《傳》一模一樣。又在解〈費誓〉「公曰：『嗟！人無譁，聽命！
徂茲淮夷、徐戎並興。』」時，蔡《傳》更直接將孔《傳》引用在文
章裡，云：「漢孔氏曰：『徐戎、淮夷竝起寇魯。伯禽為方伯，帥諸侯
之師以征。歎而救之，使無喧譁，欲其靜聽誓命。』」[131]

　　不過，蔡《傳》也不盡是都與孔《傳》相合，例如〈旅獒〉一篇
中，孔《傳》以為：「犬高四尺曰獒，以大為異。」[132]而蔡《傳》雖
然與東坡《書傳》相同，都採用孔《傳》「犬高四尺曰獒」的說法，
不過，下又引《說文》、《公羊傳》以為：「獒能曉解人意，猛而善搏
人者，異於常犬，非特以其高大也。」則又與林之奇《尚書全解》
「漢孔氏曰：『「犬高四尺曰獒，以大為異。」』此說不然……必有珍異
而可玩者，不但以大為異也」同，且林氏也是引用《說文》、《公羊》
來證成其說[133]，可見在這一條目上，蔡沈除了孔《傳》的意見之外，
還兼採了林之奇的看法，認為除了「大」之外，應該尚有別的緣故。

　　此外，談及蔡《傳》，向來有一「朱蔡異同」的問題，前人多有
所爭議，甚至有人以此為蔡沈不守師說之證，如皮錫瑞便云：「蔡
《傳》不從師說，殆因其〈序〉以傳心為說；傳心出虞廷十六字，不
敢明著其偽乎！」[134]事實上，這個問題在宋、元之際早已有人提出，

---

131 〔宋〕蔡沈：《朱文公訂正門人蔡九峯書集傳》，卷6，頁36右。

132 〔漢〕孔安國傳、唐孔穎達等正義：《尚書正義》，收入《十三經注疏·附校勘
　　記》，第1冊，卷10，頁145。

133 林之奇，《三山拙齋林先生尚書全解》，收入《通志堂經解》，第13冊，卷26，總頁
　　6860。

134 〔清〕皮錫瑞著、周予同注：《經學歷史》，頁235。按，此說是皮錫瑞以為朱子疑
　　古文《尚書》，而蔡沈作《書集傳》時卻沒有在這方面更進一步辨偽時所言。然
　　而，朱子對於「《書》有二體」的意見前已論及。又朱升以為：「〈古文書序〉自為
　　一篇，孔注移之各冠篇首。〈序〉文與《書》本旨往往不協，蔡氏刪之而置於後，
　　以存其舊，蓋朱子所授之旨也。」何喬新亦云：「至蔡氏《集傳》出，別今古文之
　　有無，辨〈大序〉、〈小序〉之訛舛。」因此在這方面來說，蔡沈事實上相當遵從
　　師說。朱升、何喬新之說見《經義考》，第3冊，卷82，頁345。

例如黃震在《黃氏日鈔》〈讀尚書〉當中於〈君奭〉「則商實百姓」一條下，便以為朱子於〈堯典〉「平章百姓」下已言百姓為「畿內之民」，而且蔡沈在〈堯典〉中也採用了，但在這裡，卻將百姓解為「百官著姓」，不免有前後矛盾且不守師說之虞[135]。吳澄在為董鼎《尚書輯錄纂註》作〈序〉時也曾說：「朱子嘗欲作《書》說弗果，門人嘗請斷《書》句亦弗果，得非讀之有所疑而為之不敢易也。訂定蔡氏《書傳》，僅至『百官若帝之初』而止，他篇文義雖承師授，而《周書》〈洪範〉以後浸覺疏脫，師說甚明而不用者有焉，豈著述未竟而人為增補與？抑草稿初成而未及修改與？〈金縢〉『弗辟』，鄭非孔是，昭昭也，既迷於自擇，而與朱子《詩傳》、《文集》不相同，然謂鴟鴞取卵破巢比武庚之敗管、蔡及王室，則又同於《詩傳》而與上文避居東都之說自相反，一簡之內，而前後牴牾如此，何哉？〈召〉、〈洛〉二誥，朱子之說具在，而《傳》不祖襲之，故切疑〈洪範〉以後，殆非蔡氏之手筆也。」[136]雖然用非蔡氏之手筆云云，來為蔡沈開脫，但是依然指出了《書集傳》與師說不符的情況；對蔡《傳》極度推崇的陳師凱，在《書蔡傳旁通》的〈召誥〉「郊，祭天地也，故用二牛。社祭，用太牢。禮也」條下，云：「孔氏云：『郊，以后稷配，故二牛。』《疏》云：『《記》及《公羊》皆曰：養牲比養二帝，牛不吉，以為稷牛。』呂氏曰：『郊，祭天；社，祭地。』愚案：上三說皆是也，古者無天地合祭之禮，所以郊用二牛者，一為上帝之牛，一為配帝后稷之牛。蔡《傳》謂祭天地故用二牛，此說誠誤。社為土

---

135 〔宋〕黃震：《黃氏日鈔》，收入《文淵閣四庫全書》（臺北市：臺灣商務印書館，1986年），第707冊，卷5，頁73。當然，此處是黃氏的看法，因為朱子本身並沒有注〈君奭〉，也沒有對該篇中的「百姓」一詞有特別的說解，同樣的辭彙在不同地方，實際上未必不能作兩種不同的解釋。

136 朱彝尊原著、林慶彰等編：《經義考》，第3冊，卷85，頁408-409。

神，即祭地之禮，朱子言之詳矣，蔡氏不用，何也？」[137]也質疑了為何朱子註〈召誥〉「越三日丁巳，用牲于郊，牛二」之時，已經明說：「《傳》曰：『告立郊社位於天，以后稷配，故牛二耳。』」[138]為何蔡《傳》不採用朱子既有的說法？其他像近代研究者如蔡根祥[139]、游均晶[140]、許華峰[141]、陳良中[142]諸先生相關論著，也都討論到這個問題。

然而，從目前所見的資料中得知，蔡沈於朱子晚年曾隨侍在側，而朱子又是一個常常不斷修改自己意見的人，如前文曾提及單《四書集注》一書，就做過三次大規模的修改，因此，在朱子身上常常會產生晚年之見與早年之見不同的現象，例如他在〈答詹帥書〉中就曾云：「伏蒙開喻印書利病，經悉雅意。然愚意本為所著未成次第，每經翻閱，必有修改，是於中心實未有自得處，不可流傳以誤後學……但兩年以來，節次改定又已不少，其間極有大義所繫，不可不改者，亦有一兩文字，若無利害，而不改終覺有病者……〈中庸〉、〈大學〉舊本已領，二書所改尤多，不敢復以新本拜呈。」[143]又如〈與楊教授書〉也曾云：「此書雖多前賢之說，而其去取盡出鄙見，為必中理，或誤後人。此不可之一也。政使可傳，而脩改未定，其未滿鄙意者尚多。今日流傳既廣，即將來蓋棺之後，定本雖出，恐終不免彼此異同，為熹終身之恨。此其不可之二也……而平日每見朋友輕出其未成

---

137 陳師凱：《書蔡傳旁通》，收入《通志堂經解》，第14冊，頁8680。

138 《晦庵先生朱文公文集》，收入朱傑人等主編：《朱子全書》，第23冊，卷65，頁3184。

139 蔡根祥：《宋代尚書學案》，頁868-882。

140 游均晶：《蔡沈《書集傳》研究》，頁89-98。

141 許華峰：《董鼎書傳輯錄纂註研究》，頁31-89。

142 陳良中：《朱子尚書學研究》，頁155-166。陳良中：〈朱子與蔡沈《書》學異同考論〉，《重慶師範大學學報（哲學社會科學版）》，2010年第3期，頁75-81。

143 《晦庵先生朱文公文集》，收入朱傑人等主編：《朱子全書》，第21冊，卷27，頁1205。

之書，使人摹印流傳而不之禁者，未嘗不病其自任之不重而自期之不遠也。」[144]可見對於朱子來說，修改自己的意見是相當常見的事情。朱子易簀前三日，尚修改《大學》〈誠意章〉，亦是眾所皆知之事。不過，一個思想家的思想完成之後，對自己說法細部調整的「意見」雖是常有之事，但罕有對整體「系統」的推翻，因此，朱子對自己著作和看法的修改，亦只是細部調整而已。

據蔡沈所言，他曾在慶元庚申（1200）三月初二，與葉味道一同到朱子處，師生共同討論《尚書》內容，初二、初三兩天，朱子都曾說《書》數十條，而且還手訂《書傳》兩章[145]。事實上這個時候，朱子已經病重，因此在數日後的三月九日，便在學生陪侍下過世，因此，這幾十條《尚書》說和所修改的《書傳》，當是朱子最後的意見，而得之者乃蔡沈。不過，由於蔡沈一直要到慶元五年（1199）冬才受到朱子囑咐編定《書集傳》，而朱子在慶元六年（1200）三月便已經過世，雖然蔡沈自己說二〈典〉、〈禹謨〉先生嘗是正，又說尚有手授指畫未及盡改者，今都一併收入書中而不復識別。不過，在這短短的時間內，蔡沈究竟能從朱子那邊得到多少指點？且此書又非朱子死後不久即成，而是在朱子去世十餘年後方修成[146]，這麼長的時間是

---

144 〈與楊教授書〉，《晦庵先生朱文公文集》，收入朱傑人等主編：《朱子全書》，第21冊，卷26，頁1144-1145。

145 蔡沈：〈朱文公夢奠記〉，收入《全宋文》，第301冊，卷6885，頁411。

146 關於蔡《傳》的成書年代，一般都依據蔡沈〈自序〉：「慶元己未冬，先生文公令沈作《書集傳》。明年先生歿，又十年，始克成編。」將之定在嘉定二年（1209），如程元敏先生、古國順、游均晶等人均同意這個說法。許華峰先生則根據蔡沈弟子黃自然的〈跋〉文中云「文公既歿，垂三十年，而後始出其書」及真德秀〈墓表〉云「沈潛反覆者數十年，然後克就」，以為雖然成書於1209年，但當時所完成的應只是初稿，並未流通，之後蔡沈又多所修改，初次刊行應該是1230年之後，見所著《董鼎書傳輯錄纂註研究》，頁207-209。而古國順、程元敏先生則以為，真德秀〈墓表〉中的「數十年」的「數」字當為衍文，程先生說見所著：

否真的將師訓一一記於心中[147]？這或許可以再討論。不過，就分辨今古文篇章、繼承古注疏以及將〈書序〉獨立出來置於書末這幾點來看，蔡沈的著書體例顯然與朱子《書》學相同，應是經過朱子指導，就如同侯外廬等人所言：「所謂『與師異』是僅在於某些文字的詞義上，而不在於天理、道統等理學關鍵問題上。在後者，蔡沈於其師是完全沆瀣一氣的。」[148]

此外，又有以為朱子認為《書》可解者解，不解者何妨不解，然而蔡《傳》卻句句有解，所以蔡沈並不遵守師說，如《四庫總目》云：「蓋在朱子之說《尚書》，於通所可通，而闕其所不可通，見於與錄者，不啻再三。而沈於殷盤周誥，一一必求其解，其不能無憾也。」[149]的確，朱子曾經說過：「知《尚書》收拾於殘闕之餘，卻必要句句義理相通，必至穿鑿。」[150]由於朱子相信《尚書》是秦火之殘闕，因此本身文字就有問題，不可能句句說得通，這也是朱子用來懷疑孔《傳》的理由之一，因為既然是殘缺之書，如何能夠篇章并然有序而無不可通之處？不過，事實上蔡沈在《書集傳》中對於《尚書》

《書序通考》，頁240。古說見所著：〈蔡沈《書集傳》之研究論著述評〉，《北市師專學報》，第12期（1980年6月），頁94。李致忠則主張成於1210年，不過他認為蔡沈〈自序〉所云作《傳》十二年是指受命後的時間，至於其子蔡杭〈面聖口述〉所謂「辛勤三十年，著成此書」與真德秀〈墓表〉所言，則是包括蔡沈本身專習潛研的時間在內，兩者並無矛盾。見李致忠：《宋版書敘錄》（北京市：書目文獻出版社，1994年），頁71-72。

147 關於這個問題，程元敏先生認為：「朱子以述作之意教九峯蔡氏，準則通貫《尚書》全書可用，毋庸篇為之訂正；口授指畫，耳提面命，數月已足。」見所著：《書序通考》，頁245。

148 侯外廬等編，《宋明理學史》（北京市：人民出版社，1997年），上冊，頁527。又，「沆瀣一氣」一詞今多用於貶義，並不太適合用在朱、蔡身上，本文引此段文字，僅作為朱、蔡師生之間於天理道統觀念一致之輔證。

149 〔清〕紀昀、永瑢等：《武英殿本四庫全書總目》，第1冊，卷11，頁262-263

150 〔宋〕黎靖德編：《朱子語類》，卷78，頁1982。

並非「句句有解」，例如在〈堯典〉「象恭滔天」下，注云：「象恭，
貌恭而心不然也。滔天二字未詳，與下文相似，疑有舛誤。」[151]於
〈禹貢〉「東匯澤為彭蠡，東為北江，入于海」下，注云：「北江未
詳。」〈盤庚下〉「鞠人、謀人」下，注云：「鞠人謀人，未詳。或
曰：鞠，養也。」〈呂刑〉「王曰：『嗚呼！敬之哉！官伯族姓。朕言
多懼。朕敬于刑，有德惟刑……』」一章下，亦注云：「此章文有未詳
者，姑缺之。」全書所云「未詳」者多矣，怎可謂「句句有解」？除
此之外，關於在《語錄》中朱子那些認為不可通的地方，有些部分是
朱子以為「義理」上說不過去，例如盤庚為何抵死都要遷都之類。有
些可能是朱子本身研究較不深入的專家之學，例如天文、數術之學。
以前者而言，在注經的時候，有注其實並不牴觸；以後者而言，或許
正是朱子把《尚書》託付給蔡沈的原因[152]。

　　不過，就現有材料來說，蔡沈《書集傳》中的解說，確實有許多
與朱子相異之處。現存朱子對於《尚書》意見的材料，大概可以粗分
為兩類，第一類是現存《朱子文集》卷六十五當中「雜著」部分，其
中包含〈尚書〉、〈堯典〉、〈舜典〉、〈大禹謨〉、〈金縢說〉、〈召誥
序〉、〈召誥〉、〈洛誥〉、〈武成日月譜〉、〈考定武成次序〉這十篇專論
文章；第二類則是以《朱子語錄》卷七十八、七十九卷為主，以及其
他語錄、文章、書信中談到的部分。前文已提到，第二類材料由於時
間上的難以考定，很難用來作為指責蔡沈「不守師說」的有力說法。
是以要討論這個問題，最好是從第一類材料入手，而第一類材料據目

---

151 《朱子文集》注〈堯典〉時，此處亦作：「滔天二字未詳，不可曉，與下文不相
　　似，疑有舛誤。」蔡《傳》顯然繼承了朱子的說法。
152 當然學界也有不同的意見，例如李學勤就以為：「蔡沈是朱子徒裔，其《書集傳》
　　流行為官定教本歷數百年，不過這部書仍是折衷眾說，不能據以代表朱子本
　　人。」見李學勤：〈朱子的《尚書》學〉，《朱子學刊》，第1輯，頁88。

前的研究，大抵上比較能用來代表朱子晚年意見，且已具經注雛形
的，當屬〈尚書〉（注孔序）、注〈堯典〉、注〈舜典〉、注〈大禹謨〉
前段四篇[153]。本文即將這四篇與蔡沈《書集傳》的說解作一完整比
較，雖然未必能作為朱子與蔡沈看法異同的論證，不過卻能比較出朱
子晚年意見與《書集傳》當中差異的部分。此外，下表所列僅有基本
差異之處，如果是文字的增減而無損於意義者，如〈堯典〉「曰若稽
古」，《朱子文集》作「曰、粵、越通。曰若者，發語辭」[154]，《書集
傳》作「曰、粵、越通，古文作粵。曰若者，發語辭」；〈舜典〉「乃
命以為」，《朱子文集》作「堯乃命之以官職之位也」，《書集傳》作
「堯乃命之以職位也」之類。以及注解段落順序不同，但文字或意義
相同者，如〈舜典〉「唐孔氏曰：東晉梅賾上孔《傳》……遂疑其
偽，蓋過論也」，《朱子文集》置於首段「乃命以位」之下，《書集
傳》置於篇目「舜典」二字之下；又〈舜典〉「在璿璣玉衡，以齊七
政」之下，《朱子文集》與《書集傳》均引用一段相同的沈括的意
見，只是一在前，一在後。類似這樣的情況，本文均視為相同而不列
其差異。此外，《文集》三篇於標題之下所列今文古文，皆為古文在
前而今文在後，如〈堯典〉下注「古文今文皆有」、〈舜典〉下注「古
文有、今文合於〈堯典〉」、〈大禹謨〉下注「古文有，今文無」，而蔡
《傳》於每篇篇首雖亦注今古文，然除〈仲虺之誥〉一篇外，皆以今
文居前，此一情形因難以判定其中是否有特殊用意，故本文亦不視為
兩者之不同。

---

153 許華峰：《董鼎書傳輯錄纂註研究》，頁44。陳良中：〈朱子與蔡沈《書》學異同考
論〉，頁80。另，許華峰先生曾考訂〈雜著〉十篇文章的寫作時間，詳見許華峰：
《董鼎書傳輯錄纂註研究》第二章第二節〈《朱熹集》卷65〈雜著〉諸篇的寫作時
間〉，頁43-58。

154 下表均採用《朱子文集》之文字，然標點句讀則依個人理解而有所更動。

　　由下表可知，《朱子文集》注《尚書》的四篇文章，與《書集傳》不同者，依本文的標準，總共有一三六條，除了第 59 條「柴望」一句，實難判斷《文集》與蔡《傳》之間，究竟是否真有出入外，其餘一三五條大概可分為四類：❶注解文字有差異或詳略的不同，但意思相同者有五十五條；❷《文集》文字有誤，而蔡《傳》加以修正者有五條；❸兩者一有一無者，又可分為兩種：①《文集》所無而蔡《傳》補入者有三十一條，②《文集》原有而蔡《傳》刪去者有十九條；❹兩者在意義上的確有明顯差異者有二十五條。當中第❶類既然兩者意見相同，可以暫時不論。而第❷類其實只是文字或計算的錯誤，蔡沈在編寫《集傳》時將之修正，亦不能說是彼此之間的不同，從這裡看來，即便從一一挑出兩者的不同之處，《文集》與蔡《傳》依然有將近一半沒有差別，更不用說原本就相同的大部分。因此，蔡《傳》與《文集》的意見相同的比率遠遠高於不同的部分。

　　第❸類當中的第①種「《文集》所無而蔡《傳》補入者」共有三十一條，其中蔡《傳》所補與古注疏相近者有九條，採宋人說以補的有五條，難以考證出據何而補的有十七條。至於第❸類當中的第②種「《文集》原有而蔡《傳》刪去者」共有十九條，最為重要者當屬第 58 條「柴望」一句下，《文集》特標斷句，而蔡《傳》去之，因為這條直接影響到斷句究竟是「柴望，秩于山川」或是「柴，望秩于山川」。除此之外，如第 18 條是《文集》存二說，而蔡《傳》僅採一說；第 25、42、77 條是蔡《傳》刪去部分補充說解文字，使之較簡潔；第 120 條則是刪去所有補充說明文字；第 57、64、78、86、90、93、105、107、108、112、114、130 條是蔡《傳》刪去《文集》既有之文字注解，第 104 條則是刪去引用的說法及按語。這些部分的確可以說是兩者之不同，但是應該視為蔡沈作《集傳》之時，關於注解及說明的整理。

　　最後在第❹類「兩者在意義上的確有明顯差異者」的二十五條，是蔡《傳》採用了其他的說法，而不用《文集》原有的說解。當中有十四條蔡《傳》是採用與古注疏相近的說法，有九條則難以考察是出自何處。比較特別的是第 136 條「正月朔旦，受命于神宗」當中關於「神宗」是否即是堯廟的問題，在這裡《文集》是持保留態度，而蔡《傳》則持肯定態度，並引蘇軾和《禮記》〈祭法〉作為佐證，在一條當中採用了兩個說法，所以需單獨處理。

　　經過這樣的整理，能夠發現即便用最寬的標準，將第❸、第❹兩類均視為兩者的不同，也只有七十六處，更不用說像第 25、42、77 三條兩者的不同，只是蔡《傳》將文字整理得更為簡潔而已。而值得注意的現象是，在這七十六處當中，採用古注疏的部分就有二十四條，而採用宋人之說的部分則只有六條。因此，可以得出一個結論，雖然朱子在解經時已經採用了許多漢、唐古注疏，但就蔡沈《書集傳》與《文集》相較之下，可以看出《書集傳》要比朱子《文集》更為接近古注疏。

附表：《朱子文集》與《書集傳》釋文異同表

注〈書序〉

	尚書原文	《文集》	蔡《傳》	備註
1	少昊	少昊，金天氏，己姓。	少昊，金天氏，名摯，己姓。	陸氏云：少昊，金天氏，名摯，字青陽，一曰玄囂，己姓。蔡《傳》據陸氏《釋文》以補。❸①
2	科斗書廢已久，時人無能知者，以所聞伏生之書考論文義，定其可知者，為隸古定，更以竹簡寫之	（無）	吳氏曰：「伏生傳於既耄之時，而安國為隸古，又特定其所可知者。而一篇之中，一簡之內，其不可知者蓋不無矣。乃欲以是盡求作書之本意，與夫本末先後之義，其亦可謂難矣。而安國所增多之書，今篇目具在，皆文從字順，非若伏生之書，詰曲聱牙，至有不可讀者。夫四代之書，作者不一，乃至二人之手，而遂定為二體乎？其亦難言矣。」	《文集》無引，而蔡《傳》採用吳棫之說。❸①

	尚書原文	《文集》	蔡《傳》	備註
3	增多伏生二十五篇	二十五篇者，謂〈大禹謨〉、〈五子之歌〉、〈胤征〉、〈仲虺之誥〉、〈湯誥〉、〈伊訓〉、〈太甲〉三篇、〈咸有一德〉、〈說命〉三篇、〈武成〉、〈旅獒〉、〈微子之命〉、〈蔡仲之命〉、〈周官〉、〈君陳〉、〈畢命〉、〈君牙〉、〈冏命〉也。	二十五篇者，謂〈大禹謨〉、〈五子之歌〉、〈胤征〉、〈仲虺之誥〉、〈湯誥〉、〈伊訓〉、〈太甲〉三篇、〈咸有一德〉、〈說命〉三篇、〈泰誓〉三篇、〈武成〉、〈旅獒〉、〈微子之命〉、〈蔡仲之命〉、〈周官〉、〈君陳〉、〈畢命〉、〈君牙〉、〈冏命〉也。	《文集》有誤，未言〈泰誓〉三篇，蔡《傳》補入。❷
4	為四十六卷	為四十六卷者，孔《疏》以為同序者同卷，異序者異卷也。同序者，〈太甲〉、〈盤庚〉、〈說命〉、〈泰誓〉皆三篇共序，減八卷。又〈大禹〉、〈皋陶謨〉、〈益稷〉、〈康誥〉、〈酒誥〉、〈梓材〉亦	為四十六卷者，孔《疏》以為同序者同卷，異序者異卷。同序者，〈太甲〉、〈盤庚〉、〈說命〉、〈泰誓〉皆三篇共序，凡十二篇，只四卷。又〈大禹謨〉、〈皋陶謨〉、〈益稷〉、〈康誥〉、〈酒誥〉、〈梓材〉亦各三篇共序，凡六篇，只二	兩者敘述方式不同，但意義相同。❶

	尚書原文	《文集》	蔡《傳》	備註
		各三篇共序，又減四卷，通前減十二卷。以五十八卷減十二卷，故但為四十六卷也。	卷。外四十篇，篇各有序，凡四十卷。通共序者六卷，故為四十六卷也。	
5	承詔為五十九篇作傳……定五十八篇	今按：此百篇之序出孔氏壁中，《漢書》〈藝文志〉以為孔子纂《書》而為之序，言其作意。然以今考之，其於見存之篇雖頗依文立義，而亦無所發明。其間如〈康誥〉、〈酒誥〉、〈梓材〉之屬，則與經文又有自相戾者，其於已亡之篇，則依阿簡略，尤無所補，其非孔子所作明甚。然相承已久，今亦未敢輕議，且據安國此〈序〉，復合為一，以附經後，而其相戾之說見本篇云。	詳此章雖說〈書序〉序所以為作者之意，而未嘗以為孔子所作，至劉歆、班固始以為孔子所作。	《文集》論述其非孔子所作者文字較詳。然蔡《傳》文字亦可看出非孔子所作之意。❶

	尚書原文	《文集》	蔡《傳》	備註
6	（按語）	故今別定此本，壹以諸篇本文為經，而復合序篇於後，使覽者得見聖經之舊，而不亂乎諸儒之說。又論其所以不可知者如此，使學者姑務沈潛反復乎其所易，而不必穿鑿傅會於其難者云。	故今定此本，壹以諸篇本文為經，而復合序篇於後，使覽者得見聖經之舊，而又集傳其所可知，姑闕其所不可知者云。	文字雖有詳簡之別，但意義則一。❶

注〈堯典〉

	尚書原文	《文集》	蔡《傳》	備註
7	欽「明」文思	明，聰明也。	明，通明也。	馬融云：「照臨四方謂之明。」鄭注從此說，蔡《傳》之解近於古注疏而異於《文集》。❹
8	（按語）	故《書》帝王之德。	故《書》敘帝王之德。	蔡《傳》多一「敘」字，使文義較明。❶
9	九族	九族，高祖至玄孫之親，舉近以該遠，五服之外、異姓之親，亦在其中也。	九族，高祖至玄孫之親，舉近以該遠，五服、異姓之親，亦在其中也。	「九族」之解相同，然朱言五服之外、異姓之親，蔡言五服、異姓之親，範圍有所差

	尚書原文	《文集》	蔡《傳》	備註
				異。《正義》云：「以此賢臣之化，先令親其九族之親。九族蒙化，已親睦矣，又使之能協顯明於百官之族姓。」蔡說與《正義》較接近。❹
10	（按語）	此言堯推其德，自身及物，由近及遠，所謂放勳者也。	此言堯推其德，自身而家而國而天下，所謂放勳者也。	文字雖有不同，但意思相近。❶
11	「乃」命	（無）	乃者，繼事之辭。	朱無釋「乃」字。❸①
12	羲、和	此兼命二氏四子作為曆象以授民，欲其及時以趨事也。	羲氏、和氏主曆象授時之官。	孔《傳》云：「重黎之後羲氏、和氏世掌天地四時之官，故堯命之。」朱、蔡之說雖同，但蔡說更近於孔傳。❶
13	宅嵎夷，曰暘谷	嵎夷，東表之地，蓋官在國都，而統治之方，其極至此，非往居於彼也。曰暘谷者，以日之所出而名之也。	嵎夷，即〈禹貢〉「嵎夷既略」者也。曰暘谷者，取日出之義。羲仲所居，官次之名。蓋官在國都，而測候之所則在於嵎夷東表之地也。	兩者文字雖有出入，但意義相同。❶

	尚書原文	《文集》	蔡《傳》	備註
14	寅賓	寅，敬也。賓，禮接之如賓客也。	寅，敬也。賓，禮接之如賓客也。亦帝嚳曆日月而迎送之義。	蔡《傳》有所補充，然意義無別。❶
15	日中	日中者，畫得其中也。蓋畫夜皆五十刻，春主陽，故以畫言也。	日中者，春分之刻，於夏永冬短為適中也。畫夜皆五十刻，舉畫以見夜，故曰日。	孔《傳》：「日中謂春分之日。」朱說以為得其中，蔡說更接近孔《傳》。❹
16	星鳥	星鳥，南方朱鳥七宿。	星鳥，南方朱鳥七宿，唐一行推以鶉火為春分昏之中星也。	兩者相同，蔡《傳》補一行之說。❸①
17	以殷仲春	殷，中也。仲春者，春分之氣，蓋以日晷、中星驗春之中也。	殷，中也。春分，陽之中也。	《康熙字典》引〈堯典〉《傳》曰：鄭玄：殷，中也。春分，陽之中。秋分，陰之中。[155]
18	南交	南交，南方交趾之地。劉氏曰：「當云『宅南，曰交趾』。」陳氏曰：「『交』下當有『曰明都』三字。」	南交，南方交趾之地。陳氏曰：「『南交』下當有『曰明都』三字。」	《文集》有引劉氏之說，然劉說實與上下說解不合，為另存一說。蔡《傳》去之，使之文意統一。❸②

---

155 此說法今不見於各家書，僅見於《欽定康熙字典》，然字典編者必有所本，姑信之。

	尚書原文	《文集》	蔡《傳》	備註
19	敬致	敬致，《周禮》所謂春夏致日，蓋以夏至之日中祠日而識其景，如《周禮》所謂「日至之景，尺有五寸，謂之地中」者也。	敬致，《周禮》所謂春夏致日，蓋以夏至之日中祠日而識其景，如所謂「日至之景，尺有五寸，謂之地中」者也。	《文集》兩次稱引《周禮》，蔡《傳》則舉一以括下，意義無別。❶
20	星「火」	火為大火，夏至之中星也。	火為大火，夏至昏之中星也。	《文集》但以為夏至中星，而蔡《傳》以為昏之星心。鄭玄云：「夏至之氣昏火星中。」[156]蔡說近古注疏。❹
21	以「正」仲夏	（無）	正者，夏至陽之極，午為正陽位也。	《文集》無解，蔡氏自解。❸①
22	希革	希革，毛希而革見也。	希革，鳥獸毛希而革易也。	孔《傳》云：「夏時鳥獸毛羽希少改易。革，改也。」蔡用孔說。❹
23	宵中	宵，夜也。此時亦晝夜各五十刻。秋至陰，且避春之日中，故	宵，夜也。宵中者，秋分夜之刻於夏冬為適中也。晝夜亦各五十刻，舉	《文集》無解宵中，蔡氏解為秋分之刻於夏冬為適中。❸①

---

156 《尚書鄭注》，頁3。收入王雲五編：《叢書集成初編》（上海市：商務印書館，1937年）。

	尚書原文	《文集》	蔡《傳》	備註
		舉宵以見日也。	夜以見日，故曰宵。	
24	星虛	北方玄武七宿。虛星，秋分之中心也。	星虛，北方玄武七宿之虛星，秋分昏之中星也，亦曰殷者，秋分陰之中也。	康熙字典引堯典傳曰：鄭玄：殷，中也。春分，陽之中。秋分，陰之中。[157]《正義》云：「亦言七星皆以秋分之日昏時並見，以正秋之三月。」蔡《傳》用古注疏說。❹
25	日短	日短，晝四十刻也。冬亦主陰，然無所避，故直言日也。	日短，晝四十刻也。	《文集》有解言之短之由，蔡《傳》無說。❸②
26	星昴	星昴，西方白虎七宿。昴星，冬至之中星也。	星昴，西方白虎七宿之昴宿，冬至昏之中星也，亦曰正者，冬至陰之極，子為正陰之位也。	蔡解冬至昏之中星為古注疏之說。而「冬至，陰之極」《史記正義·春申君列傳》及邵子《皇極經世》皆有說。❹
27	（按語）	中星或以象言，或以次言，或以星言者，蓋星適當昏中，則以星	（無）	由於蔡《傳》於四處皆採昏中之說，故刪去《文集》此段，以合其說。此

---

157 此說法今亦不見於各家書，僅見於《欽定康熙字典》。

	尚書原文	《文集》	蔡《傳》	備註
		言，如星虛、星昂是也；星不當中而適當其次者，則以次言，如星火是也；次不當中而適界於兩次之間者，則以象言，如星鳥是也。聖人作曆，推考參驗，以識四時中星，其立言之法，詳密如此。		雖為朱有蔡無，然據文意，當歸於兩者有顯著差異之第四類。❹
28	（按語）	唐一行所謂「歲差者，日與黃道俱差」者是也。	唐一行所謂歲差者是也。	兩者皆引一行說，而《文集》所引較詳。❶
29	朞三百有六旬有六日	咨，嗟也，嗟歎而告之也。曁，及也。朞，猶周也。歲周三百六十五日四分日之一，而曰三百六旬有六日者，舉成數也。	咨，嗟也，嗟歎而告之也。曁，及也。朞猶周也。	蔡《傳》於一歲之說，後文有解。❶
30	允釐百工，庶績咸熙。	釐，治；工，官；庶，眾；績，功；熙，廣也。	允，信；釐，治；工，官；庶，眾；績，功；咸，皆；熙，廣也。	孔《傳》言：「允，信；釐，治；工，官；績，功；咸，皆；熙，廣也。」《文集》

	尚書原文	《文集》	蔡《傳》	備註
				無解「允」、「咸」二字，蔡《傳》採孔說。❸①
31	疇「咨」若時登庸	咨，嗟……言堯誰何，咨嗟而問，有能順此理者，將登而用之也。	咨，訪問也……堯言誰為我訪問能順時為治之人而登用之乎？	「咨」字，《文集》解作嘆詞，蔡解作「訪問」，兩者語意有差異。❹
32	都	（無）	都，歎美之辭也。	孔《傳》云：「都，於，歎美之辭。」蔡《傳》據孔《傳》以增。❸①
33	（按語）	（無）	上章言順時，此言順事，職任大小可見。	《文集》無此按語而蔡《傳》補之。❸①
34	俾乂	俾，使；乂，治也。	俾，使；乂，治也，言有能任此責者，使之治水也。	蔡《傳》進一步作全句之解釋。❸①
35	僉	僉，眾共之辭。	僉，眾共之辭。四岳與其所領諸侯之在朝者，同辭而對也。	《正義》云：「帝以岳為朝臣之首，故特言四岳，其實求能治者，普問朝臣，不言岳對而云皆曰，乃眾人舉之，非獨四岳，故言『朝臣舉之』。」蔡《傳》

	尚書原文	《文集》	蔡《傳》	備註
				所補之意與《正義》同。❸①
36	於	（無）	於，歎美辭。	前文孔《傳》云：「都，於，歎美之辭。」蔡《傳》據此以增。❸①
37	方命	方，逆也。命，上之令也。言專任己意，不從上令也。	方命者逆命而不行也。王氏曰：圓則行，方則止。方命猶今言廢閣詔令也。蓋鯀之為人，悻戾自用，不從上令也。	蔡《傳》補入王安石之說。❸①
38	試乃可已	試可乃已者，蓋廷臣未有賢於鯀者……	試可乃已者，蓋廷臣未有能於鯀者……	「賢」與「能」，文字雖異，意義相同。❶
39	九載，績用弗成	（無）	載，年也。九載三考，功用不成，故黜之。	孔《傳》：「載，年也。三考九年，功用不成，則放退之。」蔡《傳》採孔《傳》之說以補。❸①
40	巽朕位	巽，順而入之也。言汝四岳能用我之命，而入之我之位乎？	吳氏曰：巽、遜古通用。言汝四岳能用我之命，而可遜以此位乎。	《文集》與孔《傳》皆解作「順」，《釋文》引馬融解作「讓」。蔡《傳》採吳氏之說。❹

	尚書原文	《文集》	蔡《傳》	備註
41	嬀「汭」	汭，水北。一說亦水名。一說小水入大水也。蓋山水皆自北來，人可居處者多在所交之北，故舜所居在嬀之汭也。	《爾雅》曰：「水北曰汭，亦小水入大水之名。」蓋兩水合流之內也，故從水從內。蓋舜所居之地。	朱以為水北，蔡以為水內。《釋文》云：「汭音如銳反，水之內也。杜預注《左傳》云：『水之隈曲曰汭。』」蔡蓋從此說。❹
42	虞	虞，舜氏也。謂其家也。	虞，舜氏也。	《文集》解釋虞為其家。蔡《傳》則去之。❸②
43	（按語）	言治裝下嫁二女于嬀水之北，使為舜婦于虞氏之家也。	史言堯治裝下嫁二女于嬀水之北，使為舜婦于虞氏之家也。	蔡云「史言」，《文集》則否，然其意一也。又《朱子語錄》言：「『釐降二女于嬀汭，嬪于虞』，乃史官之詞。」❶

注〈舜典〉

	尚書原文	《文集》	蔡《傳》	備註
44	溫恭「允塞」	信實而充塞	誠信而充實	《文集》、蔡《傳》訓詁雖有小異，然意義相同。❶
45	（按語）	（無）	愚謂遇烈風雷雨，非常之變，而不震懼失常。	蔡《傳》又重申舜不迷於風雨之德。《語類》云「『弗

	尚書原文	《文集》	蔡《傳》	備註
			非固聰明誠智，確乎不亂者不能也。《易》：「震驚百里，不喪匕鬯。」意為近之。	迷』，謂舜不迷於風雨也」、「弗迷，乃指人而言」。蔡《傳》所補與之相同。❸①
46	正月「上日」	曾氏曰：「如上戊、上丁之類。」未詳孰是。	曾氏曰：「如上戊、上辛、上丁之類。」未詳孰是。	《文集》少引「上辛」，而蔡《傳》有引。❸①
47	在璿璣玉衡，以齊七政	所以窺璣，而察七政之運行，猶今之渾天儀也。齊，猶審也。	所以窺璣，而齊七政之運行，猶今之渾天儀也。	《文集》釋「齊」為「審」，故言「察七政之運行」。蔡《傳》直言「齊七政」。《正義》言：「以齊整天之日月五星七曜之政，觀其齊與不齊，齊則受之是也，不齊則受之非也。」❹
48	（按語）	言舜初攝位，乃察璣衡，以審七政之所在，以起渾天儀。	此言舜初攝位，整理庶務，首察璿衡，以齊七政，蓋曆象授時，所當先也。	與上文視之，可知《文集》之意為「審度」，蔡《傳》之意為「齊整」。蔡用古注疏說。❹
49	（按語）	至宣帝時耿壽昌始鑄銅而為之	至宣帝時耿壽昌始鑄銅而為之	《正義》云：「宣帝時司農中丞耿壽

	尚書原文	《文集》	蔡《傳》	備註
		象，衡長八尺，孔徑一寸，機徑八尺……	象，宋錢樂又鑄銅作渾天儀，衡長八尺，孔徑一寸，機徑八尺……	昌始鑄銅為之象，史官施用焉……江南宋元嘉年皮延宗又作〈渾天論〉，太史丞錢樂鑄銅作渾天儀，傳於齊梁……」朱書易使人誤解此為耿壽昌所作，蔡《傳》正之。❷
50	（按語）	上刻十二辰、八十四偶在地之位。	上刻十二辰八干四偶在地之位。	《宋史》〈天文志〉：「第一重曰六合儀……內外八幹、十二枝，畫艮、巽、坤、乾卦於四維。」[158]可知《文集》曰八十四偶有誤，蔡《傳》正之。❷
51	（按語）	側立黑雙環，具刻去極度數以中分天脊。	側立黑雙環，背刻去極度數以中分天脊。	朱言具刻，並為言刻於何處，蔡詳言其刻法為背刻。❸①
52	（按語）	直跨地平，使其半出地上，半入地下，而結於其子午，以為天	直跨地平，使其半入地下，而結於其子午，以為天經。	朱云半出地半入地，蔡《傳》僅言半入地，然於文意可想半為出地。

158 〔元〕脫脫等：《宋史》，卷48，總頁965-966。

	尚書原文	《文集》	蔡《傳》	備註
		經。		又，蔡《傳》下亦言半出地上，半入地下。❶
53	（按語）	斜倚赤單環，具刻赤道度數，以平分天腹。	斜倚赤單環，背刻赤道度數，以平分天腹。	朱言具刻，並為言刻於何處，蔡詳言其刻法為背刻。❸①
54	（按語）	二環表裏相結不動。	三環表裏相結不動。	上注文言「平置黑單環⋯⋯側立黑雙環⋯⋯斜倚赤單環」，又考《宋史》〈律曆志〉六合儀有陽經雙環、陰緯單環、天常單環[159]，可知當作「三環」。❷
55	（按語）	使衡既得隨環東[而][160]運轉，又可隨處南北低昂。	使衡既得隨環東西運轉，又可隨處南北低昂。	考《宋史》〈律曆志〉言四遊儀曰：「璇樞雙環⋯⋯東西運轉於三辰儀內，以格星度。」「橫簫望筒⋯⋯在璇樞直距之中，使南北遊仰，以窺辰宿，無所不至。」可知《文集》此

159　〔元〕脫脫等：《宋史》，卷76，總頁1744。

160　此字《四庫》本、上海涵芬樓影印明嘉靖本、朱傑人整理本皆作「而」，陳俊民等校編本則作「西」。

	尚書原文	《文集》	蔡《傳》	備註
				「而」字應為誤字。❷
56	（按語）	（無）	今太史局秘書省銅儀制極精緻，亦以銅丁為之。	《文集》無言太史局之銅儀制，蔡《傳》補之。❸①
57	肆類于「上帝」	上帝，天也。	（無）	《文集》有註上帝，蔡《傳》無。❸②
58	岱宗柴望	絕句。	（無）	《文集》特標於「柴望」絕句，《集傳》無。❸②
59	柴望	柴望，燔柴以祀天，而遂望祭東方之山川，又各以其秩次而就祭之也。	柴，燔柴以祀天也。望，望秩以祀山川也。	蔡《傳》雖無於「柴望」下特標絕句，然觀其釋前文「望于山川，徧于羣神」，朱、蔡皆解為「類、類、禋、望皆祭名……望而祭之，故曰望」可知前文之望為祭名。然此處蔡《傳》雖分釋柴、望，但難以判斷是否於此處斷句。
60	協時、月，正日。	諸侯之國，其有不同者，則協而合之也。同，審而一之也。	諸侯之國，其有不齊者，則協而正之也。	兩者文字雖有些許出入，然意義相同。❶

	尚書原文	《文集》	蔡《傳》	備註
61	同「律」、度、量、衡	律，謂十二律也。六律為陽，黃鍾、太簇、姑洗、蕤賓、夷則、無射。六呂為陰，大呂、夾鍾、仲呂、林鍾、南呂、應鍾也。	律，謂十二律。黃鍾、太簇、姑洗、蕤賓、夷則、無射、大呂、夾鍾、仲呂、林鍾、南呂、應鍾也。六為律，六為呂。	《文集》分六律、六呂而言之，蔡《傳》統言十二律，意義並無太大不同。❶
62	（按語）	《周禮》曰：「王之所以撫邦國諸侯者，七歲屬象胥，諭言語，協辭命。九歲屬瞽史，喻書名，聽聲音。十有一歲，達瑞節，同度量，成牢禮，同數器，修法則。十有二歲，王巡守殷國。」大略亦類此。蓋因虞夏之禮而損益之，故其先後詳略有不同耳。	《周禮》「六器六贄」，即舜之遺法也。	《文集》引《周禮・秋官・大行人》文，所言為王撫諸侯之事。蔡《傳》逕云《周禮》六器六贄即舜之遺法，統言禮器及禮物。❹
63	（按語引用）	程子曰：「……言之善者則從而明考其功，有功	程子曰：「……言之善者則從而明考其功，有功則	兩者皆引用程子之語，然一云「旌其功也」，一云「旌

	尚書原文	《文集》	蔡《傳》	備註
		則賜車服以旌其功也……」	賜車服以旌異之……」	異之」，不知何者為是。❹
64	肇十有二州	古者中國之地，但為九州……大河之內為冀州，而帝都在焉。	中古之地，但為九州。	《文集》有說解冀州，蔡《傳》則否。❸②
65	（按語引用）	（無）	吳氏曰：「此一節在禹治水之後，其次序不當在四罪之先。蓋史官泛記舜所行之大事，初不計先後之序也。」	《文集》無引，蔡《傳》引吳氏之說以補。❸①
66	（按語）	所以待夫元惡大憝、殺人、傷人，穿窬、淫放，凡罪之不可宥者也。	所以待夫元惡大憞、殺人、傷人，穿窬、淫放，凡罪之不可宥者也。	《文集》用「大憝」，蔡《傳》用「大憞」，文字不同，義訓則一也。❶
67	金作贖刑	金，罰其金也。贖，贖其罪也。	金，黃金。贖，贖其罪也。	《文集》言以金贖其罪，由《朱子語類》可知金指金錢[161]。蔡《傳》則言以黃金贖其罪。孔《傳》云：「金，黃金。誤而入刑，出金以贖罪。」蔡《傳》之說近於孔《傳》。❹

---

161 〔宋〕黎靖德編：《朱子語類》，卷78，總頁2001-2002。

	尚書原文	《文集》	蔡《傳》	備註
68	（按語）	此五句者，寬猛輕重各有條理，法之正也。	此五句者，從重入輕，各有條理，法之正也。	朱言寬猛輕重，蔡言由重入輕，蔡說有將五刑排序之意，朱說則無。《正義》云：「『典刑』是其身，『流宥』離其鄉，流放致罪為輕，比鞭為重，故次『典刑』之下。先研『流宥』，鞭扑雖輕，猶虧其體，比於出金贖罪又為輕。」蔡說與《正義》相近❹
69	眚災「肆」赦	（無）	肆，縱也。	《文集》無解，蔡《傳》釋為赦。❸①
70	怙終賊刑	怙，謂有恃。終，謂再犯[162]。	賊，殺也。怙終賊刑者，怙，謂有恃。終，謂再犯。	《文集》無解「賊」字，蔡《傳》補之。孔《傳》云：「賊，殺也。」蔡說接近孔《傳》。❸①
71	（按語）	此二句者，或由重而即輕，或由	此二句者，或由重而即輕，或由	《文集》按語多「猶今之律有名

---

162 此字涵芬樓影明嘉靖本、朱傑人整理本均作「怙，謂再犯」。陳俊明校編本據賀本
　　改為「怙，謂有恃。終，謂再犯」。今從陳校本。

	尚書原文	《文集》	蔡《傳》	備註
		輕而即重，猶今之律有名例，又用法之權衡，所謂法外意也。	輕而即重。蓋用法之權衡，所謂法外意也。	例」一句，然觀其全文，意義無別。❶
72	（按語）	蓋其輕重毫釐之間，各有攸當者，乃天罰不易之定理。	蓋其輕重毫釐之間，各有攸當者，乃天誅不易之定理。	朱作天罰，蔡作天誅，雖用字有輕重，然於釋義則一。❶
73	（按語）	且使富者幸免，而貧者受刑，既非所以為平，而又有利之之心也，聖人之法必不然矣。	且使富者幸免，貧者受刑，又非所以為平也。	《文集》按語有言聖人云云，蔡《傳》則否。然以為若為此一舉錯，則為不平，其意一也。❶
74	竄「三苗」於三危	三苗，國名。在大江之南，彭蠡之西，洞庭之東，恃險作亂者也。	三苗，國名。在江南荊揚之間，恃險為亂者也。	《文集》、蔡《傳》說解雖有異同，然所指之相對位置則類似。❶
75	崇山	崇山，南裔之山，或云在今澧州。	崇山，南裔之山，在今澧州。	蔡《傳》之說較《文集》為肯定。❶
76	（按語）	（無）	程子曰：「舜之誅四凶，怒在四凶。舜何與焉。蓋因是人有可怒之事而怒之，聖人之心本無怒也。聖人以天下	蔡《傳》引《近思錄》卷五程伊川之言以補。❸①

	尚書原文	《文集》	蔡《傳》	備註
			之怒為怒，故天下咸服之。」	
77	（按語）	古者謂畿內之民與列國諸侯為天子服斬衰三年，海內之民則不為服。唯堯聖德廣大，恩澤隆厚，又能讓舜，為天下得人，故海內之民思慕之深至於如此也。	言堯聖德廣大，恩澤隆厚，故四海之民思慕之深至於如此也。	《文集》詳言服喪之禮，而蔡《傳》僅言堯之廣大，四海之民之思慕。❸②
78	月正元日	月正，即正月也。元日，朔日也。月正猶月朔謂之朔月，月吉謂之吉月也。	月正，正月也。元日，朔日也。	《文集》有釋月正、月吉，蔡《傳》去之。❸②
79	（按語引文）	無	蘇氏曰：「受終告攝，此告即位也。」	《文集》無引，蔡《傳》引蘇氏之言，然今《東坡書傳》作「向告攝令，今告即位」[163]。❸①
80	詢于四岳，闢四門，明四目，達四聰	舜既告廟即位，乃謀政治于四岳之官，開四方之門，以受天下之	舜既告廟即位，乃謀治于四岳之官，開四方之門，以來天下之	兩者文字有些許差異，然意義相近。❶

163　〔宋〕蘇軾：《書傳》，收入《文淵閣四庫全書》，第54冊，卷2，頁496。

	尚書原文	《文集》	蔡《傳》	備註
		朝貢，廣四方之見聽，以決天下之壅蔽也。	賢俊，廣四方之視聽，以決天下之壅蔽。	
81	柔遠能邇	遠近之勢如此，先務其略，而後致其詳也。	遠近之勢如此，先其略，而後其詳也。	兩者文字不同，但文意相近。❶
82	惇德允元，而難任人	言當厚信有德仁人，而拒姦惡也。	言當厚有德，信仁人，而拒姦惡也。	朱言厚信有德能人，蔡則分而言之，然意義相近。❶
83	亮采惠疇	以時亮庶事，而順成庶類者乎？	以明亮庶事，而順成庶類也。	朱言「時亮庶事」，蔡《傳》言「明亮庶事」，然朱說前文釋亮為明，由此可知兩者意義應無別。❶
84	伯「禹」作司空	禹，崇伯鯀之子。	禹，姒姓，崇伯鯀之子也。	《文集》無言禹為姒姓，蔡《傳》補之。❸①
85	（按語）	此特稱「舜曰」，以見自此以上稱帝者皆堯也，自此以下稱帝者乃舜也。則堯老之時，舜未嘗稱帝亦可見矣。	此章稱「舜曰」，此下方稱「帝曰」者，以見堯老舜攝。堯在時舜未嘗稱帝，此後舜方真即帝位而稱帝也。	兩者文字雖有不同，但皆云堯老時舜未嘗稱帝，待堯死後方登帝位。❶
86	汝「后」稷	后，君也。謂有邰之君也。如所	后，君也，有爵土之稱。	朱言稷之封地於「邰」，蔡《傳》

	尚書原文	《文集》	蔡《傳》	備註
		謂三后、后夔皆有爵土之稱也。		去之。❸②
87	（按語）	欲其優柔浸漬，以漸而入，則其天性之眞，自然呈露，不能自已，而無迫切虛偽、免而無恥之患矣。	使之優柔浸漬，以漸而入，則其天性之眞，自然呈露，不能自已，而無無恥之患矣。	兩者文字有些許不同，然意義相近。❶
88	（按語）	乃能使刑當其罪，而人無不服也。	乃能使刑當其罪，而人無不信服也。	朱言無不服，蔡言無不信服，意同。❶
89	（按語引文）	《周禮》：「有攻木之工、攻金之工、攻皮之工、設色之工、刮摩之工、摶埴之工皆是也。」	《周禮》：「有攻木之工、攻金之工、攻皮之工、設色之工、摶埴之工皆是也。」	此處所引為《周禮·冬官考工記》之敘言，《文集》所引為是，蔡《傳》所引缺「刮摩之工」❹
90	汝「共工」	共工，官名。共，供也，言供其事也。	（無）	《文集》有釋共工而蔡《傳》無。❸②
91	讓于殳斨暨伯與	殳斨、伯與，二臣名也。	殳、斨、伯與，三臣名也。	此處朱言二臣，蔡《傳》言三臣，雖兩者均於後文有言：「殳以積竹為兵，建於兵車者。斨，方銎斧也。古者多以能為名，二能豈能為二器者

	尚書原文	《文集》	蔡《傳》	備註
				與？」又似以娵斤為二，然此處言娵斤、伯與為二臣名明矣。❹
92	往哉，汝諧。	往哉汝諧，言汝能和其職。不聽其讓也。	往哉汝諧者，往哉汝和其職也。	朱多言不聽其讓，蔡《傳》則無，然其意則一。❶
93	益	益，臣名也	（無）	《文集》有釋益無臣名，而蔡《傳》無。❸②
94	朱虎熊羆	高辛氏之子，有曰仲虎、仲熊，太史公曰：「朱、虎、熊、羆為伯益之佐。」	朱、虎、熊、羆，四臣名也。高辛氏之子，有曰仲虎、仲熊，意以獸為名者，亦以其能服是獸而得名歟。《史記》曰：「朱、虎、熊、羆，為伯益之佐。」	蔡《傳》有言以獸為名之由，而《文集》無釋。❸①
95	秩宗	秩宗，蓋序次百神之官，而專以秩宗名之者，蓋以宗廟為主也。	秩宗，主敘次百神之官，而專以秩宗名之者，蓋以宗廟為主也。	兩者文字雖有小異，然意義相同。❶
96	剛而無虐，簡而無傲	（無）	上二「無」字，與毋同。	《文集》無釋而蔡《傳》有之。❸①
97	（按語）	凡人直者必不足於溫，故欲其溫；寬者必不足	凡人直者必不足於溫，故欲其溫；寬者必不足	兩者文字雖有些許差異，然意義相近。❶

	尚書原文	《文集》	蔡《傳》	備註
		於栗，故欲其栗。皆所以因其德性之善輔翼之也。剛者必至於虐，故欲其無虐；簡者必至於傲，故欲其無傲。皆所以防其氣稟之過而矯揉之也。	於栗，故欲其栗。所以慮其偏而輔翼之也。剛者必至於虐，故欲其無虐；簡者必至於傲，故欲其無傲。所以防其過而戒禁之也。	
98	三苗（按語）	故治水之際，三危已宅，而猶有不即工者。	舜攝位而竄逐之，禹治水之時，三危已宅，而舊都猶頑不即工。	兩者敘述有詳簡之別，然意義相同。❶
99	陟方乃死	地之勢東南下，如言舜巡守南方而死，宜言下方，不得言陟方也。	地之勢東南下，如言舜巡守而死，宜言下方，不得言陟方也。	蔡《傳》詳言若言巡守南方而死，然兩者之解釋並無不同。❶
100	（按語）	此言舜生而側微，至三十年，堯乃召而用之。	舜生三十年，堯方召用。	《文集》言舜生側微，蔡《傳》則否，然意義相近。❶
101	（按語）	歷試三年，居攝二十八年，通三十一年乃即帝位。	歷試三年，居攝二十八年，通三十年乃即帝位。	兩者計算之年份不同。❹

	尚書原文	《文集》	蔡《傳》	備註
102	（按語引文）	（無）	《史記》言：「舜巡守，崩于蒼梧之野。」《孟子》言：「舜卒於鳴條。」未知孰是，今零陵九疑有舜塚云。	蔡《傳》引《史記》、《孟子》之言，《文集》則否。❸①

注〈大禹謨〉

	尚書原文	《文集》	蔡《傳》	備註
103	「文命」敷於四海	文命，王氏以為禹號。蘇氏曰：「非也，以文命為禹號，則敷于四海者，為何事耶？」	文命，《史記》以為禹名。蘇氏曰：「以文命為禹名，則敷于四海者，為何事耶？」	《文集》引王氏之說，蔡《傳》引《史記》之說，然以蘇說為定論以駁前說則一。❶
104	（按語）	吳氏曰：此書不專為大禹而作，此十七字當是後世模倣二典為之，〈皋陶謨〉篇首九字亦類此。○今按：此篇稽古之下稱贊禹德，而後面便記皋陶之言，其體亦不相類，吳氏之說恐然也。	（無）	《文集》引吳氏後，又有按語，蔡《傳》全刪去。❸②

	尚書原文	《文集》	蔡《傳》	備註
105	黎民敏「德」	曰德者，言其德化之深也。	（無）	《文集》有釋，蔡《傳》無釋。❸②
106	（按語）	夙夜祗懼，各務盡其所常為者。	夙夜祗懼，各務盡其所當為者。	《文集》作「常為者」，蔡《傳》作「當為者」，兩者上皆引《論語》「為君難，為臣不易。」以引而說解，知此所欲申說之意無別。❶
107	不虐無告，不廢困窮，惟帝時克。	無告，困窮也。帝，謂堯也。	（無）	《文集》有釋，蔡《傳》無釋。❸②
108	「都」，帝德廣運	都，歎美之辭也。都者，君子之居，鄙者，野人之居，故古者謂野為鄙，謂都為美也。	（無）	《文集》有釋，蔡《傳》無釋。❸②
109	（按語）	今按：此說所引此類，固為有理。但益之語，接連上句「惟帝時克」之下，未應遽舍堯而譽舜。又徒極口以譽其美，而不見其有勸勉規戒之意。恐唐、虞之	今按：此說所引此類，固為甚明。但益之語，接連上句「惟帝時克」之下，未應遽舍堯而譽舜。又徒極口以稱其美，而不見其有勸勉規戒之意。恐唐、虞之	兩者文字雖有小異然意義相同。❶

	尚書原文	《文集》	蔡《傳》	備註
		際，未遽有此詖佞之風也，只依舊說贊堯為是。	際，未遽有此詖佞之風也，依舊說贊堯為是。	
110	惠迪吉，從逆凶，惟影響	迪、道也。字本訓由，故又以為所當由之道也。言天道無常，隨人所行之順逆而應之以禍福，猶能影響形聲，以終上文之意，見所以不可不艱者以此。	惠、順，迪、道也。逆，反道者也。惠迪從逆，猶言順善從惡也。禹言天道可畏，吉凶之應於善惡，猶影響之出於形聲也，以見不可不艱者，以此而終上文之意。	兩者釋義相似。然蔡《傳》多釋「惠」、「逆」二字。《爾雅・釋言》：「惠，順也。」[164]❸①
111	儆戒無虞	儆，與警同，古文作「敬」，開元改今文。虞，度也。言當儆戒於無虞度之時，謂戒於無形也。	儆，與警同。虞、度。	《文集》解釋較詳，然釋義則相同。❶
112	疑謀勿「成」	成，成就也。	（無）	《文集》有釋「成」字，蔡《傳》無。❸②
113	（按語）	今按，益之言如此，亦有次第。	今按，益之八言，亦有次第。	《文集》言益之言，蔡《傳》言益之八言，然均以為有次第。❶

---

164 此處採《爾雅》〈釋言〉之文，雖非《尚書》古注疏中直接的解釋，然而漢、唐注
經多採《爾雅》之文，是以本文亦以此作為近於古注疏。

	尚書原文	《文集》	蔡《傳》	備註
114	「於」！帝念哉	於，歎美之詞也。	（無）	《文集》有釋「於」字，蔡《傳》無。❸②
115	德惟善政，政在養民	益言儆戒之道，禹歎而美之，因謂所以如是而修其德者，將欲以善其政也。而為政之道不在乎他，特在乎養民而已。	益言儆戒之道，禹歎而美之，謂帝當深念益之所言也。且德非徒善而已，惟當有以善其政；政非徒法而已，在乎有以養其民。下文六府三事，即養民之政也。	兩者文字有詳略之別，而蔡《傳》更著重德乃善政、政需養民，可說是擴而充之，然基本意義無別。❶
116	（按語）	六德既脩，則民生略遂。	六者既修，民生始遂。	《文集》言略遂，蔡《傳》言始遂，雖有些略差別然意義相近。❶
117	（按語）	舜自言既老，血氣已衰，故倦於勤勞之事。而汝乃能不怠於其職，故命之以攝帝位而率眾臣也。堯命舜曰「陟帝位」，舜命禹曰「總朕師」者，蓋堯欲使舜真宅帝位，舜讓弗嗣，後惟	舜自言既老，血氣已衰，故倦於勤勞之事。汝當勉力不怠，而總率我眾也，蓋命之攝位之事。堯命舜曰「陟帝位」，舜命禹曰「總朕師」者，蓋堯欲使舜真宅帝位，舜讓弗嗣，後惟居攝，	兩者敘述略有別，然意義相近。❶

	尚書原文	《文集》	蔡《傳》	備註
		居攝，總堯之眾爾，未能遽宅帝位也，故其命禹亦若是而已。	亦若是而已。	
118	皋陶邁種德，德乃降，黎民懷之	惟皋陶勇往力行，以布其德，德下及於民，而民懷服之，宜使攝位。	惟皋陶勇往力行，以布其德，德下及於民，而民懷服之。	蔡《傳》雖不若《文集》明言宜使攝位，然據上下文意可知。❶
119	念茲在茲，釋茲在茲，名言茲在茲，允出茲在茲。	禹遂言我念其可以率帝之眾也，惟在於皋陶。舍皋陶而求之，亦無能及之者，則是亦惟在皋陶耳。又言名言於口者，以為惟在皋陶，而允出於心者，亦以為惟在皋陶。	禹遂言，念之而不忘，固在於皋陶，舍之而他求、亦惟在於皋陶；名言於口，固在於皋陶，誠發於心，亦惟在皋陶者。	《文集》文字較詳，然二者釋禹之意則無不同。❶
120	（按語）	舜命禹宅百揆，而禹讓稷、契、皋陶，此不及稷、契者，《史記》載稷、契街帝嚳之子，與堯為兄帝，意其至是必已不復存矣。	（無）	《文集》有釋此不言稷、契之由，蔡《傳》去之。❸②

	尚書原文	《文集》	蔡《傳》	備註
121	（按語）	舜言皋陶能明五刑以輔五品之教，而期我以至於治，故其始雖不免於用刑，而其實所以期至於無刑之地。今乃臣庶罔干予正，而民情又皆合於中道，無有過不及之差焉，則刑果無所施矣，凡此皆汝之功。	舜言惟此臣庶，無或有干犯我之政者。以爾為士師之官，能明五刑，以輔五品之教，而期我以至於治。其始雖不免於用刑，而實所以期至於無刑之地，故民亦皆能協於中道。初無有過不及之差，則刑果無所施矣，凡此皆汝之功也。	兩者說解文字雖有些許之意，然稱許舜之功積內容則相同。❶
122	懋哉	（無）	懋，勉也。	《文集》無釋懋字。〈舜典〉「禹，汝平水土，惟時懋哉！」孔《傳》曰：「懋，勉也。」蔡《傳》用孔傳之說[165]。❸①
123	罰弗及嗣，賞延于世	父子罪不相及，而賞則遠延于後。	父子罪不相及，而賞則遠延于世。	兩者用字有小異，然延於後、延於世，義相近。❶

---

165 此處非直接採蔡《傳》說解〈大禹謨〉之文字，而是用蔡《傳》解〈舜典〉下之說。雖然文字訓釋於不同之處會產生不同意義，然而就此一「懋」字而言，兩篇用法並無不同，故本文依然以為可以作為蔡《傳》近於古注疏之證。

	尚書原文	《文集》	蔡《傳》	備註
124	罪疑惟輕，功疑惟重。	罪已定矣，而於法之中，有疑其或輕或重者，則從輕以治之；功已成矣，而於法之中，有疑其或輕或重者，則從重以賞之。	罪已定矣，而於法之中，有疑其可重可輕者，則從輕以罰之；功已定矣，而於法之中，有疑其可輕可重者，則從重以賞之。	兩者用字小異，然意義相近。❶
125	與其殺不辜，寧失不經	謂罰之輕重未明，而可以殺，可以無殺者，欲殺之，則恐其實無可殺之罪而陷於無辜；不殺之，則恐其實有不常之罪而失於不殺。	謂法可以殺可以無殺，殺之，則恐陷於非辜；不殺之，恐失於輕縱。	《文集》敘述較詳，然兩者意思無別。❶
126	（按語）	而殺不辜者，尤聖人之心所不忍也。	而殺不辜者，尤聖人之所不忍也。	《文集》言聖人之心，蔡《傳》則否，然意義相近。❶
127	四方風動，惟乃以休	汝能使我如其所願，以至于治，教化之行，如風鼓動，莫不靡然，是乃汝之美也	汝能使我如所願，欲以治，教化四達，如風鼓動，莫不靡然，是乃汝之美也。	兩者文字小異，然意義相近。❶
128	「降」水儆予	降水，洪水也，古文作洚。	洚水，洪水也，古文作降。	《文集》與蔡《傳》之「降」、

	尚書原文	《文集》	蔡《傳》	備註
				「浲」恰相反。阮刻本、明嘉靖中福建刻本皆作「降水儆予」，阮校以為蔡氏用師說而誤倒其文。❹
129	（按語）	而泛濫決溢，浲洞無涯也。	而泛濫決溢，浲洞無涯也。	《文集》作泱、蔡《傳》作決，水大曰泱，水潰曰決，不知何者為正。❹
130	（按語）	言禹自許能任治水之責，而果能治之，是能成其信也。成功，謂水患既平而九功皆敘也。禹能如此，則既賢於人矣，而又能勤於王事，儉於私養，此又禹之賢也。有次二美，而又能不矜其能，不伐其功。然其功能之實則自有不可揜者，故舜於此復申命之，必使攝位也。懋，宜作楙，盛大之意，	禹奏言而能踐其言，試功而能有其功，所謂成允成功也，禹能如此，則既賢於人也。而又能勤於王事，儉於私養，此又禹之賢也。有此二美，而又能不矜其能，不伐其功，然其功能之實，則自有不可掩者，故舜於此復申命之，必使攝位也。	前半敘述意義相近。然《文集》有釋「懋」、「德」二字，而蔡《傳》去之。❸②

	尚書原文	《文集》	蔡《傳》	備註
		此作懋者，乃訓勉爾，蓋古字亦通用也。德，指其克勤儉、不矜伐而言。		
131	予懋乃德	懋乃德者，彼有是德，而我以為盛大；嘉乃績者，彼有是功，而我以為嘉美也。	懋乃德者，禹有是德，而我以為盛大；嘉乃丕績者，禹有是功，而我以為嘉美也。	《文集》言彼，蔡《傳》言禹，然所指均相同。❶
132	人心惟危，道心惟微，惟精惟一，允執厥中	人心易動而難反，故危而不安；義理難明而易昧，故微而不顯。惟能省察於二者公私之間以致其精，而不使其有毫釐之雜；持守於道心微妙之本以致其一，而不使其有頃刻之離，則其日用之間思慮動作自無過不及之差，而信能執其中矣。堯之告舜，但曰「允執厥中」，而舜之命	心者，人之知覺，主於中而應於外者也。指其發於形氣者而言，則謂之人心；指其發於義理者而言，則謂之道心。人心易私而難公故危，道心難明而易昧故微。惟能精以察之，而不雜形氣之私，一以守之，而純乎義理之正，道心常為之主，而人心聽命焉，則危者安，微者著。動	《文集》與蔡《傳》文字有所差異，於釋人心、道心亦有所出入。❹

	尚書原文	《文集》	蔡《傳》	備註
		禹，又推其本末而詳言之，蓋古之聖人將以天下與人，未嘗不以其治之之法并而傳之。其可見於經者不過如此，後之人君其可不深畏而敬守之哉。	靜云為，自無過不及之差，而信能執其中矣。堯之告舜，但曰「允執其中」，今舜命禹，又推其所以而詳言之。蓋古之聖人，將以天下與人，未嘗不以其治之之法，并而傳之，其見於經者如此。後之人君，其可不深思而敬守之哉。	
133	（按語）	上文既言存心出治之本，此又告之以聽言處事之方，內外相資，兩得其要，而治道備矣。	上文既言存心出治之本，此又告之以聽言處事之要，內外相資，而治道備矣。	《文集》多「兩得其要」一句，然意義無別。❶
134	可愛非君？可畏非民？眾非元后何戴？后非眾罔與守邦？欽哉！慎乃有位，敬修其可願，四海困窮，天祿永	此言可愛者君，而可畏者民也。君之所以可愛者，以眾非君則無以奉戴，而至於亂也；民之所以可畏者，以君非民則無與守	可愛非君乎？可畏非民乎？眾非君，則何所奉戴；君非民，則誰與守邦。欽哉，言不可不敬也。可願，猶孟子所謂可欲，凡	《文集》與蔡《傳》文字雖有些許不同，然於意義上相近。❶

	尚書原文	《文集》	蔡《傳》	備註
	終。惟口出好興戎，朕言不再	邦，而為獨夫也。故為人君者當自警戒，以謹守其所居之位，修其所願欲之事，欲其有以常保其位，永為下民之所愛戴，而不至於危亡也。若不恤其民，使其至於困窮，則天命去之，一絕而不復續矣，豈人君之所願欲也哉。此有極言安危存亡之戒，以深警之。雖知其功德之盛必不至此，然猶欲其戰戰兢兢，無敢逸豫，而謹之於毫釐之間，此其所以為聖人之心也。好，和好也；戎，兵戎也。蓋言發於口則有二者之分，故戒之。命汝其慮已審矣，豈容復有他說乎。	可願欲者皆善也。人君當謹其所居之位，敬修其所可願欲者。苟有一毫之不善，生於心，害於政，則民不得其所者多矣。四海之民，至於困窮，則君之天祿，一絕而不復續，豈不深可畏哉。此又極言安危存亡之戒，以深警之。雖知其功德之盛，必不至此，然猶欲其戰戰兢兢，無敢逸豫，而謹之於毫釐之間，此其所以為聖人之心也。好、善也，戎、兵也。言發於口，則二者之分，利害之幾，可畏如此。吾之命汝，蓋已審矣，豈復更有他說？蓋欲禹受命而不復辭避也。	

	尚書原文	《文集》	蔡《傳》	備註
135	帝曰:「禹,官占,惟先蔽志,昆命于元龜。朕志先定,詢謀僉同,鬼神其依,龜筮協從,卜不習吉。」禹拜稽首,固辭。帝曰:「毋!惟汝諧。」	官,掌卜筮之官也。蔽,斷;昆,後也。習吉,重得吉卜也。蓋言卜筮之官占事之法,先斷其志之所向,然後合之於龜。若我之志已定,而眾謀又協,則鬼神其必依據,龜筮無不協從矣。況卜筮之法不待習吉,今又何用更待枚卜再得吉兆乃為可乎!再辭曰固。毋,禁止之辭。	官占,掌占卜之官也。蔽,斷;昆,後;龜,卜;筮,蓍;習,重也。帝言官占之法,先斷其志之所向,然後令之於龜。今我志既先定,而眾謀皆同,鬼神依順,而龜筮已協從矣,又何用更枚卜乎?況占卜之法,不待重吉也。固辭,再辭也。毋者,禁止之辭,言惟汝可以諧此吉后之位也。	兩者於釋義無所不同。然《文集》單釋「官」,蔡《傳》則釋「官占」;《文集》釋「習吉」,蔡《傳》單釋「習」,然意思亦相近。此外,蔡《傳》又多釋「龜」、「筮」二字。❸①
136	正月朔旦,受命于神宗,率百官,若帝之初	正月,次年正月也。神宗,說者以為舜祖顓頊而宗堯,因以神宗為堯廟,未知是否。如帝之初,即上篇所記齊七政、修羣祀、朝諸侯等事也。	神宗,堯廟也。蘇氏曰:「堯之所從受天下者曰文祖,舜之所從受天下者曰神宗。受天下於人,必告於其人所從受者。」禮曰:有虞氏禘黃帝而郊嚳,祖顓頊而宗	《文集》於神宗為堯廟一事存疑,蔡《傳》則持肯定之說,又引蘇軾《書傳》與《禮記·祭法》為證。❹

	尚書原文	《文集》	蔡《傳》	備註
			堯。」則神宗為堯明矣。正月朔旦，禹受攝帝之命于神宗之廟，總率百官，其禮一如帝舜受終之初等事也。	

第二章
《書集傳》成書到延祐開科前的地位變化

　　關於蔡沈《書集傳》的刊刻印行情況，目前可見最早的本子，是南宋理宗淳祐十年（1250）呂遇龍上饒郡學刻本（以下簡稱呂本），題名《朱文公訂正門人蔡九峯書集傳》，現藏於北京國家圖書館，二○○三年收入北京圖書館出版社發行的「中華再造善本」。不過，呂本《書集傳》卷前有蔡杭〈進《書集傳》表〉、〈面對延和殿所得聖語〉，卷後收有呂遇龍〈跋〉。在〈面對延和殿所得聖語〉中，蔡杭[1]曾說：「玉音云：『曾刊行？』臣奏：『坊中板行已久，蜀中亦曾板行，今家有其書。』」[2]下題淳祐丁未八月，即理宗淳祐七年（1247）。〈跋〉文中，呂遇龍亦云：「斯傳上經乙覽，四方人士爭欲得而誦之，猶懼其售本之未善也。遇龍倚席上饒際，先生的嗣久軒先生為部繡衣，茂明家學，而遇龍得以承教焉，遂從攷質，鋟梓學宮。」[3]下題淳祐庚戌九月，即理宗淳祐十年（1250）呂本刊行之年。從這兩段文字可以得知，在呂遇龍刊刻之前，這部書至少已經有

1　關於久軒先生蔡杭之名，目前文獻記載中有作「蔡杭」或「蔡抗」兩種，《宋元學案》、《蔡氏九儒書》均作「蔡杭」，《宋史》及《朱文公訂正門人蔡九峰書集傳》則作「蔡抗」。以當時蔡家子弟取名而言，蔡元定之子輩皆作水字旁，如蔡淵、蔡沈、蔡沆，孫輩皆作木字旁，如蔡模、蔡格、蔡權，因此本文據此，統一以「蔡杭」名之。

2　〔宋〕蔡杭：〈面對延和殿所得聖語〉，《朱文公訂正門人蔡九峰書集傳》，卷首，頁2。

3　〔宋〕蔡沈：《朱文公訂正門人蔡九峯書集傳》，卷後。

兩次的刊刻印行。又今臺北國家圖書館藏有一部南宋八行本之《書集傳》，此書為殘本，只有一冊，內容為〈書傳問答拾遺〉、〈書序〉、〈書後序〉、〈書集傳序〉，從版心刻有刻工姓名這個特色來看，的確可以認定是南宋本，然而從〈書傳問答拾遺〉前載「晦庵先生與先君手帖」，稱蔡沈為先君，當是蔡沈過世（1230）之後方出的本子。前章已論及，關於《書集傳》的成書時間，學者之間有不同的意見，不會早於嘉定二年（1209），最遲則是在紹定三年（1230）左右，因此在上書時，蔡杭才會說坊中板行已久，但一直要到淳祐十年（1250）時，才由官方正式刊行，之後元仁宗皇慶二年（1313）制定科舉程式時，立《書集傳》作為《尚書》一科的考試用書，正式確立它是《尚書》學史上最重要的書籍之一，本章所要討論的，便是《書集傳》從成書一直到延祐開科這八十到一百年間地位的變化。

由於蔡沈《書集傳》成於朱子過世之後，並非每篇注解都經朱子過目，他在〈序〉中也自承朱子正式訂正過的篇章，只有〈堯典〉、〈舜典〉、〈大禹謨〉三篇「其中有未及盡改者」，因此，是否真正代表朱子的意見，遂成為後世討論焦點之一，《四庫總目》曾說：「考蔡《傳》自南宋以來即多異議，原非一字不刊之典。」[4]程元敏先生在《書序通考》中就曾舉陳淳、黃景昌、金履祥等人為例，認為他們都對蔡《傳》有意見，並認為陳淳是朱門當中，第一個質難這部書的人[5]。同時，李學勤也認為：「蔡沈是朱子徒裔，其《書集傳》流行為官定教本歷數百年，不過這部書仍是折衷眾說，不能據以代表朱子本人。」[6]的確，《書集傳》並非剛完成就成為朱門的《尚書》學代表，而是經過一段時間之後，才受到學界認同。許華峰先生便認為在一二

4　〔清〕紀昀、永瑢等：《武英殿本四庫全書總目》，第1冊，卷14，頁316。

5　程元敏：《書序通考》，頁243-244。。

6　李學勤：〈朱子的《尚書》學〉，《朱子學刊》，總第1輯，頁88。

三〇年前過世的朱子一傳門人基本上見不到《書集傳》，所以不可能
有意見；二傳門人因蔡《傳》開始流傳時間接近，因此意見有限；一
直要等到三傳之後，影響力才變大，所以《書集傳》地位的確立，是
經過數代而逐漸建立[7]。不過，如程先生所言，雖然反對意見不多，
但從陳淳開始，就有人對蔡《傳》是否能代表師說提出質疑。本章即
根據現存資料中，宋末元初文人對於《書集傳》的意見，稍作整理，
以期看出《書集傳》成書初期在學林中受重視的程度。然而，僅朱子
一傳弟子，在《宋元學案》〈晦翁學案〉所列名者即有五十七人，另
有一百五十五人見於〈滄州諸儒學案〉[8]，又如陳榮捷《朱子門人》
將弟子門人含私淑講友一併計算，更是高達六百二十九人之數[9]。因
此，非但在數量上不可能，在傳世資料上也沒有足夠的文獻可資一一
考訂。是以本文僅能從目前所得見的資料當中爬梳，希望藉由現存文
集與《尚書》方面的專著，看出《書集傳》一書在這個時期文人心
中，究竟是怎麼樣的一部著作。

第一節　《書集傳》成書後在宋元之際的流傳

　　游均晶《蔡沈書集傳研究》曾引《古今圖書集成》所載呂光洵為
黃度《書說》所作的〈序〉云：「宋諸儒治《尚書》者，言人人殊，
蓋數十餘家，吳氏、王氏、呂氏、蘇氏最著，九峰蔡氏得紫陽朱子之
學，作《集傳》，學者尤宗之。于是諸家言《尚書》者，不復行於

7　許華峰：《董鼎書傳輯錄纂註研究》，頁209-210。

8　〔清〕黃宗羲原著、全祖望補修，陳金生、梁運華點校：《宋元學案》（北京市：中
　　華書局，1989年），卷48，總頁1489-1492。

9　陳榮捷：〈朱門之特色及其意義〉，收入所著：《朱子門人》（臺北市：臺灣學生書
　　局，1982年），書前，頁9。

世，好學之士，無所參互，以求自得，《書》益難言矣。」以為「呂
光洵，生卒年不詳，從他為黃度（1138-1176，即寧宗嘉定六年卒）
《書說》所作的〈序〉看來，《書集傳》撰成不久，已產生很大的影
響」[10]。呂光洵這段文字亦見於朱彝尊所編之《經義考》[11]，然而此
處存在一個問題，呂光洵乃明人，據《明人傳紀資料索引》，生卒年
當在一五一八至一五八〇之間[12]，他所說的情況未必足以代表宋末的
情形。此外，依照蔡沈〈自序〉中所言：「慶元己未（1199）冬，先
生文公令沈作《書集傳》。明年先生歿，又十年，始克成編。」[13]成書
年代不會早於嘉定三年（1209）之前，亦即黃書成書早於蔡書至少三
十年以上。是以當如蔡根祥在《宋代尚書學案》中所言：「是其書
（黃度《尚書說》）於宋世已刊行流傳，迨九峰蔡氏《書傳》出，諸
家《書》說多湮沒不復行世，其書漸絕，雖黃氏子孫亦不能得。」[14]
亦即呂光洵只是說明因為蔡《傳》流行之後，很多宋人的《尚書》著
作都漸漸沒人注意，導致最後失傳。僅為一個明代中葉之人，述說過
往之事，恐難據以作為《書集傳》撰成不久，旋即造成極大影響的證
明。除此之外，從元人記載當中，亦可得知黃書在元代尚存，例如馬
端臨（1254-1323）於大德年間作《文獻通考》時，於〈經籍考〉中
便列有黃度文叔《書說》七卷[15]。元惠帝至正年間，脫脫等人奉敕作
《宋史》時，於〈藝文志〉中列出當時所見的書目，黃度《書說》七
卷亦在其中[16]。雖然《文獻通考》〈經籍考〉中所列的書未必是馬端臨

10　游均晶：《蔡沈《書集傳》研究》，頁121。
11　朱彝尊原著、林慶彰等編：《經義考》，第3冊，卷81，頁332-334。
12　中央圖書館編：《明人傳紀資料索引》（臺北市：中央圖書館，1978年），頁258。
13　〔宋〕蔡沈：〈書集傳序〉，〔宋〕蔡沈：《朱文公訂正門人蔡九峯書集傳》，卷前。
14　蔡根祥：《宋代尚書學案》，頁408。
15　〔元〕馬端臨：《文獻通考》（北京市：中華書局，1986年），卷177，頁1535。
16　〔元〕脫脫等：《宋史》，卷202，頁5045。

所經眼[17]，但是《宋史》〈藝文志〉所載則是修史當時所存所見之書。因此，可以肯定，至少在元代中末期，黃度《書說》一書尚存，並未亡佚，可見呂氏所言，應是在明代整理該書時的狀況，並非宋、元之際的情形。今《通志堂經解》、《文淵閣四庫全書》皆收有此書。據《四庫總目》所云，即呂光洵、唐順之所校之本[18]。

事實上，自《書集傳》成書之後，一直到宋末很長一段時間，在學者當中，這部書並未受到太大的重視，今觀諸家文集，在提到與《尚書》相關的著作時，大多還是以蘇軾、林之奇、呂祖謙等人所著為當代《尚書》的重要著作，鮮少提及《書集傳》。例如呂午（1179-1255）〈送田疇惠叔序〉云：「烏乎，經未易言也，《易》尤精微難知。漢儒專門名家，獨田何以《易》著。君豈其苗裔焉？某學晚無師，且以吏廢。然于《論》、《孟》嘗讀晦庵先生《集注》，于《詩》、《書》嘗讀東萊先生《記》、《說》，于《易》又嘗讀伊川先生之《傳》。」[19]劉克莊（1187-1269）〈方實孫經史說〉以為：「漢五經皆立博士，諸儒各名一經，不雜治，惟大儒舒、向三數公兼通焉，如賈山輩見謂涉獵矣。《易》至王荊公，《春秋》至胡文定，《書》至呂成公，其說密矣。」[20]兩人在論述群經的時候，於《尚書》都是推崇呂祖謙的《東萊書說》，並未論及蔡《傳》。又如吳泳（1180-？）在〈陳文蔚以所著尚書解注投進特補迪功郎制〉也說：「敕具官某：朕惟朱熹，《易》有《本義》，《詩》有《集傳》，《中庸》、《大學》有

---

17 昌彼得、潘美月：《中國目錄學》（臺北市：文史哲出版社，1991年），頁178-179。

18 〔清〕紀昀、永瑢等：《武英殿本四庫全書總目》，第1冊，卷11，頁260。

19 〔宋〕呂午：《竹坡類藁》，收入《續修四庫全書》（上海市：上海古籍出版社，1995年，影印北京圖書館藏清抄本），第1320冊，卷1，頁62。

20 〔宋〕劉克莊：《後村先生大全集》（《四部叢刊初編》影印舊抄本），卷107，頁14右。

《章句》，而《書》獨無成書焉。爾於師門，得所傳授。如湧日暘谷，如清河崑崙。五十九篇之旨，皆章解而義釋焉，亦可以補師之遺矣。何惜一階，不酬稽古之力？可。」[21]考《宋史》吳泳乃寧宗嘉定二年（1209）進士[22]，而進士陳文蔚進《尚書解》補迪功郎一事，在理宗端平二年（1235）三月[23]。據蔡杭〈進書集傳表〉後所載的時間是淳祐七年（1247）八月[24]。而鄭霖在〈薦蔡杭奏〉當中嘗云：「其祖元定……父沈，師從文公，註《書》真本乃朱熹所訂正，皆有聞於時……登第今已十七年，安於恬退，舉員及格，未嘗干進。」[25]《宋史》所載，蔡杭為理宗紹定二年（1229）進士[26]，登第後十七年，應是淳祐六年（1246）。此外，徐鹿卿（1189-1250）於理宗淳祐八年（1248）任樞密使兼參知政事兼侍講[27]，他在〈冬十月壬戌進講〉論及〈禹貢〉導山四條之時，曾引諸家說以為：「臣觀〈禹貢〉一書，載禹治水曲折，既以九州之山川各附其境，又總導山導水而聚見於其後，互相發明，而施工之次第畢見矣。王肅則有三條之說，岍為北條，西傾中條，嶓為南條。鄭玄則有四列之說，岍為正陰列，西傾次陰列，嶓為次陽列，岷為正陽列。而先儒朱熹以為不然，蔡沈祖其意以兩導字分為南北二條，而江河以為之紀。於二中又分為二，導岍以下為北條大河北境之山，西傾以下為北條大河南境之山，導嶓以下為南條江漢北境之山，岷山以下為南條江漢南境之山。其說最為坦

---

21 〔宋〕吳泳：〈陳文蔚以所著尚書解注投進特補迪功郎制〉，收入《全宋文》第315冊，卷7233，頁420。

22 〔元〕脫脫等：《宋史》，卷423，總頁12625。

23 〔元〕脫脫等：《宋史》，卷42，總頁807。

24 〔宋〕蔡沈：《朱文公訂正門人蔡九峯書集傳》，卷首。

25 〔宋〕鄭霖：〈薦蔡杭奏〉，收入《全宋文》，第341冊，卷7866，頁67。

26 〔元〕脫脫等：《宋史》，卷420，總頁12577。

27 〔元〕脫脫等：《宋史》，卷43，總頁839。

明。」[28]已經提到蔡沈的說法，用來和王肅、鄭玄兩家並論，看來似乎是在蔡杭上書之後，《書集傳》才比較被人提及，但依然不是很受重視。

吳泳亦嘗有註《尚書》的計畫，他在〈答杜成己書〉說：「某一年不通記室之間，近睹黃紙除書，承知顯奉明綸，同僉宥府，蔽自聖斷，協於人心，慶愜慶愜……某一擯二年，杜門守拙。寓居之地，雖近京而實僻，人客少所往來。向來讀典謨訓誥誓命之書，見傳注解說叢雜，無所統一，亦欲參考訂正一翻。工夫浩闊，勉焉學孳，斃而後已，更不復仕矣。」[29]雖然無從得知這封信寫於何年，不過，至少可以明確知道是在吳泳離開政治中心之後，且雖然其卒年不詳，然從文集中屢言八十之後云云，可知至少活到八十歲以上。而他在〈答潘周卿書〉曾說：「所教《書傳》大節目，工夫浩浩，故何以窺聖經之藩？但此書極難看，又難全解，缺文當考，疑義當考，分章斷句當考，今文與古文當考，小序與大序當考，帝王之辭與史氏之辭當考。注疏有直見理者，有極害義者，諸家解有造平易者，有傷太巧者，當考。其如天文地理，歲月日時，又不可不細考也。林少穎解只到〈洛誥〉而終，呂伯恭只自〈洛誥〉而始，朱文公解只有〈虞書〉三篇、〈周書〉三篇。今人解《書》盈箱滿笥，此某之所深懼也。」[30]在〈答李成之書〉也說：「嘗取典謨訓誥誓命之書讀之，亦欲向上作少工夫。蓋此書竟難全解，只如屋壁所傳與口授不同，諸序所記與經文相舛，帝王之制與史官之詞殽雜難辨，篇帙之離合，章指之同異，歲月之後先，地里之遠近。又或有缺文，有疑義，有斷句，傳注有理到者，有全害義者。林少穎〈洛誥〉下已非親作，呂伯恭〈洛誥〉而上

28　〔宋〕徐鹿卿：《清正存稿》，收入《文淵閣四庫全書》，第1178冊，卷4，頁890。

29　〔宋〕吳泳：《鶴林集》，收入《文淵閣四庫全書》，1176冊，卷27，頁261。

30　〔宋〕吳泳：《鶴林集》，收入《文淵閣四庫全書》，1176冊，卷32，頁316。

亦多出其門人所記。此都著整頓，拈掇出來，浩浩難下手，不知年歲之不足也。」[31]他在這兩封書信當中，用以舉例者有林之奇、呂祖謙、朱熹三人的《尚書》解，絲毫未曾提及蔡《傳》，以吳泳生於南宋淳熙七年（1180），為嘉定二年（1209）進士，並且活了八十歲以上的高齡，再加上蔡杭於淳祐七年進《書集傳》後，淳祐十年（1250）由呂遇龍於上饒郡學刊行。且朱熹令蔡沈作《書》傳之事，在當時理學家及其往來之人當中，應是為眾人所知之事，真德秀、黃自然都曾在文章中提及，如果說呂午、劉克莊在評論的時候，尚未見到《書集傳》，至少吳泳應該相當有機會知道這部書，且有意注解《尚書》的他，應該會對相關書籍更為著眼，可是，他依然沒有拿來當作例證。此外，方岳在幫滕鉉《尚書大意》作〈序〉時，亦提及以「中為《書》之大意，吾未之前聞也」，乃滕和叔聞於其父，其父又聞於紫陽，紫陽則聞諸濂、洛諸老，至今方發其秘[32]。言下之意，此大意乃「心傳」而非外人得見，此〈序〉下署寶祐乙卯，即理宗寶祐三年（1255），已是《書集傳》刊行之後，然亦有此外人不見的秘傳之說，可見他們對於《書集傳》是否真正繼承朱熹這一問題有所保留。陳埴於《木鐘集》卷五專論《書》經，亦僅及東坡、東萊之說[33]。由以上這些資料，可以發現，至少這時候《書集傳》的地位，不但不若明代之後一般，可以孔《傳》唐《疏》並論，甚至連經學家在舉例的

---

31 〔宋〕吳泳：《鶴林集》，收入《文淵閣四庫全書》，第1176冊，卷31，頁302。

32 〔宋〕方岳：《秋崖集》，收入《文淵閣四庫全書》，第1182冊，卷36，頁589。

33 陳埴之生卒年難考，然據蔡沈〈朱文公夢奠記〉所載，為朱子去世之前在身旁的學生之一（《全宋文》，第301冊，卷6885，頁412）。又《宋元學案》言：「江、淮制使趙善湘建明道書院，辟先生為幹官兼山長，從游者甚盛。」（〈木鐘學案〉卷65，總頁2088）宋端儀《考亭淵源錄》以為是在紹定間（《四庫全書存目叢書》，史部第88冊，卷12，頁705）。宋理宗以「紹定」為年號，時間是在1228-1233年，從他和蔡沈的關係以及在世年間，亦不應不知《書集傳》之作。

時候，都沒有相當重視而提出討論。

　　姚勉（1216-1262）在《雪坡集》當中，有〈謝久軒蔡先生惠墨九首〉[34]，又有〈上大參蔡久軒書‧丙辰十二月〉[35]，可見與蔡杭有所來往，且雖然史傳目錄不載，但在其文集中有一篇〈尚書傳序〉，云：「今世之傳《尚書》者，凡數百家矣，皆外孔氏為說，各隨其見而有得失。某也不敢居一于此，敢因孔氏之《傳》，而采諸家之說，以訂正其義……《書》之說與孔氏雖不能無異，然大要皆本於安國，故仍其舊而名之曰《尚書孔氏傳》。」[36]可知姚氏當有此一著作，而該著作是以孔《傳》的說法為主，亦即採用古注疏系統。不過，姚勉文集尚有一記為「東宮侍講及沂邸教授時」的講義，當中有〈堯典〉、〈舜典〉及〈皋陶謨〉字句的講解[37]，如果仔細觀察這些文字，則可以發現，姚氏在講義中的說法，是採眾家之說。採古注疏者，如解〈堯典〉「乃命羲和，欽若昊天」一段，以為：「東作，春時畊作之事；南訛，夏時化育之事。西成，秋時收成之事。」[38]這個說法明顯從孔《傳》「歲起於東而始就耕……掌夏之官平敘南方化育之事……秋，西方，萬物成」[39]的說法衍伸而出；又解〈舜典〉中「舜曰」一詞云「言舜以別堯」[40]，此亦與孔《傳》「言『舜曰』以別堯」[41]的說法相近。採他說者，如〈堯典〉「曆象日月星辰」一句，姚氏以為：

34　〔宋〕姚勉：《雪坡集》，收入《文淵閣四庫全書》，第1184冊，卷16，頁115-116。

35　〔宋〕姚勉：《雪坡集》，收入《文淵閣四庫全書》，第1184冊，卷30，頁197-198。

36　〔宋〕姚勉：《雪坡集》，收入《文淵閣四庫全書》，第1184冊，卷37，頁253。

37　〔宋〕姚勉：《雪坡集》，收入《文淵閣四庫全書》，卷8，頁51-61。

38　〔宋〕姚勉：《雪坡集》，收入《文淵閣四庫全書》，卷8，頁52。

39　〔漢〕孔安國傳、唐孔穎達等正義：《尚書正義》，收入《十三經注疏‧附校勘記》，第1冊，卷2，頁21。

40　〔宋〕姚勉：《雪坡集》，收入《文淵閣四庫全書》，卷8，頁55。

41　〔漢〕孔安國傳、〔唐〕孔穎達等正義：《尚書正義》，收入《十三經注疏‧附校勘記》，第1冊，卷3，頁44。

「歷者，書也；象者，器也，璇璣玉衡是也。」[42]則不取孔《傳》「歷象其分節」[43]的「歷此法象」之說，而取用蘇軾《書傳》「曆者，其書也；象者，其器也。璣衡之類是也」[44]。至於「星辰」二字的解法，姚氏以為：「星，二十八宿也，四時迭見。辰，十二辰也。」[45]亦不從孔《傳》「星，四方中星。辰，日月所會。」[46]而是採用朱子在解〈堯典〉所言：「星，二十八宿眾星為經，金、木、水、火、土五星為緯，皆是也。辰以日月所會，分周天之度為十二次也。」[47]〈大禹謨〉「朕宅帝位三十有三載，耄期倦於勤」一句，姚氏以為：「舜生三十徵庸，三十在位，今在位又三十有三載，蓋年九十有三，將及百歲之時，頗厭倦於勤勞也。」[48]在孔《傳》中但云：「八十、九十曰耄，百年曰期頤。言已年老，厭倦萬機。」[49]但是在蔡《傳》中則是明確指出「舜至是年已九十三矣」[50]。

　　鮑雲龍（1226-1296）有《天原發微》一書，而他在作此書時，曾和方回（1227-1307）互相討論，在〈答方虛谷問天原發微書〉中提到：「故〈堯典〉三方皆曰東西南，而獨於此不言北，而言『朔易』，一不同也。三方皆言『平秩』，而獨此一方言『平在』，二不同

42 〔宋〕姚勉：《雪坡集》，收入《文淵閣四庫全書》，卷8，頁52。

43 〔漢〕孔安國傳、〔唐〕孔穎達等正義：《尚書正義》，收入《十三經注疏・附校勘記》，第1冊，卷2，頁21。

44 〔宋〕蘇軾：《書傳》，收入《文淵閣四庫全書》，第54冊，卷1，頁487。

45 〔宋〕姚勉：《雪坡集》，收入《文淵閣四庫全書》，卷8，頁52。

46 〔漢〕孔安國傳、〔唐〕孔穎達等正義：《尚書正義》，收入《十三經注疏・附校勘記》，第1冊，卷2，頁21。

47 《晦庵先生朱文公文集》，收入朱傑人等主編：《朱子全書》，第23冊，卷65，頁3256。

48 〔宋〕姚勉：《雪坡集》，收入《文淵閣四庫全書》，卷8，頁59。

49 〔漢〕孔安國傳、〔唐〕孔穎達等正義：《尚書正義》，收入《十三經注疏・附校勘記》，第1冊，卷4，頁54。

50 〔宋〕蔡沈：《朱文公訂正門人蔡九峯書集傳》，卷1，頁23右。

也。蔡九峰解『朔』之一字，謂萬物至此死而復蘇，猶月之晦而有
朔，既明其有二義矣。又解『易』之一字，謂冬月歲事已畢，除舊布
新，所當改易之事，亦明其有二義也。」[51]在這段問答當中，他提出
蔡沈《書集傳》的說法來佐證，足見在當時蔡《傳》的說法已較為人
所知。今雖無法確切得知此書寫作的時間，但是在書前鮑氏〈自序〉
所題的日期是「庚辰歲」[52]，考其生平應是指元世祖至元十七年
（1280）。王惲（1227-1304）〈陰陽之道〉云：「一陰一陽之謂道。九
峰曰：『陰陽以氣言，道者陰陽之理。』」[53]引用蔡沈《書集傳》中釋
〈周官〉「論道經邦，燮理陰陽」一句之說，此條下載「至元二十五
年十一月十八日」。從以上所引呂午、鄭霖、吳泳、姚勉、鮑雲龍、
王惲等人的說法，可以得知，大概是在元代初年的時候，《書集傳》
的說法才漸漸受到討論。不過，雖然如此，但是在朱門當中，是不是
就被肯定為朱子的代表，則尚待討論，例如黃仲元（1231-1312）在
〈讀書堂記〉中說：「文公集周、邵、程、張之大成者也。《詩傳》凡
幾折衷，《本義》最為簡要，《經傳通解》卷猶未完，《書》止三篇與
〈皇極辯〉，《春秋》不敢直下注腳，於《四書》用功良多，雖暮年猶
屢刪改。」[54]吳澄（1249-1333）亦云：「若《易》與《詩》，則紫陽夫
子已嘗正之。獨《書》與《春秋》猶有欠理者，甚欲集諸家之善，為
之訓說，以補先儒之未及，而破千古之舛訛。」[55]沒有提到託《書》

---

51 〔宋〕鮑雲龍：〈答方虛谷問天原發微書一〉，《全宋文》第355冊，卷8220，頁140。

52 〔宋〕鮑雲龍：《天原發微》，收入《文淵閣四庫全書》，第806冊，卷首，頁4。

53 〔元〕王惲：《秋澗先生大全集》，收入《元人文集珍本叢刊》（臺北市：新文豐出
版股份有限公司，1985年，影印臺北國家圖書館藏元至治刊本明代補修本），第2
冊，卷44，頁33。

54 〔元〕黃仲元：《莆陽黃仲元四如先生文藁》（臺北市：臺灣商務印書館，1975年，
《四部叢刊三編》影印北平圖書館藏明嘉靖刊本），卷1，頁22左-23右。

55 〔元〕吳澄：〈發解謝繆守書〉，《全元文》，第15冊，卷522，頁679。

於蔡沈之事。熊禾（1247-1312）在〈送胡庭芳後序〉當中，曾說道：「考亭夫子，集正學大成，平生精力，在《易》、《四書》、《詩》僅完，《書》開端而未及竟，雖付之門人九峰蔡氏，猶未大暢厥旨。」[56] 雖然提到此事，但對於蔡《傳》的發揮似乎持保留態度，評價不是相當高。

第二節　宋元之際學者對《書集傳》的引用及意見舉隅

　　上節主要由文集當中，考察蔡沈《書集傳》一書在宋末元初的普及情況，可知蔡沈剛過世這段期間，其書雖已於坊中版行，但似乎並沒有得到太大的重視。一直要到「斯傳上經乙覽」之後，「四方人士爭欲得而頌之」，才發生了「猶懼其售本之未善也」[57]，亦即大概到理宗淳祐七年（1247）蔡杭上書之後，在上有所好，下必甚焉的情況下，這部書才開始受到注意，但依舊未產生代表性及權威性。本節則是整理宋末到元初這段時間，部分《尚書》相關的專著當中，引用《書集傳》的情況，還有這些學者的態度和意見。

一　陳淳（1159-1223）

　　在朱子親傳弟子當中，陳淳入門較晚，但甚為用功，捍衛師說亦極力。據陳榮捷的研究，朱子弟子所輯語錄及答問，均以陳淳所錄為

---

56 〔元〕熊禾：《勿軒集》，收入《文淵閣四庫全書》，第1188冊，卷1，頁771。
57 〔宋〕呂遇龍：〈跋〉，〔宋〕蔡沈：《朱文公訂正門人蔡九峯書集傳》，卷末。

最多[58]，與黃榦、輔廣、蔡元定並稱為朱門高弟[59]，全祖望曰：「滄州諸子，以北溪陳文安公最晚出。其衛師門甚力，多所發明，然亦有操異同之見而失之過者。」[60]目前在陳淳的文集中，可以看到他對蔡《傳》態度的記錄，大概有三筆：〈答郭子從・一〉曰：

> 蓋《書》之為經，最為切于人事日用之常，昔先師只解得三篇，不及全解，竟為千古之恨。自先師去後，學者又多專門，蔡仲默、林子武皆有《書解》，聞皆各自為一家。昨過建陽，亦見子武《中庸解》，以《書》相參為說，中間分章，有改易文公舊處。[61]

又〈答陳伯澡・五〉：

> 孔子曰：「《詩》、《書》執禮，皆雅言也。」《詩》有文公傳，猶可依傍本子看不差，其他經無準則，正要自著工夫。如《書》乃帝王所以施諸天下者，其政事功業如彼之光明正大，皆是大本處堅緻深厚，故大用流行，無所不通。[62]

又〈答陳伯澡・七〉：

> 所喻看書課程，得見日來進學次第。甚喜甚慰。《書》無文公

---

58 陳榮捷：《朱子門人》（臺北市：臺灣學生書局，1982年），頁221。

59 李蕙如：《陳淳研究》（臺北市：東吳大學中國文學系碩士論文，2005年），頁1。

60 〔清〕黃宗羲原著、全祖望補修，陳金生、梁運華點校：《宋元學案》，卷68，總頁2219。

61 〔宋〕陳淳：《北溪大全集》，收入《文淵閣四庫全書》，第1168冊，卷25，頁697。

62 〔宋〕陳淳：《北溪大全集》，收入《文淵閣四庫全書》，第1168冊，卷27，頁714。

解，固無可依據。然有〈典〉、〈謨〉三篇，說得已甚明白親
（一本作「新」）切精當，非博物洽文、理明義精不及此，正
可為後學讀他篇之樣。雖他篇茫無定準，便正是學者所當自加
功著力、磨刮此心之鏡處。[63]

從這三條資料看來，可以發現陳淳並不像後人將《書集傳》視為朱子
學派《尚書》學的代表作，在他眼中，蔡沈的《集傳》只是一家之言
而已，真正能代表朱子意見的，只是親著的二〈典〉、〈禹謨〉。[64]就像
陳沂（字伯澡）曾問：「〈舜典〉以下，《春秋傳》引曰〈夏書〉，而今
云〈虞書〉，乃孔子所定者，何在？」他的回答是：「夫子定〈夏書〉
為〈虞〉者，以其皆舜時事。」[65]而同樣的問題，蔡《傳》則注作：
「其〈舜典〉以下，夏史所作，當曰〈夏書〉，《春秋傳》亦多引為
〈夏書〉，此云〈虞書〉，或以為孔子所定也。」[66]陳沂的問題應是針
對蔡《傳》之文所發，而事實上根據蔡沈的說法，二典、〈禹謨〉都
是曾經朱子手訂，不過在這裡，陳淳還是不予認同。

　　不過，陳淳對於蔡《傳》的態度，與他的觀念有關。事實上除了
黃榦，陳淳曾稱其「終始親密師門，傳本末之備者，惟茲一人」[67]之
外，北溪鮮少認同其他人意見，必一是以朱子為尊。如《四書》方

---

63 〔宋〕陳淳：《北溪大全集》，收入《文淵閣四庫全書》，第1168冊，卷27，頁716。

64 不過，從他答郭子從時提到「自先師去後，學者又多專門，蔡仲默、林子武皆有
　　《書解》，聞皆各自為一家」來看，陳淳可能沒有看過蔡《傳》，但是卻很難判斷當
　　時《書集傳》是否已經成書。

65 〔宋〕陳淳：〈答陳伯澡問書〉，《北溪大全集》，收入《文淵閣四庫全書》，第1168
　　冊，卷42，頁843。

66 〔宋〕蔡沈：《朱文公訂正門人蔡九峯書集傳》，卷1，頁1右。

67 〔宋〕陳淳：〈答陳寺丞師復三〉，《北溪大全集》，收入《文淵閣四庫全書》，第
　　1168冊，卷23，頁689。

面，他就認為：「《論語》須以《集註》為正，此書與《孟子集註》及
《大學、中庸章句》、《或問》等四書，時時修改，至屬纊而後絕筆，
最為精密」[68]。「況如《四書》者，實後學求道之要津，幸文公先生註
解已極精確，實自歷代諸儒百家中磨括出來，為後學立一定之準。一
字不容易下，甚明甚簡，而涵養甚富，誠有以訂千古之訛，正百代之
惑。」[69]極力推崇《集註》，而對於其他的著作不甚認可，他在〈與陳
伯澡論李公晦往復書〉中，對於有人建議先看《集義》再看《集
註》，先於諸家之說有所理解，再來看朱子的說法，以為不可，認為
必定要先看《集註》，才能有規矩準繩[70]，《四庫總目》稱其「於朱門
弟子之中，最為篤實」[71]。如此堅守師說的陳淳，對於蔡《傳》會有
這樣的態度，完全是在情理之中。不過，從這幾筆資料來看，陳淳對
於《書集傳》一書僅止於以為乃一家之言，不承認是文公親傳而已，
卻也看不出有太多非議的部分。

　　然而，值得注意的是，陳淳並非不知道朱子將《書集傳》委於蔡
沈之事，《朱子語類》中「《書》解甚易，只待蔡三哥來便了」一條，
便是陳淳所記，而在朱子與蔡沈的書信來往當中，曾有「謝誠之《書
說》六卷、陳器之《書說》二卷今護附去，想未暇看，且煩為收起，
鄉後商量也。漳州陳安卿在此，其學甚進」[72]這樣一段文字，更可以

---

68 〔宋〕陳淳〈答陳伯澡・四〉，《北溪大全集》，收入《文淵閣四庫全書》，第1168
　　冊，卷26，頁706。

69 〔宋〕陳淳〈答陳伯澡・一〉，《北溪大全集》，收入《文淵閣四庫全書》，第1168
　　冊，卷27，頁711-712。

70 〔宋〕陳淳：《北溪大全集》，收入《文淵閣四庫全書》，第1168冊，卷28，頁721-
　　726。

71 〔清〕紀昀、永瑢等：《武英殿本四庫全書總目》，第4冊，卷261，頁276。

72 〈答蔡仲默〉《晦庵朱文公續集》，收入朱傑人等主編：《朱子全書》，第25冊，卷
　　3，頁4717。

證明這件事。既然如此，陳淳為何會不肯承認蔡《傳》的正統性？是
僅止於未經先生修改，抑或其他緣故？

二 真德秀（1178-1235）

　　真德秀，字景元，學者稱西山先生[73]，為南宋慶元五年（1199）
進士，後又中博學鴻詞科，於嘉定元年（1208）遷博士[74]。真德秀在
宋末士人當中，擁有極高的地位，全祖望（1705-1755）稱：「西山之
望，直繼晦翁。」[75]且與另一名大儒魏了翁（1178-1237）齊名，黃百
家（1643-1709）言：「從來西山、鶴山並稱，如鳥之雙翼，車之雙
輪，不獨舉也。」[76]真德秀在《尚書》學方面的成就，主要散見於
《讀書記》及《大學衍義》[77]，在《大學衍義》當中，並沒有提到對
於蔡沈《書集傳》的意見，不過在其《讀書記》中，則引用數條蔡氏
《書集傳》的意見，間有評論，今分列如下：

　　1.《甲集》卷一言「天命之性」，引《書》〈湯誥〉：「惟皇上帝降衷
於下民，若有恆性，克綏厥猷惟后。」下引蔡氏曰：「天之降命，而
具仁義禮智信之理……蓋互相發云。」西山於此條之按語云：「蔡氏
說若有恒性，與諸說異，恐未安。」[78]顯然不同意蔡氏說法。

73　〔清〕黃宗羲原著、全祖望補修，陳金生、梁運華點校：《宋元學案》，卷81，總頁
　　2695。
74　〔元〕脫脫等：《宋史》，卷437，頁12957。
75　〔清〕黃宗羲原著、全祖望補修，陳金生、梁運華點校：《宋元學案》，卷81，總頁
　　2695。
76　〔清〕黃宗羲原著、全祖望補修，陳金生、梁運華點校：《宋元學案》，卷81，總頁
　　2696。
77　蔡根祥：《宋代尚書學案》，頁1133。
78　〔宋〕真德秀：《西山讀書記》，收入鍾肇鵬選編：《讀書記四種》（北京市：北京圖
　　書館出版社，1998年，影宋開慶元年福州官刻元修本），第3冊，卷1，頁29-30。

2.《甲集》卷十言「父子」，引《書》〈皋陶謨〉：「天敘有典，勑我五典五惇哉；天秩有禮，自我五禮有庸哉。」下引蔡氏曰：「敘者，君臣、父子、夫婦、兄弟、朋友之倫敘。秩者，尊卑貴賤，等級隆殺之品秩。」後評曰：「於義為得。」[79]同意蔡《傳》的說解。

3.《甲集》卷十四言「德」，引《書》：皋陶曰：「『都！亦行有九德……彰厥有常，吉哉。』」下引蔡氏曰：「寬而栗云云。而，轉語辭也，正言而反應者，所以明其德之不偏，皆指其成德之自然，非以彼濟此之謂也。」其後真氏又按曰：「張氏以學力言，蔡氏以成德言，二說不同。」後下己意云：「九德之訓，諸家各有得失，今取其長，合為一說……」[80]並未對何說較佳下論斷，不過可知蔡說亦是真氏以為諸家中有其一得之說。

4.《甲集》卷十四言「德」，引：「日宣三德，夙夜浚明有家；日嚴祗敬六德，亮采有邦，翕受敷施。」下引蔡氏曰：「宣，明也……言百工趨時，而眾功皆成也。」[81]依蔡說。

5.《甲集》卷十四言「德」，引：「〈立政〉曰：古之人迪惟有夏，乃有室大競，籲俊尊上帝，迪知忱恂于九德之行。」下引蔡氏曰：「迪知者，蹈知而非苟知也。忱恂者，誠信而非輕信也。」[82]依蔡說。

6.《甲集》卷十四言「德」，引：「〈洪範〉六、三德：一曰正直，二曰剛克，三曰柔克。平康正直，彊弗友剛克，燮友柔克；沈潛剛

---

79 〔宋〕真德秀：《西山讀書記》，收入鍾肇鵬選編：《讀書記四種》，第3冊，卷10，頁655。

80 〔宋〕真德秀：《西山讀書記》，收入鍾肇鵬選編：《讀書記四種》，卷14，第4冊，頁262。

81 〔宋〕真德秀：《西山讀書記》，收入鍾肇鵬選編：《讀書記四種》，卷14，第4冊，頁263-264。

82 〔宋〕真德秀：《西山讀書記》，收入鍾肇鵬選編：《讀書記四種》，卷14，第4冊，頁264。

克，高明柔克。」下之按語，云：「故今獨取杜氏之說，而蔡氏有：
『平康正直，無所事乎矯拂者也……所以納天下民俗於皇極者蓋如
此。』其說亦善，故附見焉。」[83]可知真氏雖未以蔡氏之解為最善，
但亦稱許其說。

　　7.《甲集》卷十六言「極」，引：「〈洪範〉五、皇極：皇建其有
極……天子作民父母，以為天下王。」下引蔡氏曰：「極，猶北極之
極……極之所建，福之所集也。」[84]依蔡說。

　　8.《甲集》卷十八言「學」，引：「《書》〈說命〉說曰：『王！人求
多聞，時惟建事。學于古訓，乃有獲。事不師古，以克永世，匪說攸
聞。』」下引蔡氏曰：「古訓者，古先聖王之訓……非說所聞，甚言無
此理。」[85]依蔡說。

　　9.《甲集》卷十八言「學」，引：「惟學遜志，務時敏，厥脩乃來，
允懷于茲。道積于厥躬惟，惟斅學半，念終始典于學，厥德脩罔
覺。」下引蔡氏曰：「始之自學，學也……誤以論聖賢之學也。」下
之按語又云：「愚按，蔡說與〈學記〉合，然呂說亦有意味。」[86]雖並
未以蔡說為最佳，然謂其解與前人之說合，又可與呂說並稱。

　　10.《甲集》卷三十六言「鬼神」，引：「〈金縢〉：『既克商二年，
王有疾……乃告大王、王季、文王。』」下引蔡氏曰：「周公卻二公
之卜，而乃自以為功者……故周公不於宗廟，而特為壇墠以自禱

83　〔宋〕真德秀：《西山讀書記》，收入鍾肇鵬選編：《讀書記四種》，卷14，第4冊，
　　頁266-267。

84　〔宋〕真德秀：《西山讀書記》，收入鍾肇鵬選編：《讀書記四種》，卷16，第4冊，
　　頁343-350。

85　〔宋〕真德秀：《西山讀書記》，收入鍾肇鵬選編：《讀書記四種》，卷18，第4冊，
　　頁485。

86　〔宋〕真德秀：《西山讀書記》，收入鍾肇鵬選編：《讀書記四種》，卷18，第4冊，
　　頁485-486。

也。」[87]依蔡說。

11.《甲集》卷三十六言「鬼神」，引：「史乃冊祝曰：『惟爾元孫某……茲攸俟，能念予一人。』」下引蔡氏曰：「言王疾其無所害……言三王能念我武王，使之安也。」[88]依蔡說。

以上為真德秀於《西山讀書記・甲集》中，引用蔡沈《書集傳》文字之條目，計有十一條[89]。在這十一條當中，第四、五、七、八、十、十一，總計六條均只有引用而未加以評論，應屬贊同；第二、第六條則肯定蔡說，第三、第九條雖未以蔡說為最佳，但亦屬同意其說；僅有第一條言「恐未安」，對《書集傳》的說法持較為保留的態度。

　　由於《西山讀書記》中含甲、乙、丙、丁四記，而乙記上後來獨立成書為《大學衍義》，各記又均曾獨立刊刻[90]，因此在其成書年代方

---

87 〔宋〕真德秀：《西山讀書記》，收入鍾肇鵬選編：《讀書記四種》，第6冊，卷36，頁21-22。

88 〔宋〕真德秀：《西山讀書記》，收入鍾肇鵬選編：《讀書記四種》，第6冊，卷36，頁22-23。

89 事實上，在《西山讀書記》之中，真氏標為「蔡氏」所言者，總共有十四條，然而，有三條並不是蔡沈《書集傳》的文字。分別是：《甲集》，卷35：言「五行」，引：「張子曰：『中央土寄王之說，非也……是以在季夏之末。』」下之按語言：「又蔡氏嘗言非土生金也，木火之反即為金矣。」（《西山讀書記》，第5冊，卷35，頁720-721）然此語非出於《書集傳》，今亦難考出於何處。《甲集》，卷36：言「雷霆風雨」，引：「《記》〈月令〉：『是月也，雷乃發聲……生子不備，必有凶災。』」下引蔡氏云：「迅雷風烈，孔子必變……其父母必有災。」（《西山讀書記》，第6冊，卷36，頁7-8）然而今查蔡氏書，並無此語。《論語》〈鄉黨〉有：「凶服者式之。式負版者。有盛饌，必變色而作。迅雷風烈必變。」（《論語注疏》，收入《十三經注疏》，第8冊，頁91）歷來注《四書》、《論語》者多有發揮，然蔡沈於此方面並無相關討論。《甲集》，卷36：言「鬼神」，引：「《易》〈大傳〉：『原始反終，故知生死之說……』是故知鬼神之情狀。」下引蔡氏曰：「鬼神者，二氣之良能……則鬼之情況可知。」（《西山讀書記》，第6冊，頁31-32。）此句雖見於蔡沈書中，然並非出自《書集傳》，乃《洪範皇極內篇》中語，且原文為張子所言，並非蔡沈之言（《蔡氏九儒書》，同治戊辰春重鎸三餘書屋藏版），卷6，頁27右。

90 〔清〕紀昀、永瑢等：《武英殿本四庫全書總目》，第3冊，卷92，頁38-39。

面，有過許多討論，孫先英在《真德秀學術思想研究》一書中，便曾
詳細論述《西山讀書記》各版本的情況與成書時間，且將《西山讀書
記》的撰著時間定在寶慶元年（1225）到紹定五年（1232）之間[91]。
不論此說是否可信，由真德秀的生卒年代來看，真氏此書當是目前可
見引用蔡沈《書集傳》最早的一部。

　　除此之外，真德秀有〈九峰先生蔡君墓表〉一篇，本文第一章中
曾引此墓表文字，作為蔡沈承師命作《書》傳之佐證，在這篇文章
裡，關於蔡沈作《書集傳》有如此敘述：

> 文公晚年訓傳諸經略備，獨《書》未及焉，環眠門下生，求可
> 付者，遂以屬君。〈洪範〉之數，學者久失其傳，聘君獨心得
> 之，然未及論著，亦曰成吾書者沉也。君既受父師之託，廩廩
> 焉常若有負，蓋沉潛反復者數十年，然後克就。其於《書》
> 也，考序文之誤，訂諸儒之失，以發明二帝三王群聖用心。
> 〈洪範〉、〈洛誥〉、〈泰誓〉諸篇，往往有先儒所未及者。[92]

真德秀在此指出，《書集傳》在〈洪範〉、〈洛誥〉、〈泰誓〉三篇的注
解上，有特出之處，尤其是在〈洪範〉一篇，更是發前人所未發。前
文也提到，正因為蔡氏有〈洪範〉家學，蔡沈又秉父之意作《洪範皇
極內篇》，讓朱子於晚年將為《尚書》作集傳一事託付給他。雖說，
常人在作墓表、行狀之類的文章時，多少都會有些許美化。不過，從
《西山讀書記》中所引的情況，幾乎都是贊同其說，且關於〈洪範〉
兩條文字，均採蔡《傳》之說，可以知道，真德秀在這裡的稱許，當
是無太過溢美之處。

---

91 孫先英：《真德秀學術思想研究》（上海市：上海人民出版社，2008年），頁179-181。
92 〔宋〕真德秀：《西山先生真文忠公集》，卷42，頁7右-7左。

三　陳大猷

　　宋末元初之際，有兩個姓名同為陳大猷的學者，一為東陽人，宋理宗紹定二年（1229）進士，生平資料不詳。一為都昌人，號東齋，為饒魯（1193-1264）弟子，宋理宗開慶元年（1259）進士，元儒陳澔（1261-1341）之父，澔子師凱著有《書蔡傳旁通》一書。今日研究者多以「東陽陳大猷」、「都昌陳大猷」來分辨。由於此二人姓名相同，時代相近，於《尚書》學亦均有著作，且於《宋史》中俱無傳，著作也不見錄於〈藝文志〉，是以自朱彝尊《經義考》以來，對於兩人的著作便頗有爭議，朱氏將《書傳會通》、《書集傳或問》列為同一目下，先引張雲章言《書集傳》、《書集傳或問》均為東陽陳大猷所作，又於按語中言董鼎《書纂注》於《書集傳》特注明東齋字，因此無法判定究竟是哪個陳大猷所撰[93]。《四庫全書總目》〈尚書集傳或問〉一條下則認為在董鼎《書傳纂注》當中，有《東齋書傳》和《復齋集義》二書，一稱復齋陳氏，一稱陳氏大猷，而所引陳氏大猷的說法，當中〈甘誓〉「怠棄三政」一條，即出於《尚書集傳或問》，可見此書確為東陽陳大猷所作，而非都昌陳大猷所作[94]。而現在的學者，大多同意《四庫總目》的判斷，認為《書集傳》和《書集傳或問》是東陽陳大猷所撰，而《書傳會通》則是都昌陳大猷所撰[95]。

　　不過，雖然東陽陳大猷著有《書集傳》和《書集傳或問》二書，但在朱彝尊作《經義考》時，已不見此書，亦未列其目，僅於按語云

93　〔清〕朱彝尊原著、林慶彰等編：《經義考》，第3冊，卷83，頁368-371。

94　〔清〕紀昀、永瑢等：《武英殿本四庫全書總目》，第1冊，卷11，頁266。

95　關於兩名陳大猷生平著作的相關研究，詳見蔡根祥：《宋代尚書學案》，頁928-933；許華峰：《董鼎書傳輯錄纂註研究》，頁172-173；許華峰：〈陳大猷《書集傳》與《書集傳或問》的學派歸屬問題〉，收入《宋代經學國際學術研討會論文集》，頁230-234。

葉文莊（葉盛，1420-1474）《菉竹堂書目》與西亭王孫（朱睦㮮，
1518-1587）《萬卷堂書目》有陳大猷《尚書集傳》[96]，《四庫總目》亦
云陳大猷《集傳》已佚[97]，劉思生於《續修四庫總目提要》〈書集傳十
二卷或問二卷〉一條下，則云此書有宋刻本，然不知其所據為何。一
直到近年發行《續修四庫全書》時，取北京圖書館元刊本《書集傳》
與《或問》刊印，一般人才得以見到此書，此本《書集傳》分十二
卷，《或問》分上下二卷，而《書集傳》部分並非全帙，在〈益稷〉、
〈大禹謨〉、〈大誥〉、〈君陳〉、〈顧命〉、〈康王之誥〉、〈畢命〉、〈冏
命〉等篇均有缺頁，而〈君牙〉、〈呂刑〉二篇更是幾乎全缺，〈君
牙〉僅餘與〈冏命〉同版之四行，〈呂刑〉則餘「非天不中，惟人在
命」以下。刊印時有注記「本頁原缺」、「下缺□頁」、「卷□頁□至卷
□頁□原缺」等，且有部分文字漫漶難明，不過殘缺部分並不多，依
然可作為研究的參考。陳大猷自云，《尚書》一經「繇漢壁以來，踰
千百歲；自孔《傳》而後，殆數十家。悉期辯惑以悟疑，各務約文而
敷旨。顧專門豈無特見，然殊途未底同歸」[98]。他為了要「合諸儒之
長」、「闡遺經之蘊」所以作了《書集傳》一書。《書集傳或問》則是
「大猷既集《書傳》，復因同志問難，記其去取曲折，以為《或問》。
其有諸家駁難，雖已盡及所說，不載於《集傳》，而亦不可遺者，併
附見之，以備遺忘」[99]。因此，可以知道兩書性質之不同，《集傳》乃
集諸家之說，《或問》則是於諸家之說，有所評議。不過，在《書集
傳》前，陳大猷自己尚有〈集傳條例〉三條，其中第二條說：「諸家

96　〔清〕朱彝尊原著、林慶彰等編：《經義考》，第3冊，卷83，頁370。

97　《四庫總目》，頁1-266。

98　〔宋〕陳大猷：《書集傳‧進書集傳上表錄本》，收入《續修四庫全書》（影印中國
　　國家圖書館藏元刻本），第42冊，卷前，頁3。

99　〔宋〕陳大猷：《書集傳或問》，收入《續修四庫全書》，第42冊，卷上，頁176。

說意正語全者，大字註於上。其推明可以足上之說，及雖非正意而不可遺者，小字疏於下。或立說不同，當並存者，亦附疏之。」[100]由是可知《集傳》雖以集諸家之說為主，還是可以從大字註或小字疏，來看出陳大猷對這條意見的評價。

在陳大猷的《書集傳》當中，共引了蔡沈《書集傳》五十六次，其中大字註佔了二十七次，小字疏佔了二十九次。而在《或問》當中，則引了蔡《傳》八次，其中大字註共三次，小字疏則有五次。然而，這些數字在整部《書集傳》當中並不能算是太多。許華峰先生曾在〈陳大猷《書集傳》與《書集傳或問》的學派歸屬問題〉一文中，計算過陳氏在《書集傳》所引用的次數，其中前五名分別是呂祖謙四一六次、王炎二一〇次、林之奇一八二次、王安石一五九次、蘇軾一〇六次，次數均超過一百次，而引用朱熹的意見則是一〇四次，至於引用蔡沈說法的次數，僅有二十六次而已，居於第十五位[101]。許先生此文，是依引用數字來判定陳大猷的學派歸屬，雖然這不是本文所關心的問題，然而排除學派問題不論，從這個數字依然可以發現蔡沈《書集傳》對於陳大猷來說，應該不是太重要的一部《尚書》著作。由於目前學界對於東陽陳大猷的學派歸屬，尚有不同意見[102]，是以難

---

100 〔宋〕陳大猷：《書集傳》，收入《續修四庫全書》，第42冊，卷前，頁2。

101 許華峰：〈陳大猷《書集傳》與《書集傳或問》的學派歸屬問題〉，收入《宋代經學國際學術研討會論文集》，頁245。許先生文中已云所統計者為大字註解，因此與本文的數字略有出入。

102 關於東陽陳大猷的學派歸屬問題，至今學界仍有各種不同的答案，除許華峰先生主張與朱熹無直接關係，當是一部深受呂祖謙影響的浙東地區經學著作外。蔡根祥在《宋代尚書學案》中，將之與蔡沈一同歸入〈晦翁尚書學案〉當中。陳良中亦以為陳大猷的思想源自朱子，直接承接了程朱理學的學統，見所著〈東陽陳大猷《書集傳》學術價值讜議〉，《圖書情報工作》，第23期（2010年12月），頁144-148。黃洪明則是依據《四庫總目》的看法，以及書中與蔡《傳》頗有異同等方面，以為應當屬於陸九淵一派的《尚書》學者。王小紅亦以為當入陸門。見黃洪明：《宋代《尚書》學》（廣州市：暨南大學中國古典文獻學專科碩士學位論文，

以據此判斷蔡《傳》當時在朱門本身是否已經具有代表性地位，然而，這卻是目前可以見到的《尚書》專注當中，引用蔡《傳》最早的一部。

四　王柏（1197-1274）

王柏，號魯齋，學術史上一般將之與其師何基（1188-1268）及弟子金履祥（1232-1303），再傳弟子許謙（1270-1337）合稱「北山四先生」，以為是宋、元之際，朱子學的重要學派之一，魯齋不但是宋、元之際重要學者，也是宋代疑經疑古派的大將，程元敏先生曾云：「王魯齋最後出，勇氣十倍於古人，斟酌損益，集其大成；著書滿家，類皆疑古之作。」[103]王柏極富懷疑精神，雖因家學與師承，其學術思想受朱子影響甚深，然而，卻不以朱子的說法作為絕對標準，例如在論《中庸》分章時，便嘗云：「但第七章、第九章，朱子既曰『承上起下』，則是文相屬而意相連矣。竊疑止是一章，恐不必分也。」[104]論《大學》時亦言：「夫天下所以不可易者，理也。二程子不以漢儒不疑而不敢不更定，朱子不以二程子已定而不復敢改，亦各求其義之至善而全其心之所安，非強為異而苟於同也。」[105]不過，雖然如此，王柏在發揮意見時，還是有為朱子迴護之處，如論《大學》

2006年5月），頁48-49。王小紅：〈宋代《尚書》學文獻述評〉，收入四川大學古籍研究所編：《宋代文化研究》，第15輯（成都市：四川大學出版社，2008年），頁461。

103 程元敏：《王柏之生平與學術》（臺北市：學海出版社，1975年），頁999。

104 〔宋〕王柏：〈中庸論下〉，《魯齋集》，收入《文淵閣四庫全書》，第1186冊，卷10，頁158

105 〔宋〕王柏：〈大學沿革論〉，《魯齋集》，收入《文淵閣四庫全書》，第1186冊，卷9，頁146。

之後云：「以誠意一章觀之，至易簀前數日改猶未了，假以歲月，烏知其不遂移也邪？」[106]於論《中庸》後說：「又以班固『《中庸說》二篇』五字不列于諸子之上，而晦昧於古《禮經》之末，竊意朱子未必見也，或見而未必注思也。不然，以朱子之精明剛決，辭而闢之久矣。」[107]在《書疑》中談到〈洛誥〉缺文問題時，也說：「朱子尚謂有疑，而後學敢謂無疑者，妄人也。」[108]可以看出王柏雖然勇於立說，然對朱子亦相當尊重。

　　王柏關於《尚書》的著作有《讀書記》、《書疑》、《禹貢圖說》、《書經章句》、《書附傳》等[109]，今《書疑》尚存[110]，《讀書記》則僅有殘缺文字傳世，他書皆已不存。因此，要得知王柏對蔡《傳》的評價，只有從《書疑》和文集著手。今考《魯齋集》，除〈書疑序〉一篇外，不見對《書集傳》之評價，而在〈書疑序〉中，王柏是這樣評價《書集傳》的：

　　　　今九峰蔡氏祖述朱子之遺規，斟酌羣言而斷以義理，洗滌支離而一於簡潔。如今文、古文之當考，固已甚明矣；大序、小序之可疑，今已甚於（按，「甚於」二字疑有誤）；帝王之詞與史氏之詞參錯乎其中，今亦可辨；有害理傷道者，又辭而闢之。有考訂平易者，亦引而進之。如天文地理之精覈，歲月先後之

106　〔宋〕王柏：〈大學沿革論〉，《魯齋集》，收入《文淵閣四庫全書》，第1186冊，卷9，頁147。

107　〔宋〕王柏：〈古中庸跋〉，《魯齋集》，收入《文淵閣四庫全書》，第1186冊，卷13，頁195-196。

108　〔宋〕王柏：《書疑》，收入《通志堂經解》，第13冊，卷7，總頁7639。

109　蔡根祥：《宋代尚書學案》，頁955。

110　根據程元敏先生的考證，今本《書疑》非宋時原貌，詳見所著《王柏之生平與學術》，頁176-186。

審定，用工勤苦，久已成編，後學可謂大幸。然疑義缺文之
難，朱子曰未詳、曰脫簡者，固自若也；分章絕句之難，朱子
不肯句讀者，亦未能盡通也。況讀書至拙如予者，豈能遽豁然
于中哉！[111]

如果單就這段文字來看，王柏對蔡《傳》似乎相當肯定，認為蔡沈能
夠依照朱子的遺教，不但在今古文、大小序問題都遵從師訓，而且在
天文地理曆法方面，也有更詳細的補充及考訂。然而，對於書中許多
朱子闕疑的部分，卻沒有處理，這是不足的地方。此外，王柏於《書
疑》一書中，明引蔡《傳》者有兩處，一處是論〈皋陶謨〉云：「〈皋
陶謨〉之終，蔡氏從蘇氏、王氏、張氏說，改『曰』為『日』，以皋
陶之言『予未有知』為絕句。」[112]一處是論〈武成〉次序說：「而
『大邑周』之下，非可結之語，劉氏、蔡氏皆疑有缺文焉，是蓋猶有
未滿人意者。」[113]而王柏自己在處理〈皋陶謨〉時，以為與〈益稷〉
相合成為一篇，重新考正排定的〈皋陶謨〉，在這個部分作：「皋陶
曰：『予未有知，思日贊贊襄哉。』」[114]顯然是依照了蔡《傳》的說
法。至於在〈武成〉部分，則不若蔡《傳》將「大邑周」置於整篇之
末，作為告文的最後一句，作：「『……惟其士女，篚厥玄黃，昭我周
王。天休震動，用附我大邑周。』列爵惟五，分土惟三……」，而是
放在整篇文章的中間，作：「『……惟其士女，篚厥玄黃，昭我周王。
天休震動，用附我大邑周。』既戊午，王次于河朔……」，是則明顯
與蔡《傳》意見不同。此外，蔡根祥又曾考《書疑》當中，有引蔡

---

111 〔宋〕王柏：〈書疑序〉，《魯齋集》收入《文淵閣四庫全書》，第1186冊，卷5，頁
    67。
112 〔宋〕王柏：《書疑》，收入《通志堂經解》，第13冊，卷2，總頁7613。
113 〔宋〕王柏：《書疑》，收入《通志堂經解》，第13冊，卷4，總頁7625。
114 〔宋〕王柏：《書疑》，收入《通志堂經解》，第13冊，卷2，總頁7614。

《傳》而未明言者三處，分別在論〈微子〉、論〈周官〉、論〈酒
誥〉，而當中或從蔡說，或不從蔡說[115]。因此，可以知道，雖然王柏
在〈書疑序〉對於《書集傳》推崇備至，但也不無批評，文中所引蔡
《傳》的說法，同樣是或從或否，並沒有特別遵循其說，或是以其說
證己見，只是與書中所引蘇軾《書傳》、林之奇《全解》一樣，為眾
說中之一說而已。不過，從王柏以為蔡沈「祖述朱子之遺規」來看，
可知雖然他並未將蔡《傳》的地位看得特別高，但對於朱子授命蔡沈
為《尚書》作傳一事，王柏本人是持肯定的態度。

五　黃震（1213-1280）

黃震，字東發，理宗寶祐四年（1256）進士[116]，為宋末理學大家，
是宋末元初浙江四明地區少數謹守朱學的學者之一，全祖望云：「四
明之專宗朱氏者，東發為最。」[117]後人以為能深得朱學之奧旨[118]。宋
亡後隱居於寶幢山，誓不入城府，後餓死於此[119]。

黃震並沒有關於經學的專書，然而他著有《黃氏日鈔》一書，此
書共九十七卷，前六十八卷分別為讀經、讀史、讀諸子、讀文集，後

---

115 蔡根祥：《宋代尚書學案》，頁978-979。

116 〔元〕脫脫等，《宋史》，卷438，頁12991。

117 〔清〕黃宗羲原著、全祖望補修，陳金生、梁運華點校：《宋元學案》，卷86，總
頁2884。

118 錢賓四先生云：「竊謂後儒治朱學，能深得朱子奧旨者，殆莫踰於黃氏。」見所
著，〈黃東發學述〉，收入《中國學術思想史論叢（六）》（臺北市：東大圖書公
司，1976年），頁1。林政華於《黃震之經學》（臺北市：臺灣大學中國文學研究所
博士論文，1967年）中亦同意此說。

119 關於黃震的生平，可參考林政華：《黃震及其諸子學》（臺北市：嘉新水泥公司文
化基金會，1976年），頁1-36；林政華《黃震之經學》，頁1-32。張偉：《黃震與東
發學派》（北京市：人民出版社，2003年），頁9-68。

半部則是東發之公移、講義、策問、序跋等等，而他主要關於《尚書》的意見，則集中在《黃氏日鈔》卷五〈讀尚書〉當中。該卷標題下，自著：

> 經解惟《書》最多，至蔡九峰參合諸儒要說，嘗經朱文公訂正，其釋文義既視漢、唐為精，其發指趣又視諸家為的，《書經》至是而大明，如揭日月矣。今惟略記一二。[120]

單看這段文字，可能會認為黃震對《書集傳》極為推崇，然而，在〈讀尚書〉當中，黃震總共寫了四十二條筆記，當中有二十二條提到蔡《傳》的意見，今將其條目及意見簡列於下：

1. 〈堯典〉「朞三百六旬有六日」條，以為蔡解極精，肯定其說。[121]
2. 〈舜典〉「人心惟危一章」，以為蔡九峰作《書傳》嘗述朱文公之言，可謂深得此章之本旨。[122]
3. 〈禹貢〉「三江既入」條，以為「蔡之說的矣」，肯定其說。[123]
4. 〈禹貢〉「涇屬渭汭」條，言古皆云水內為汭，僅蔡《傳》以涇渭汭皆作水名，以為依古說較當，否定蔡說。[124]
5. 〈禹貢〉「東為北江」條，蔡註北江未詳，東發以為此為漢江自北入，非有北江，間接否定蔡沈北江的說法。[125]

---

120 〔宋〕黃震：《黃氏日鈔》，收入《文淵閣四庫全書》，第707冊，卷5，頁64。

121 〔宋〕黃震：《黃氏日鈔》，收入《文淵閣四庫全書》，第707冊，卷5，頁65。

122 〔宋〕黃震：《黃氏日鈔》，收入《文淵閣四庫全書》，第707冊，卷5，頁65。

123 〔宋〕黃震：《黃氏日鈔》，收入《文淵閣四庫全書》，第707冊，卷5，頁66。

124 〔宋〕黃震：《黃氏日鈔》，收入《文淵閣四庫全書》，第707冊，卷5，頁67。

125 〔宋〕黃震：《黃氏日鈔》，收入《文淵閣四庫全書》，第707冊，卷5，頁67。

6. 〈仲虺之誥〉「纘禹舊服」條，以為蔡解合於義理，然未必合文意，當從古註，否定蔡說。[126]

7. 〈盤庚〉「汝何生在上」條，云蔡解以上為天，於文意未安，否定蔡說。[127]

8. 〈說命下〉「台小子舊學於甘盤，既乃遯于荒野，入宅于河，自河徂亳，暨厥終罔顯」條，以為蔡氏之說精矣，肯定蔡說。[128]

9. 〈泰誓〉「觀政于商」條，以為蔡說不若古註為徑，雖未完全否定，但以為古註較佳。[129]

10. 〈泰誓〉「商罪貫盈」條，以為古註解作惡貫已滿是矣，蔡解以貫為通，恐非其義，否定蔡說。[130]

11. 〈泰誓〉「百姓有過在予一人」，以為蔡氏以責解過，謂百姓責我，雖於事為順，然在字無歸，當從古注，否定蔡說。[131]

12. 〈泰誓〉「王乃大巡六師」，以為蔡《傳》考六師為史臣之辭，世遠莫考，且依經文讀之。雖沒有否定其說，但顯然認為蔡沈之說不足取。[132]

13. 〈酒誥〉「爾大克羞耈惟君」，引《書集傳》云未詳，合從古說。[133]

14. 〈召誥〉「王敬作所不可不敬德」條，引蔡《傳》說法，然後云古註不費力，雖未言蔡說為非，但偏從古註。[134]

---

126 〔宋〕黃震：《黃氏日鈔》，收入《文淵閣四庫全書》，第707冊，卷5，頁68。

127 〔宋〕黃震：《黃氏日鈔》，收入《文淵閣四庫全書》，第707冊，卷5，頁69。

128 〔宋〕黃震：《黃氏日鈔》，收入《文淵閣四庫全書》，第707冊，卷5，頁69。

129 〔宋〕黃震：《黃氏日鈔》，收入《文淵閣四庫全書》，第707冊，卷5，頁70。

130 〔宋〕黃震：《黃氏日鈔》，收入《文淵閣四庫全書》，第707冊，卷5，頁70。

131 〔宋〕黃震：《黃氏日鈔》，收入《文淵閣四庫全書》，第707冊，卷5，頁70。

132 〔宋〕黃震：《黃氏日鈔》，收入《文淵閣四庫全書》，第707冊，卷5，頁70。

133 〔宋〕黃震：《黃氏日鈔》，收入《文淵閣四庫全書》，第707冊，卷5，頁72。

134 〔宋〕黃震：《黃氏日鈔》，收入《文淵閣四庫全書》，第707冊，卷5，頁72。

15. 〈洛誥〉「朕復子明辟」，以為蔡《傳》言成王未嘗一日不居君位，何復之有？足以正文義而有功於天下，肯定其說。[135]

16. 〈洛誥〉「命公後」條，以為史事皆合從蔡說，蓋朱文公師友之考訂者精矣，肯定其說。[136]

17. 〈無逸〉「惠鮮鰥寡」條，以為蔡解鮮為鮮活之鮮，說近於巧，然不必改為此意，文義自協，雖以為蔡《傳》說解極妙，但似以為不改亦可。[137]

18. 〈君奭〉「故殷禮陟配天」條，以為蔡說恐未安，否定其說。[138]

19. 〈君奭〉「則商實百姓」條，以為蔡沈在此以百姓為百官，非但不合其意，且與〈堯典〉朱熹解「平章百姓」以百姓為畿內之民矛盾，否定其說。[139]

20. 〈君牙〉「夏暑雨小民惟曰怨咨一章」條，以為合從古說為平易，否定蔡說。[140]

21. 〈泰誓〉「番番良士一章」條，以為蔡氏之說精矣，肯定其說。[141]

22. 〈泰誓〉「其心好之，不啻如自其口出」條，以為宜從古說為平，否定蔡說。[142]

從上所引可以發現，在這二十二條當中，黃震肯定《書集傳》說法的有七條，其他的十四條，或者認為蔡沈所云雖有理，但是從古注

135 〔宋〕黃震：《黃氏日鈔》，收入《文淵閣四庫全書》，第707冊，卷5，頁72。
136 〔宋〕黃震：《黃氏日鈔》，收入《文淵閣四庫全書》，第707冊，卷5，頁72。
137 〔宋〕黃震：《黃氏日鈔》，收入《文淵閣四庫全書》，第707冊，卷5，頁73。
138 〔宋〕黃震：《黃氏日鈔》，收入《文淵閣四庫全書》，第707冊，卷5，頁73。
139 〔宋〕黃震：《黃氏日鈔》，收入《文淵閣四庫全書》，第707冊，卷5，頁73。
140 〔宋〕黃震：《黃氏日鈔》，收入《文淵閣四庫全書》，第707冊，卷5，頁74。
141 〔宋〕黃震：《黃氏日鈔》，收入《文淵閣四庫全書》，第707冊，卷5，頁74。
142 〔宋〕黃震：《黃氏日鈔》，收入《文淵閣四庫全書》，第707冊，卷5，頁75。

疏也未嘗不可，如〈泰誓〉「觀政于商」條、〈無逸〉「惠鮮鰥寡」條。或雖未直言蔡《傳》為非，但是從文字上可看出其不以為然，如〈泰誓〉「王乃大巡六師」條、〈召誥〉「王敬作所不可不敬德」條。甚至直接否定蔡《傳》的說法，認為其說沒有道理，如〈君奭〉「則商實百姓」條，他以朱子親自訂定過的〈堯典〉說法，否定蔡沈的解釋，是以此條雖然否定蔡說，卻是從肯定朱子的角度出發。又在該卷卷前，他說「至蔡九峰參合諸儒要說，嘗經朱文公訂正」，此外，在同意蔡說的七條當中〈堯典〉、〈舜典〉各一條，均以為蔡氏引朱子之言，〈洛誥〉一條亦云朱文公師友考訂之精，從這裡很清楚可以看出，黃震對於《書集傳》的推崇，事實上與朱子有關。林政華《黃震之經學》曾以為黃震「既能闡蔡說之長，又能匡其誤而補其闕」，並於文章中以為闡蔡《傳》之長者有辨別錯簡、有功名教兩點；正蔡《傳》之失者有依據上下文勢證之、辨語詞虛實、曲盡人情事理。除此之外，又云黃震能補蔡《傳》所未備，且論其心傳之說[143]。張偉在《黃震與東發學派》亦引〈讀尚書〉篇文字，以為黃震認為在宋代的《尚書》注解當中，當以蔡沈《書集傳》為最佳[144]。不過，從上面所引《黃氏日鈔》〈讀尚書〉一篇中的文字看來，黃震對於蔡沈的說法，持平或否定者其實比肯定的部分要來得多，因此，〈讀尚書〉篇前的那段文字，到底能不能用來作為黃震極度認同蔡《傳》的佐證，恐怕還可以再討論。個人以為，對黃震來說，他只承認了蔡沈《書集傳》經過朱子訂正一事，但並未正面認可蔡《傳》在朱門當中的地位。

　　然而，值得注意的是，在黃震〈讀尚書〉中，雖然對蔡沈說法認可的條目在二十二條中只有七條，但此篇僅有四十二條，當中卻引了

---

143 〔宋〕林政華：《黃震之經學》，頁151-167。

144 張偉：《黃震與東發學派》，頁148。

二十二條蔡《傳》的說法，於全篇中有一半以上的份量，則不可謂之不多。因此，可以知道，雖然黃震對於蔡說未必認同，可是在這個時候，蔡沈《書集傳》顯然已有一定的地位，使他不能不加以重視而討論。宋末四明地區以陸學為盛，尤其是「明州淳熙四先生」楊簡（1141-1226）、袁燮（1144-1224）、舒璘（1136-1198）、沈煥（1139-1191），更是南宋四明學者中最為人所推重者。然而這種宗陸的學風，到了「同谷三先生」王應麟（1223-1296）、陳塤（1197-1241）、黃震時，卻為之一變，轉向了朱子之學[145]。黃震在《日鈔》當中，對於蔡沈意見如此的注重，也可以作為此一轉變的輔證。

（六）王應麟（1223-1296）

王應麟，字伯厚，號深寧，慶元府鄞縣人，宋理宗淳祐元年（1241）進士[146]，為宋末元初有名的儒者。王氏之學極博，今觀《困學紀聞》便可知其於經史子集、天道曆數地理等皆有涉及，且論經不墨守家法，既重漢唐古注疏，又採宋儒新說，頗為後代儒者，尤其是清儒所讚賞[147]。關於王應麟對於《尚書》的著作，在專著方面有《尚書鳥獸譜》，然今已不傳。至於《困學紀聞》〈書〉一卷當中，引用蔡《傳》情況如下：

1.〈五子之歌〉，其二章皆述禹之訓。蔡氏（《集傳》[148]）：「自『予

---

145 何澤恆：《王應麟之經史學》（臺北市：臺灣大學中國研究所博士論文，鄭騫先生指導，1981年），頁39-71。

146 〔元〕脫脫等：《宋史》，卷438，頁12987。

147 何澤恆：《王應麟之經史學》，頁2-5。

148 括號內之文字，皆王書之原注，下同。

視天下』以後，謂『予』，五子自稱也。」然「予臨兆民」之語，恐非五子自稱。[149]

2. 鄭康成注〈禹貢〉「九河」云：「齊桓公塞之，同為一。」《詩》〈周頌〉〈般之篇〉《正義》云：「不知所出何書。」愚按《書（禹貢）正義》引《春秋緯寶乾圖》云：「移河為界，在齊呂，填閼八流以自廣。」鄭蓋據此文（案：此「九河既道」《正義》文）。九峰蔡氏（《書集傳》）曰：「曲防，齊之所禁，塞河非桓公所為也。」[150]

3.「說築傅巖之野。」吳氏《裨傳》、蔡氏《集傳》以「築」為「居」。愚按《孟子》曰「傅說舉於版築之間」，當從古注。（傅巖在陝州平陸縣北）[151]

4. 三監，孔氏謂管、蔡、商（〈大誥序〉孔《傳》）。《漢》〈地理志〉：「殷畿內為三國，邶、鄘、衛是也。邶，封武庚；鄘，管叔尹之，衛，蔡叔尹之，以監殷民。」唯鄭康成以三監為管、蔡、霍。蘇氏（《書傳》）從孔說，林氏（《全解》）、蔡氏（《傳》）從鄭說。三亳，孔氏謂亳人之歸文王者三，所為之立監（〈立政〉篇孔《傳》）。康成云：「湯舊都之民服文王者，分為三邑，其長居險，故言阪尹，蓋東成皋，南轘轅，西降谷也。」皇甫謐以蒙為北亳，穀熟為南亳，偃師為西亳。林氏從鄭說，呂氏（《東萊書說》）從皇甫說。（《詩譜》以三叔為三監。孫毓云：「三監當有霍叔。鄭義為長。」）[152]

5. 祖甲，孔安國、王肅云：「湯孫太甲也。」馬融、鄭玄云：「武丁子帝甲也。」《書正義》以鄭為妄。《史記正義》按帝王年代，歷帝甲

149 〔宋〕王應麟著、〔清〕翁元圻等注、樂保羣等校點：《困學紀聞》（上海市：上海古籍出版社，2008年），卷2，頁192。

150 〔宋〕王應麟著、〔清〕翁元圻等注、樂保羣等校點：《困學紀聞》，卷2，頁198-199。

151 〔宋〕王應麟著、〔清〕翁元圻等注、樂保羣等校點：《困學紀聞》，卷2，頁211-212。

152 〔宋〕王應麟著、〔清〕翁元圻等注、樂保羣等校點：《困學紀聞》，卷2，頁231-232。

十六年，太甲三十三年，明王、孔說為是。王肅云：「先中宗，後祖
甲，先盛德，後有過。」蔡氏《書傳》從鄭說，謂非太甲。按邵子
《經世書》，高宗五十九年，祖庚七年，祖甲三十三年，世次、歷年
皆與《書》合，亦不以太甲為祖甲。[153]

6.「康王釋喪服而被袞冕，且受黃朱圭幣之獻。諸儒以為禮之變，蘇
氏以為失禮。」（按，以上潘子善問辭）朱文公（答）謂：「天子諸侯
之禮，與士庶人不同，故孟子有『吾未之學』之語。如〈伊訓〉『元祀
十二月朔，奉嗣王祗見厥祖』，故不可用凶服矣。漢、唐即位行冊
禮，君臣亦皆吉服，追述先帝之命，以告嗣君。蓋易世傳授，國之大
事，當嚴其禮也。」蔡氏《書傳》取蘇氏而不用文公之說。愚觀孝宗
初上太上帝后尊號，有欲俟欽宗服除奉冊者，林黃中議：「唐憲宗上
順宗冊，在德宗服中，謂行禮無害，第備樂而不作可也。」劉韶美議
曰：「唐自武德以來，皆用易月之制，既葬之後，謂之無服。羣臣上
尊號，亦多在即位之年，與本朝事體大相遠也。」觀韶美之言，則文
公《語錄》所云「漢唐冊禮」，乃一時答問，未為定說也。[154]

7.虞之〈賡歌〉，夏〈五子之歌〉，此《三百篇》之權輿也。〈洪範〉
「無偏無陂」至「歸其有極」，蔡氏（《書集傳》）謂此章蓋《詩》之
體，使人吟詠而得其情性，與《周禮》「太師教以六詩」同一機。〈伊
訓〉以「三風十愆」訓太甲，自「聖謨洋洋」而下，亦叶其音，蓋欲
日誦是訓，如衛武公之〈抑〉戒也。故曰：「《詩》可以興。」[155]
除此之外，王氏尚有《六經天文編》一書，在此書當中，亦有引用蔡
沈《書集傳》的文字，分列如下：

---

153 〔宋〕王應麟著、〔清〕翁元圻等注、欒保羣等校點：《困學紀聞》，卷2，頁243。

154 〔宋〕王應麟著、〔清〕翁元圻等注、欒保羣等校點：《困學紀聞》，卷2，頁251-252。

155 〔宋〕王應麟著、〔清〕翁元圻等注、欒保羣等校點：《困學紀聞》，卷2，頁304。

1. 於「三正」條下引蔡氏曰：「夏曰歲、商曰祀、周曰年，一也……故皆以正朔行之。」[156]此為《書集傳》〈伊訓〉釋「惟元祀十有二月乙丑，伊尹祠于先王。奉嗣王祗見厥祖，侯甸羣后咸在，百官總己以聽冢宰。伊尹乃明言烈祖之成德，以訓于王」之言。

2. 於「三正」條下復引蔡氏曰：「漢孔氏以春為建子之月……豈三代聖人奉天之政乎？」[157]此為《書集傳》〈泰誓上〉釋「惟十有三年春，大會于孟津」一句時蔡氏之按語。

3. 於「辰弗集房」條下引蔡氏曰：「按，《唐志》日蝕在仲康即位之五年。」[158]此為《書集傳》〈胤征〉釋「乃季秋月朔，辰弗集于房」一句之語。

4. 於「冬夏風雨」條下引蔡氏曰：「好風者箕星，好雨者畢星……所謂『月之從星則以風雨』也。」[159]此為《書集傳》〈洪範〉釋「庶民惟星，星有好風，星有好雨。日月之行，則有冬有夏；月之從星，則以風雨」之語。

以上所引，為王應麟著作中引用蔡《傳》的情況，分別是《困學紀聞》七條、《六經天文編》四條[160]，總計十一條。除了《困學紀聞》

---

156 〔宋〕王應麟：《六經天文編》，收入《文淵閣四庫全書》，第786冊，卷上，頁167-168。

157 〔宋〕王應麟：《六經天文編》，收入《文淵閣四庫全書》，第786冊，卷上，頁169。

158 〔宋〕王應麟：《六經天文編》，收入《文淵閣四庫全書》，第786冊，卷上，頁171。

159 〔宋〕王應麟：《六經天文編》，收入《文淵閣四庫全書》，第786冊，卷上，頁171

160 事實上，在《六經天文編》當中，總共有八條標以「蔡氏曰」的條目，然而經考察之後，真正出自《書集傳》的只有四條，其餘四條分別是：1.於「治厤明時」條下引蔡氏曰：「黃道之差，始自春分、秋分……非日月之行真有盈縮進退也。」（頁142-143）然而，事實上這句話並非蔡沈所說，而是出自於朱子，在章如愚《群書考索續集》中論曆法時，有引到此段，以為文公所言（《四庫全書》，第938冊，頁311）。又滕珙所編的朱子《經濟文衡前集》當中，也引到前半段（《四庫全書》，第704冊，頁59）。2.於「日永短」條下引蔡氏曰：「天體北高而南下，地體平著乎其中……古厤日分之用數。」（頁786-156）然而此亦非蔡沈之言，在鮑雲龍

的第 1 條與第 3 條，能明顯看出是引以駁之外，其餘部分都是單純稱引，將之以為諸說中之一說而已。且單以《困學紀聞》〈書〉一卷而言，就有超過兩百條以上的筆記，引用書籍、人物極多，範圍亦廣，甚至輯逸文、辨奇字等條目均在其中[161]。從這些資料來看，王氏對於《書集傳》雖有徵引，然而對於該書恐怕沒有太多意見與看法。

七　金履祥（1232-1303）

在宋、元之際的學者當中，金履祥於《尚書》學可說是鑽研頗深，以往都認為他著有《尚書注》十二卷及《尚書表注》二卷，又以為劉恕（1032-1078）《通鑑外紀》不可信，而以《尚書》為主，旁採《詩》、《禮》、《春秋》、諸子，作《通鑑前編》二十卷[162]。然而《尚書注》事實上是一部偽書，此書今日有兩種版本，一種收入陸心源所編《十萬卷樓叢書》，一種收入方功惠所編《碧琳琅館叢書》，蔡根祥在〈金履祥《尚書注》十二卷考異〉一文中，經由比對考證，知所謂十二卷《尚書注》，當是一部後人由金氏《通鑑前編》中，將與《尚

《天原發微》中引橫渠之語曰：「天體北高而南下，地體平著乎其中。」（《四庫全書》，第806冊，頁75）又明代張九韶《理學類編》有引張子曰：「天體北高而南下，地體平著乎其中。日近北則去地遠而出早入遲，故晝長，日近南則去地近而出遲入早，故晝短。」（《四庫全書》，第709冊，頁760）3.於「正月繁霜」條下引蔡氏曰：「陽包陰則為霰（離），陽和陰則為雪（離交坎），陰包陽則為雹（坎），陰入陽則為霜（坎交離）。」（《四庫全書》，第786冊，頁181）此句亦非蔡沈之語，乃蔡淵於《易象意言》當中的文字（《四庫全書》，第18冊，頁114）。4.於「極星」條下引蔡氏曰：「日暑有差，如千里差一寸，極星無差。」（《四庫全書》，第786冊，頁200）此亦不出自於蔡沈，當是從《朱子語類》「嘗見李通云：日暑有差，如去一千里，則差一寸，到得極星卻無差」（《朱子語類》，卷86，頁2214）此句改寫而來。

161 何澤恆：《王應麟之經史學》，頁140-147。

162 〔明〕宋濂等：《元史》（北京市：中華書局，2008年），卷189，總頁4317。

書》有關的部分輯出而成的偽作[163]。不過此本雖然是一部偽作，但內容的確是由金履祥所作，因此還是能夠用來作為金氏關於《尚書》意見的佐證。至於《碧琳琅館叢書》本，筆者在〈《碧琳琅館叢書》本《金氏尚書注》著者考疑〉中，考證出當為清代中葉之後取元人陳師凱《書蔡傳旁通》為主，並用及相關資料作為〈序〉、〈跋〉、〈附錄〉拼湊而成的一部偽書[164]。蔡根祥亦於〈《碧琳琅館叢書》本《金氏尚書注》偽書補考〉當中，對筆者文中未釐清的部分，作出完整的考證[165]。

　　關於金履祥對於蔡沈《書集傳》的意見，傳統說法都認為持反對態度，例如《四庫總目》云：「陳櫟、董鼎、金履祥皆篤信朱子之學者，而櫟作《書傳折衷》、鼎作《書傳纂注》、履祥作《尚書表注》，皆斷斷有詞。」[166]程元敏先生同意這個看法，在提出陳淳應為不滿蔡沈《書集傳》的第一人時說道：「後世如黃景昌、金履祥輩，於蔡《傳》斷斷有辭（據《四庫全書提要》卷十一〈書類一〉〈書集傳〉下），人皆知之，而於陳淳先已質難，則至今無人特筆表述。」[167]游均晶則引金履祥於《尚書表注》〈序〉中的文字，認為：「他指出蔡《傳》全書，既未經朱子作最後修訂，也來不及利用《語類》補足朱子遺說，就傳承朱子《尚書》學而言，完整性頗有不足。」[168]不過，

---

163 蔡根祥：〈金履祥《尚書注》十二卷考異〉，《中國經學》，第5輯（2009年10月），頁83-108。蔡氏於博士論文《宋代尚書學案》中已提出此一問題，並多有論述，而在本篇文章則作了更詳盡的考證。

164 許育龍：〈《碧琳琅館叢書》本《金氏尚書注》著者考疑〉，《臺大中文學報》，第34期（2011年6月），頁229-262。

165 蔡根祥：〈《碧琳琅館叢書》本《金氏尚書注》偽書補考〉，第二屆國際尚書學研討會暨第一屆國際尚書學會年會會議論文。

166 〔清〕紀昀、永瑢等：《武英殿本四庫全書總目》，第1冊，卷11，頁262。

167 程元敏：《書序通考》，頁243-244。

168 游均晶：《蔡沈《書集傳》研究》，頁123。

蔡根祥在《宋代尚書學案》，則認為金履祥對於蔡沈《書集傳》多有
所取，在其《尚書》學當中，仍蔡氏之舊、用蔡氏之說之處不少，雖
然也同意金氏於蔡《傳》之說亦有辨之，但同時也呈現出金履祥對於
蔡沈肯定的部分[169]。

金履祥《尚書表注》〈序〉嘗言：

> 朱子傳注諸經略備，獨《書》未及。嘗別出〈小序〉，辨正疑
> 誤，指其要領，以授蔡氏，而為集傳。諸說至此，有所折衷
> 矣。而書成於朱子既沒之後，門人語錄未萃之前，猶或不無遺
> 漏放失之憾。[170]

又《四庫總目》〈尚書表注〉條下云：「大抵攟摭舊說，折衷己意，與
蔡沈《集傳》頗有異同。」[171]前人多據此以為金氏對蔡《傳》不滿的
證據。然而，如果細察金氏於〈序〉文中的論述，可以發現金履祥認
為《書集傳》一書有所不足的原因，在於：第一，書成於朱子去世之
後，沒有經過朱子訂正校閱全書。第二，書成於門人語錄萃集之前，
無法從參考語錄中的說法而將之放入書中。但是，對於朱子將《尚
書》經解託付給蔡沈一事，則持肯定正面的態度。

除此之外，在《尚書注》與《尚書表注》二書當中，亦可以看出
金氏對於蔡沈《書集傳》的看法[172]。前文已論及金履祥《尚書注》乃
後人依孔《傳》的分篇，將《通鑑前編》拆解之後，所產生的一本偽

---

169 蔡根祥：《宋代尚書學案》，頁1075-1076。

170 〔宋〕金履祥：《尚書表注》，卷首，頁3。《通志堂經解》，第14冊，頁7941。

171 〔清〕紀昀、永瑢等：《武英殿本四庫全書總目》，第1冊，卷11，頁267。

172 雖然蔡根祥已經考證出十二卷《尚書注》是後人根據《通鑑前編》所偽作，研究
金氏的《尚書》學應以《前編》為正。不過本文所要討論的是他對蔡沈《書集
傳》的意見，因此便依照以往的習慣，逕以《尚書注》為材料。

書，但內容事實上還是金履祥的意見，《通鑑前編》成於元世祖至元
十七年（1280），是年金履祥四十九歲，可說是他中年時期的意見。
在今本《尚書注》中[173]，共引用了朱子說法七十六次，蔡沈說法八十
三次，其他雖然有蘇軾、林之奇、呂祖謙以及其師王柏等人的說法，
但次數相當少，與朱、蔡的說法更是完全不成比例，可說對朱、蔡兩
人的說法相當重視。在這部書當中，金履祥引用蔡氏之說，雖然也有
反對之處，例如在〈多方〉云：「蔡氏謂『多方字當作多士』，愚謂皆
當作多方。」[174]又〈康王之誥〉云：「『羌』，若蘇氏謂……蔡氏疑即
下文……，皆非也。按：字書：羌，進善也……。」[175]不過，絕大多
數都是直接引文以注，也就是同意蔡沈的說法。此外，值得注意的是
在〈金縢〉下，論周公避或不避之一事，先引朱子說法，再言：
「按：朱子有〈金縢說〉，其時與事皆與此不同，此乃朱子晚年與蔡
沈之書，當為朱子定論。」[176]又〈梓材〉下云：「蔡氏斷自『今王』
以下，非康叔之誥，乃人臣告君之語，亦朱子意也。」[177]因此，可以
知道，金履祥認為蔡沈書中有許多朱子晚年的意見，甚至足以用來推
翻行世文章的看法。其弟子許謙（1270-1337）〈上劉約齋書〉也提
到：「先師仁山金某吉父，生於《外紀》既成數百年之後……其於
《書》則因蔡氏之舊，而發其所謂未備。其微辭奧義，則本朱子而斷
於理。勒成若干卷，名曰《通鑑前編》。」[178]如果這段話可信的話，
那麼金履祥對於蔡沈《書集傳》的態度，或許並不像《四庫總目》當

---

173 本文所使用的《尚書注》本，收入《續修四庫全書》（十萬卷樓本），第42冊。

174 〔宋〕金履祥：《尚書注》，收入《續修四庫全書》，第42冊，卷10，頁612。

175 〔宋〕金履祥：《尚書注》，收入《續修四庫全書》，第42冊，卷11，頁635。

176 〔宋〕金履祥：《尚書注》，收入《續修四庫全書》，第42冊，卷8，頁558。

177 〔宋〕金履祥：《尚書注》，收入《續修四庫全書》，第42冊，卷8，頁576。

178 〔元〕許謙：《白雲集》（臺北市：藝文印書館，1968年，金華叢書本），卷2，頁
25右-25左。

中所說的那麼反對，反倒可能秉持正面立場。

　　《尚書表注》共兩卷，目前普遍認定是金履祥晚年之作[179]，這部書的作法是將《尚書》原文置於書版正文位置，而把自己的考證和意見放在欄外上下左右的部分，因此名為「表注」。當中發揮己意較多，引用前人意見較少，引用比重最高是朱子的說法，該書稱引朱子凡二十五次，大多持肯定的態度，合於〈序〉文所言對蔡沈之書作於朱子亡與《語錄》成之間，無從補充的遺憾。而引用次數次高的便是蔡沈，金氏引蔡說共八次，集中在下卷〈武成〉到〈梓材〉，當中有五次都是直接引用，也就是肯定其說。其他三次，分別是於〈武成〉云：「朱子集長考定，見於《文集》。蔡《傳》今槩用朱子本定讀。」[180]〈金縢〉「我之弗辟」下云：「朱子初從注說作『致辟』，晚簡蔡氏，從鄭氏《詩箋》作『避』。」[181]〈梓材〉下云：「古文作成王誥康叔之書，王介甫、吳才老、朱子、蔡氏皆疑之。吳才老……蔡氏……」[182]除了〈梓材〉所引是諸說並列之外，〈武成〉和〈金縢〉都肯定了蔡沈是依循繼承朱子的說法。

179　〔元〕柳貫〈故宋迪功郎史館編校仁山先生金公行狀〉云：「先生早歲所注《尚書》，章釋句解，既成書矣，一日超然自怡，擺脫眾說，獨抱遺經，復讀玩味，則其節目明整，脉絡貫通，中間枝葉與夫訛謬，一一易見。因推本父師之意，正句畫段，提其章指與其義理之微，事為之概，考證字文之誤，表諸四闌之外，曰《尚書表注》。」〔元〕柳貫：《柳待制文集》（四部叢刊初編影印元刊本），卷20，頁5右。朱彝尊《經義考》引張雲章云：「《尚書表注》四卷，見於仁山先生本傳，而無所謂《書注》十二卷者。按：柳文肅貫撰〈行狀〉云：『先生早歲所注《尚書》，章釋句解。』蓋指《書注》十二卷而言，此書為先生早年所成，晚復撮其要而為《表注》也。」朱彝尊原著、林慶彰等編：《經義考》，第3冊，卷84，頁389。

180　〔宋〕金履祥：《尚書表注》，收入《通志堂經解》，第13冊，卷下，總頁7960。

181　〔宋〕金履祥：《尚書表注》，收入《通志堂經解》，第13冊，卷下，總頁7963。

182　〔宋〕金履祥：《尚書表注》，收入《通志堂經解》，第13冊，卷下，總頁7968。

　　從以上兩部書來看，金履祥在其《尚書》相關的著作中，引用了相當多蔡沈的說法，足以證明他對蔡說有一定程度的認可。更重要的是，無論是中期或晚期的著作，在〈序〉文或是內文，金履祥都認為朱子曾經指導蔡沈作《傳》，《書集傳》的說法有很多是朱子晚年之說，如果蔡說與朱說相牴牾，未必是蔡沈不從師說，有可能那才是朱子真正的晚年定論，也就是說，金履祥肯定了蔡沈繼承朱子《尚書》學這件事情。不過，在〈通鑑前編後序〉一文當中，金氏嘗自云：「顧《尚書》一經，諸儒解者雖已精詳，但似未嘗潛泳反覆，以推篇章之全意，而句釋字釋，意或不屬。履祥因為之註釋章旨。隨意所到，雖不能詳，然聖經之篇章與聖人之體用，似或得之。」[183]由此可見，他對於前人的說法顯然都不甚滿意，而對自己的著作，似有「成一家之言」之意。

八　陳普（1244-1315）

　　陳普，字尚德，因居於石堂山，學者遂稱為石堂先生，《宋史》無傳，《宋元學案》入輔廣〈潛庵學案〉，以為輔廣傳余端臣，余端臣傳韓翼甫，而陳普即韓翼輔弟子，明人薛孔洵於〈重刊石堂先生文集敘〉中亦云：「本之輔氏，出於考亭。」[184]可知其為輔廣後學無誤。《經義考》載其《尚書》著作有三部分，分別為《尚書補微》、《書傳補遺》、《書講義》三部，前兩部朱彝尊載「佚」，僅有《書講義》下著錄一卷曰「存」，但無任何相關說明文字。今日於《石堂先生遺

183　〔宋〕金履祥：《仁山集》（臺北市：藝文印書館，1968年，金華叢書本），卷1，頁2左-3右。

184　〔明〕薛孔洵：〈重刊石堂先生文集敘〉，《石堂先生遺集》，收入《續修四庫全書》（影印明萬曆三年薛孔洵刻本），第1321冊，卷前，頁282。

集》中卷一至卷六為講義，卷四則為講義中《書》的部分，《經義考》所著錄當是此卷。然而此卷講義，僅解至〈洪範〉「時雨若」句，未將全本《尚書》注釋完畢。考是書前序，知陳普原有全集，但是在嘉靖辛酉（1561）時，毀於兵災之中[185]，現存的《遺集》是明萬曆三年（1575）薛孔洵所重刻[186]，薛氏號稱「矢力三年，搜獲全書」[187]，而今日於〈書講義〉一卷情況如此，不知是陳普當初僅有此作？抑或是薛孔洵所收不全？

目前在《石堂先生遺集》卷四的〈書講義〉部分共有二十二條，大都是陳普自己對於《尚書》當中這些文句的意見，很少引用其他人說法。當中引蔡《傳》部分共有五條，分列如下：

1. 「曰若稽古帝堯曰放勳」條：曰若，蔡氏以為與〈周書〉「越若」同。稽古者，虞史之辭也，古者已往之謂。此說曾經文公訂正，不可易也。[188]

2. 「三江既入」條：蔡氏謂合流之後，不復可指為三，未為當也……〈吳都賦〉之三江，小不足言，蔡說以近震澤□引援，未為當。[189]

3. 「惟皇上帝降衷于下民若有恆性」條：蔡氏之說甚正，而未精也……如九峯之說，則只說得性，雖下心字，而出於經文

---

185 〔宋〕阮鑛，〈重刻石堂先生遺集序〉，《石堂先生遺集》，收入《續修四庫全書》，第1321冊，卷前，頁281。

186 另，《四庫全書存目叢書》集部第20冊中，亦收有明天啟三年阮光遠所刊刻之《選鐫石堂先生遺集》四卷，然此本為選本而非全稿，亦無經書講義部分。

187 〔明〕薛孔洵：〈重刊石堂先生文集敘〉，《石堂先生遺集》，收入《續修四庫全書》，第1321冊，卷前，頁283。

188 〔宋〕陳普：《石堂先生遺集》，收入《續修四庫全書》，第1321冊，卷4，頁337。

189 〔宋〕陳普：《石堂先生遺集》，收入《續修四庫全書》，第1321冊，卷4，頁347。

之外，不及思衷。是心之全體合性為一之本體，又不容不析
言之也……是衷但為命而未為性也，得無語病乎？[190]

4.「德無常師主善為師善無常主協于克一」條：然蔡說於彼十
六字為盡，於此十六字實有未詳，其言雖大，其於中間之條
理則未為密也。[191]

5.「天乃錫禹洪範九疇彝倫攸敘初一曰五行」條：箕子之陳洪
範、論汨陳，先儒率皆未精其書。蔡氏《書》說論修六府，
但取其生克損益，而成五穀。此天之所為，人未必能與也。[192]

從上列五條可以發現，除了第一條之外，其他條目都有些許意見。第
二條兩言其說「未為當」；第三條雖言其說「甚正」，但後面卻又說
「未精」、「得無語病乎」；第四條陳普同意其言「甚大」，可是之後又
講他的條理「未密」；第五條也認為蔡《傳》論六府只講了一部分，
而沒有講完整。唯一完全同意的一條，其原因是《書集傳》的二
〈典〉、〈禹謨〉曾經過朱子所親校，因此他說「此說曾經文公訂正，
不可易也」。所以這一條與其說陳普同意蔡沈的說法，不如說陳普尊
從朱子的意見。因此，從這幾條資料來看，陳普對於蔡《傳》雖然並
不反對，但於其說亦未相當推崇。

九　王天與

王天與，字立大，《元史》無傳，《宋元學案》入〈西山真氏學
案〉，以為西山續傳。《新元史・儒林傳》作吉安人[193]，《宋元學案》

---

190 〔宋〕陳普：《石堂先生遺集》，收入《續修四庫全書》，第1321冊，卷4，頁348。
191 〔宋〕陳普：《石堂先生遺集》，收入《續修四庫全書》，第1321冊，卷4，頁349。
192 〔宋〕陳普：《石堂先生遺集》，收入《續修四庫全書》，第1321冊，卷4，頁353。
193 柯劭忞：《新元史》（臺北市：藝文印書館，1955年），卷235，頁2104。

云吉安人，別號梅浦[194]，《四庫總目》作梅浦人[195]，而於《尚書纂傳》前劉坦〈序〉稱梅浦王君，彭應龍〈序〉稱梅浦王立大，崔君舉（1241-1317）〈序〉稱梅浦王君，納蘭成德〈序〉稱梅浦王氏，云吉安人[196]，從以上資料來看，當為吉安人，別號梅浦，四庫館臣誤以梅浦為地名。生卒年不詳，然《宋元學案》、《新元史》，以及《尚書纂傳》書前各家〈序〉所載，其書乃乙亥冬（1275）起筆，經反複考證十五年而成，於成宗大德二、三年間（1298-1299）由臧夢解（?-1335）上書於朝，而其子王振於武宗至大年間版行。因此，今雖無從考其生卒，但主要活動時間與成書時間俱在元仁宗延祐開科之前，是以本文將之置於此章討論。

　　《尚書纂傳》共四十六卷，據王天與〈自序〉，是希望能夠本朱熹、真德秀二先生遺意所作，其體例乃先引孔安國、孔穎達之說，如有未當未備，則引諸家之說平議、補充，若其說俱通者則諸說並存，間附以己見[197]。全書當中，含二孔之說，總計引用約一〇九家說法，除朱熹稱朱子、程頤稱程子、周敦頤稱周子、邵雍稱邵子、張載稱張子、董仲舒稱董子、歐陽修稱歐陽子外，其餘均稱氏，如真德秀稱真氏、呂祖謙稱呂氏、王安石稱王氏、蘇軾稱蘇氏，亦有引書名者，如「《史記》曰」、「蔡邕《天文志》曰」、「《漢》〈律歷志〉曰」、「西山蔡氏《律呂新書》曰」等，可看出其以程、朱之後學自詡。《宋元學案》言：「其心似薄蔡氏而不攻其非，間亦采摭其說。」[198]《新元

194　〔清〕黃宗羲原著、全祖望補修，陳金生、梁運華點校：《宋元學案》，卷81，總頁2716。

195　〔清〕紀昀、永瑢等：《武英殿本四庫全書總目》，第1冊，卷12，頁273。

196　〔元〕王天與：《尚書纂傳》，收入《通志堂經解》，第13冊，卷前，總頁7983-7987。

197　〔元〕王天與：《尚書纂傳》，收入《通志堂經解》，第13冊，卷前，總頁7985。

198　〔清〕黃宗羲原著、〔清〕全祖望補修，陳金生、梁運華點校：《宋元學案》卷81，總頁2716。

史》亦云：「著《尚書纂傳》四十六卷，十五年而成書，雖心薄蔡沈，然亦間擇其說。」[199]然而《四庫總目》卻云：「是書雖以孔安國《傳》、孔穎達《疏》居先，而附以諸家之解。其大旨則以朱子為宗，而以真德秀為羽翼。蓋朱子攷論羣經，以《書》屬蔡沈，故天與以蔡氏《傳》為據。」[200]兩者的說法似乎截然相反。

　　王天與在四十六卷《尚書纂傳》當中，將〈小序〉置於每篇篇首，此與朱子主張，後為蔡沈《書集傳》所繼承的將〈小序〉集結，置於全書之末的作法不同。而在每篇目下，都標明今文、古文之有無，此又合於朱子之論。值得注意的地方在於〈堯典〉、〈舜典〉、〈大禹謨〉三篇之下，標舉今古文是引「朱子曰」，例如〈堯典〉下引「朱子曰：『此篇今文古文皆有。』」[201]〈舜典〉下引「朱子曰：『今文古文皆有，今文合於〈堯典〉，而無篇首二十八字。』」[202]〈大禹謨〉下引「朱子曰：『今文無，古文有。』」[203]而從〈皐陶謨〉之後，一直到最末篇〈秦誓〉，除了〈君牙〉之下引「蘇氏曰：『今文無，古文有。』」[204]之外，均作「蔡氏曰」，亦即採用《書集傳》的說法。然而在朱子自著的〈堯典〉、〈舜典〉、〈大禹謨〉當中，雖然亦有今古文篇章的記載，但是與王氏所引全然不同，若翻閱《書集傳》，可以發現上述所謂「朱子曰」的三條，與蔡《傳》完全相同。因此，王天與《尚書纂傳》所引的今文、古文說法，事實上是全引蔡沈《書集傳》，

199 柯劭忞：《新元史》，卷235，頁2104。

200 〔清〕紀昀、永瑢等：《武英殿本四庫全書總目》，第1冊，卷12，頁273-274。

201 〔元〕王天與：《尚書纂傳》，收入《通志堂經解》，第13冊，卷1，總頁7989。

202 〔元〕王天與：《尚書纂傳》，收入《通志堂經解》，第13冊，卷2，總頁7995。

203 〔元〕王天與：《尚書纂傳》，收入《通志堂經解》，第13冊，卷3上，總頁8003。

204 這部分文字《通志堂經解》本、《四庫全書》本同，然而考察《尚書纂傳》中所引蘇氏之說，合於東坡《書傳》，然而在《書傳》中非但無記今文、古文的體例，於該書〈君牙〉一篇之下，亦無此文字，因此可以判定當為刊刻時所誤植。

而非前三篇採朱子文集之說，自第四篇以後才用蔡沈之說。除此之外，在〈堯典〉「克明俊德，以親九族」一段下，王氏引：「朱子曰：『此言堯推其德，自身而家而國而天下，所謂放勳也。』」[205]《朱子文集》作：「此言堯推其德，自身及物，有近及遠，所謂放勳者也。」[206]《書集傳》作：「此言堯推其德，自身而家而國而天下，所謂放勳者也。」[207]在〈舜典〉「象以典刑」一段下，王氏引：「此五句者，由重入輕，各有條理，法之正也。」[208]《朱子文集》作：「此五句者，寬猛輕重，各有條理，法之正也。」[209]《書集傳》作：「此五句者，從重入輕，各有條理，法之正也。」[210]在〈大禹謨〉「汝惟不怠，揔朕師」下，王氏引：「朱子曰：『堯命舜曰陟帝位，命禹曰總朕師，蓋堯欲使舜真宅帝位，舜讓弗嗣，後惟居攝，亦若是而已。』」[211]《朱子文集》作：「堯命舜曰陟帝位，舜命禹曰總朕師者，蓋堯欲使舜真宅帝位，舜讓弗嗣，後惟居攝，總堯之眾耳，未能遽宅帝位也，故其命禹亦若是而已。」[212]《書集傳》作：「堯命舜曰陟帝位，舜命禹曰總朕師者，蓋堯欲使舜真宅帝位，舜讓弗嗣，後惟居攝，亦若是而已。」[213]王天與所引用的，亦是較合於《書集傳》，而與《朱子文集》稍有出入。

---

205 〔元〕王天與：《尚書纂傳》，收入《通志堂經解》，第13冊，卷1，總頁7989。

206 《晦庵先生朱文公文集》，收入朱傑人等主編：《朱子全書》，第23冊，卷65，頁3155。

207 〔宋〕蔡沈：《朱文公訂正門人蔡九峯書集傳》，卷1，頁2右。

208 〔元〕王天與：《尚書纂傳》，收入《通志堂經解》，第13冊，卷2，總頁7998。

209 《晦庵先生朱文公文集》，收入朱傑人等主編：《朱子全書》，第23冊，卷65，頁3167。

210 〔宋〕蔡沈：《朱文公訂正門人蔡九峯書集傳》，卷1，頁13右。

211 〔元〕王天與：《尚書纂傳》，收入《通志堂經解》，第13冊，卷3上，頁8005。

212 《晦庵先生朱文公文集》，收入朱傑人等主編：《朱子全書》，第23冊，卷65，頁3178。

213 〔宋〕蔡沈：《朱文公訂正門人蔡九峯書集傳》，卷1，頁23右。

　　既然如此，王氏為何在這些部分會言「朱子曰」？蓋王氏以為《書集傳》一書的二〈典〉、〈禹謨〉曾經朱子校正，應是朱子之說，而非蔡氏之說。至於〈皋陶謨〉之後的部分，因不知朱子所改何處，故用「蔡氏曰」來表示是蔡沈書的意思，未必是朱子的意思。另外從引用數字來看，也可以發現當中的差別。王天與在本書當中，引用蔡說凡五百一十一次，在二〈典〉、〈禹謨〉這三篇當中，佔有十五次；而引用朱子的說法則有三〇五次，在二〈典〉、〈禹謨〉這三篇當中就佔有一百三十八次。且全書五十八篇均引蔡說兩次以上，亦即除今文、古文有無固定每篇均有之外，蔡《傳》的說法在每一篇當中都有被引用至少一次，分布於全書當中[214]。然而在引用朱子的說法方面，非但集中在前三篇，且有某些篇章，如〈盤庚中〉、〈高宗肜日〉、〈西伯戡黎〉、〈酒誥〉、〈無逸〉、〈蔡仲之命〉、〈多方〉等，均未引用。

　　除了朱、蔡二人的說法之外，王書所引用的各家說法雖高達一百餘人，然而有許多家的說法都是僅用數次，例如漢夏侯、歐陽氏、邵子《皇極經世》、程子《易傳》、《爾雅疏》、《通典》、留氏、華氏、祝氏等，均是全書當中僅引用過一次；張子、無垢張氏、鄒氏、《唐》〈曆志〉、廣漢張氏等，則是全書當中僅於兩篇當中各引一次者。引用較多且平均者，除朱子、蔡氏之外，尚有呂氏，引用五七三次，出現於全書每篇當中；陳氏，引用四〇九次，出現於五十六篇之中；林氏，引用三〇一次，出現於五十三篇之中；蘇氏，引用一八九次，出現於五十六篇當中；張氏，引用一二八次，出現於四十八篇之中；夏氏，引用一百一十次，出現於四十三篇當中；王氏，引用一〇八次，

----

214 〔宋〕王天與於《尚書纂傳》當中，在某些篇章會引用專家之文，例如他曾引用「易氏」之說高達103次，然而卻是集中於〈禹貢〉一篇當中，可以判斷易氏當為為〈禹貢〉或是地理專家。因此不能單憑引用次數，便驟然對於其影響下定論，尚需考慮於全書的分布狀況。

出現於四十三篇當中。從以上引用次數看來，可以知道王天與在作
《尚書纂傳》時，《書集傳》的地位已有顯著提升，非但引用次數超
出宋代理學名家，而且於全書的體例上，亦佔有相當重要的位置，與
同樣是集傳性質的陳大猷相較，更能夠發現蔡《傳》重要性的變化。

又《經義考》載有馬廷鸞（1222-1289）《尚書蔡傳會編》，此書
亦已亡佚，雖然從其生卒年與書名來判斷，此書亦是作於《書集傳》
成書之後到延祐開科之間，性質當與蔡《傳》有密切關係，然而關於
此書卻有尚待釐清之問題。首先，此書《宋史》及諸家史志、書目俱
不載[215]，唯見於《經義考》及清同治本《樂平縣志》[216]，且朱氏於此
條下亦無卷數、內容等相關記載，只記「佚」，並從《姓譜》中引用
其生平文字，《樂平縣志》亦只存「蔡傳會編」之目而已。其次，關
於著一書以專門討論蔡沈《書集傳》的情況，據《經義考》的記載，
除馬廷鸞此書外，尚有張葆舒《書蔡傳訂誤》、黃景昌《尚書蔡氏傳
正誤》、程直方《蔡傳辨疑》、陳櫟《書傳折衷》、余芑舒《讀蔡傳疑》
等，這些書雖今均已不傳，然而從書名來看，都是對蔡《傳》的不
滿，因此《四庫總目》說諸人「遞相詰難」[217]、「紛紛交攻其誤」[218]。

---

215 《宋史》〈馬廷鸞傳〉言著有《六經集傳》、《語孟會編》、《楚辭補記》、《洙泗裔
  編》、《讀莊筆記》、《張氏祝氏皇極觀物外篇》諸書。見〔元〕脫脫等：《宋史》，
  卷414，頁12439。此外，由其文集《碧梧玩芳集》及《文獻通考》、《經義考》，知
  尚有《儀禮本經注疏會編》、《讀史旬編》。又，今本《碧梧玩芳集》乃編修《四庫
  全書》時，由《永樂大典》中輯出。而黃筱敏則從史書、書目當中，整理出馬氏
  著作共十二種，分別是《六經集傳》、《尚書蔡傳會編》、《儀禮本經疏會》、《語孟
  會編》、《讀史旬編》、《讀莊筆記》、《洙泗裔編》、《張氏祝氏皇極觀物外篇》、《楚
  辭補記》、《咸淳遺老集》、《碧梧玩芳集》、《番陽遺老傳》，其中除《碧梧玩芳集》
  及《讀史旬編》尚有殘本之外，其餘均已亡佚。見黃筱敏：〈馬廷鸞及其佚文〉，
  《書目季刊》，第5卷第2期（1970年12月），頁55-57。
216 〔清〕董萼榮等修：《樂平縣志》（臺北市：成文出版社，1989年），頁2211。
217 〔清〕紀昀、永瑢等：《武英殿本四庫全書總目》，第1冊，卷12，頁274。
218 〔清〕紀昀、永瑢等：《武英殿本四庫全書總目》，第1冊，卷12，頁280。

不過，除了張、余兩人生平不可考之外，其他人都是生在宋理宗晚期
（1250 年後），也就是說對於蔡《傳》的討論應該更晚，不應在馬廷
鸞的時代，且其子馬端臨於《文獻通考》一書中，亦未提及乃父有此
一著作。然而，據黃筱敏及許華峰先生的考證，在董鼎《書蔡氏傳輯
錄纂註》中總共引用馬廷鸞《尚書蔡傳會編》六次[219]，且在此書書前

---

219 見黃筱敏：〈馬廷鸞及其佚文〉，《書目季刊》，第5卷第2期（1970年12月），頁57-
58。許華峰：《董鼎書傳輯錄纂註研究》，頁163。這六條引用分別是：1.〈書序〉：
「孔穎達曰：孔君作《傳》值巫蠱不行……乃於前晉奏上其書而施行焉。」下引
碧梧馬氏曰：「按：孔《傳》所言，則古文《書》其經已送之王官，藏之中秘，其
《傳》則遭巫蠱而不復上聞，藏之私家者也。以其未立於學官，是以經伏而
《傳》不行於世耳。則所謂古文《書》，豈惟未嘗逸，蓋亦未嘗不在王官也。劉歆
〈移大常書〉所謂『藏於秘府，伏而未發者』是也。中秘書非世儒所得見，宜乎
後之引古文《書》者，皆不得見其真。若杜、韋、趙註諸書，所引皆指為逸書
也。如是幾七百年而後傳，斯文之興喪，可畏哉。」（卷首）2.〈禹貢〉：「五百里
甸服：百里賦納總，二百里納銍，三百里納秸服，四百里粟，五百里米。」下引
碧梧馬氏曰：「秸服之服，先儒多以服字就秸字上解：『秸、稾也。』若夫禾中之
粟米，而納空稾，惟使之服輸將之事，是其賦輕於四百里、五百里矣。若存禾中
之粟米，而又納稾，又服輸將之事，是其賦重於百里、二百里矣。惟蔡《傳》摘
出服字，又以為總前二者言之為通。蓋孔氏亦以此明上下服並皆有所納之役矣。
第孔氏說以服字貫總銍粟米言之，文勢為礙耳。」（卷2）3.〈泰誓上〉：「惟天地萬
物父母，惟人萬物之靈，亶聰明作元后，元后作民父母。」下引碧梧馬氏曰：
「『作民父母』一語，武王以首〈泰誓〉，箕子以終皇極。」（卷4）4.〈金縢〉：「周
公居東二年，則罪人斯得。」下引碧梧馬氏曰：「『居東二年，罪人斯得』，即是東
征而後得罪人也。若是中間白閒坐了二年，何以得罪人？蔡氏曲成鄭說，為語迂
迴。合《詩》、《書》比而觀之，定從孔氏刑辟之說，其庶矣乎。」（卷4）5.〈堯
典〉小序：「昔在帝堯，聰明文思，光宅天下。將遜于位，讓于虞舜，作〈堯
典〉。」下引碧梧馬氏曰：「此所謂〈書序〉也。林少穎曰『昔在』者，篇首起語
之辭。〈書序〉自為一篇，故『昔在帝堯』起於篇首。如孔氏序云：『古者伏羲氏
之王天下也。』愚按〈堯典〉之後接〈舜典〉，則曰『虞舜側微』云云，按〈禹
謨〉則曰『皐陶矢厥謨，禹成厥功』云云。蓋足證古序自為一篇，而相續之辭如
此，蓋史氏舊文也。又按：『維昔黃帝，法天則地，四聖遵序，各成法度。唐堯遜
位，虞舜不台，厥美帝功，萬世載之，作〈五帝本紀〉第一。』此太史公〈五帝
本紀〉序傳之文，與今〈書序‧堯典〉之說一也。是皆古策書史官之序語如此，

的引用諸書當中，的確也有馬氏（廷鸞翔仲、碧梧番易）《蔡傳會
編》一書[220]，加上據現有的研究可以看出，馬廷鸞大多數的著作都是
在晚年完成，與《書集傳》的成書時間相吻合[221]。因此，本文依然將
之列於此，並把六條引用資料置於註中，作為參考。

　　此外，因資料不足而時間無法明確界定的，如張仲實曾有《尚書
講義》一書，今佚，但根據牟巘（1227-1311）所作的〈序〉，言：
「予倩張仲實在江陰時，嘗為諸生講《尚書》……得講經之法。蓋先
攷音義、名物、度數，次列諸儒之說，辨其是否，暢其同異，大抵隨
文直解，毫分粒剖，求其至當，而一皆訂之以朱子之說。朱子雖不立
訓傳，其見於他書、散於語錄者，往往采用焉。如『克明俊德』、『親
九族』、『平章百姓』、『協和萬邦』合於《大學》，『危微精一』、『允執
厥中』合於《中庸》，善於言聖人矣。」[222]如果依照牟氏、張氏的生

今《史記》序傳亦自為一篇。」（卷末）6.〈五子之歌〉小序：「太康失邦，昆弟五
人須于洛汭，作〈五子之歌〉。」下引碧梧馬氏曰：「五子作歌之由，史臣元載詳
矣。〈書序〉本自為一篇，安國引以各冠篇首，予謂如〈湯誓〉、〈大誥〉等，初未
嘗言所作之意，而引序以冠之，此為得體。否則安知是篇何自而作乎？至〈五子
之歌〉、〈旅獒〉之類，復加以序之云云，則為贅矣。所冠之序是非蓋相半也。」
（卷末）按：第5.條黃筱敏以為馬氏所言僅「此所謂〈書序〉也」而已，然若僅止
而已，則董氏引此句似無意義。又據許華峰先生考證，此書引林之奇之說之引用
名稱為「林氏」，非若此處之「林少穎」，故本文以為，整段文字均為馬氏之說，
而林少穎曰部分，乃馬氏引林氏之說以評議。

220 〔元〕董鼎：《書蔡氏傳輯錄纂註》（臺北市：臺灣商務印書館，1981年，《四部叢
　　刊三編》），卷首。
221 據舒大剛所考，馬氏於55歲整理《子才集》、57歲著《洙泗裔編》、58歲為《儀
　　禮》作注、61歲成《讀莊筆記》、64歲成《讀史旬編》，皆於晚年所成。見舒大
　　剛：〈馬廷鸞馬端臨父子合譜〉，收入《宋代文化研究》，第4輯，（成都市：四川大
　　學出版社，1994年），頁255-290。黃筱敏認為：「廷鸞在壯年時忙於為國服務，沒
　　有空暇從事著述，晚年歸隱田園，除休養疾病外，乃專心致力於學問。」黃說見
　　前揭注文，頁51。
222 〔宋〕牟巘：《陵陽先生集》（嘉業堂刊本），卷17，頁10左-11右。

平來推算，他們應該見過蔡沈《書集傳》一書，但是沒有將之當作朱
學的代表作，因此說朱子「不立訓傳」，在採用朱子關於《尚書》方
面的意見時，依然是從朱子的文章和語錄來入手。又錢時（1175-
1244）著有《融堂書解》一書，為陸門之《尚書》學著作，在這部書
中，曾經提到兩次蔡沈《書集傳》，一次是在〈堯典〉的小序之下，
有注文云：「按〈書序〉舊為一篇，注疏本分載每篇之首，而逸
《書》之〈序〉亦案其先後，以次附載。蔡《傳》乃合為一篇，總繫
於後。錢氏《書》解其篇目雖不可得見……」[223]另一次是在〈武成〉
最後，注文：「案：〈武成〉一篇先儒以為有錯簡，自劉敞、王安石、
程子、朱子，各有訂正，蔡沈作《傳》，載玫定新本，而謂『列爵唯
五』之上猶有闕文。錢氏所解，採從注疏。」[224]不過，於〈舜典〉小
序後之注文言：「案：此段當係『舜典』二字之解，《永樂大典》誤繫
於〈舜典序〉之後。」[225]於〈皋陶謨〉文末又注云：「疑《永樂大
典》原本有闕文。」[226]不論是從稱謂方面，或是時代方面，都可斷定
此注語非錢氏所作，甚至非宋、元之人所作，當為修《四庫全書》時
的輯者之言。由於今本《融堂書解》是清代編《四庫全書》時，由
《永樂大典》輯出[227]，因此，此注語當是輯書之人所作，不可據以為
錢氏引用、評論蔡沈《書集傳》之證據。

223　〔宋〕錢時：《融堂書解》，收入《文淵閣四庫全書》，第59冊，卷1，頁463。
224　〔宋〕錢時：《融堂書解》，收入《文淵閣四庫全書》，第59冊，卷9，頁548。
225　〔宋〕錢時：《融堂書解》，收入《文淵閣四庫全書》，第59冊，卷1，頁468。
226　〔宋〕錢時：《融堂書解》，收入《文淵閣四庫全書》，第59冊，卷2，頁488。
227　〔清〕紀昀、永瑢等：《武英殿本四庫全書總目》，第1冊，卷11，頁264-265。

第三節　《書集傳》成書後在宋元之際所受之批評

　　以上兩節分別從以《全宋文》與《全元文》所收文章為主的宋末元初文人文集，以及學者研究的專著兩方面來考察蔡沈《書集傳》一書，可以發現，當宋末人在文集中提到《尚書》學時，尚以蘇軾、林之奇、呂祖謙等人的意見為主，論及朱學《尚書》著作，也都是朱子於《文集》中所注解的〈堯典〉、〈舜典〉、〈大禹謨〉，鮮少提到蔡《傳》。尤其是宋末這段期間，目前可見的僅有本章第一節所提到的徐鹿卿〈冬十月壬戌進講〉論及〈禹貢〉的部分。不過，這一條資料的情況有些特殊，因為它的時間是在蔡杭進《書集傳》而受到理宗讚賞之後。眾所皆知，在宋末慶元黨禁之時，朱子被黜，而蔡元定亦為之牽累，然不以為苦，之後其子蔡沈、蔡淵、蔡沆三人均不仕，此為學界美談。然而，蔡沈之子蔡杭則不然，蔡杭為宋理宗紹定二年（1229）進士，據《宋史》本傳所載，蔡杭一生官途甚為順遂，累官至端明殿學士、同簽書樞密院事，雖曾於理宗寶祐四年（1256）因林存事而被黜，但未及一年，旋即復職[228]，且於理宗開慶元年（1259）過世之後，贈少保，諡文肅[229]。除此之外，更重要的是，理宗寶祐元年（1253）立趙禥為皇子，是為後來的度宗，理宗為了加強皇子的理學教育，曾經建了資善堂，並自作堂記，以表示重視，而當時擔任資善堂翊善（從侍講授）之人即是蔡杭[230]。因此，對於宋度宗來說，蔡杭還兼有帝師的身分。除此之外，宋理宗即位之後，對理學家的追封、贈諡，以及對著名儒者的後人，甚至當世有名理學家的任用，都

228　〔元〕脫脫等：《宋史》，卷420，頁12577-12578。

229　〔元〕脫脫等：《宋史》，卷44，頁866。

230　〔元〕脫脫等：《宋史》，卷46，頁892。

讓他留下了崇尚理學之名[231]。蔡杭的先人也在被追贈的名單當中，今在《蔡氏九儒書》當中，有題為寶祐三年的〈贈蔡沈太子少師誥〉，寶祐四年的〈贈蔡沈太子太師誥〉（制詞不存）、〈贈蔡沈少師誥〉，寶祐五年的〈加贈蔡沈永國公誥〉，除此之外，蔡沈的兩位妻子翁氏、劉氏也屢有受封[232]。所以，蔡杭在朝廷中的地位，以及理宗對他的喜愛，使得蔡沈《書集傳》一書得到較好的待遇，而徐鹿卿在朝中進講之時，會提到蔡《傳》，是相當合理的事情。前文亦曾提及，蔡杭上書之後，呂遇龍隨即便在上饒郡學刊刻此書，雖說在這之前，坊間已經有流傳本，然而官學刻書畢竟不比一般坊刻，相對於坊刻和私家刻書，南宋時期的官刻本大多具有印刻精美、校勘審慎的特點[233]，加上官方權威的肯定，呂本《書集傳》的刊刻，不但使得學者有一善本可從，更幫助了這部書籍的傳播。

　　至於在專著上的引用方面，上文所舉今日仍得見者，雖然僅有九家，以量來說，恐怕不足以代表宋末元初學者的意見，然而，除了陳大猷的學派尚有疑問之外，其他如陳淳、真德秀、王柏、黃震、王應麟、金履祥、陳普這幾個人，或為朱門弟子，或在學術上尊朱。他們雖然都同意蔡沈《書集傳》經過朱子指點修改，然而在他們的心目中，這部書僅是朱門諸弟子中關於《尚書》著作的其中一部而已。陳淳將之與林夔孫《尚書本義》並稱，不認為可以代表朱子；王柏認為

---

231 甚至連「理宗」本身的諡號，都與他崇尚理學有關。《宋史》〈理宗紀〉云：「自帝繼統，首黜王安石孔廟從祀，升濂、洛九儒，表章朱熹《四書》，丕變士習，視前朝奸黨之碑、偽學之禁，豈不大有逕庭也哉！身當季運，弗獲大效，後世有以理學復古帝王之治者，考論匡直輔翼之功，實自帝始焉。廟號曰『理』，其殆庶乎。」〔元〕脫脫等：《宋史》，卷45，頁889。

232 〔明〕蔡有鶤輯：《蔡氏九儒書》，卷6，頁63-67。

233 張麗娟、程有慶：《中國版本文化叢書：宋本》（南京市：江蘇古籍出版社，2002年），頁25。

此書承朱子遺規，卻並沒有據以為論；黃震雖然肯定蔡書嘗經朱子訂
正，可是在〈讀尚書〉中，又用了大量的篇幅來對蔡說進行批駁[234]；
金履祥同意朱子將《書》解授蔡氏，同時也說此書成於朱子既沒與
《語錄》成書之間，有其缺憾；陳普《書講義》除了蔡《傳》，鮮少
引用他人意見，但引用蔡說之時，卻都是說未密、未當、未詳。至於
真德秀、王應麟，他們雖然也在著作當中引用了《書集傳》，不過，
大體上只是單純的引用，與對待其他人的著作沒有太多區別。可以說
蔡沈《書集傳》在這些人心中，都還不具有極高的地位，甚至未必是
朱門《尚書》學的正統代表作。不過，除了陳淳之外，大體都還承認
此書是朱子所授意。可知《書集傳》一書，並沒有因為是朱子親點且
校定的緣故，在成書之時，就受到各方極力肯定，成為朱門的《尚
書》學代表作。正好相反，因為此書成於朱子過世多年之後，是以一
開始在朱門內部就受到「是否足以能代表師說」這樣的質疑。朱子一
傳門人，除了陳淳曾經於書信中表達了對蔡沈《書集傳》的意見之
外，其餘評論目前都無法得見，不過，今日在《經義考》當中，可以
看到許多與蔡沈同為朱子一傳門人的《尚書》著作，計有黃榦《尚書
說》、輔廣《尚書注》、李相祖《書說》、林夔孫《尚書本義》、鄒補之
《書說》等，由於這些書都只有條列書名，條目下都沒有更詳盡的資
料，且均注明為「佚」。因此不知道是朱彝尊在編書之時，為求齊
全，只在間接資料中看到有該書書名便列入，還是這些著作曾經真實
存在過，只是後來亡佚而已？如果是前者，有可能是如本文第一章所
提到，朱子當時計畫中的初稿，後來交給蔡沈的部分；如果是後者，
那麼就表示這些人並不承認蔡沈的繼承權與正統性，因此才紛紛自注
《尚書》。

---

234 當然，如果從反面立論，或者可以說，黃震對於蔡沈《書集傳》不滿的地方，僅
有這些部分而已。

　　此外，尚有一點需釐清的是，蔡沈《書集傳》本身是一部「集傳」性質的書籍，當中並非全是他自己的意見，尚包含多家之說法，這些說法的出處有時會被直接標註出來，有時卻未註明來源[235]。明確標註出處者，如〈舜典〉「納于大麓，烈風雷雨弗迷」下，蔡《傳》曰：「蘇氏曰：『洪水為害，堯使舜入山林，相視原隰，雷雨大至，眾懼失常，而舜不迷。其度量有絕人者，而天地鬼神亦或有以相之歟？』」[236]說明所引的文字乃是出自於蘇軾《書傳》；〈大禹謨〉：「帝曰：『咨！禹，惟時有苗弗率，汝徂征』」下，蔡《傳》曰：「林氏曰：『堯老而舜攝者二十有八年，舜老而禹攝者十有七年。其居攝也，代總萬機之政。而堯舜之為天子，蓋自若也，故國有大事，猶稟命焉。』」[237]註明這是林之奇《尚書全解》的說法。未曾註明來源者，如本文第一章曾舉〈微子〉與〈旅獒〉兩篇為例，說明蔡《傳》在〈微子〉「父師，大師，三公，箕子也。少師，孤卿，比干也」[238]的說解完全沿用孔《傳》；〈旅獒〉「按《說文》曰：『犬知人心可使者。』《公羊傳》曰：『晉靈公欲殺趙盾，盾躇階而走。靈公呼獒而屬之，獒亦躇階而從之。』則獒能曉解人意，猛而善搏人者，異於常犬，非特以其高大也」[239]的意見則是採用了林之奇《尚書全解》。那麼，究竟這些學者在引用時，是否有注意到這個問題？他們所引用的究竟是蔡沈個人的創見，抑或是僅是出自於《書集傳》一書而已？

　　真德秀在《西山讀書記》曾引用蔡《傳》說法十一次，其中《甲集》卷十四言「德」，引蔡氏曰：「迪知者，蹈知而非苟知也。忱恂

---

235 許華峰：〈蔡沈書集傳的注解形式析論〉，儒道國際學術研討會──（五）宋元會議論文，（臺北市：臺灣師範大學，2012年10月20日），頁1。

236 〔宋〕蔡沈：《朱文公訂正門人蔡九峯書集傳》，卷1，頁8右。

237 〔宋〕蔡沈：《朱文公訂正門人蔡九峯書集傳》，卷1，頁27右。

238 〔宋〕蔡沈：《朱文公訂正門人蔡九峯書集傳》，卷3，頁42右。

239 〔宋〕蔡沈：《朱文公訂正門人蔡九峯書集傳》，卷4，頁26右。

者，誠信而非輕信也」[240]，這段話事實上源自於呂祖謙撰、時瀾修訂的《新增東萊書說》，屬於蔡《傳》中引用他家說法，而未注明來源的部分。陳大猷於《書集傳》一書中，徵引蔡《傳》的次數是大字註27次，小字疏29次，大字註如〈堯典〉「汝能庸命，巽朕位」下，云：「蔡氏曰：『巽、遜古通用』」[241]但是在蔡《傳》中作「吳氏曰：巽、遜古通用」[242]屬於蔡《傳》中引用他家說法，而有標註出處者；〈蔡仲之命〉「懋乃攸績，睦乃四鄰，以蕃王室，以和兄弟。康濟小民」下，云：「蔡氏曰：『勉汝所立之功，親汝四鄰之國，蕃屏王家，和協同姓，康濟小民』」[243]，不過事實上這句話完全沿自孔《傳》，也是蔡《傳》引用他書沒有註明出處的部分。小字疏如〈伊訓〉「嗚呼！先王肇修人紀，從諫弗咈，先民時若。居上克明，為下克忠，與人不求備，檢身若不及，以至于有萬邦，茲惟艱哉」下，云：「蔡氏曰：『前既言夏失天下之易，此又言湯得天下之難，太甲可不思所以繼之哉』」[244]，然而在蔡《傳》當中，這段話是放在「呂氏曰」之下[245]，明白指出是引自他人的說法。〈微子之命〉「爾惟踐修厥猷，舊有令聞。恪慎克孝，肅恭神人。予嘉乃德，曰篤不忘。上帝時歆，下民祗協，庸建爾于上公，尹茲東夏」下，云：「蔡氏曰：『微子抱祭器，其一也』」[246]，但是微子抱祭器以歸周，這並非蔡沈的創見，許多前人都用過這個講法，蔡《傳》也只是沿用舊說而已。黃震《黃氏日鈔》中

---

240 〔宋〕真德秀：《西山讀書記》，收入鍾肇鵬選編：《讀書記四種》，卷14，第4冊，頁264。

241 〔宋〕陳大猷：《書集傳》，收入《續修四庫全書》，第42冊，卷1，頁8。

242 〔宋〕蔡沈：《朱文公訂正門人蔡九峯書集傳》，卷1，頁6右。

243 〔宋〕陳大猷：《書集傳》，收入《續修四庫全書》，第42冊，卷10，頁144。

244 〔宋〕陳大猷：《書集傳》，收入《續修四庫全書》，第42冊，卷4，頁62。

245 〔宋〕蔡沈：《朱文公訂正門人蔡九峯書集傳》，卷3，頁11右-11左。

246 〔宋〕陳大猷：《書集傳》，收入《續修四庫全書》，第42冊，卷8，頁112。

有二十二條關於蔡《傳》的意見，當中〈堯典〉「朞三百六旬有六日」條[247]，蔡《傳》的說法其實是沿用朱子的注解；〈禹貢〉「三江既入」條[248]，蔡《傳》明引唐仲初〈吳都賦〉註；〈說命下〉「台小子舊學於甘盤，既乃遯于荒野，入宅于河，自河徂亳，暨厥終罔顯」條[249]，蔡《傳》的說法林之奇、夏僎皆早已提出；〈泰誓〉「王乃大巡六師」條[250]，蔡《傳》用的也是林之奇的講法；〈君奭〉「故殷禮陟配天」條[251]，蔡《傳》的意見其實是出自於蘇軾《書傳》。從以上這些情況來看，可以知道，當時學者在引用蔡《傳》資料之時，並沒有刻意去區分出這些意見究竟是蔡沈所獨創，或是前有所承，他們只是單純引用《書集傳》這部書中的資料，而不去理會到底這些資料原本是誰的意見。

　　《四庫全書總目》的〈書傳會選〉及〈欽定書經傳說彙纂〉下都提過《書集傳》「當其初刊行，已多異論」[252]、「然書出未久，而張葆舒、黃景昌、程直方、余芑舒等，紛紛然交攻其誤」[253]，這兩段話一直以來就被拿來當作蔡《傳》在成書之初便受到許多人批駁的根據，關於這個問題，在下章會有較詳細的論說，此先不述。這部分所要談的是，「初刊行」、「書出未久」究竟是指何時？是南宋理宗紹定三年（1230）成書之時？還是理宗淳祐十年（1250）呂本刊刻之時？恐怕都不是。前文在談論馬廷鸞時，曾經提到專以一書討論蔡沈《書集傳》的風氣，不當在馬廷鸞著書之時，應該更延後一些。因為在《四

247　〔宋〕黃震：《黃氏日鈔》，收入《文淵閣四庫全書》，第707冊，卷5，頁65。
248　〔宋〕黃震：《黃氏日鈔》，收入《文淵閣四庫全書》，第707冊，卷5，頁66。
249　〔宋〕黃震：《黃氏日鈔》，收入《文淵閣四庫全書》，第707冊，卷5，頁69。
250　〔宋〕黃震：《黃氏日鈔》，收入《文淵閣四庫全書》，第707冊，卷5，頁70。
251　〔宋〕黃震：《黃氏日鈔》，收入《文淵閣四庫全書》，第707冊，卷5，頁73。
252　〔清〕紀昀、永瑢等：《武英殿本四庫全書總目》，第1冊，卷12，頁274。
253　〔清〕紀昀、永瑢等：《武英殿本四庫全書總目》，第1冊，卷12，頁280。

庫總目》及《經義考》中，能從書名看出對蔡《傳》有意見的這些學者，除張葆舒、余苣舒兩人生平難考之外，其餘皆出生於呂本刊刻之後，程直方生於淳祐十一年（1251）、陳櫟出生於次年（1252）、黃景昌更是遲至理宗景定二年（1261），等到這些人學問有成，大概也要到及冠、而立之後，以時間推算，至少都要到理宗晚年、度宗即位（1265），甚至有可能到忽必烈改國號為「元」（1271）或是宋降（1276）之後。所以，《書集傳》地位的提升應該是在這個時候，這也與本文推定王天與《尚書纂傳》成書之時接近，在王書引用的各家說法當中，蔡氏次數高達五一七次，在數量上佔第二多，僅次於呂氏五七三次，且若再仔細分析二〈典〉、〈禹謨〉中，號稱朱子實際卻是蔡沈的說法，恐怕應該更多。這些現象都表示了，在《書集傳》初出之時，重視它的人並不多，因此會提出意見的人，自然更少，一直要到宋朝降元前後，學界才開始對這部書有較多的注意和討論。

不過，雖然對蔡沈《書集傳》集中熱烈的討論，是在宋亡前後，並非如《四庫總目》所說的初出之時。但是，學者對於《書集傳》的意見，卻可以推到相當早的時間。上文第二節曾經提到陳淳對《書集傳》的三條意見，這三條意見也是目前所能考見，對於《書集傳》最早的評價。然而，前文提到許華峰先生、王春林都曾考訂《書集傳》的成書年代，許先生更以為蔡沈於寧宗嘉定二年（1209）初次成書之後，又反覆修改，一直要到理宗紹定三年（1230）之後才正式刊行，因此朱門初傳弟子應該看不到這部書。然而，身為親炙朱熹之學的陳淳，卻留下了這些意見，實頗令人費解。除此之外，目前能夠見到引用蔡沈《書集傳》當中文字的最早專著，是真德秀的《西山讀書記》，真氏此書的著作時間雖仍待討論，但是從其卒於宋理宗端平二年（1235）來看，著書時間必在此之前，而據前人的研究，最遲不會在離開官場之後，亦即是理宗寶慶元年（1225），如果說真德秀是在

這一年之前就著成此書，那麼，可以合理的推論真德秀看到這部書的時間，應該不會遲至紹定三年（1230）之後。

　　此外，以往學者都認為金履祥對蔡沈《書集傳》持反對立場，然而，前文已經提過，他的不滿在於書成於朱子過世與門人《語錄》萃集之前，沒有來得及參考引用《語錄》的說法，但是他依然肯定此書為朱子所託。不過，今本《朱子語類》雖說是為黎靖德於度宗咸淳六年（1270）所編輯，其實李道傳早在寧宗嘉定八年（1215）年就編了池州本的《朱子語錄》，黃士毅亦在寧宗嘉定十二年（1219）編定了一部《朱子語類》[254]。按理而言，在朱門弟子當中，關於朱子語錄的整理是一件大事，身為其門人的蔡沈不應不知，而以繼承朱子自許的金履祥也當知道《語類》修定的始末。如果《書集傳》成書的時間是理宗紹定三年（1230）而非寧宗嘉定二年（1209），則蔡沈應該會看到這些書而採取其意見才是。為什麼金履祥還會對《書集傳》作這樣的指責？此外，鄒季友在為蔡《傳》作《音釋》時，於〈召誥〉「王敬作所，不可不敬德」下，指出蔡沈沒有用朱子的說法，而原因是「蓋蔡氏《集傳》之成，朱子之歿才十年，群弟子語錄未盡出，蔡氏所未聞於朱子者，不免引用他說，非固背師訓也。讀者自宜以意詳之。」[255]又，金儒王若虛（1172-1243）有《尚書義粹》一書[256]，於〈堯典〉「越若稽古帝堯，曰放勳，允恭克讓，克明菌德，光被四表，格於上下」、〈舜典〉「流共工于幽州，放驩兜于崇山，竄三苗于

254　鄧艾民：〈朱熹與朱子語類〉，收入〔宋〕黎靖德編：《朱子語類》，書前，頁7。

255　〔宋〕蔡沈集傳、〔元〕鄒季友音釋：《書蔡氏傳》（光緒年間師石山房重刊明州本），卷5，頁8右。

256　此書久佚，清儒張金吾曾由元人黃諫之《書傳集解》當中，輯出八卷，現皆藏於大陸，臺灣無從得見。陳良中整理諸本後，著有《尚書義粹輯補》一書，目前尚未出版，惟已提供作為學術交流，本人由師長處得見初稿。

三危，殛鯀于羽山：四罪而天下咸服」、〈太甲中〉「王懋乃德，視乃烈祖無時豫怠」下，皆明引蔡《傳》說法，可見在著書之時，即得能見此書。王氏為金章宗承安二年（1197）經義進士[257]，乃金源著名經學家，金亡之後不仕，曾被中山知府王善、保定萬戶董俊、藁城縣丞趙迪等人聘為族師[258]。今雖不知王若虛《尚書義粹》著成時間，然而從他能夠引用到蔡沈《書集傳》這點來看，考量當時「南北道絕」以及元初的交通往來傳播等因素，加上陳淳、真德秀的生存年代，以及金履祥、鄒季友的說法，不禁讓人懷疑，蔡沈《書集傳》的成書是否應該再往前推一些？從以上些情況來看，極有可能在寧宗嘉定二年（1209）到理宗紹定三年（1230）這段時間，有一部初稿已在學者之間流傳。如此便能解釋為什麼陳、真、王三人能夠看到此書，並且提出看法和引用，而金履祥與鄒季友會認為蔡沈沒有參考門人語錄，這樣令人矛盾不解的情況[259]。

---

257 〔元〕脫脫等：《金史》（北京市：中華書局，2008年），卷64，總頁2737。

258 趙琦：《金元之際的儒士與文化》（北京市：人民出版社，2004年），194。

259 不過，黃自然在〈蔡九峰書集傳跋〉一文當中，提到他曾就《書傳》和「語錄」的不同請教過蔡沈，問蔡氏何以不用朱子的說法，可知當時應當已有朱子語錄，不過，不知道這裡的語錄，究竟是指成書的《語錄》，或者是門人所筆記的「語錄」？若為前者，則金履祥、鄒季友便錯怪蔡沈，若為後者，則與本文的推測相合。見〔宋〕黃自然：〈跋〉，《朱文公訂正門人蔡九峯書集傳》，卷末。

第三章
《書集傳》在元代科舉的地位

　　朱子之學在宋末解禁之後，影響直到今日。皮錫瑞在《經學歷史》當中曾說：「漢學至鄭君而集大成，於是鄭學行數百年；宋學至朱子而集大成，於是朱學行數百年……以經學論，鄭學、朱學皆可謂小統一時代。」[1]馬宗霍在《中國經學史》中亦表示：「宋元之交，朱學幾如日中天，亦猶鄭學之於漢魏間也。」[2]的確，元代是朱子學正式成為官學的開始[3]，《通制條格》〈科舉〉一條便云：「明經內四書、五經，以程子、朱晦庵註解為主。」[4]虞集〈跋濟寧李璋所刻九經四書〉也提到當時：「朱氏諸書，定為國是，學者尊信，無敢疑貳。」[5]不過，馬宗霍也注意到「元人尚不廢漢唐之學」這個問題[6]，安井小太郎等人也說：「元代科舉雖以朱學為主，卻沒有全然地捨棄古注。」[7]他們都發現了，在這個時候，官方雖然推崇程、朱之學，但

1　〔清〕皮錫瑞：《經學歷史》，頁281。

2　馬宗霍：《中國經學史》，頁128。

3　侯外廬等以為：「由北宋興起的理學，到了元代有所變異，首先是朱學開始成為官學。」見所著：《宋明理學史》，頁681。吳雁南等亦云：「從元代起，科舉考試明確規定用朱熹的《章句》、《集注》，這就使程朱理學在元代正式成為官方的學術。從此，理學確立了獨尊的正宗地位。」見所著：《中國經學史》（福州市：福建人民出版社，2010年），頁397。

4　方齡貴校注：《通制條格校注》（北京市：中華書局，2001年），卷5，頁220。

5　〔元〕虞集：《雍虞先生道園類藁》，收入《元人文集珍本叢刊》（臺北市：新文豐出版公司，1985年，明初覆刊元撫州路學刊本），第6冊，卷34，頁134。

6　馬宗霍：《中國經學史》，頁128。

7　〔日〕安井小太郎等：《經學史》（臺北市：萬卷樓圖書公司，1996年），頁177。

朱子學並非獨尊，古注疏依然佔有一定地位。本章所要討論的便是，元代的開科與尊朱，究竟對於《書集傳》地位有多大影響。

第一節　從「戊戌選試」到「延祐貢舉」的《書集傳》流傳

如果將有元一代的歷史，用成吉思汗即位（1206）到元順帝退出大都（1368）來括算，大概有一百六十餘年，而又可以用元世祖忽必烈（1215-1294）在位期間來做分野。這種分法有兩種意義，一是領地上的意義，雖然說太祖元年（1206）成吉思汗即位，但當時他只是統一蒙古諸部，至於佔有當時中國土地最大的三個政權夏、金、宋，是經歷了前後五任君主，一直到世祖至元十六年（1279）方滅宋，完成統一的局面。第二個意義是文化上的意義，「元」這個國號，一直要到世祖至元八年（1271）才由忽必烈訂下，此外，在制度上也開始注重漢地、改用漢人文化，將蒙古原本的遊牧帝國，改成一個中國式的王朝[8]。而傳統的讀書人，亦即以往所說的「士」的階層，也是一直到這個時候，才開始受到重用。

不過，雖說士人在元世祖之前不受重用，但是並不代表讀書人地位低下，傳統論元代士人時，往往會引用「九儒十丐」的說法[9]，然

按，事實上元代科舉應考之人並不用兼通朱學與古注疏，可以擇一採用，此一舉措亦與朱學經注流行有關，將於後文再述。

8　蕭啟慶：〈忽必烈「潛邸舊侶」考〉，收入所著：《元代史新探》（臺北市：新文豐出版公司，1984年），頁263。

9　這個說法常被引用的來源有兩個，一是謝枋得〈送方伯載歸三山序〉中云：「景定二年，司曆者曰：『星有天尾旅于奎，填與辰從月後會，四星不相能也，乃季春月朔同軌。其占為文運不明，天下三十年無好文章。』儒者望清臺而詬曰：『何物瞽叟，為此妖言！』司曆者聞而笑曰：『豈特無好文章，經存而道廢，儒存而道殘，

科舉程文將無用矣。』皆疾其為妖言也。後十六年而驗,滑稽之雄以儒為戲者曰:
『我大元制典,人有十等,一官、二吏。先之者,貴之也;貴之者,謂有益於國
也。七匠、八娼、九儒、十丐,後之者,賤之也;賤之者,謂無益於國也。』嗟乎
卑哉!介乎娼之下、丐之上者,今之儒也。□□哀憐之,今江南路縣各置教諭二
人。提舉既曰大有司,設首領官、知事、令史尤繁。學帑有羨鈔,廩有羨粟,歲磨
時勘,日稽月察,有欺弊毫髮比,去之十年亦責償無赦。饑雀贏鼠,饞涎狂吞,不
敢喙噆。學官似尊貴,實卑賤,祿不足以救寒餓,甚者面削如,咽針如,肌骨柴
如。嘈類啁啾,相呼而謀曰:『我國朝治贓吏法最嚴,管僧食僧,管醫食醫,管匠
食匠,御史按察不敢問,豈不曰時使之然,法使之然。教之必不改,比而誅之則不
忍也。吾徒管儒不食儒,將坐而待斃乎?』椎肌剜肉於儒戶,不足則括肉敲髓及鄉
師。滑稽之雄以儒為戲者又曰:『管儒者甚眾,食儒者益繁,豈古之所謂獸相食
歟?抑亦率獸而食人者歟?』儒不勝其苦,逃而入僧、入道、入醫、入匠者什九。
建安科舉士餘二萬,戶儒者六百,儒貴歟賤歟?榮歟辱歟?可以發一慨也。」見
〔宋〕謝枋得:《疊山集》,收入《四部叢刊續編》(臺北市:臺灣商務印書館,
1976年,影印鐵琴銅劍樓藏明刊本),卷6,頁3右-4左。一是鄭思肖在其所著的《心
史》〈大義略敘〉中云:「韃法:一官、二吏、三僧、四道、五醫、六工、七獵、八
民、九儒、十丐,各有所統轄。僧為僧官統僧,道實為道官統道士,其行杖治罪於
韃酋,聽訟同。僧衣黃衣,僧、道皆可頂笠、穿靴、騎馬,甚至透籍單獨析居。又
怯憐口戶為名隸籍,州縣鄉村、深山窮谷,各分地面打勘句當,悉莫逃其害。」收
入《全宋文》,第360冊,卷8337,頁94。前人討論時,於二文多採節用,難見其文
理,本文為討論這個問題,特將前後文大段引出。如果從上下文來看,可以發現謝
文充滿了情緒語言,且引用所謂「九儒十丐,後之者,賤之者」,實是出自「滑稽
者」言,且下文又提到元代為儒者設教諭之位,且有奉祿,又有些許前後矛盾之
處。何況,謝枋得有〈為蔡文節公子孫免差科書〉一文,當中提到蔡元定的後代,
在當時被納入站戶,生計相當困難,希望朝廷能夠將他們納入「除地稅、商稅外,
並免一應差科」的儒戶,如果儒戶在當時地位當真如此不堪,謝枋得又何必為之請
命?見謝枋得:〈為蔡文節公子孫免差科書〉,見《疊山集》,收入《四部叢刊續
編》,卷5,頁5左-7左。至於鄭文,雖有排序,但此一排序究竟只是單純羅列,或者
是有優劣差等之別?從前後文來看,亦難得出答案。何況,鄭思肖《心史》一書,
有偽書的可能性,《四庫總目》〈別集類存目一〉〈心史〉一條下便云:「文詞皆蹇澀
難通,紀事亦多與史不合。如雜文卷中於魏徵避仁宗諱作證,而李覯則不避高宗
諱,又記蒲壽庚作『蒲受耕』。原本果思肖親書,不應錯漏至此。其載二王海上
事,謂『少保張世傑奉祥興皇帝奔遁,或傳今駐軍離裏』。衛王溺海,當時國史、
野乘所記皆同,思肖尤不宜為此無稽之談。此必明末好異之徒作此以欺世,而故為
眩亂其詞者。徐乾學《通鑑後編考異》,以為海鹽姚士粦所偽託,其言必有所據

而，近年來研究者紛紛否定此說，並以元代「儒戶」為例，證明在元代儒士享有一定的社會地位，其優待與僧戶、道戶相當[10]。而「儒戶」的建立，最早一次是在元太宗窩闊臺十年（1238）年，由於當年是戊戌年，因此，研究元史者多將之稱為「戊戌選試」。根據《元史》〈選舉志〉的記載：

> 太宗始取中原，中書令耶律楚材請用儒術選士，從之。九年秋八月，下詔命斷事官术忽觲與山西東路課稅所長官劉中，歷諸路考試。以論及經義、詞賦分為三科，作三日程，專治一科，能兼者聽，但以不失文義者為中選。其中選者，復其賦役，令與各處長官同署公事。得東平楊奐等凡若干人，皆一時名士，而當世或以為非便，事復中止。[11]

此外，在耶律楚材本傳當中，也有這樣的記載：

> 丁酉，楚材奏曰：「制器者必用良工，守成者必用儒臣。儒臣之事業，非積數十年，殆未易成也。」帝曰：「果爾，可官其人。」楚材曰：「請校試之。」乃命宣德州宣課使劉中隨郡考試，以經義、詞賦、論分為三科，儒人被俘為奴者，亦令就

也。」見《文淵閣四庫全書總目》，第4冊，卷274，頁634。因此，即使單從這兩條文字，亦難得出元代對諸色戶計，有作如此排序的證明。不過，相較於前代，讀書人可以進入政治核心，謝枋得等人的焦慮，亦是其有來自。

10 見黃清連：《元代戶計研究》（臺北市：臺灣大學文學院，1977年），頁79-80。蕭啟慶：〈元代的儒戶：儒士地位演進史上的一章〉，收入蕭啟慶：《元代史新探》，頁1-58。王明蓀：《元代的士人與政治》（臺北市：臺灣學生書局，1992年），頁199-200。陶晉生：《宋遼金元史新編》（臺北市：稻鄉出版社，2008年），頁203-205。

11 〔明〕宋濂等：《元史》，頁2017。

試，其主匿弗遣者死。得士凡四千三十人，免為奴者四之一。[12]

由這兩條記載，可以知道，在這次選舉當中，總共選出了四○三○人，如果以每人一戶計，就建立了相當數字的儒戶。值得注意的是，這些人當中，有四分之一的人原本是奴隸，這次考試讓他們擺脫了奴隸身分，得以回到以讀書為業的戶計當中。然而〈選舉制〉中最後也說，這個制度並未成為定則，因此，究竟「戊戌選試」能不能當作有元一代科舉的開始，到目前為止，尚有不同的主張[13]。不過，經義、

---

12 〔明〕宋濂等：《元史》，頁3461。

13 目前絕大部分的研究者，都對「戊戌選試」作為「科舉」的性質有所質疑，例如蕭啟慶認為：「《元史・選舉志》及近代學者多以戊戌之試為元初唯一的科舉。嚴格而論，這次考試不能稱之為科舉。在形式上，祇有路試而無會試。在難易上，『不失文義』便可中選，一次便錄取四○三○人，遠較宋金科舉為容易。科舉的目的本在於為全國選拔合格的官吏；而這次考中之儒生僅有少數獲得出仕的機會，而且所得者僅為地方性的議事官。」見蕭啟慶：〈元代的儒戶：儒士地位演進史上的一章〉，收入蕭啟慶：《元代史新探》，頁11。楊學為擔任總主編的《中國考試通史》便以為：「窩闊臺汗在滅金以後曾在戊戌年（1238年）考試諸生，此事曾被很多人認為科舉制的濫觴，實際上則是配合人口調查確定儒戶戶籍的措施，與科舉無關。」見陳高華等編：《中國考試通史・卷二（宋遼金元）》（北京市：首都大學出版社，2004年），頁345。日人安部建夫亦有類似的看法，詳見安部建夫：《元代史の研究》（東京：株式會社創文社，1981年），頁5-13。不過，也有人認為，戊戌選試與後來的考訂儒戶考試性質不同，如韓儒林以為：「戊戌選試是在耶律楚材、郭德海等人鼓動下舉行的。按照他們原來的打算，此後準備再闢舉場，『精選入仕』，證明戊戌選試確實是科舉取士的步驟之一。對戊戌中試者，除免其賦役外，原規定授以地方性的議事官之職，這更使它帶有傳統的科舉考試的性質。」見韓儒林主編：《元朝史》（北京市：人民出版社，2008年），頁309。趙琦亦云：「元朝人多次談到這次考試，稱之為『科舉』、『舉選』、『選舉』、『設科取士』等。《元史》上也將戊戌選士看作是元朝實行的第一次科舉考試。戊戌選試之後，蒙元又有過幾次為確定儒籍而實施的考試，但這些考試並沒有像戊戌選試那樣被稱為科舉。造成這種情況的原因，一是從考試內容上看戊戌選試與宋金科舉相同，還有一個更重要的原因是從考試結果上看，確實使一部分士人從此登上仕途，出任大蒙古國的官員。」見所著：《金元之際的儒士與漢文化》，頁65-66。

論、詞賦這三個科目，不但和金代選舉進士科的科目相同[14]，與延祐年間開始舉行的定制科舉中，考試科目最多的漢人南人第一場明經，第二場古賦詔誥章表，第三場策，也頗為相似。由於現存資料有限，無法得知戊戌選試時經義一科考試內容為何，然當時蒙古帝國的勢力範圍尚在北方，有大半的宋地尚未佔領，雖說太宗十年時，趙復已北來（此事在元太宗七年乙未[1235]元軍破宋德安時），隨後亦曾在燕京太極書院講學[15]，不過其思想是否能夠影響朝廷政策，則以為時尚短，未可確知。因此，或可大膽推論，在這次考試當中，程、朱一派的經學思想影響應該不大。此後在元定宗二年（1274）、憲宗二年（1252）、元世祖中統四年（1263）、世祖至元八年（1271）、至元十三年（1276）都分別舉行過確定儒籍或分撿儒戶的考試，根據最後一次考試的結果，可以大致確認，在平宋之前，北方漢地的儒戶大約有三八九〇戶[16]。

　　雖然朱學在宋末理宗時期開始，已經漸漸取得官方地位，《書集傳》一書，也因為蔡杭在朝廷中的地位，得到有力的傳播。但是，在元領地區，情況則有所不同，由於蒙古帝國佔領中原的順序，是先取

---

14 《金史・選舉制》載：「其試詞賦、經義、策論中選者，謂之進士。律科、經童中選者，曰舉人。」（卷51，總頁1131）「凡詞賦進士，試賦、詩、策論各一道。經義進士，試所治一經義、策論各一道。」（卷51，總頁1134）因此，日人安部建夫在研究戊戌選試時就說：「戊戌選試，它的方法看得出來完全是沿襲金代科舉的方式。（戊戌の選試は、その方法においては、完全に金代の科舉のやり方を踏襲したものとみられ）」見安部建夫：《元代史の研究》（東京：株式會社創文社，1981年），頁10。

15 關於太極書院的建立時間，各家有不同的說法，今只知約在一二三六至一二四一年之間，說詳見周良霄：〈趙復小考〉，收入中國元史研究會編：《元史論叢》，第五輯（北京市：中國社會科學出版社，1993年），頁193-194。

16 魏崇武：〈「儒戶」與蒙元初期的文學功用觀〉，《西南民族大學學報（人文社會版）》，2008年第9期，頁146。

金黃河以北地，於太祖二十二年（1227）滅夏。再取金黃河南岸，於太宗六年（1234）滅金，再得長江流域及南方，於世祖至元十三年（1276）降宋，十六年（1279）宋亡[17]。因此，其君主早期所接觸的儒者，多以北方的讀書人為主。例如耶律楚材早在成吉思汗時就在身邊負責占卜，又於太宗時期任中書令，對元代初期制度影響甚大，創十路課稅制、主持戊戌選試、請立孔子五十一代孫孔元措為衍聖公，他是金章宗時的進士，又當過章宗的尚書右丞[18]。在耶律楚材之後，繼任中書令的楊惟中[19]，雖未詳其師門及背景，然據《元史》所載：「金末，以孤童子事太宗，知讀書，有膽略，太宗器之。」[20]可知他是金末戰亂時的孤兒，又根據《元人傳記資料索引》中所考證的生卒年在一二〇五至一二五七間[21]，因此，其知識養成過程，當在金朝末年，原本的知識體系應該也是舊金領地區的主流教育體系[22]。又與楊惟中同期的姚樞（1205-1280），《元史》載：「姚樞，字公茂，柳城

---

17 錢穆：《國史大綱》（臺北市：臺灣商務印書館，1996年），頁635。

18 詳見〔明〕宋濂等：《元史・耶律楚材傳》，卷146，總頁3455-3465。

19 〔民國〕柯劭忞：《新元史》，卷31，總頁295。

20 〔明〕宋濂等：《元史》，卷146，頁總3467。

21 王德毅等編：《元人傳記資料索引》（北京市：中華書局，1987年），頁1557。

22 至於楊惟中的思想在中晚期是否有所改變？雖然據《宋元學案》所載：「濂溪周子之學未至河朔，楊惟中用師于蜀、湖、京、漢，收集伊洛諸書，載送京師，還與姚樞謀建太極書院及周子祠，以二程、張、楊、游、朱六子配食，請趙復為師，選俊秀有識者為道學生，由是河朔始知道學。」（卷90，總頁3003）又《元史》〈趙復傳〉載：「惟中聞復論議，始嗜其學，乃與樞謀建太極書院，立周子祠，以二程、張、楊、游、朱六子配食，選取遺書八千餘卷，請復講授其中。」（卷189，總頁4314）可知楊惟中在建立太極書院、收集程、朱一系的書籍上出了很大的力，但似乎沒有直接資料證明他曾聽從趙復講學，加上《宋元學案》〈魯齋學案〉並未將楊惟中列入師友同調當中，故楊氏雖然曾經接觸過程、朱理學，並且幫助建立太極書院以及刻書，但究竟是心折於程、朱之學，或僅是受到姚樞等同儕的委託而出力？目前亦缺乏相關記載，是以他中晚期的思想究竟有沒有受到影響而有改變這個問題，似乎還難以斷定。

人，後遷洛陽。少力學，內翰宋九嘉識其有王佐略，楊惟中乃與之偕觀太宗。」[23]《新元史》本傳亦云：「金末內翰宋九嘉有當時重名，一見樞，稱其有王佐之才。」[24]可知亦是舊金文人，其知識背景當與楊惟中類似[25]。

關於朱學北傳，無論在思想史或是經學史上，都會提到趙復這個人。以往認為朱學之所以會傳到北方，除了朱門弟子眾多，尚有一個歷史的偶然，就是姚樞從俘虜當中尋得趙復一事。據姚樞之姪姚燧（1238-1313）〈序江漢先生事實〉一文[26]，及《元史》的〈楊惟中傳〉、〈姚樞傳〉和〈儒林傳〉所載，在元太宗窩闊臺七年乙未（1235）攻宋時，楊惟中為大將，姚樞為幕客，受詔尋求儒、道、釋、醫、卜等人才，在破德安時，從俘虜中與趙復會談，以為奇士而極欲延攬，當時趙復並不願意北上，後來勉強同意。傳奇的是，是夜，姚樞恐怕趙復有自殘之意，於是邀他同帳而眠，結果半夜醒來，發現趙復已不在，追出去之後，意外發現欲投水的趙復，之後姚樞又經過了一番說服，才使得趙復願意北上。所以《元史》〈儒學傳〉才會說：「先是，南北道絕，載籍不相通；至是，復以所記程、朱所著諸經傳註，盡錄以付樞……北方知有程、朱之學，自復始。」[27]此外，姚燧又曾敘述趙復北來之後，受其影響，學者刊刻程、朱一系書籍的情況：

---

23 《元史》：卷158，總頁3711。

24 《新元史》：卷157，總頁1499。

25 不過，與楊惟中不同的是，姚樞與較後期的王惲，從他們的文集當中來看，可以發現雖然他們早年的知識背景是金領地的學問，但是在接觸程、朱之學之後，顯然有了很大的改變。

26 〔元〕姚燧：《牧庵集》，收入《四部叢刊初編》（影印清武英殿聚珍本），卷4，頁1右-2左。

27 《元史》，卷189，總頁4314。

> 江漢至燕，學徒從者百人，北方經學自茲始……遂攜家來輝，
> 墾荒蘇門……又汲汲以化民成俗為心，自版《小學》書、《語
> 孟或問》、《家禮》，俾楊中書版《四書》，田和卿尚書版
> 《詩》、《易》程《傳》、《書》蔡《傳》、《春秋》胡《傳》，皆
> 脫于燕。又以《小學》書流布未廣，教弟子楊古為沈氏活版，
> 與《近思錄》、東萊經史說諸書散之四方。[28]

據《元史》〈姚樞傳〉及姚燧〈神道碑〉所載，姚樞離開政治中心至
輝州，是在辛丑年（1241）後，在這段文字中值得注意的有兩點，一
是姚樞於蘇門期間所版刻的這些書籍，已有蔡沈《書集傳》在內，這
大概也是目前得見資料中，關於此書在北方漢地最早的刊刻記載。加
上《元史‧趙復傳》亦云：「樞既退隱蘇門，乃即復傳其學，由是許

28　〔元〕姚燧：〈中書左丞姚文獻公神道碑〉，收入〔元〕姚燧：《牧庵集》，收入《四
　　部叢刊初編》，卷15，頁3左-4左。此段文字，於斷句上頗有疑慮。考《文淵閣四庫
　　全書》本、《叢書集成初編》本姚燧《牧庵集》，文字皆與所引一致，作「江漢至
　　燕，學徒從者百人，北方經學自茲始……遂攜家來輝，墾荒蘇門……又汲汲以化民
　　成俗為心，自版《小學》書、《語孟或問》、《家禮》，俾楊中書版《四書》，田和卿
　　版《尚書聲》、《詩折衷》、《易》程《傳》、《書》蔡《傳》、《春秋》胡《傳》，皆脫
　　于燕。又以《小學》書流布未廣，教弟子楊古為沈氏恬版，與《近思錄》、東萊經
　　史說諸書散之四方。」然《文淵閣四庫全書》本明人劉昌所編《中州名賢文表》、
　　清人所編《欽定熱河志》，兩本所引「墾荒蘇門」皆作「墾荒雲門」，考姚樞生平，
　　當以「蘇門」為正。「俾楊中書版《四書》，田和卿版《尚書聲》、《詩折衷》、《易》
　　程《傳》、《書》蔡《傳》、《春秋》胡《傳》，皆脫于燕」一段，兩本所引則皆作
　　「俾楊中書版《四書》，田和卿尚書版《聲詩折衷》、《易》程《傳》、《書》蔡
　　《傳》、《春秋》胡《傳》，皆於燕。又以《小學》書流布未廣，教弟子楊古為沈氏
　　活版，與《近思錄》、東萊經史論說諸書散之四方」，於文理上又似乎較為通順。又
　　許有壬於〈雪齋書院記〉的文字則作「板《小學》、《論》、《孟》、《或問》、《家
　　禮》，俾楊中書板《四書》，田尚書板《詩》，折衷《易》程《傳》，《書》蔡《傳》，
　　《春秋》胡《傳》，又以《小學》流布未廣，教弟子楊古為沈氏活板，與《近思
　　錄》、《東萊經史論說》諸書散之四方」，似亦可通。此處引文經筆者理解後所更
　　改，惟恐有誤，故將諸版本文字皆附識於下。

衡、郝經、劉因，皆得其書而尊信之。」[29]可見姚樞所刻的這些書，對於這些著名儒者有相當大的影響。而這幾個人日後都成為忽必烈重要的幕僚，對於元代中期漢法的推動，有一定的貢獻，是以可以合理推論程、朱理學思想在世祖時所發揮的效用。由於太極書院雖然是私人所設，但因為是在政府的允許下成立，加上創立者都是身居高位的官員，因此它擁有一定的官方性質[30]。所以，趙復講學及姚樞刻書這兩件事，在某種程度上，可以視為程、朱之學在北方漢地借官方力量傳播的開始。前文曾經提過，《書集傳》這部書的成書時間學界尚未有統一的共識，最早是南宋寧宗嘉定二年（1209），最晚是理宗紹定三年（1230），而蔡杭上《書集傳》給宋理宗的時間是淳祐七年（1247），呂遇龍在上饒刻書時是理宗淳祐十年（1250），從這樣的時間比較上，可以發現一件事，即如果以趙復北傳朱學與太極書院建立的時間來看，《書集傳》一書在北方漢地開始藉官方勢力大量傳播的時間，竟有可能早於南方宋地。

以上所論，是北方趙復一線的情況，不只江漢一系，在宋末元初之際，朱學傳人事實上都有類似刻書、講學的工作。陳榮捷在論及元代朱學的傳播，曾經提到，在元代著名的代表性學者中，許謙代表南方金華一線，許衡代表北方趙復一線，以及吳澄代表江西饒魯一線[31]。那麼，在南方另外兩線當中，傳播情形又是如何？雙峰一線，

---

29 《元史》，卷189，頁4314。《宋元學案》〈魯齋學案〉也有類似的記載。

30 詳見孫建平：〈趙復和太極書院對元代理學發展的促進〉，《湖南大學學報（社會科學版）》，第19卷第3期（2005年5月），頁35。魏崇武：〈趙復理學活動考〉，《信陽師範學院學報（哲學社會科學版）》，第15卷第1期（1995年1月），頁81。

31 陳榮捷：〈元代之朱子學〉，收入所著《朱學論集》（上海市：華東師範大學出版社，2007年）頁199。另，一般講到元代儒學或經學時，常常將吳澄、許衡、劉因並稱為三先生，然而事實上許衡、劉因之學均出於江漢先生趙復，因此在路線上應該可以算是同一系統，只是後來兩人在治學上有所不同而已。

即由黃榦傳饒魯，再傳程若庸、吳澄這一支，目前沒有發現刊刻書籍
的資料。不過，在金華一線，即由黃榦傳何基，再傳王柏、金履祥、
許謙這一脈，與許謙過從甚密的吳師道（1283-1344），在〈請傳習許
益之先生點書公文〉曾經提到：

> 逮宋季年，北山何文定公基傳朱子之學于勉齋黃公，若魯齋王
> 文憲公栢寔游其門，仁山金履祥並學于何、王，而導江張頴學
> 于王氏，以教北方。何氏所點《四書》，今溫州有板本，王氏
> 所點《四書》及《通鑑綱目》傳布四方，金氏、張氏所點皆祖
> 述何、王。近時許謙益之乃金氏高弟，重點《四書章句集
> 註》，及以廖氏《九經》校本再加校點。他如《儀禮》、《春
> 秋》《公》、《穀》二傳併註、《易》程氏《傳》、朱氏《本義》、
> 《詩》朱氏《傳》、《書》蔡氏《傳》、朱氏《家禮》，皆有點
> 本。分別句讀，訂定字音，考正謬訛，標釋段畫，辭不費而義
> 明。[32]

從這裡可以發現，許謙曾經點讀過蔡沈《書集傳》一書。事實上，不
止許謙，北山自何基始，就曾點讀《四書》，並且開版刻印；王柏則
是點讀《四書》和《通鑑綱目》[33]；至於金履祥，雖然不知道所點校
之書為何，但是可以確定也有從事同樣的工作；到了許謙，範圍更
廣，不但將《四書》、《九經》都重新校點，還把程、朱一系的重要經
學著作，都加以標點、考訂、校正，並且使之流傳。因此，可以知
道，在朱子所傳下的學生當中，金華一系本身就有這種校讀、刊刻書

---

32 〔元〕吳師道：《禮部集》，收入《文淵閣四庫全書》，第1212冊，卷20，頁290。

33 《宋史》〈儒林傳〉亦云：「（王柏）於《論語》、《大學》、《中庸》、《孟子》、《通鑑
綱目》標注點校，尤為精密。」（卷368，總頁12981）

籍的習慣。而根據本文第二章的考察，知道王柏、金履祥在所著的
《尚書》相關著作當中，都對《書集傳》提出過許多意見。許謙自己
亦著有《讀書叢說》，當中對蔡氏的說法亦有所參考與折衷，有時候
甚至有所出入（詳見後文）。不過，依然能夠看出金華一系對這部書
籍的看重。

　　除了金華何基一系和江西饒魯一系之外，在南方還有一個在宋、
元之際影響甚大的學派，研究者或以舊地名稱為「新安學派」、或以
宋代以後的新地名稱為「徽州學派」，此學派因宋理宗為婺源朱子廟
親題「文公闕里」，加上朱子曾多次在新安地區講學，因此宗朱子為
開山宗師[34]，在眾多朱子學派當中，也是最尊朱的一支[35]。新安學派
最特殊的一點，在於對朱學著作的羽翼，宋、元之交，新安地區出現
了許多「纂疏」體的著作，這類著作多以朱子的經注為主，再收集朱
子語錄、文集中的意見，旁及朱門弟子，間有各家說，末附自己的意
見，亦即為朱學再作注解[36]，例如趙順孫的《四書纂疏》、陳櫟《書經
集傳纂注》、董鼎《書傳輯錄纂注》、胡一桂《詩集傳附錄纂注》、《易
本義附錄纂疏》等[37]。其中蔡沈《書集傳》的部分，有董鼎與陳櫟兩

---

34 周春健：《元代四書學研究》，頁281。

35 蘇惠慧：《元代新安理學研究》（合肥市：安徽師範大學碩士論文，周曉光先生指
　　導，2006年），頁8。周春健：《元代四書學研究》，頁293。

36 廖穎：《元人諸經纂疏研究》（上海市：華東師範大學碩士論文，王鐵先生指導，
　　2006年），頁1。許華峰：《董鼎書傳輯錄纂註研究》，頁120。

37 另有汪克寬《春秋胡傳附錄纂疏》一書，不過此書是以胡安國《傳》為主，非朱子
　　之經。至於蔡《傳》，雖非朱子經說，但本文前章曾對於在元初時期，許多朱子
　　後學已經認可蔡《傳》為朱子所親定的《尚書》經注。又，廖穎在《元人諸經纂疏
　　研究》以為：「董鼎之《尚書輯錄纂注》同樣是宗朱之作，且可視為朱子《書》說
　　大全，董鼎知道蔡《傳》未經朱子訂定，但是仍把《集傳》歸之於朱子，其疏通蔡
　　《傳》，亦是將蔡《傳》改編為一部朱子之書。」（頁25）如再從陳櫟《書傳折
　　衷》、《書經集傳纂注》二書對《書集傳》的態度看來，廖氏之說確實相當可信。陳
　　櫟對《書集傳》的看法詳本章第三節。

人的著作[38]，除上述兩部外，尚有陳櫟《書傳折衷》，此書今雖已不傳，不過根據《定宇集》書前〈年表〉，當成書於元成宗大德七年（1303）[39]。而根據陳櫟〈送董季真入閩刊書序〉一文中所言：「番陽深山董公，三十年前嘗宗蔡氏《書傳》、輯朱子《語錄》，增諸家注解，間以己見發明之。書成，藏于家，其嗣子季真謀刊以廣其傳。予二十年前亦嘗編《書解折衷》，宗朱、蔡，采諸家，附己見，大略相類，第不盡載蔡《傳》於前耳。」[40]可知董鼎之書初稿較陳櫟之書要早，最多可以提前約十年左右。是以可知新安地區大約在元成宗時期（1295-1307），已有學者對蔡《傳》相當重視，不但論學中多有討論，且有注解補充的著作產生。

　　由上述情況來看，蔡沈《書集傳》一書，在宋末元初之際，不論是北方漢地或是南方舊宋地區，都已經有相當程度的傳播，前章也曾舉證以論，此書作為朱門《尚書》學的代表性也是在元初時確立。元仁宗皇慶二年（1313），中書省臣奏請立科舉，同年十一月，下詔規定科舉程式，分左右二榜，蒙古、色目人作一榜，漢人、南人作一榜。蒙古、色目人只考兩場，第一場經問五條，第二場策問一道。漢人、南人考三場，第一場考經疑二問、經義一道，第二場古賦詔誥章表一道，第三場策論一道。在這些考試當中的第一場，不論是蒙古、色目人的經問五條，或是漢人、南人的經疑二問，都是從《四書》中

---

38 〔元〕董鼎的《書傳輯錄纂註》一書，曾被陳櫟控告當中關於「雙湖胡氏」之說，實乃襲陳櫟而冠以胡一桂之名。關於此一公案，前人已論之甚詳，本文不再複述。參見許華峰：《董鼎書傳輯錄纂註研究》，頁107-120。廖穎：《元人諸經纂疏研究》，頁10-12。史甄陶：《元代前期徽州朱子學——以胡一桂、胡炳文和陳櫟為中心》（新竹市：清華大學中國文學研究所博士論文，祝平次、林聰舜先生指導，2009年），頁144-145。

39 〔元〕陳櫟：《陳定宇先生文集》，收入《元人文集珍本叢刊》，第4冊，卷首，頁255。

40 〔元〕陳櫟：《陳定宇先生文集》，收入《元人文集珍本叢刊》，第4冊，卷2，頁281。

出題，並且限用朱子《章句集註》。此外，漢人、南人第一場還要另外加考經義，是從五經當中出題，規定《詩》用朱子《詩集傳》、《尚書》用蔡沈《書集傳》、《周易》用程頤《易傳》和朱子《易本義》，同時《易》、《詩》、《書》三經兼用古注疏。至於《春秋》則是用《三傳》和胡安國《春秋傳》，《禮記》是用古注疏。又，如果蒙古、色目人願意考漢人、南人的科目，那麼若中選，則較原本之排名加一等[41]。從此之後，《書集傳》便成為元、明兩百餘年的科舉考試《尚書》定本。

為求明瞭，茲將延祐時所訂的科舉程式製成表格附於下[42]：

	漢人、南人（左榜）	蒙古、色目人（右榜）
第一場	明經 1.經疑二問（〈大學〉、《論語》、《孟子》、〈中庸〉內出題，並用朱子《章句集註》，復以己意結之，限三百字以上） 2.經義一道（各治一經，《詩》以朱氏為主，《尚書》以蔡氏為主，《周易》以程氏、朱氏為主，已上三經兼用古註疏。《春秋》許用《三傳》及胡氏《傳》，《禮記》用古注疏。限五百字以上，不拘格律）	經問五條（〈大學〉、《論語》、《孟子》〈中庸〉內設問，義理精明、文辭典雅為中選。用朱氏《章句集註》）
第二場	古賦詔誥表章內科一條（古賦詔誥用古體，章表參用古體四六）	策一條（以時務出題，限五百字以上）
第三場	策一道（經史時務內出題，時務不矜浮藻，惟務直述，限一千字以上）	（無）

---

41 〔明〕宋濂等，《元史》，卷81，頁2018-2019。方齡貴校注：《通制條格校注》，卷5，頁239-240。

42 表格參照《通制條格校注》整理。

第二節　元代科舉「兼用古注疏」的意義

　　以往學者在研究元代科舉時，多根據元代科舉的科目，是以朱子〈學校貢舉私議〉為原則而設計，來證明朱子學的興盛，劉海峰與李兵便說：「一向重蒙輕漢的元代統治者，雖然在科舉程式上公開實行民族歧視政策，但是在科舉取士時，卻選用了最能體現漢儒思想精髓的朱熹所著的《四書集注》作為考試內容，考生答題也必須以程朱理學為標準。」[43]蕭啟慶更以「無論何族進士皆曾浸潤於道學家註釋的《四書》、《五經》之中」，來證明元代進士中「忠君觀念的強烈」[44]。的確，如果我們從史料上來看，當元仁宗皇慶元年，命程鉅夫、李孟、許師敬等人共同討論貢舉法時，程鉅夫曾說：「朱子〈貢舉私議〉可損益行之。」又說：「取士當以經學為本，經義當用程、朱傳注，唐、宋詞章之弊不可襲。」而獲得仁宗皇帝的首肯[45]。又，根據朱子在〈學校貢舉私議〉當中，科舉的精神是：「立德行之科以厚其本，罷去詞賦，而分諸經、子史、時務之年以齊其業，又使治經者必守家法，命題者必依章句，答義者必貫通經文，條舉眾說而斷之己意。」[46]至於詳細的科目則是：「以《易》、《書》、《詩》為一科，而子年午年試之，《周禮》、《儀禮》及二戴之《禮》為一科，而卯年試之，《春秋》及《三傳》為一科，而酉年試之（年份皆以省試為界，義各二道）。諸經皆兼《大學》、《論語》、《中庸》、《孟子》（義各一道）。論則分諸子為四科，而分年以附焉（諸子如荀、揚、王、韓、

---

43 劉海峰、李兵：《中國科舉史》（上海市：東方出版中心，2006年），頁267。

44 蕭啟慶：《元代的族群文化與科舉》（臺北市：聯經出版有限公司，2008年），頁216。

45 〔民國〕柯劭忞等：《新元史》，卷189，頁1758。

46 〔宋〕朱熹：〈學校貢舉私議〉，《晦庵先生朱文公文集》，收入朱傑人等主編：《朱子全書》，第23冊，卷69，頁3356-3357。

老、莊之屬及本朝諸家文字，當別討論，分定年數，兼許與當年史傳中出論二道）。策則諸史，時務亦然（諸史則《左傳》、《國語》、《史記》、《兩漢》為一科，《三國》、《晉書》、《南北史》為一科，《新》、《舊唐書》、《五代史》為一科，《通鑑》為一科。時務則律曆、地理為一科，《通禮》、《新儀》為一科，兵法、刑統、敕令為一科，《通典》為一科，以次分年，如經子之法，策各二道）。」[47]對照前章末所列的表格，能夠看出對於朱子以經義為主，《四書》必讀，治經守家法，且以策論為輔這些主張的繼承。

涂雲清在《蒙元統治下的士人及經學的發展》中認為：「由科舉程式的內容可以發現一個重要的訊息，首先，朱子《四書章句集註》正式成為科舉考試的唯一標準本，而且是所有考生的必考科目；其次，左榜漢人、南人的經義考試中，雖然考生可以任意選考其中一經，而且也可以參用程、朱以外的不同版本，但由程、朱所有經學著作皆被列入考試用書這一規定來看，程、朱經學在蒙元科舉考試中所佔之主導位置應是不容置疑的，至於《春秋》、《禮記》，則因為程、朱皆無相關的經學著作，所以無法採用，因此，如僅就科舉程式而言，謂蒙元科舉獨尊程、朱之學，實不為過。」[48]當時人袁桷（1266-1327）曾經作過這樣的形容：「至仁宗皇帝，集群儒，定貢舉法，五經皆本建安。《書》蔡氏為文公門人，而《春秋傳》則正字胡公之從父文定公，師友授業，宗于一門，會于一部。」[49]就袁氏的說法來看，似乎五經已獨尊程、朱一系。不過，從本文上節末所列的表可以發現，在這個時候，雖說是以朱學為主，可是並非朱學獨尊，《春

---

47 〔宋〕朱熹：〈學校貢舉私議〉，《晦庵先生朱文公文集》，收入朱傑人等主編：《朱子全書》，第23冊，卷69，頁3359。括號內文字皆為原注。

48 涂雲清，《蒙元統治下的士人及經學的發展》，頁435。

49 〔元〕袁桷：〈送朱君美序〉，《清容居士集》，收入《四部叢刊初編》（影印元刻本），卷24，頁15左。

秋》採胡《傳》，尚可說是朱子未有《春秋》方面的著作，但是
《易》除了朱子《本義》之外，尚用程《傳》，雖尚可勉強以程、朱
之學來概括，但是在《禮》經部分，卻不採用朱子及門生所修的《儀
禮經傳通解》，而是採用古注疏，除此之外，《易》、《詩》、《書》三經
都得「兼用古注疏」。因此，可以說，當時科舉中，群經所採用的標
準，主要是以程、朱一系的經學著作為主，但古注疏還是有它的地位
存在，是以《四庫全書總目》〈書類附錄〉〈書義矜式〉下云：「考
《元史》〈選舉志〉載《書》用蔡《傳》及註疏。當時經義猶不盡廢
舊說，故應試者得兼用之。此元代經學所以終勝明代也。」[50]馬宗霍
作《中國經學史》時，也提出這樣的觀念，他在該書〈元明之經學〉
一章中提到：「觀諸經所主，顯為側重朱學，《春秋》、《禮記》朱子無
所作，故不獲採用耳。然《易》、《書》、《詩》、《春秋》猶與古註疏相
參，是元人尚不廢漢唐之學，且《禮記》專用古註疏，又見其時老師
宿儒猶有存者，知禮不可以空言解也。此則論元學者不可不知。」[51]
安井小太郎等人則云：「元代科舉雖以朱學為主，卻沒有全然地捨棄
古注，也採用《三傳》之說，因為迥異明代的固陋，應舉者非熟讀古
注與宋代注疏不可。」[52]這些學者都注意到了，古註疏在元代科舉當

---

50 〔清〕紀昀、永瑢等：《武英殿本四庫全書總目》，第1冊，卷12，頁291。不過，四
　　庫館臣在寫提要時，明顯的對於《書集傳》這部書有先入為主的立場，因此，對於
　　其評語或許不能全然盡信。這個問題，許華峰先生在《董鼎書傳輯錄纂註研究》一
　　書的〈緒論〉中，曾有詳細的討論。張泓的研究也指出「《總目》在對傳統經學的
　　梳理和總結過程中，對宋明理學作了大量貌似公正而實含褒貶的議論」。詳見張
　　泓：〈《四庫全書總目》的反理學傾向〉，《燕山大學學報（哲學社會科學版）》，第13
　　卷第1期（2012年3月），頁34-37。

51 馬宗霍：《中國經學史》，頁128。

52 〔日〕安井小太郎等：《經學史》，頁177。按，事實上，元代科舉應考之人並不用兼
　　通朱學與古註疏，可以擇一採用，此一舉措亦與朱學經注流行有重大關係，將於後文
　　再述。

中的重要性[53]。

　　中國自唐代以後，一直要等到元朝才出現一個擁有南北廣大領土
的王朝。唐末大亂，歷經五代之後，宋代雖號稱統一中國，不過北方
依然是屬於遼國的領地，且西南有大理、西北有西夏，更別說南遷之
後，只有江淮一帶的少部分領土，而原有的北方全在金朝勢力之下。
由於南北長期分治，往來交通不便，導致程、朱理學雖然盛行於南
方，可是在北方卻較鮮為人所知，如前文引到的《元史》諸篇，都有
類似的敘述。不過，有學者指出當時北方的人並非不知程、朱之名，
《元史》的說法有修正的必要[54]。的確，今日從資料當中，可以知道

---

53 當時的學者程端禮曾經在〈弋陽縣新修藍山書院記〉一文中，對「兼用古注疏」作
　了這樣的解釋，他認為：「貢舉之制又用朱子〈私議〉，明經主程、朱說，兼用古注
　疏，經義不拘格律，蓋欲學者讀經有沈潛自得之實。其所作經義能條舉程、朱與注
　疏之說，辯漢儒傳注之得失，一洗宋末反覆虛演，文妖經賊之弊。」見〔元〕程端
　禮：《畏齋集》，收入《文淵閣四庫全書》，第1199冊，卷5，頁682。從這裡看來，
　似乎讀古注疏，只是用來與程、朱之經注作對比，以凸顯朱學之優秀。然而，程氏
　實為一篤實之朱門學者，本文以為，他的說法有過於偏頗之嫌，故姑條列於此，以
　備參考，不列入本文的論證當中。
54 王明蓀以為：「朱學之傳授到北方，一般以為趙復於戊戌年（1238）在太極書院開
　始，但早在金、宋對峙時期，北方已知朱子之學，金代華北諸儒對朱子之學並不陌
　生，只是沒有系統的傳講朱學。」見王明蓀：〈略述元代朱學之盛〉，收入《宋史研
　究集》第17輯（臺北市：編譯館，1988年），頁526。梁庚堯認為：「不僅在南方如
　此，理學不依傍科舉而自成一股推動書院教育的力量，也早已存在於元滅南宋以前
　的華北。二程之學在金代有零星的流傳，朱學在金末也已藉著各種機緣傳入北方，
　但直到蒙古滅金的次年，也就是窩闊臺七年（1235），南宋鄉貢進士趙復在德安府
　被俘虜至燕京之後，南方程朱一派的理學對北方才有較大的影響。」見所著：〈宋
　元書院與科舉〉，收入宋史座談會主編：《宋史研究集》，第33輯（臺北市：蘭臺出
　版社，2003年），頁88。吳雁南等人作《中國經學史》時說：「金朝後期，南宋的理
　學就逐漸傳入北方。金章宗時，朝中一些士人曾編印了一部《道學源流》，介紹理
　學。當時北方的學者雖已受周敦頤及二程的影響，但由於當時宋金對峙，『南北道
　絕，載籍不相通』。所以就整體而言，北方所接觸的理學較為零散，不成系統。」
　見吳雁南、秦學頎、李禹階主編：《中國經學史》，頁403。

當時南方之書並非沒有北傳，如許有壬（1287-1364）云：「宇宙破裂，南北不通，中原學者不知有所謂《四書》也。宋行人有篋至燕者，時有館伴使得之，乃不以公於世，時出一論，聞者竦異，訝其有得也。」[55] 根據一些記載也可以知道，金人已知有程、朱之學的著作，例如李純甫（1177-1223）為金章宗承安二年（1197）進士，著有《鳴道集說》，其在〈自序〉中便言：「諸儒陰取其說以證吾書，自李翱始，至於近代，王介甫父子倡之於前，蘇子瞻兄弟和之於後。《大易》、《詩》、《書》、《論》、《孟》、《老》、《莊》，皆有所解。濂溪、涑水、橫渠、伊川之學踵而興焉，上蔡、龜山、元城、橫浦之徒又從而翼之，東萊、南軒、晦翁之書蔓衍四出，其言遂大。小生何幸！見諸先生之議論，心知古聖人之不死，大道之將合也。」[56] 王若虛著《尚書義粹》，於〈堯典〉、〈舜典〉、〈太甲中〉明引蔡《傳》文字，其他條目下也對蔡說有所討論[57]。楊庭秀於承安年間任右補闕，曾注程、楊《易》傳[58]，此處的「程」當指程頤。由此可知，當時金領地的學者，事實上對於程、朱之學，已經有一定程度的認識。

何況，難道數百年間，只有南方人讀經，北方人都不讀經嗎？當然不是。雖然今日大遼文獻所剩已經不多，不過依然能看到儒家經典在遼代流傳的痕跡，例如在遼聖宗開泰年間，馬保忠便曾奏請以儒授官，其文曰：「強天下者儒道，弱天下者吏道。今之授官，大率吏而不儒。崇儒道則鄉黨之行修，修德行則冠冕之緒崇。自今其有非聖帝

---

55 〔元〕許有壬：〈雪齋書院記〉，《圭塘小稿》，收入《文淵閣四庫全書》，第1211冊，卷6，頁620。

56 〔元〕李純甫：〈鳴道集說序〉，〔清〕張金吾輯：《金文最》，收入《續修四庫全書》（影印清光緒二十一年江蘇書局重刻本），第1654冊，卷21，頁325-326。

57 見陳良中：《尚書義粹補輯》。

58 閻鳳梧主編：《全遼金文》（太原市：山西古籍出版社，2002年），頁2041。

明王、孔孟聖賢之教者望下明詔痛禁絕之。」[59]又《遼史》載聖宗開泰元年八月時，曾有鐵驪那沙來乞賜佛像、儒書，於是聖宗詔賜護國仁王佛像一，《易》、《詩》、《書》、《春秋》、《禮記》各一部[60]。楊丘文在〈柳谿玄心寺洙公壁記〉中，亦提到孔子傳子思，子思傳孟子，孟子傳揚雄的所謂「道學傳統」[61]。此外，像孟初在為蕭義、龔誼在為鄧中舉作墓誌銘時[62]，都引用了五經的文字，因此可以知道大遼雖然是一個北方民族，且國中佛教盛行，但士大夫對於儒家經籍其實多有研讀，甚至有其他少數民族來此求書。更別說是金代，它漢化的程度相當深，在政治方面很早就採用了漢法、漢制，在接受漢學的方面亦較遼代及之後的元代為深且廣[63]。金代不但在科舉有以經義取士，而且由後人整理出的資料，可知金人亦有經學方面的著作，如《千頃堂書目》便載《易》有趙秉文《易叢說》、張特立《易集說》[64]，《書》有王若虛《尚書義粹》[65]，《禮》有楊雲翼《周禮辨》[66]等等。此外，從金人文集之中，亦可窺見當時人讀書的情況，例如胡景嵩於「正隆南征，以良家子從軍，載國子監書以歸，因之起『萬卷堂』，延致儒士，門不絕賓」。[67]劉汝翼「初治《書》，改授《易》，卒業於《詩》，

---

59 閻鳳梧主編：《全遼金文》，頁171。

60 〔元〕脫脫等：《遼史》（北京市：中華書局，1974年），卷15，總頁171。

61 〔遼〕楊丘文：〈柳谿玄心寺洙公壁記・乾統三年〉，《全遼金文》，頁590-591

62 〔遼〕孟初：〈蕭義墓誌銘并序・天慶二年〉，《全遼金文》，頁546。遼・龔誼：〈大遼故保安軍節度使鄧君墓誌銘并序・壽昌四年〉，《全遼金文》，頁564。

63 王明蓀：〈金代諸帝之漢學〉，《史學彙刊》，第24期（2009年12月），頁67。王氏此文歷舉了金代帝王本身的漢學素養及在位時對於漢學的態度，足以作為有金一代漢學廣行於金領地之強力佐證。

64 〔清〕黃虞稷：《千頃堂書目》（上海市：上海古籍出版社，2001年），卷1，頁14。

65 〔清〕黃虞稷：《千頃堂書目》，卷1，頁24。

66 〔清〕黃虞稷：《千頃堂書目》，卷1，頁38。

67 〔金〕元好問：〈朝散大夫同知東平府事胡公神道碑〉，《遺山先生文集》，收入《四部叢刊初編》（影印明弘治戊午刊本），卷17，頁7左-8右。

山東諸儒間聲名籍甚」[68]。此外，趙著在明昌五年（1194）所作的
〈左玄寂照大師馮公道行碑〉當中說到：「先是，承詔教授胄子十有
八人，公乃於名家子弟中，選性行溫恭者，如其數為伴讀，令讀《孝
經》、《語》、《孟》、《中庸》、《大學》等書，庶幾各人於口傳心受之
間，而萬善固有之地，日益開明，能知治國平天下之道，本自誠意正
心始。」[69]在這條資料中，更可以看出朱門所著重的《孝經》、《四
書》都已經被拿來當作教門人弟子讀書的教材。

　　《遼史》無〈選舉志〉，無從得知科舉程式的詳細狀態[70]。至於金
代，據《金史》〈選舉志〉所載，金代科舉所用的考試定本是：

> 凡經，《易》則用王弼、韓康伯註，《書》用孔安國註，《詩》
> 用毛萇註、鄭玄箋，《春秋左氏傳》用杜預註，《禮記》用孔穎
> 達疏，《周禮》用鄭玄註、賈公彥疏，《論語》用何晏集註、邢
> 昺疏，《孟子》用趙岐註、孫奭疏，《孝經》用唐玄宗註。[71]

此外，又據李世弼〈登科記序〉的記載，金代科舉大體狀況如下：

> 隋合南北，始有科舉。自是盛於唐，增於宋[72]，迨於金，又合
> 遼、宋之法而潤色之，卒不以六藝為致治之成法。進士之目名

68　〔金〕元好問：〈大中大夫劉公墓碑〉，《遺山先生文集》，收入《四部叢刊初編》，
　　卷22，頁1左。

69　〔金〕趙著：〈左玄寂照大師馮公道行碑〉，收入《全遼金文》，頁1988。

70　朱子方、黃鳳岐著有〈遼代科舉制度述略〉一文，考察遼代科舉開始的時代、年
　　限、科目、限制及影響，然而，亦未能得知經學部分是用哪些書。該文收入陳述主
　　編：《遼金史論集》第3輯（北京市：書目文獻出版社，1987年）。

71　〔元〕脫脫等：《金史》，卷51，總頁1131。

72　「增於宋」，《四庫全書》本、《叢書集成初編》本王惲《玉堂嘉話》，《四庫全書》
　　本王惲《秋澗集》，作「增光於宋」。

以鄉貢進士者，本周之鄉舉之遺意也；試之以賦義策論者，本漢射策之遺法也。金天會元年始設科舉，有詞賦，有經義，有同進士，有同三傳，有同學究，凡五等。詞賦於東西兩京，或蔚、朔、平、顯等州，或涼廷試，試期不限定月日，試處亦不限定府州[73]。詞賦之初，以經、傳、子、史內出題，次又令逐年改一經，亦許注內出題，以《書》、《詩》、《易》、《禮》、《春秋》為次，蓋循遼舊也。至天眷三年，析津府試。迨及海陵天德三年，親試於上京。貞元二年，遷都於燕，自後止試於析津府。收遼、宋之後，正隆二年，以五經、三史正文內出題。明昌二年，改令群經、子、史內出題，仍與本傳。此詞賦之大略也。經義之初，詔試真定府所放號七十二賢榜，迨及蔚州、析津，令《易》、《書》、《詩》、《禮》、《春秋》專治一經內出題，蓋循宋舊也。天德三年，罷去經義及諸科，止以詞賦取人。明昌初，詔復興經義。此經義之大略也。天眷三年，令大河以南別開舉場，謂之南選。貞元二年，遷都於燕，遂合南北通試于燕。正隆二年，令每二年一次，開關立定程限月日，更不擇日，以定為例。府試初分六路，次九路，後十路。此限定日月分格也。天德二年，詔舉人鄉、府、省、御四試中第。明昌三年，罷去御試，止三試中第。府試五人取一名，合試依大定間例，不過五百人。後以舉人漸多，會試四人取一名，得者常不下八九百人，御試[74]取奏旨。此限定場數人數格也。自天眷二年析津放第，於廣陽門西一僧寺門上唱名。至遷都後，命宣陽門上唱名，後為定例。此唱名之格也。明昌初，五舉終場人直

---

73 「府州」，《四庫全書》本、《叢書集成初編》本《玉堂嘉話》，《四庫全書》本《秋澗集》，并作「州府」。

74 「御試」，《四庫全書》本、《叢書集成初編》本《玉堂嘉話》皆作「鄉試」。

赴御試，不中者別作恩榜，賜同進士出身。會元御試不中者，
令榜末安插。府元被黜者，許來舉直赴部。[75]

從這兩條記載可以發現，金代所使用的主要是唐代以來的注疏本。唐
代孔穎達等修《五經正義》時，《易》用王弼、韓康伯，《書》取孔
《傳》，《詩》採毛《傳》、鄭《箋》，《禮》用鄭玄，《左傳》則取杜
預，金代科舉全襲之。而雖然當中有北宋邢昺的《論語疏》，舊題孫
奭的《孟子疏》[76]，然而，這兩部書依然是漢、唐注疏的餘波，與宋
代新經學無涉[77]。就如同艾爾曼所言：「在遼國和金朝的科舉考試中，
道學沒有任何影響力，對於在這兩個王朝和北宋朝內，參加科舉以競
爭官職的數萬名文人和武士而言，詩賦或經義才是最重要的。」[78]元
好問在形容金代科舉的情況時曾說：「國初，因遼、宋之舊，以詞
賦、經義取士。預此選者，選曹以為貴科榮路所在，人爭走之。傳
注，則金陵之餘波；聲律，則劉、鄭之末光，固已占高爵而釣厚祿。
至於經為通儒，文為名家，良未暇也。」[79]不過，有一點可以注意的
是，南宋光宗紹熙年間方入「十三經」的《孟子》[80]，在這個時候已
列為科舉項目。因此，雖說這時北方的學術，依然是以唐代以來的注
疏之學為主，可是自北宋以來被理學家一直相當重視，後來被朱子集

75 李世弼〈登科記序〉，〔清〕張金吾輯：《金文最》，收入《續修四庫全書》，第1654
　　冊，卷23，頁347。
76 雖然邢、孫二氏於注疏當中，間有新義，但大體還是舊說的延續。
77 此處所指的新經學，主要是以胡瑗、孫復、石介等所開啟的以義理解經之學，以別
　　於漢、唐的章句、注疏之學。
78 〔美〕艾爾曼著、呂妙芬譯：〈南宋至明初科舉科目之變遷及元朝在經學歷史的角
　　色〉，收入《元代經學國際研討會論文集》（臺北市：中央研究院中國文哲所，2000
　　年），頁89。
79 〔金〕元好問：〈閑閑公墓銘〉，《遺山先生文集》，收入《四部叢刊初編》，卷17，
　　頁1右-1左。
80 葉國良、夏長樸、李隆獻合著：《經學通論》（臺北市：大安出版社，2006年），頁428。

成《四書》之一的《孟子》，在金代的官學當中，已經有一定地位，
這也能夠說明理學思想在金領地的影響。此外，前已論及此時程、朱
之學的書籍亦有傳入金領地，所以王若虛在評科舉時會認為：「夫經
義雖科舉之文，然不盡其心，不足以造其妙。辭欲其精，意欲其明，
勢欲其若傾，故必採《語》、《孟》之淵源，擷歐、蘇之菁英，削以斤
斧，約諸準繩。」[81]

　　除此之外，前文雖然提及，早在一二三五至一二四一年這段時
間，蒙古帝國的北方漢地就有朱學的傳播，除了趙復的北上、太極書
院的建立之外，姚樞退居蘇門之後的刻書，也造成了很大的影響。然
而，這畢竟只是一部分而已，當時的金領地，傳統漢唐注疏之學，依
然有相當大的勢力。自從北宋仁宗至和二年（1055）封孔子後為「衍
聖公」[82]，這個傳統就被後代所沿襲，宋室南渡後，佔領北方的金人
也承繼了這樣的傳統，從金熙宗天眷三年（1140），封孔子第四十九
代孫孔璠為衍聖公以來，一直到金章宗明昌元年（1190）封孔子第五
十一代孫孔元措為衍聖公[83]，之後，蒙古雖與金國交戰，但並沒有傷
害這位孔家後人，孔元措後為窩闊臺所迎，在太宗五年（1233）詔封
衍聖公。此外，在姚樞等人建太極書院、刻程、朱書之時，耶律楚材
在太宗八年（1236）「請立編修所於燕京，經籍所於平陽，編集經
史，召儒士梁陟充長官，以王萬慶、趙著副之」[84]。梁陟為金章宗明
昌二年（1191）進士，王萬慶為金朝翰林纂修王庭筠的繼子，趙著在
燕朔之間亦有才名，三人都是北方的知識份子。除這三人外，據趙琦
的研究，在編修所和經籍所任職的士大夫，有許多都是金朝的遺老或

---

81 〔金〕王若虛：〈送呂鵬舉賦試序〉，《滹南遺老集》，收入《四部叢刊初編》（影印
　　舊抄本），卷44，頁12右。
82 〔元〕脫脫等：《宋史》，卷12，總頁237。
83 〔元〕脫脫等：《金史》，卷9，總頁218。
84 〔明〕宋濂等：《元史》，卷2，總頁34。

名士,而目前可知平陽經籍所曾經刻有《毛詩注疏》、《尚書注疏》等書[85],均是古注疏系統。

　　金宣宗於貞祐二年(1214)南遷汴京之後,在河北、山東、山西一帶形成了一個蒙、金勢力皆無法有效控制的地區,各處的豪強為了自保,往往成為一股武裝勢力,在木華黎受成吉思汗命令專征之後,採用招降的方式,使這些集團為元朝所用,讓他們在蒙古的統治之下,掌握地方政權,當時稱之為「世侯」,著名者有東平嚴實、真定史天澤、順天張柔、濟南張榮、益州李璮等等[86]。這些漢族世侯在他們的勢力範圍內,往往有從事教育及文化工作者,其中以東平嚴實最有名。嚴實在元太祖十五年(1220)年歸順蒙古,次年率軍進入東平,之後就有意復興學校,招攬宋子貞、張特立、李昶、王磐、商挺、徐世隆、康曄等當時的名儒[87]。在太宗十二年(1240)嚴實去世之後,其子嚴忠濟繼承了他的職位,便由宋子貞主持,在北宋之時已經建立,金代尚有盛名,但卻因戰亂而荒廢的鄆學舊址上,重建東平府學,於憲宗五年(1255)落成,上述那些儒士,自然都成為府學的主管或教授。據元明善〈參政商文定公墓碑〉載,當時由商挺「贊忠濟大興學校,聘康曄說《書》,李昶說《春秋》,李禎說《大學》。學生百餘人,養之優厚,督於課試,后皆通顯」[88]。到了至元初年,東平路各地所修的學校約有三十餘所,培養了許多人才,甚至成為元初著名的學派。[89]段直在任澤洲長官的時候,曾經修廟學,賣田購書,

---

85 趙琦:《金元之際的儒士與文化》,頁55-60。

86 韓儒林編:《元朝史》,頁218-223。

87 常大群:〈元初東平府學興盛及其原因〉,《齊魯學刊》,2000第6期,頁26。

88 元明善:〈參政商文定公墓碑〉,《清河集》,收入《續修四庫全書》(影印清光緒刻藕香零拾本),第1323冊,卷6,頁34。

89 晏選軍:〈金元之際的漢人世侯與文人〉,《中南大學學報(社會科學版)》,第13卷第1期(2007年2月),頁84。

並延請名儒李俊民出任澤州教授[90]。順天張柔在鎮保州時，也曾「為之畫市井，定民居，置官廨，引泉入城，疏溝渠以瀉卑濕，通商惠工，遂致殷富；遷廟學于城東南，增其舊制」[91]。雖然，目前沒有足夠的資料可以知道這些廟學、府學的教學內容，然而，從主持講學的人大多為金人儒士來看，當繼承金代的學術風氣，在經學部分，應是傳統的注疏之學[92]。此外，史天澤在真定時，曾經提供了當時士人一個可以讀書討論的場所，王惲說：「北渡後，名士多流寓失所，知公好賢樂善，偕來遊依，若王滹南、元遺山、李敬齋、白樞判、曹南湖、劉房山、段繼昌、徒單顯軒，為料其生理，賓禮甚厚，暇則與之講究經史，推明治道。」[93]中統年間，李治建封龍山書院，也是受了真定史家很大的幫助[94]。

由上述可知，忽必烈的幕客之中，雖然有姚樞、竇默、許衡、劉因等受程、朱學影響很大的學者，但是亦有一批亡金儒士[95]，且這些人當中還有不少曾有科名，如張德輝在金代曾「數舉於鄉」[96]，楊果為金哀宗正大元年甲申科進士[97]，王鶚更是金正大元年進士一甲第一人，而且在忽必烈潛邸之時，還曾經「進講《孝經》、《書》、《易》，及齊家治國之道」[98]當然，並非人人如此，像楊奐，《元史》便載：

90 榮國慶：〈劉因澤州長官段公墓碑銘考釋〉，《滄桑》，2010年第4期，頁135-137。

91 〔明〕宋濂等：《元史》，卷147，總3473。

92 魏崇武：〈趙復理學活動述考〉，《信陽師範學院學報（哲學社會科學報）》，第15卷第1期（1995年1月），頁82。常大群：〈元代東平府學的興盛及其原因〉，頁27。

93 王惲：〈開府儀同三司中書左丞相忠武公家傳〉，《秋澗先生大全文集》，收入《叢書集成初編》（影印明弘治翻元本），卷48，頁19左。

94 趙平分：〈李治與封龍山書院〉，《保定師專學報》，第14卷第3期（2001年7月），頁42-44。

95 詳見蕭啟慶：〈忽必烈潛邸舊侶考〉，收入《元代史新探》，頁278-281。

96 〔明〕宋濂等：《元史》，卷163，總頁3823。

97 〔明〕宋濂等：《元史》，卷164，總頁3854。

98 〔明〕宋濂等：《元史》，卷160，總頁3756。

「金末舉進士不中。」[99]但至少也是受過金代的儒學教育，且在戊戌選試當中，就曾經中選為儒戶[100]；郝經，雖然沒有科名，但是「家世業儒」，本身就是世家子弟，曾被世侯張柔、輔賈延為上客，而張、輔二人皆號稱「藏書萬卷」，這對郝經的學問養成有很大幫助[101]。這些人對於世祖時的政策也有相當影響，例如王鶚在世祖至元四年的時候，便曾請立選舉法，建議「遠述周制，次及漢、隋、唐取士科目，近舉遼、金選舉用人，與本朝太宗得人之效」[102]，並沒有談到要採用宋代的制度。不過，王惲（1227-1304）則嘗建議參用朱子的意見來建制。王惲父、祖都曾仕金，且本身也接受金代傳統教育，但後來學術思想轉向程、朱[103]，〈貢舉議〉所提出的科考方式是：「莫若取唐楊綰、宋朱熹等議，參而用之，可行於今。綰之法曰：令州郡察其孝友信義而通經學者，州府試通所習經業，貢於禮部，問經義十條，對時務策三道，皆通，為上第。其經義通八、策通二，為中第。其《論語》、《孝經》、《孟子》兼為一經。熹之議曰：分諸經史，如《易》、《詩》、《書》、《周禮》、二戴《禮記》、《春秋三傳》各為一科，將《大學》、《中庸》、《論》、《孟》分為四科，并附已上大經，逐年通試，及廷試對策，兼用經史，斷以己意，以明時務得失。」[104]白壽彝就將忽必烈時期的儒臣，以其學術風氣分成兩派，即保守宋、金傳注及文學遺風的東平派和信奉伊洛、朱子之學的理學派[105]。安部健夫則

99　〔明〕宋濂等：《元史》，卷153，總頁3621。

100　〔明〕宋濂等：《元史》，卷81，總頁2017。

101　〔明〕宋濂等：《元史》，卷157，總頁3698。

102　〔明〕宋濂等：《元史》，卷81，總頁2017。

103　〔明〕宋濂等：《元史》，卷167，總頁3932-3933。

104　王惲：〈貢舉議〉，《秋澗先生大全文集》，收入《叢書集成初編》，卷35，頁25右-25左。

105　白至德編著：《白壽彝史學二十講‧中古時代‧元時期》（北京市：中國友誼出版公司，2012），頁103。

是採用郝經的說法，將之分為文章派的華士和德行派的正士，前者以耶律楚材、宋子貞、元好問、康曄、王鶚等人為代表，後者則是包含楊惟中、劉秉忠、趙復、竇默、姚樞、許衡、劉因等儒士[106]。可知當時在朝廷當中，以金代注疏之學和宗程、朱義理之學的儒士，兩者都佔有相當比例，並非程、朱一派獨大。

北方情況如此，而在南方也有不少學者對於古注疏相當注重，大體來說，宋儒在經學研究方面，較偏向於經書當中義理的闡發，對於名物制度則較不著重[107]。不過，王小紅卻發現：「在南宋，也有既保持舊註疏，又主要以宋學解經的名作，如史浩《尚書講義》、黃度《尚書說》、陳經《尚書詳解》等⋯⋯這些書兼採漢、宋之學，故流傳頗廣。」[108]史浩（1106-1194）為南宋名相史彌遠之父，著有《書講義》[109]、《周官講義》[110]、《論語口義》[111]等，曾於宋孝宗時任經筵，告歸時，於小官中薦士十五人，楊簡、陸九淵、葉適、袁燮等均在其中[112]。他的《書講義》應即任經筵時所講述的內容，經過整理之後的著作，內容：「大抵以注疏為主，參考諸儒，而以己意融貫之。」[113]黃度（1138-1213）著有《詩說》、《書說》、《周禮說》[114]，《經義考》中載有呂光洵的〈書說序〉，言其與朱子、陳傅良、葉適

---

106 〔日〕安部健夫：《元代史の研究》，頁44。

107 陳恆嵩：〈黃度及其《尚書說》研究〉，收入蔣秋華、馮曉庭主編：《宋代經學國際研討會論文集》，頁192。

108 王小紅：〈宋代《尚書》學文獻述評〉，收入四川大學古籍研究所編：《宋代文化研究》，第15輯（成都市：四川大學出版社，2008年），頁460。

109 〔元〕脫脫等：《宋史》，卷202，頁5043。

110 〔元〕脫脫等：《宋史》，卷202，頁5050。

111 〔元〕脫脫等：《宋史》，卷202，頁5068。

112 〔元〕脫脫等：《宋史》，卷396，頁12068-12069。

113 〔清〕紀昀、永瑢等：《武英殿本四庫全書總目》，第1冊，卷11，頁258。

114 〔元〕脫脫等：《宋史》，卷393，頁12011。

等人相友善,他的《尚書說》成書早於蔡沈《書集傳》約三十年,而他在著該書之時,雖是以義理談經,但是在訓詁方面「一以孔《傳》為主」[115]。陳經《宋史》無傳,生平難考,僅於〈藝文志〉載有《尚書詳解》五十卷[116],然知為慶元五年(1199)進士,《四庫總目》言:「寧宗之世,正蔡氏《傳》初出之時,而此書多取古註疏,或間參以新意,與蔡氏頗有異同。」[117]以上三人,史浩長朱子二十餘歲,黃度與朱子幾乎同時,而陳經則約與蔡沈同時,然而在注解《尚書》的時候,雖然依舊是走在宋代《尚書》學以義理解經的脈絡當中,但是也相當重視漢、唐注疏。

此外,前已論及,事實上朱子之經學,本身有其特出之處,本文也曾舉例說明,認為朱子注經的時候,於古註疏多有取用,在《詩》方面,朱子早年採毛、鄭之說,晚年則受鄭樵影響而非〈小序〉,且又創「淫詩」之新說,此說可謂《詩經》學史上之重要創見[118]。不過,《四庫總目》以為:「然朱子從鄭樵之說,不過攻〈小序〉耳。至於《詩》中訓詁,用毛、鄭者居多。」[119]錢賓四先生亦云:「至於博綜漢儒,以訓詁考據發得《詩》之真相,雅鄭邪正,剖辨昭晰,如朱子《詩集傳》之所為,更是前無古人,後無來者。」[120]此外,根據朱傑人的統計,在《詩集傳》一書當中,朱子共引文近四百條,而其中引毛《傳》有十四處,引毛、毛公、《毛詩》有四處,引用鄭、鄭

---

115 〔清〕紀昀、永瑢等:《武英殿本四庫全書總目》,第1冊,卷11,頁260。
116 〔元〕脫脫等:《宋史》,卷202,頁5044。
117 〔清〕紀昀、永瑢等:《武英殿本四庫全書總目》,第1冊,卷11,頁264。
118 周予同:《朱熹》,收入朱維錚編:《周予同論著選集》(增訂版),頁156。
119 〔清〕紀昀、永瑢等:《武英殿本四庫全書總目》,第1冊,卷15,頁323。
120 錢穆:《朱子新學案》,第4冊,頁59。

氏、鄭《箋》等則有二十三處，比例亦不可謂不高[121]。在《尚書》方面，本文於第一章曾引朱子解〈堯典〉「曰若稽古帝堯，曰放勳。欽、明、文、思、安安」一句為例，證明朱子雖疑孔《傳》，但在文字訓詁方面，還是大量採用了古注疏的說法，《四庫總目》曾云：「《朱子語錄》亦謂《尚書》名物、典制，當看疏文。」[122]而此一作法也為蔡沈所承繼。他將原本已與漢、唐經注傳統漸行漸遠的宋代經學，使之重新與漢、唐注疏接軌，此一作法深深影響後學，如魏了翁（1178-1237）作《尚書要義》，即是先作條目式標題，再於標題下加以解釋。例如於〈舜典〉下前三條分別是「一、舜世有國土，孔云：『庶人以瞽瞍失國。』」、「二、孔氏《傳》古文自東晉初至隋始備」、「三、四門穆穆有美德無凶人」，在解釋方面則全取孔穎達《正義》之說。是以《四庫總目》評為：「汰其冗文，使後人不病於蕪雜，而一切考證之實學，已精華畢擷，是亦讀注疏者之津梁矣。」[123]真德秀作《大學衍義》，雖自云集經文前賢之說，欲「推衍《大學》之義」[124]，全書體例，取經文於前，以己意申述於後，而於所取之經文，均有訓詁。例如言「帝王為治之序」，先引《尚書》〈堯典〉、〈皋陶謨〉、〈伊訓〉、《詩經》〈思齊〉等篇文字，而於〈堯典〉所引文字則作：

> 〈堯典〉（〈虞書〉篇名。典者，常也）。曰若稽古帝堯（曰若，發語辭，曰字與粵、越通用。稽，考也。言考古之帝堯，其士云云也），曰放勳（放，至也，亦廣大之意，如放乎四海

121 朱傑人：〈朱子《詩集傳》引文考〉，收入《宋代經學國際研討會論文集》，頁329-351。

122 〔清〕紀昀、永瑢等：《武英殿本四庫全書總目》，第1冊，卷11，頁265。

123 〔清〕紀昀、永瑢等：《武英殿本四庫全書總目》，第1冊，卷11，頁265-266。

124 〔宋〕真德秀：《大學衍義》，收入《文淵閣四庫全書》，第704頁，卷首，頁499。

之放。勳，功也）。欽、明、文、思、安安（欽，敬也。思，
去聲），允恭克讓（允，信也。克，能也），光被四表，格于上
下（被，及也。四表，四外也。格，至也。上，天，下，地
也）。克明俊德，以親九族（明，明之也。俊，大也。以，用
也。九族，高祖至玄孫之親）；九族既睦，平章百姓（既，已
也。睦，和輯也。平，均也。章，明也。百姓，畿內之民
也）；百姓昭明，協和萬邦。黎民於變時雍（昭，亦明也。
協，合也。於，美也。變，化也。時，是也。雍，和也）。[125]

這種不僅僅引經典文字，而且在所引文字之下，再對字義加以解釋的
處理方式，充分顯示出對於文字訓詁的重視。真、魏兩人乃當時重要
的學者，也是朱子學派的代表人物，從這兩個人注經的方式，可以看
出當受到朱子的影響，體認到了文字訓詁的重要性[126]。又如前章曾經
提及的王天與《尚書纂傳》，他於每段的疏解前，必定先引漢孔氏、
唐孔氏的意見，之後才引各家的說法，而這些說法是以宋代理學家為
大宗，單朱子、蔡沈、呂祖謙的意見就超過一千三百次，是以這部書
亦是兼採古注疏與宋代經學兩種系統的《尚書》學著作。

　　一個思想理論的誕生，不大可能是由某一個人在某一個時間憑空
創造出來，即便這個人擁有極高的天分。當代思想的產生，不但有前

---

125 〔宋〕真德秀：《大學衍義》，收入《文淵閣四庫全書》，第704冊，卷1，頁501。
　　括號中文字為原有之夾註。
126 楊世文將宋代經學分成四個時期，以為「朱熹去世後，晚宋學分化為兩種發展方
　　向：實證派與空疏派。前者以王應麟、黃震等為代表，比較側重考據實學。這部
　　分學者主要繼承了朱熹提供的『道問學』傳統。後者主要是一些陸學傳人，也包
　　括部分朱學傳人。如陸門的『懷堂諸儒』及『甬上四先生』，傾向於『六經注
　　我』。」見楊世文：〈宋代經學變古的幾個問題〉，《四川大學學報（哲學社會科學
　　版）》，2006年第6期，頁104。

代層層積累的歷時性因素，也有當時社會與風潮的共時性因素，朱子的思想也不例外。在經學史上雖然將宋代發展出來的新經學稱之為「宋學」，不過它的發展頗晚，一般大概都會以北宋仁宗慶曆年間作為分野，北宋初期的經學，事實上還是唐代《五經正義》的延續，如邢昺所主持編修的《論語注疏》、《爾雅注疏》、《孝經注疏》[127]，以及孫奭的《孟子注疏》等等，是以皮錫瑞在《經學歷史》中便云宋初經學「篤守古義，無取新奇；各承師傳，不憑胸臆；猶漢、唐注疏之遺也」[128]。不過，前文已引王小紅的《尚書》研究，說明即便是慶曆以後宋學崛起，一直到宋末這段大放光芒的時期，在《尚書》的研究中，依然有篤守漢、唐注疏的學者，而在其他經書方面也有類似的情況。

　　《詩經》方面，雖然宋代疑經風氣極盛，朱子之廢〈小序〉、創立「淫詩說」尤為著明，然而事實上在南宋時期，維護毛《傳》、鄭《箋》並遵從〈小序〉說《詩》的人，亦不在少數[129]，代表者有范處義、呂祖謙（1137-1181）、嚴粲（1197-？）等人。范處義，生平不詳，目前僅知為宋紹興二十四年（1154）進士[130]，又《宋史》〈趙汝

---

127 姜廣輝主編：《中國經學思想史・第三冊上》（北京市：中國社會科學出版社，2010年），頁4-5。

128 〔清〕皮錫瑞：《經學歷史》，頁220。

129 郝桂敏將宋代《詩經》分為致用派、傳統派、部分疑序派、全面疑序派、心學派等五個派別，所謂傳統派，是指「解《詩》中主要採用〈詩序〉、毛《傳》、鄭《箋》之說」，他指出在南宋有范處義、呂祖謙、戴溪、魏了翁、嚴粲等人極力維護《毛詩》的傳統權威。見郝桂敏：《宋代《詩經》文獻研究》（北京市：中國社會科學出版社，2006年），頁38-39。洪湛侯列舉了范處義、呂祖謙、嚴粲、陳傅良等人作為「存〈序〉派的代表人物」。見洪湛侯：《詩經學史》（北京市：中華書局，2004年），頁349-361。汪惠敏在對於宋代「尊序者」也舉了范處義、呂祖謙、段昌武、嚴粲、林岳、郭友直、范百祿、周孚非、譚世選等人。見汪惠敏：《宋代經學之研究》，頁179-186。

130 〔清〕朱彝尊原著、林慶彰等編：《經義考》，第4冊，卷106，頁35。

愚傳〉記載:「光宗受禪,趣召未至,殿中侍御史范處義論其稽命,除知潭州,辭,改太平州。」[131]可知其主要活動時期是在宋高宗、孝宗、光宗三朝[132]。《四庫總目》云:「蓋南宋之初,最攻〈序〉者鄭樵,最尊〈序〉者則處義矣。」[133]據《經義考》載范氏之《詩經》著作有三部,今僅存《詩補傳》[134],其〈自序〉曰:「《補傳》之作,以〈詩序〉為據,兼取諸家之長,揆以情興,參以物理,以平易求古詩人之意。文義有闕,補以六經史傳;詁訓有闕,補以《說文》。」[135]本書於每篇經文之下,逐章作傳,其說多採自毛《傳》,如〈關雎〉首章下言:「關關,和聲也。雎鳩,王雎也。窈窕,幽閒也。淑,善也。逑,匹也。」[136]與毛《傳》文字全同。又如以「苓耳」釋「卷耳」[137],以「木之少壯」釋「桃之『夭夭』」[138],以「落」釋「『摽』有梅」[139],皆是承自毛《傳》的說法。呂祖謙,字伯恭,世稱東萊先生,為南宋重要思想家、經學家,他曾經師事林之奇、胡憲、汪應辰,又與朱熹、張栻兩人交好[140],時常互相討論,彼此的學生也有往

131 〔元〕脫脫等:《宋史》,卷392,頁11983。

132 楊秀娟以為范氏當生於南宋紹興初年,卒於寧宗嘉泰元年之後,與朱熹生活的年代相同。見楊秀娟:《范處義及其《詩補傳》研究》(上海市:華東師範大學碩士論文,2006年4月),頁6。

133 〔清〕紀昀、永瑢等:《武英殿本四庫全書總目》,第1冊,卷15,頁328。

134 此書本但題「逸齋」著而不提名,考《宋史‧藝文志》有范處義《詩補傳》三十卷,與此卷數相同,又朱睦㮮《聚樂堂書目》於此書下直書范處義名。詳見〔清〕朱彝尊原著、林慶彰等編:《經義考》,第4冊,卷106,頁35。〔清〕紀昀、永瑢等:《武英殿本四庫全書總目》,第1冊,卷15,頁328。

135 〔宋〕范處義:〈詩補傳原序〉,《詩補傳》,收入《文淵閣四庫全書》,第72冊,卷首,頁2。

136 〔宋〕范處義:《詩補傳》,收入《文淵閣四庫全書》,第72冊,卷1,頁33。

137 〔宋〕范處義:《詩補傳》,收入《文淵閣四庫全書》,第72冊,卷1,頁35。

138 〔宋〕范處義:《詩補傳》,收入《文淵閣四庫全書》,第72冊,卷1,頁37。

139 〔宋〕范處義:《詩補傳》,收入《文淵閣四庫全書》,第72冊,卷2,頁48。

140 〔元〕脫脫等:《宋史》,卷434,頁12872。

來，例如舒璘（1136-1198）就曾同時受業於三人，朱門弟子輔廣也
受到呂氏很大的影響。呂祖謙的《詩經》學代表著作是《呂氏家塾讀
詩記》，此書與朱熹《詩集傳》是南宋時期尊〈序〉與廢〈序〉的代
表性著作。事實上，呂氏當時著書，曾與朱熹相互討論，書中所引
「朱氏曰」即是朱熹的說法，不過，後來朱熹受到鄭樵影響，對自己
早年的說法感到不安，因此，在呂氏過世之後，學生欲版行其書，而
請朱熹為之作〈序〉時，便有這樣的文字：「此書所謂朱氏者，實熹
少時淺陋之說，而伯恭父誤有取焉。其後歷時既久，自知其說有所未
妥，如雅鄭邪正之云者，或不免有所更定，則伯恭父反不能不置疑於
其間。熹竊惑之，方將相與反覆其說以求真是之歸，而伯恭父已下世
矣。」[141]此書由書前所引諸姓氏達四十四人，可知為集說體，其體例
每篇先列〈小序〉，次列經文，於〈小序〉、每段經文之後低一格列眾
家之說，間以小字夾注補充說明，最末又低一格附以己說。雖然如
此，全書顯然是以〈小序〉、毛說為主，而以他家之說為輔。嚴粲，
字坦叔，一字明卿，號明谷，是南宋後期的經學家，也是著名文學批
評家嚴羽的從兄弟[142]。《宋史》無嚴粲傳，僅於〈藝文志〉〈經類〉
〈詩類〉記有「嚴粲《詩集》一部」[143]，黃佐曾說：「華谷嚴氏《詩
緝》以《呂氏讀詩記》為主，而集諸家之說以發明之。」[144]他自己也
說這部書是：「二兒初為〈周南〉、〈召南〉，受東萊義，誦之不能習，

---

141 〔宋〕朱熹：〈呂氏家塾讀詩記序〉，〔宋〕呂祖謙：《呂氏家塾讀詩記》，收入《文
淵閣四庫全書》，第73冊，卷首，頁324。

142 黃忠慎：〈嚴粲《詩緝》的解經態度與方法及其在經學史上的意義〉，《興大中文學
報》，第19期（2006年6月），頁59。此外，李莉褒在《嚴粲《詩緝》之研究》一書
當中，對嚴氏的生平有較詳細的考證，見李莉褒：《嚴粲《詩緝》之研究》（台
中：中興大學中國文學系碩士論文，江乾益先生指導，1998年），頁8-11。

143 〔元〕脫脫等：《宋史》，卷202，頁5048。至於《經義考》，則作「詩輯」，見
〔清〕朱彝尊原著、林慶彰等編：《經義考》，第4冊，卷109，頁92。

144 〔清〕朱彝尊原著、林慶彰等編：《經義考》，第4冊，卷109，頁94。

余為輯諸家說，句析其訓，章括其旨，使之瞭然易見。」[145]既然是以呂祖謙之書為主，顯然繼承了其尊〈序〉宗毛的精神。其書前有〈詩緝條例〉一篇，云：「字訓句義及有所發明，並作小注，以經文為先後，說雖異而可取者，附注焉。」又云：「經文音釋注本句之下，諸說音釋附本說之下。」[146]今觀全書，於字義、名物、聲韻，皆相當注重，可見嚴氏在這方面所下的功夫。林希逸曾於書前〈序〉曰：「至於音訓疑似、名物異同、時代之後前、制度之纖悉，訂證精密，開卷瞭然。」[147]《四庫總目》則以為：「至於音訓疑似、名物異同，考證尤為精核。」[148]

　　至於《易經》，可說是宋人最為著力的一部經書，單以《四庫全書總目》所載的宋人《易》學著作就有六十二種，為五經當中最多的一部[149]，更不用說《宋史》〈藝文志〉所載的《易》類著作，更是高達一百五六十種。《四庫總目》曾云歷代《易》學可分為兩派六宗[150]，兩派是漢學、宋學，六宗則是象數、禨祥、老莊、圖象、儒理、史事，而這兩派六宗到宋代已經全備[151]，不論是著作數量方面，或是研究走向方面，都可以看出宋人對其投入的程度。正由於《易》學在

145　〔宋〕嚴粲：〈詩緝原序〉，《詩緝》，收入《文淵閣四庫全書》，第75冊，卷首，頁9。
146　〔宋〕嚴粲：〈詩緝條例〉，《詩緝》，收入《文淵閣四庫全書》，第75冊，卷首，頁10。
147　〔宋〕林希逸：〈詩緝原序〉，《詩緝》，收入《文淵閣四庫全書》，第75冊，卷首，頁9。
148　〔清〕紀昀、永瑢等：《武英殿本四庫全書總目》，第1冊，卷15，頁335。
149　王鐵於《宋代易學》中則云《四庫全書》收入有五十幾種，可能是王氏未將存目部分計入所致，若只計算收錄部分，則是五十五種，王說見所著：《宋代易學》（上海市：上海古籍出版社，2005年），頁1。又，《四庫全書》當中所收錄的其他宋代經書數量為《書》類二十一種，存目三種；《詩》類十七種，存目三種；《禮》類十七種，存目四種；《春秋》類三十八種，存目三種。
150　〔清〕紀昀、永瑢等：《武英殿本四庫全書總目》，第1冊，卷1，頁54。
151　汪惠敏：《宋代經學之研究》，頁27-28。徐芹庭：《易經源流——中國易經學史》（北京市：中國書店，2008年），頁548。

宋代如此發達，因此要討論宋代《易》便是一件相當困難之事，如果單純說對漢、唐注疏的繼承，宋代《易》學當中，自胡瑗、程頤以來，就有一派在解經上採用與王弼相同樣角度的「義理易」，而在此派當中，有以人事解《易》者，如張根、李心傳；有以史實證《易》者，如李光、楊萬里；有用心性說《易》者，如楊簡、都絜[152]。此外，在著述體裁上，也有兼採眾人意見的「集解派」，例如鄭剛中（1088-1154）《周易窺餘》一書，集「荀爽、虞翻、干寶、蜀才九家之說，皆參互考稽，不主一家」[153]，而觀書中所引，可知亦有採王注、孔疏之說。李衡《周易義海撮要》一書，自〈序〉云：「今於千百家內，斥去雜學異說，摘取專明人事，以翼吾道者僅百家，編為一集，仍以《正義》冠之端首，釐為百卷。」[154]其書中每段引文之下，均標誌其出處，如「正義」、「伊川」、「石介」等，又有時僅標「正」、「伊」、「干」、「房」單字，又全非初次引用與再次引用之別。且其中除《正義》之說於端首外，又多有採用「王」說，對照今阮刻本《周易正義》，則當為王弼之說無異。

　　至於《禮》與《春秋》方面，就元代科舉而言，《禮》只有古註疏系統，沒有採用其他書籍，這是由於宋人對於《禮》學的發明，大多在經、傳的配合，及改變排列的順序，於訓詁方面，則是一直採用漢、唐系統[155]。至於《春秋》用胡《傳》，則是另一個問題，一方

---

152 汪惠敏：《宋代經學之研究》，頁66-84。

153 〔清〕紀昀、永瑢等：《武英殿本四庫全書總目》，第1冊，頁72。

154 李衡：〈周易義海撮要原序〉，《周易義海撮要》，收入《文淵閣四庫全書》，第13冊，卷首，頁276。

155 四庫館臣於《四庫全書總目》〈禮部總敘〉中認為：「鄭康成注，賈公彥、孔穎達疏，於名物度數特詳。宋儒攻擊，僅摭其好引讖緯一失，至其訓詁，則弗能踰越。蓋得其節文，乃可推制作之精意，不比《孝經》、《論語》，可推尋文句而談。本漢、唐之注疏，而佐以宋儒之義理，亦無可疑也。」見〔清〕紀昀、永瑢等，《武英殿本四庫全書總目》，第1冊，卷19，頁388。

面，宋人對於《三傳》的態度相當特別，有主會通《三傳》、折衷古訓者；有主高置《三傳》，獨究經旨者[156]。另一方面，胡安國的《春秋傳》從某方面來說，並非程、朱一系的經注，而是比較接近孫復一系[157]，因此本文無法詳細論述。

因此，元代科舉的「兼用古注疏」代表的有三個意義：第一、它是整個蒙古帝國在中原地區，為了同時顧及北方金領地與南方宋地學術，所做出的一種平衡措施。事實上元代制度比後人想像中還要公平，在許多方面都採蒙古、漢人、回回多軌並行，例如像天文監、國子監這些單位。第二、從上文所舉的一些例證，可知宋代經學雖然是以側重義理為其解經特色，但是這並不表示宋代沒有沿用漢唐傳統，和以字義訓詁為重的經學著作。甚至，即便是宋代側重義理的經學家，他們在注解經書的時候，也未曾不重視名物訓解，因為字義解釋原本就是讀經的根本，只是這些學者在著作時，更為重視的是經文大義的發揮而已。前文也曾提到，在《尚書》學方面，從朱子、蔡沈到王天與，漢、唐注疏的採用，隨著時代越晚而逐漸增多。第三、朱子學派的經注，除了《四書》之外，在延祐開科之時，都尚未取得「獨尊」的地位，這點從科舉程式本身就能夠清楚看出。

第三節　延祐貢舉後《書集傳》的地位

以往的說法，大都認為自從元代延祐貢舉之後，因為《尚書》採

---

156 汪惠敏：《宋代經學之研究》，頁265。

157 姜廣輝等以為：「胡安國雖然與二程多名弟子交游，且自稱『私淑二程』，但嚴格來說，胡氏的《春秋》學繼承孫復思想為多，而二程與朱熹都不專擅《春秋》學。因此，從一種思想脈絡來說，宋代《春秋》學由孫復、劉敞、胡安國自成一系。只是因為後世理學家大多認同他們的學術思想，自然也將他們的《春秋》學納入到理學的思想體系中。」見所著《中國經學思想史》第三冊上，頁9。

用了蔡沈《書集傳》，不但讓《書集傳》定於一尊，而且連帶使得其他各家的《尚書》說都被忽視，以至乎失傳。例如《四庫總目》〈書傳會選〉一條下就說：

> 蔡沈《書傳》雖源出朱子，而自用己意甚多，當其初刊行，已多異論。宋末元初，張葆舒作《尚書蔡傳訂誤》，黃景昌作《尚書蔡氏傳正誤》，程直方作《蔡傳辯誤》，余苞（育龍案，當作苞）舒作《讀蔡傳疑》，遞相詰難。及元仁宗延祐二年，議復貢舉，定《尚書》義用蔡氏，於是葆舒等書盡佚不傳。陳櫟初作《書傳折衷》，頗論蔡氏之失，迨法制既定，乃改作《纂疏》，發明蔡義，而《折衷》亦佚不傳，其〈序〉稱科舉以朱子為宗，書宗蔡《傳》，固亦宜然，蓋有為也。[158]

又《欽定書經傳說彙纂》條下云：

> 宋以來說五經者，《易》、《詩》、《春秋》各有門戶。惟三《禮》則名物度數，不可辨論以空言，故無大異同。《書》則帝王之大經大法，共聞共見，故自古文、今文互有疑信外，義理亦無大異同。蔡沈《集傳》始睥睨先儒，多所排擊。然書出未久，而張葆舒、黃景昌、程直方、余苞舒等，紛紛然交攻其誤，是必有未愜者在矣。自元延祐中，使以蔡《傳》試士，明洪武中，雖作《書傳會選》以正其訛，而永樂中修《書經大全》仍懸為功令，莫敢岐趨。[159]

---

158 〔清〕紀昀、永瑢等：《武英殿本四庫全書總目》，第1冊，卷12，頁274。
159 〔清〕紀昀、永瑢等：《武英殿本四庫全書總目》，第1冊，卷12，頁280。

因此，之後許多研究者，遂紛紛跟隨《四庫總目》的說法，例如劉起釪在《尚書學史》中就認為：

> 有了這些特點，這部書（育龍按，指蔡《傳》）就為世所重視。雖然直到宋代後期還沒獲得獨尊的地位，但到元代便隨著程朱理學的被尊崇而此書也跟著被尊崇，元延祐（1314-1320）間，以它和舊注疏並立學官，規定選舉以蔡《傳》為本，參用舊注疏。但人們都棄舊注疏而肄習蔡《傳》。到明洪武（1368-1398）時，除并用舊注疏外，還以它和夏僎《尚書詳解》並立學官，科舉並用二氏，但人們亦棄夏而習蔡（見《四庫總目・書集傳》下）。至永樂時頒行《書傳大全》就獨用蔡《傳》了。以後就以《五經大全》本或《監本五經》本盛行於世，宋學戰勝了漢學，蔡氏《書集傳》盛極一時地取代了二孔的《尚書注疏》而占居《尚書》學正宗地位了。[160]

並且在後文，也舉出了張葆舒、黃景昌、程直方、余芑舒等人雖直攻蔡《傳》之誤，不過後來全部失傳。又提出陳櫟原本有《書傳折衷》譏議蔡《傳》之失，不過功令既尊蔡氏，他也就改變原本的看法，改作《尚書集傳纂疏》來推崇蔡《傳》。最後他說「可見封建王朝一旦定為科舉功令之書，誰也不敢反對它了」[161]。此外，游均晶在《蔡沈書集傳研究》中也提到：

> 宋元之際，學者對《書集傳》的評價有許多爭議，有學者如黃震，對《書集傳》讚許有加，也有如張葆舒、黃景昌、程直

---

160 劉起釪：《尚書學史》，頁245。
161 劉起釪：《尚書學史》，頁246。

> 方、余芑舒等儒者，群起對蔡《傳》作訂正、辨誤的工作。也
> 許是元代官學采用《書集傳》作為考試書的緣故，張葆舒等人
> 的著作，因乏人問津而失傳了。[162]

這兩者的說法，明顯受了《四庫總目》很大的影響，不但都以延祐貢
舉作為最大原因，所舉出的張、黃、程、余四人的順序也如出一轍，
劉起釪的著作中，更將《四庫總目》裡一再提出的陳櫟作為例證。因
此，就得出了在蔡《傳》完成後，宋末元初原本有許多人對蔡《傳》
不滿，並且紛紛著書以駁其非的結論。不過，後來因為延祐開科在
《尚書》一科上，選擇了《書集傳》作為定本，導致大家都以蔡
《傳》為基本，更有甚者如陳櫟之流，還必須自毀少作，另寫一本書
來表明立場。的確，從今天看起來，不能否認延祐開科時的科舉程
式，對蔡《傳》地位的影響。不過，影響是否真的如此立即且明確？
此外，如果元代延祐貢舉的影響是這麼的大，加上明代也是以《書集
傳》作為科舉的唯一定本，那麼為什麼直到明代還有反對蔡《傳》的
著作出現？為何在「兼用古注疏」的元代，蔡《傳》讓陳櫟不得不改
變著作立場，而在蔡《傳》定於一尊的明代，卻反倒有像袁仁《尚書
砭蔡編》這樣的作品出現？

　　《四庫總目》曾屢次提及，也是被劉起釪當作延祐開科對蔡
《傳》獨尊的例證，就是陳櫟原本有《書傳折衷》一書，用來指正蔡
《傳》的錯誤，不過，等到延祐開科之後，因為朝廷功令的緣故，所
以使得陳櫟不得不改變立場，另作《尚書集傳纂疏》來羽翼蔡
《傳》。然而，在元代科舉重要性並不如其他朝代的情況下，此說實
在頗令人懷疑。許華峰先生曾經在〈論陳櫟《書解折衷》與《書蔡氏

傳纂疏》對《書集傳》的態度〉一文中，將編纂於元世祖，而成書於
元仁宗時的董鼎《書傳輯錄纂註》一書中所引陳櫟的說法，和陳櫟
《尚書集傳纂疏》當中的說法提出比對，計算出前後二書中，不駁蔡
的比例皆在十分之七左右，提出事實上在延祐開科前後，陳櫟對於
《書集傳》的看法並沒有太大改變[163]。廖穎的研究也認為：「其實，
陳櫟的《纂疏》並不是一本全部宗『蔡』的著作，其內容也並沒有因
為科舉功令而有實質性的改變。從《折衷》到《纂疏》，陳櫟一直駁
蔡，只是在行文語氣上和緩一些。從字裡行間依然可以看出陳櫟對蔡
《傳》的批評之意和有所取捨的態度。」[164]此外，許華峰先生在《董
鼎書傳輯錄纂註研究》中，又舉出在董書中曾引余芑舒的說法二十七
則，當中有二十二則不同意蔡《傳》，而這些意見又可以分成兩類：
一類是從朱子學派本身的立場，指出蔡《傳》與師說的不同，一類則
是站在注經的立場，指出蔡《傳》當中的缺失，如全書注解前後不
一，詞語解釋有誤，可是這些意見雖可云駁蔡，但並未脫離朱子學派
的立場。因此，他提出了像黃景昌、程直方、董鼎、陳櫟、余芑舒這
些人，都是認同《書集傳》作為朱子學派《尚書》注解的代表地位，
而他們所提出的反對意見，應該視為個別的「修訂」，而不是根本的
「駁正」[165]。此外，趙孟頫也曾說：「漢自伏生以下，晁錯、倪寬、
夏侯勝皆專治《書》而不得其旨……至宋朱子留心雖久，未遑成書。
蔡沈過謹而失之繁，亦為才識所限；金履祥乘之而失於簡，亦以精力
之所拘。」[166]趙孟頫自仁宗未即位時，就極受元仁宗的寵愛，待仁宗

---

163 許華峰：〈論陳櫟《書解折衷》與《書蔡氏傳纂疏》對《書集傳》的態度〉，收入
　　《元代經學研討會論文集》，頁395-424。
164 廖穎：《元人諸經纂疏研究》，頁28。
165 詳見許華峰：《董鼎書傳輯錄纂註研究》，頁177-220。
166 〔清〕朱彝尊原著、林慶彰等編：《經義考》，第3冊，卷85，頁396-397。

即位後，更是屢屢加封，《元史》本傳說「帝眷之甚厚，以字呼之而不名」[167]，同時，在延祐二年時，他也參與過更定國子學貢試方法[168]。以他在當時的地位，開科時尚採用蔡《傳》作為標準用書，可見《書集傳》在當時應該已經有一定的地位。

中國自隋代開始採用科舉制度之後，一直到清末廢除科舉，歷來的科舉都佔有非常重要的地位，許多讀書人窮其一生，就只為了獲取功名。不過，元代卻可以說是一個較為例外的朝代，因為蒙古人治國，雖然也有科舉制度，也有科舉程式，不過，卻從來不是人才得以任官的主要出路，元代的開科是從仁宗延祐元年（1314）開始，時距宋亡（1279）已經有三十五年，離忽必烈改國號為元（1271）更是長達四十年以上，可以說是中期才開始以科舉取士。而自延祐元年科舉恢復，隔年春天有了第一批進士之後，一直到退出大都（1368），五十餘年間，總共開科了十六次，除了元統元年（1333）的癸酉科，取滿一百人之外，其餘的十五次，都沒有足額，甚至在至正二十年（1360）的癸子科，左右兩榜合計總共才錄取了三十五人。而十六次的登科人數，總計一一三九人[169]，這個人數甚至比南宋某些時期，單一場次的錄取人數還少，且與朝廷所需人才數量明顯不相符。此外，原本三年一科的考試，還曾經因為蒙古、色目貴族的反對，在順帝元統元年（1333）到至正二年（1342）之間，中斷過兩次。

元代能否任官，關鍵在於「根腳」，也就是所謂家世，根據「根腳」大小的不同，而享有不同的特權。雖然說元代官員的來源有科

---

167 〔明〕宋濂等：《元史》，卷173，總頁4022。
168 〔明〕宋濂等：《元史》，卷81，總頁2030。
169 此處的數據根據劉海峰、李兵所編的〈元代進士登科表〉，見所著：《中國科舉史》（上海市：東方出版中心，2004年），頁464。

舉、蔭敘、推舉三種，但是人數最多者，還是要數推舉[170]，不僅僅是
蒙古、色目人而已，漢人、南人受推舉而任官的比例也很高，根據蕭
啟慶的研究，在元代以歲貢儒、吏的數量來說，以至元十九年
（1282）為基準來計算，平均每年共貢二三九點三三人，這個數字並
不亞於宋、金等朝代每年錄取進士的平均數，而且和元代經由科舉所
錄取的人數比起來，更是超過許多[171]。另外還有一點，元代科舉因為
不論是左榜、右榜，第一場都是考《四書》，而除了科舉之外，甚至
學醫、學陰陽的人都被要求需通《四書》[172]，因此朱子的《章句集
注》得到了相當大的普及[173]。相較之下，《尚書》只是漢人、南人才
需要考，而且第二場考試是在五經之中明一經，並沒有強迫要讀《尚
書》，而且還得兼用古註疏，並不是一定要以《書集傳》的說法為
主，是以在：第一，只有左榜要考，第二，為選考科目，第三，得兼
用古注疏這三點來看，蔡《傳》在元代科舉上面真正的影響力，恐怕
需要再做評估。葉國良先生等人《經學通論》便認為：「更值得注意
的是《四書章句集註》為必考，而五經則是選考，與漢唐在群經中選
考的制度有別，這也是《四書》地位凌駕《五經》的一個表徵。」[174]

　　綜上所論，可以得知，延祐科舉程式的訂定對於中國經學史來
說，是一個相當重要的事，因為它建立了之後數百年來，中國科舉考
試的準則，之後明代的科舉，大體就是沿用了這些科目。但是延祐科
舉本身所造成的影響，在當時卻相當有限，因為就元代來說，科舉從
來就不是讀書人主要的出路，如蕭啟慶所言：「元朝前期未曾施行科

---

170 韓儒林主編：《元朝史》，頁307。

171 蕭啟慶：〈元代的儒戶：儒士地位演進史上的一章〉，收入所著《元代史新探》（臺
　　北市：新文豐出版公司，1983年），頁29-30。

172 涂雲清：《蒙元統治下的士人及其經學的發展》，頁292。

173 周春健：《元代四書學研究》，頁3-4。

174 葉國良、夏長樸、李隆獻合著：《經學通論》，頁575。

舉制度，士人遂失去傳統的仕進之路。而在元朝中期恢復科舉制度之後，由於規模狹小，並未解決漢族士人的仕進問題；以致終元一代，漢族士人，尤其是江南士人始終面臨『淡文章而不到紫薇郎，小根腳難登白玉堂』的困境。」[175]所以，正如韓儒林所言：「元朝科舉制度的規模極其狹隘，因此，它對有元一代的既定用人格局，沒有發生什麼大的影響。不過，元王朝最先把程朱理學規定為考試取士的標準，此後中經明代直至晚清改革科舉制度，以理學科士，維持了將近六百年。從這一點來說，它對後代的影響，又不可謂不大。」[176]因此，延祐開科雖然對於《書集傳》地位的提升，有加強的作用，不過，其原因是由於蔡《傳》本身成為朱學的《尚書》學代表作地位的確定，而使得這部書被列為科舉考試用書。而延祐科舉程式最大的影響，恐怕還是讓朱學進入了正統的官學系統，而使得接下來一直到清初，六百年間經學的發展和科舉考試作了緊密的結合，這是唐、宋以來少見的情況[177]。

甘鵬雲《經學源流考》，論及元代《尚書》學，言元代因延祐二年定科舉程式時，《書》以蔡《傳》為主，因此有元一代為《尚書》學者大多祖述蔡氏，除趙孟頫《書今古文集注》、吳澄《書纂言》以及王充耘《讀書管見》三書，並云：「蓋明制雖以蔡《傳》垂為功令，然猶兼用古注疏，故王充耘之書不盡尊蔡氏，其所作《書義矜式》，兼用孔《傳》。」[178]

趙孟頫（1254-1322），為宋代宗室之後，元代著名的畫家、書法

---

175 蕭啟慶：《元代的族群文化與科舉》，頁26-27。

176 韓儒林主編：《元朝史》，頁314。

177 北宋雖然曾經在神宗熙寧八年（1075），頒布使用王安石的《三經義》作為考試標準，不過影響較大者，卻是之前議定的科舉方式改變，在經學本身的發展則相對較小，在宋室南渡之後，便逐漸失去地位，以致佚而不傳。

178 甘鵬雲：《經學源流考》（臺北市：廣文書局，1977年），卷2，頁62-63。

家，《元史》本傳載「孟頫所著，有《尚書註》，有《琴原》、《樂原》」[179]，《千頃堂書目》亦有《尚書注》，而《經義考》則載趙孟頫有《書今古文集注》，錢大昕《元史藝文志》亦作《書今古文集注》，當是一書而有異名。其書今已不傳，不過仍有〈序〉文存世。今日可見關於趙孟頫《書今古文集註》的序文有兩篇，分別是《經義考》所引之〈重緝尚書集註序〉[180]及《全元文》中的〈書今古文集註序〉，二者文字有些許出入，《經義考》云：「是〈序〉集中所載係節文，今依墨跡錄其全。」[181]不過，從此文中提到：「《集註》始於至元十六年，中更作輟，成於大德元年。今又二十餘年矣，衰貌頹然，不能不自愛也。因重緝而為之序。」可知此書在大德元年（1297）已經成書，所以可以判定，《經義考》所說的「節文」當為大德元年本的序，後來趙孟頫晚年，重新整理了這部書，又寫了一篇〈序〉文。不過，在〈重緝尚書集註序〉一文中，雖然文字與〈書今古文集註序〉大同小異，但是並沒有提到該書是將今、古文分而為註這件事情，然而，分今古文篇章而注，是這部書在《尚書》學史上最重要的事。因此，要證明此事，還是要從〈書今古文集註序〉才能理解，其云：

> 《詩》、《書》、《禮》、《樂》、《春秋》，皆經孔子刪定筆削，後世尊之以為經，以其為天下之大經也。秦火之後，《樂》遂無復存。《詩》、《書》、《禮》、《春秋》，由漢以來諸儒有意復古，殷勤收拾，而作偽者出焉。學者不察，尊偽為真，俾得並行，以售其欺，《書》之古文是已。嗟夫！《書》之為《書》，二帝

179　〔明〕宋濂等，《元史》，卷173，頁4022-4023。
180　《經義考》所引沒有篇名，但此篇與《全元文》，第19冊，卷593，頁90-91所錄之〈重緝尚書集註序〉，文字完全相同，因此本文用這個篇名來稱呼。
181　〔清〕朱彝尊原著、林慶彰等編：《經義考》，第3冊，卷85，頁397。

> 三王之道於是乎在，不幸而至於亡，於不幸之中幸而有存者，
> 忍使偽亂其間焉？又幸而覺其偽，忍無述焉以明之，使天下後
> 世常受其欺邪？余故分今文、古文而為之集註焉。嗟夫！可與
> 知者道，難與俗人言也。余恐是書之作，知之者寡，而不知者
> 之眾也。昔子雲作《法言》，時無知者，曰：「後世有子雲，必
> 愛之矣。」庸詎知今之世，無與我同志者哉！[182]

從這段文字中，可以清楚的看出，趙孟頫認為，《尚書》當中的古文
部分，是偽作而非真經，在今日《尚書》已殘存不多的篇章當中，不
能再允許偽書夾雜在其中。因此，他作《尚書集註》時，刻意把今
文、古文分開來作註，要用這個方式，來使人明確的知道，哪些是真
經，哪些是偽書。

　　吳澄（1249-1333），字幼清，以其所居草屋為程鉅夫題曰草廬，
故學者稱為草廬先生[183]，曾任世祖朝江西儒學副提舉，武宗朝國子監
丞，仁宗朝國子司業、集賢直學士、奉議大夫，英宗朝翰林學士、太
中太夫，泰定朝經筵講官等[184]，為元代著名思想家、經學家，與另一
名學者許衡並稱為「北許南吳」[185]。吳澄在《尚書》方面的代表著作
為《書纂言》，這部書是《尚書》學史上第一部只注今文，不注古文
的著作。吳氏於書前，先作一目錄，將伏生所授二十八篇今文、與梅
頤所上二十五篇古文分列，並略述其來由。每篇底下，首釋篇名，次
列經文，於每段經文之後，低一格作注解，當中雖然大部分是用自己

182　李修生主編：《全元文》，第19冊，卷593，頁71。

183　〔明〕宋濂等：《元史》，卷171，總頁4014。

184　〔明〕宋濂等：《元史》，卷171，總頁4011-4013。

185　金承炫：《元代「北許南吳」理學思想研究——附論它對高麗理學的影響》（臺北
　　市：輔仁大學哲學研究所博士論文，1988年），頁6-8。

的看法來為二十八篇今文《尚書》作注解，不過，偶爾也有引用其他
人的說法，其中較常見者有新安王氏、呂氏、林氏、陳氏、朱子等，
也有引蔡沈《書集傳》的說法。《書纂言》中引用蔡氏之說共二十三
次[186]，以全書四卷二十八篇而言，比例並不算高，不過，在這些引用
當中，除了〈金縢〉中有一條，吳澄引蔡氏、王氏之言，而後云「王
氏、蔡氏之說未當」[187]之外，全部都是「引證」或「引用」性質。因
此，在明顯引用情況下，吳澄對於蔡《傳》的說法，絕大部分都是贊
成的[188]。而觀其書中文字，亦不見對蔡沈的說法有太多批評。因此，
很難看出他對《書集傳》一書是持贊成或反對立場[189]。

　　在研究偽古文《尚書》的問題時，前輩學者多以為趙孟頫、吳澄

---

186 劉小嬿在《吳澄尚書學研究》以為「《書纂言》明引『蔡氏曰』者有二十二次」，
　　分別是〈堯典〉2次，〈皋陶謨〉1次，〈禹貢〉15次，〈金縢〉2次，〈康誥〉2次，
　　見劉小嬿：《吳澄尚書學研究》（高雄市：高雄師範大學經學研究所碩士論文，
　　2006年），頁95。本文之統計，則為〈堯典〉2次，〈皋陶謨〉1次，〈禹貢〉16次，
　　〈金縢〉2次，〈康誥〉1次，〈召誥〉1次。此外，在〈禹貢〉「導渭自鳥鼠同穴，
　　東會于灃，又東會于涇，又東過漆沮，入于河」一段文字下的「澄案」底下首條
　　徵引，《通志堂經解》本、《四庫薈要》本並作：「蔡氏曰：會灃、會涇，過漆沮
　　者，渭水。」而《四庫全書》本則作「蘇氏曰」。

187 〔元〕吳澄：《今文書纂言》，收入《通志堂經解》，第14冊，總頁8471。

188 劉小嬿曾舉出吳澄《書纂言》中，兩條駁正蔡《傳》的說法，一在〈金縢〉如上
　　述，一在〈呂刑〉「羣后之逮在下，明明棐常，鰥寡無蓋。皇帝清問下民，鰥寡有
　　辭于苗。德威惟畏，德明惟明」一節下，吳澄案云：「孔《傳》皆以為堯，蔡氏皆
　　以為舜者，非是。」然此段的說解當中，吳澄並未引用蔡氏的文字，這種情形屬
　　於未引用蔡《傳》而駁之的情況。見劉小嬿：《吳澄尚書學研究》，頁100-101。然
　　這類情況，全書僅此一條。

189 劉起釪在《尚書學史》一書當中，於元、明《尚書》學主要是採擁蔡、駁蔡及其
　　他三類來討論，然不論是擁蔡或駁蔡，都未將吳澄列入其中，而是將之置於「元
　　明的宋學對《尚書》的進一步疑辨」一節當中。見劉起釪：《尚書學史》，頁285-
　　333。至於劉小嬿則是從大量引用蔡《傳》文字這方面，以為吳澄的《尚書》學依
　　然是源於朱子、蔡沈一派，不過吳氏另有獨立思考精神，能對蔡《傳》作出補充
　　與駁正。見劉小嬿：《吳澄尚書學研究》，頁102。

二人有極大功勞，前者首分今古文為二編，後者更是遜去今文，只注古文[190]。然而，從上述文字可知，趙書於清初已不傳，吳書則是未見有太多駁蔡的內容，某方面而言，甚至能說採用不少蔡《傳》的意見。因此，甘氏以為這兩部書並非「祖述蔡《傳》」，所指的當僅是對今、古文《尚書》的問題而已。

至於王充耘（1304-？），則是相當值得討論的一名學者。王充耘，《元史》無傳，《新元史‧儒林傳》附於王天與之下，僅有「後江西人王充耘，元統中進士，著《讀書管見》二卷，考訂蔡《傳》，尤為精核焉」[191]數字而已。《宋元學案》入〈九峰學案〉，云：「王充耘，字耕野，江西人。元統初，以《書經》成進士，授同知永新州事。尋棄官養母。晚益潛心《尚書》，考訂蔡《傳》，名曰《讀書管見》，凡二卷。外有《書義主意》、《書義矜式》各六卷。」[192]據錢大昕及蕭啟慶所考，當為元至順三年（1332）江西地區鄉試第二名[193]；至順癸酉（即元統元年，1333）會試第四名[194]，廷試為二甲，賜進士出身，時年三十歲[195]，以《書經》為選考科目。目前可見他留下來關於《尚書》學的著作有三部，分別是《讀書管見》、《書經主義》與《書義矜式》[196]，與《宋元學案》所載相同。《讀書管見》在目前的

190 劉起釪：《尚書學史》，頁324。戴君仁：《閻毛尚書古文公案》（臺北市：編譯館中華叢書編審委員會，1979年），頁12。

191 〔民國〕柯劭忞：《新元史》，卷235，頁2104。

192 〔清〕黃宗羲：《宋元學案》，卷67，頁2215。

193 〔清〕錢大昕：《元進士考》，收入《嘉定錢大昕先生全集》（南京市：江蘇古籍出版社，1997年），第5冊，頁15。

194 〔清〕錢大昕：《元進士考》，頁4。

195 蕭啟慶：《元代進士輯考》（臺北市：中央研究院歷史語言研究所，2012年），頁79。

196 除此之外，今《全元文》由道光五年刻本《吉永縣志》輯出題為王充耘所著的〈尚書論定序〉一篇，詳見李修生主編：《全元文》，第52冊，1591，頁69-70。由

研究中，大多被列在對於蔡《傳》持保留態度的「駁蔡」著作，但是
《書義矜式》卻是不折不扣的「尊蔡」之書，因此就造成了同一個
人，思想並未產生極大變化，但關於《尚書》學的三部著作，卻有著
截然不同立場的情況發生[197]。由於本節主要希望說明，在延祐開科之
後，蔡沈《書集傳》並未達到所謂「獨尊」的狀態，因此，下文只討
論《讀書管見》一書。

　　王充耘《讀書管見》，又作《王耕野先生讀書管見》[198]，全書分
上下二卷，非採全注的方式，而是從經文當中選取一些有問題的字
句，加以說解，如〈堯典〉下有「九族既睦」條、〈舜典〉下有「戒
之用休」條、〈皋陶謨〉下有「思曰贊贊哉」條等。不過，有時也會
出現王氏自訂的標題〈堯典〉下有「堯禪舜」條、〈大禹謨〉下有
「禹謨古文之辨」條、〈禹貢〉下有「南北方言」條等。上卷釋自
〈堯典〉至〈說命〉計一○二條，下卷釋自〈泰誓〉至〈費誓〉計一
五七條，全書共釋二五九個條目。其中分上中下篇者如〈太甲〉、〈盤

　　該文文義看來，似乎是王氏為自己所著之書做〈序〉文。然而今考晁瑮《寶文堂
　　書目》、楊士奇《文淵閣書目》、朱睦㮮《萬卷堂書目》、祁承㸁《澹生堂藏書目》、
　　黃虞稷《千頃堂書目》、朱彝尊《經義考》、錢大昕《元史藝文志》、雒竹筠《元史
　　藝文志輯本》均不見王充耘有《讀書管見》、《書經主義》與《書義矜式》以外的
　　著作。真實性待商榷，因此本文不採用〈尚書論定序〉中文字，作為討論王充耘
　　時的資料。

197 蔣秋華先生以為，《書義矜式》是純為科舉而作；《書經主義》是根據蔡《傳》加
　　以發揮，亦有助於科舉；《讀書管見》則是專門針對蔡《傳》而批駁的著作。見蔣
　　秋華：〈王充耘的《尚書》學〉，收入《元代經學國際研討會論文集》，頁393。劉
　　起釪在《尚書學史》當中，則將《書義矜式》列為專為科舉擁蔡之作，且云其為
　　「兔園冊子」（頁289-290）。將《讀書管見》列入元代重要的反蔡要著當中（頁
　　297-298）。此外，又將《書義主意》附於後，以為雖是為科舉而作，但當中卻發揮
　　了蔡氏未言的意義（頁298）。
198 《通志堂經解》本、臺北國家圖書館藏清乾隆五十年內府刻本、臺北國家圖書館
　　藏清同治十二年粵東書局重刊本、北京中國國家圖書館藏刻本皆如此作。

庚〉、〈說命〉、〈泰誓〉，均止作一篇，又〈五子之歌〉、〈湯誓〉、〈高宗肜日〉、〈西伯戡黎〉、〈微子〉、〈牧誓〉、〈冏命〉、〈秦誓〉八篇無篇目，亦無說解，可見王氏作書時，採有疑則釋，無疑則闕的方式，是以〈洛誥〉全文不到八百字，便有十八條說解；〈泰誓〉三篇八百五十字，卻僅有三條。

在《讀書管見》一書當中，王氏凡是明確對蔡沈《書集傳》的注解文字表示意見的部分，都用「《傳》者」（如〈堯典〉「〈堯典〉謂之〈虞書〉」條下言「《傳》者云『因作於虞史，而為〈虞書〉』，非的論也」[199]；〈禹貢〉「導山」條下言「《傳》者以為禹逾於河」[200]），「《傳》云」（如〈召誥〉「丁巳用牲于郊」條下言「《傳》云『祭天地故用二牛』」[201]；〈周官〉「學古入官」條下言「《傳》云『不可喋喋利口而紛亂之』」[202]），或是「《傳》謂」（如〈盤庚〉「予若觀火」條下言「《傳》謂『我視汝情明若觀火』」[203]；〈顧命〉「臨君周邦」下言「《傳》謂『居大位、由大法、致大和』」[204]）這類詞句來引出。從單稱《傳》字而不用「蔡《傳》」、「蔡說」等文字，可以知道在當時《書集傳》當有一定的地位。不過，王充耘在此書當中，總共用這類詞句，明引蔡《傳》共四十五次，除了〈呂刑〉「民之亂，罔不中聽獄之兩辭」一條下，引：「《傳》謂：『此章文多未詳。』以意逆志，當如此釋之，似得其旨。」[205]對蔡沈《書集傳》的說法持肯定態度；以及〈舜典〉「詢事考言乃言底可績（止）舜讓于德，弗嗣」一條

---

199 〔元〕王充耘：《王耕野先生讀書管見》，收入《通志堂經解》，第15冊，卷上，總頁9019。

200 〔元〕王充耘：《王耕野先生讀書管見》，卷上，總頁9031。

201 〔元〕王充耘：《王耕野先生讀書管見》，卷下，總頁9050。

202 〔元〕王充耘：《王耕野先生讀書管見》，卷下，總頁9061。

203 〔元〕王充耘：《王耕野先生讀書管見》，卷上，總頁9038。

204 〔元〕王充耘：《王耕野先生讀書管見》，卷下，總頁9063。

205 〔元〕王充耘：《王耕野先生讀書管見》，卷下，總頁9067。

下，以為「《傳》引後說為優」[206]，肯定二說其中之一外，其他四十三次，幾乎都是反對蔡《傳》的說法[207]，以全書二五八條來計算，則恰為六分之一，在比例上不可謂低。而且在評語方面，不但大部分是明顯反駁，言「非」、言「未通」、言「失」、言「不察」的次數頗多，在某些條目下的評語，還下得相當重，如於〈大禹謨〉「傳授心法之辨」一條下，逕言：「《傳》者不悟其偽，而以為實然，於是有傳心法之論。」[208]〈多方〉「惟聖罔念作狂，惟狂克念作聖」一條下，言蔡《傳》的說法「是識聖狂形狀不透，隔皮想像之言耳」[209]。〈周官〉「三孤。貳公弘化」一條下，言其「牽強附會，但圖對偶親切耳」[210]。用這樣的評語，來批駁當時作為科舉指定用書的《書集傳》，亦可見王充耘對於這部書的態度了。

除明顯批駁之外，王氏在《讀書管見》一書當中，尚有未標明「《傳》言」、「《傳》云」，但如果仔細考察，就能發現也是針對蔡沈《書集傳》而發。蔣秋華先生在〈王充耘的《尚書》學〉一文中，便舉出了〈堯典〉「疇咨若是登庸」條、〈仲虺之誥〉「初征自葛」條、〈君陳〉「無忿疾于頑，無求備于一夫」條，三條例證以說明[211]。本文試再舉數例，以作為輔證。例如在〈舜典〉「慎徽五典」一條之下，《讀書管見》云：「納於百揆，百揆非一官也。即後面九官之事，以其為事不一，故云百揆耳。」[212]不過，在《書集傳》裡對「百揆」

---

206 〔元〕王充耘：《王耕野先生讀書管見》，卷上，總頁9020。

207 四十四條當中，有四十三條出於蔡沈《書集傳》殆無可疑，然而在最後一條〈費誓〉「徂茲淮夷、徐戎並興」條下言「傳者不察，遂妄謂皋陶掌兵」（卷下，總頁9067）。然而，考《書集傳》當中並無皋陶掌兵之說法，不知王氏何據？

208 〔元〕王充耘：《王耕野先生讀書管見》，卷上，總頁9026。

209 〔元〕王充耘：《王耕野先生讀書管見》，卷下，總頁9057。

210 〔元〕王充耘：《王耕野先生讀書管見》，卷下，總頁9060-9061。

211 蔣秋華：〈王充耘的《尚書》學〉，收入《元代經學國際研討會論文集》，頁384-385。

212 〔元〕王充耘：《王耕野先生讀書管見》，卷上，總頁9020。

的解釋，卻是：「百揆者，揆度庶政之官，惟唐、虞有之，猶周之冢宰也。」[213]王氏顯然不同意蔡《傳》以百揆為一個官名的說法。又如〈舜典〉有「象以典刑」一條，《書集傳》以為：「象，如天之垂象以示人。」[214]而《讀書管見》卻云：「象非如天之垂象以示人。蓋罪有小大，故刑有輕重，刑所以倣象其罪而加之耳。」[215]雖然沒有明引出於蔡《傳》，但是所反駁的對象相當明顯，就是《書集傳》的說法。再如〈益稷〉「工以納言」一條，《書集傳》以為：「工，掌樂之官也。格，有恥且格之格，謂改過也。承，薦也。聖人於庶頑讒說之人，既有以啟發其憤悱遷善之心，而又命掌樂之官，以其所納之言，時而颺之，以觀其改過與否。如其改也，則進之用之。如其不改，然後刑以威之。以見聖人之教，無所不極其至，必不得已焉，而後威之，其不忍輕於棄人也如此。」[216]王氏則云：「『工以納言，時而颺之；格則承之庸之，否則威之。』古者以樂教養人，故帝舜命夔典樂教國子，而《周禮》亦使大司樂掌成均之法，以教國子弟。教之而改，則薦用之，不改，則刑之。而非謂使樂光颺頑讒之言，以觀其改過與否矣。」[217]從這裡也可以很明顯看出，王充耘在這段說解當中，所針對的即是蔡沈的說法。

由上文可知，王充耘《讀書管見》一書當中，有相當比例的成分是針對蔡沈《書集傳》一書的說法加以批駁，而其批駁又有兩種情況，一是用「《傳》云」、「《傳》者」、「《傳》謂」的方式，擺明就是反對《書集傳》的意見，這部分約佔全書的六分之一；另一種情況，則是雖然沒有明確說出反對意見的出處，但是只要拿《書集傳》的文

213　〔宋〕蔡沈：《朱文公訂正門人蔡九峯書集傳》卷1，頁10左。
214　〔宋〕蔡沈：《朱文公訂正門人蔡九峯書集傳》卷1，頁12左。
215　〔元〕王充耘：《王耕野先生讀書管見》，卷上，總頁9021。
216　〔宋〕蔡沈：《朱文公訂正門人蔡九峯書集傳》，卷2，頁36右-36左。
217　〔元〕王充耘：《王耕野先生讀書管見》，卷上，總頁9028。

字來互相比照，便不難發現，這些說法也是專為蔡沈的說解所發。而據上述引用的情況可以知道，這類情況在書中應亦佔有一定的比例。是以，劉起釪將這部書置於「反蔡」著作當中，蔣先生以為可以將此書看成專為駁蔡而作，當為正確評價。

　　除上述趙孟頫《書今古文集注》、吳澄《書纂言》以及王充耘《讀書管見》之外，在元代中期尚有一部，雖然不能將之歸在「反蔡」、「駁蔡」一類的《尚書》學著作，但是在書中的確是不盡從蔡沈之說，且有明顯反駁《書集傳》說解的意見，那就是許謙的《讀書叢說》。許謙是金華學派的代表人物，也是北山一系的直傳，《元史》以為：「先是，何基、王柏及金履祥歿，其學猶未大顯，至謙而其道益著，故學者推原統緒，以為朱熹之世適。」[218]並且說：「及門之士，著錄者千餘人，隨其材分，咸有所得。」[219]可知在當時，許謙對於朱學傳播的影響力，遠遠高過北山其他先生。此外，在治學方面，全祖望以為：「婺中之學，至白雲而所求于道者，疑若稍淺，漸流于章句訓詁，未有深造自得之語，視仁山遠遜之，婺中學統之一變也。」[220]《四庫總目》則以為：「然宋末元初說經者多尚虛談，而謙於《詩》考名物，於《書》考典制，猶有先儒篤實之遺，是足貴也。」[221]姑且不論全氏與四庫館臣，因自身立場所產生的不同評價，但是至少可以說明，許謙之所長在於章句訓詁方面，而《讀書叢說》也正是較偏重章句訓詁的《尚書》學著作。

　　《讀書叢說》六卷，目前較常見的版本有《四庫全書》本、《學海類編》本、《金華叢書》本、《叢書集成初編》本。[222]《四庫總目》

218　〔明〕宋濂等：《元史》，卷189，頁4320。
219　〔明〕宋濂等：《元史》，卷189，頁4320。
220　〔清〕黃宗羲：《宋元學案》，卷82，頁2801。
221　〔清〕紀昀、永瑢等：《武英殿本四庫全書總目》，第1冊，卷12，頁270。
222　何淑貞：〈元代學者許謙〉，《孔孟月刊》，第14卷第9期（1976年5月），頁20。

云：「其書與《詩名物鈔》、《四書叢說》並刊於至正六年，其版久
佚。此本為浙江吳玉墀家所藏，其第二卷中脫四頁，第三卷中脫兩
頁，第五卷、第六卷各脫四頁，勘驗別本，亦皆相同，今無從校補，
姑仍其舊焉。」[223]今校之以他本，非但不見《四庫全書》本當中注明
「原闕」之文字，且多省字以合上下文理，反不若四庫本完整載明原
有之文字，即便是斷篇殘句，無從得知原意的部分，亦加以保留，故
本文依舊使用《四庫全書》本為底本。許謙在《讀書叢說》當中，明
引「蔡《傳》」多處，依照文意可分為三十一條，例如〈堯典〉的
〈七政疑〉部分，雖提到兩次蔡《傳》之說，然而所辨者是一事，故
作一條；又如〈泰誓上〉中講到「讀〈泰誓〉者有三大條目」，然而
於前兩條目肯定蔡說，後一條目則否定蔡說，在書中雖只有一條，但
因為意見不同，故需作三條來理解。用這樣的計算方式，可以發現許
謙在《讀書叢說》當中，單純引用以為諸說之一者有十六條，如卷首
〈書紀年〉「右周歷十八君，自武王滅商之年至襄王二十八年，共四
百九十九年，書二十八篇」下，言「竝依蔡氏說譜入王紀，其下注年
者，皆金先生所定」[224]；〈益稷〉「四載」條，先引蔡《傳》的說法，
再引陸德明，再引《疏》曰[225]。肯定蔡《傳》的說法者有四條，〈伊
訓〉論太甲之繼，以為「古注以太甲繼湯立者，則是謂踰月而改元
者。非。蔡氏辨之甚詳」[226]；〈泰誓上〉論讀〈泰誓〉有三大條目：
「其一舊說以虞芮質成，為文王受命之年，至九年文王卒，武王立，
乃冒文王之年而不改元。至三年，觀兵孟津，蓋因書九年大統未及，
及《史記》〈伯夷傳〉父死不葬而附合〈書序〉十有一年之說，此不

---

223 〔清〕紀昀、永瑢等：《武英殿本四庫全書總目》，第1冊，卷12，頁270。

224 〔元〕許謙：《讀書叢說》，收入《文淵閣四庫全書》，第61冊，卷1，頁456。

225 〔元〕許謙：《讀書叢說》，卷3，頁487。

226 〔元〕許謙：《讀書叢說》，卷5，頁501。

可信，蔡氏已辨之。」[227]至於真正「駁蔡」的部分，只有十二條，佔所引用部分不到四成的比例，今列之於下：

1. 右大意竝依疏文。蓋蔡《傳》〈序〉文節入疏文內，於「伏生二十八篇者復出」下，誤入「舜典、益稷」四字。故篇名及數目皆不能合，今按疏文說如上甚明。[228]（卷首）

2. 日月之行當從古法，要而有序。蔡《傳》言日月則尚可，若言五星則有不能同者。愚故著〈七政疑〉以明其說。[229]（〈堯典〉）

3. 篇中六「咨」字下，「下民其咨」訓「嗟，愁怨之意」餘五字孔例訓「嗟」。蔡在「帝曰」下者則訓「嗟」，在「疇」下者訓「訪問」，《說文》曰：「謀事曰咨。」五「咨」皆謀訪之意，恐不必作兩訓。但從訪問之意看，自有意見，況古文皆作咨。[230]（〈堯典〉）

4. 「燔柴以祀天」，蓋以牲燔，其香氣上達於天也。「柴」字古注、蔡《傳》皆作祭天。若巡狩四岳，一歲四祭，不亦瀆乎？金先生謂：「祭山則埋，祭水則沈，禮也。今不能徧沈埋，故亦柴之，使氣旁達。」舊說「柴」作一句，非當連下讀。[231]（〈舜典〉）

5. 古注以太甲繼湯立者，則是；謂踰月而改元者，非，蔡氏辨之甚詳。蔡氏謂太甲繼仲壬而立者，則非，胡五峰辨之甚詳。[232]（〈伊訓〉）

6. 蔡氏德、善、一皆以理言，專主一本萬殊之說，其說渾融，恐用功者難見入頭處。且本文謂德「主善為師」，是師善以成德也，

227 〔元〕許謙：《讀書叢說》，卷6，頁506。
228 〔元〕許謙：《讀書叢說》，卷1，頁453。
229 〔元〕許謙：《讀書叢說》，卷2，頁462-463。
230 〔元〕許謙：《讀書叢說》，卷2，頁463。
231 〔元〕許謙：《讀書叢說》，卷2，頁467。
232 〔元〕許謙：《讀書叢說》，卷5，頁501。

若曰「德兼眾善」，則善為德之子目，於主而師之之義，恐有微礙，於下兩句用功，恐為尤難。當從金先生說，則條理分明，而脈絡貫穿，學者可以為用功之方矣。[233]（〈咸有一德〉）

7. 讀〈泰誓〉者有三大條目……其一，「王曰」蔡氏以為史臣追稱，此說非也。湯、武知天命，已去桀、紂而歸己，故正位號，以天子而伐獨夫。若猶用舊名，則是諸侯而伐天子，豈足號令天下哉？〈泰誓〉、〈牧誓〉、〈武成〉諸篇證驗明白，蔡氏皆曲為之說，故反有滯礙。[234]（〈泰誓上〉）

8. 「三王有丕子之責於天」，金先生從朱子說，如責其待（闕）之責，謂天責取武王於三王也。蔡氏疑前既言天責取之後，後卻言無墮天之寶命，似乎相反，故作「三王當作保護之責」而「于天」之下有闕文。然詳文意，其重乃在「定爾子孫」及「先王永有依歸」兩句，其意蓋曰：元孫遇危暴之疾，蓋將死，若是，三王蒙天則取武王，則以旦代之，蓋予仁俊於祖考，又能事鬼神也。鬼神即天，不必指三王也。[235]（〈金縢〉）

9. 金先生以〈多士〉之書，即〈召誥〉告庶殷之書也。三月即〈召誥〉，周公至洛之三月，孔《傳》以為周公致政明年三月。蔡氏以為成王祀洛，次年三月。皆仿像之辭，恐不得事實。[236]（〈多士〉）

10.「三宿，三祭，三咤」，宿，肅也。用此一同三宿而三祭。孔《傳》以咤為奠爵，蔡氏從之。《疏》謂：「經典無『咤』字，『咤』為奠爵，傳記無文。」金先生曰：「咤，歎也。親沒而始

---

233 〔元〕許謙：《讀書叢說》，卷5，頁503。
234 〔元〕許謙：《讀書叢說》，卷6，頁506。
235 〔元〕許謙：《讀書叢說》，卷6，頁516-517。
236 〔元〕許謙：《讀書叢說》，卷6，頁523。

受顧命，雖不敢死其親，用祭服祭禮而不哭，然三咤之情則不可遏也。」[237]（〈顧命〉）

11. 天子五門，一曰皋門……蔡《傳》既言「外朝在路門外」，而又曰「應門之內，蓋內朝所在」，兩語不相應，恐上「外」字誤。[238]（〈康王之誥〉）

12. 皇帝者，總言堯舜也。蓋竄三苗乃舜居攝時事，未可專指舜。征苗分北乃舜時事。古註言堯，蔡《傳》言舜，恐皆失偏，當兼言之。[239]（〈呂刑〉）

從這十二條資料來看，除了第 1 條與第 11 條，是蔡《傳》文字方面有問題之外，其他十條，幾乎都在講文字訓詁的問題，而不是從義理出發。當中第 4、6、8、10 四條，是用其師金履祥的說法和蔡《傳》的說法作對照，以為金氏說法可能較為恰當。更何況，在《讀書叢說》一書當中，許氏不單只是更正蔡《傳》的說法，還包括了其他書籍。例如在〈堯典〉辨堯、舜兩人並非均出自於黃帝，因此堯以二女妻舜，沒有亂倫的問題，然後說「則《史記》、《世本》誣陷聖人，罪不勝誅矣。」[240]〈大誥〉下討論「天棐忱辭」一句中「棐」當作何訓的問題，也說：「孔〔《傳》〕訓作『輔』字，殊無義理。」[241]〈顧命〉下論「須材」時云：「金先生謂，即下文禮器几席車輅戈鉞之屬。舊說供喪用，與上下文不相入。」[242]此處的「舊說」當是指孔

237　〔元〕許謙：《讀書叢說》，卷6，頁525。
238　〔元〕許謙：《讀書叢說》，卷6，頁526。
239　〔元〕許謙：《讀書叢說》，卷6，頁527。
240　〔元〕許謙：《讀書叢說》，卷2，頁464-465。
241　〔元〕許謙：《讀書叢說》，卷6，頁517。又「孔傳」，《四庫》本作「孔博」，考他本皆作「孔傳」，就文意而言亦當作「孔傳」，且孔《傳》文字確是訓為「輔」，據正。
242　〔元〕許謙：《讀書叢說》，頁525。

《疏》，不過蔡《傳》亦沿用此說。從這些例子可以知道，許謙在《讀書叢說》當中所修正的，並不止是蔡《傳》的意見，而是遍及各家說法。事實上，許謙在提到其師金履祥的《通鑑前編》一書時，便說：「其於《書》則因蔡氏之舊，而發其所謂未備。其微辭奧義，則本朱子而斷於理。勒成若干卷，名曰《通鑑前編》。」[243]以為金氏的《通鑑前編》中，對於《書集傳》的態度是發其未備，而本於朱子以斷其理，亦即是肯定其價值，而對於當中所不足之處有所補充。至於他自己，黃溍（1277-1357）在〈白雲許先生墓誌銘〉當中，則有這樣的記載：「讀《書集傳》，有《叢說》六卷。時有與蔡氏不能盡合者，每誦金先生之言曰：『自我言之，則為忠臣，自他人言之則為讒賊。要歸於是而已。』」[244]可知，他對於《讀書叢說》當中，與蔡《傳》不合的部分，僅只是修正，而不是反對與駁斥。

此外，無論是從統計數字或是內文來看，在《讀書叢說》當中，許謙固然不完全遵守《書集傳》的說法，但是也沒有刻意持反對批駁的態度，然而，在《四庫總目》卻是這樣說：

> 自蔡沈《書集傳》出，解經者大抵樂其簡易，不復參考諸書。謙獨博覈事實，不株守一家，故稱「叢說」。如蔡氏釋〈堯典〉，本張子「天左旋，處其中者順之，少遲則反右」之說，不知左旋者東西旋，右旋者南北旋，截然殊致，非以遲而成右也。日東出西沒，隨大氣而左，以成晝夜，非日之自行。其自行則冬至後由南斂北，夏至後由北發南，以成寒暑。月之隨大

---

243 〔元〕許謙：《白雲集》（臺北市：藝文印書館，1968年，金華叢書本），卷2，頁25右-25左

244 〔元〕黃溍：〈白雲許先生墓誌銘〉，《金華黃先生文集》，收入《四部叢刊初編》（影印元寫本），卷32，頁11右。《宋元學案》中亦有類似的紀載，見〔清〕黃宗羲：《宋元學案》，卷82，頁2757。

氣而左，及其自行亦如之。謙雖不能盡攻其失，然「七政疑」
一條，謂「七政與天同西行，恐錯亂紛雜，泛然無統」，可謂
不苟同矣。舊說〈洛誥〉「我乃卜澗水東、瀍水西為王城」，據
〈召誥〉、〈洛誥〉周公皆乙卯至洛，在召公得卜經營攻位五日
位成之後，是王城無庸再卜。謙謂：此時王城已定，但卜處殷
民之地，故先河朔黎水，以近殷舊都，民遷之便，次及澗東瀍
西，次及瀍東，皆以洛與此地相對定墨，而皆「惟洛食」。
瀍、澗流至洛，所經已遠，不知周公所卜者何處。又〈呂刑〉
稱「惟作五虐之刑曰法」，爰始淫為劓、刵、椓、黥，舊說以
為其刑造自有苗，謙謂苗乃專以刑為治國之法，乃始過用其
刑，非創造刑也。如此之類，亦頗不為習聞所囿。[245]

從這段文字來看，似乎許謙《讀書叢說》反駁了蔡沈《書集傳》許多
說法，然而，關於「七政疑」一條，許氏最後的結論是：「由是言
之，則古法比蔡《傳》為密，文公不可復作，而吾師亦已即世，無所
質疑。姑識於此，以俟知者而問焉。」[246]雖然認為古法較密，不過，
由於他肯定了二〈典〉、〈禹謨〉曾經過朱子的修改，因此亦只能存
疑。在《讀書叢說》當中，他認為蔡《傳》對於「五星」的說解有問
題。至於〈洛誥〉與〈呂刑〉兩個問題，事實上都是孔穎達《疏》中
的說法，蔡沈書中雖然也持這樣的看法，但僅是沿用而已，而且在
《讀書叢說》當中，許謙也沒有將之列入「蔡《傳》」的說法，應是
針對「舊說」，亦即孔《疏》所發，而非針對蔡《傳》。因此，若全然
接受了《四庫總目》的說法，恐怕會讓人產生此書有專為蔡《傳》而
發的誤解。

---

245 〔清〕紀昀、永瑢等：《武英殿本四庫全書總目》，第1冊，卷12，頁269-270。
246 〔元〕許謙：《讀書叢說》，卷2，頁462。

　　以上所引諸書，除許謙《讀書叢說》著作時間較為難考之外[247]。
趙孟頫的《書今古文集注》在大德元年（1297）編成，之後又過了二
十幾年，自己又重新整理了一次，如果單純的加上二十餘年，也已經
過了延祐元年（1314）開科的時間不少年，甚至可能到英宗年間。至
於吳澄《書纂言》的成書時間，據劉小嬫的考證，當成於七十歲之
時，則是仁宗延祐五年（1318）之時[248]。更不用說王充耘是元統元年
（1333）進士，他的《讀書管見》成書最快也不會早於這個時間，而
是時離延祐開科更是已經過去了將近二十年。因此可以證明，即便在
延祐開科之後，得到官學的地位，但是與蔡沈《書集傳》持不同意見
的《尚書》學著作依然一直產生，並未因為開科而使得讀書人全都向
蔡《傳》的說法靠攏，也並沒有因成為官學，就讓蔡《傳》得到獨尊
的地位。

247 依照柳貫為金履祥作的行狀，以及許謙〈上劉約齋書〉的說法，金氏之書一直要
　　等到死後，才由許謙校讎刻版以傳，金履祥逝於元成宗大德七年（1303），而由
　　《讀書叢說》大量徵引金履祥的說法，可以判斷當是成書於這個時間之後，至於
　　許謙過世的時間是元順帝元統三年（1337），是以此書成書時間是在大德七年
　　（1303）至元統三年（1337）之間。〈上劉約齋書〉出處見前引，柳貫行狀內容見
　　〔元〕柳貫：《柳待制文集》，收入《四部叢刊初編》（影印元刊本），卷20，頁10
　　右-11左。
248 劉小嬫：《吳澄尚書學研究》，頁21。

第四章
《書集傳》在元代的經典化過程

　　所謂的「經典化」（canonized），在近代文學研究中是一個常被探討的議題，佛克馬（Douwe Fokkema）在《文學研究與文化參與》、托托西（Steven Tötösy de Zepetnek）在《文學研究的合法化》一書的第二章第一節[1]當中，都有多方面且深入的詮釋。曹軍參照了這些說法，提出在現代西方理論中，經典分成「恆態經典」（static canon）與「動態經典」（dynamic canon）兩類，前者擁有永恆地位，後者則會在歷史中產生變化，甚至消失[2]。在中國傳統的解釋上，「經」為織之縱絲，因此引申有常道的意思，就意義上來說，應該與《聖經》一樣是具有永恆地位的「恆態經典」。但本文所謂的「經典」就性質而言，卻非上述之「恆態經典」，而是會隨著時代而改變，地位也會隨之而升降的「動態經典」。是以，本文所謂的「經典化」與西方文論當中所指並不相同，只是恰巧與其翻譯名詞相同而已，這是在本章一開始所需要說明者。此外，本文所指的「經典」，亦非特指儒家經典，而是指被人們視為有地位、有價值的作品，因此除了經部書之外，《史記》、《資治通鑑》、《老子》、《莊子》、《文選》、《楚辭》，甚至是為人所看重的注解，如朱子《詩集傳》、《史記》三家《注》、《老

1　〔匈牙利〕斯蒂文・托托西（Steven Tötösy de Zepetnek）講演、馬瑞琦譯：《文學研究的合法化》（北京市：北京大學出版社，1997年），頁42-70。

2　曹軍：〈從「注經」到「論文」──劉勰對儒家典籍文學經典化策略〉，《社會科學輯刊》，2005年第3期，頁164。按，恆態經典與動態經典的說法，最早應該是由以色列學者伊塔馬・埃文–佐哈爾（Itamar Even-Zohar）所提出。

子》王弼《注》、《文選》李善《注》等，等都在本文所謂的「經典」
範圍之內。

在中國傳統的經學研究當中，對於經文本身的解釋一直是學者相
當著重的事情，自西漢開始，經師們就根據師法家法，對於經書作出
不同的詮釋，是以有「聖人制作曰經，賢者著述曰傳」[3]這樣的說
法。然而，「經」之範圍並非一直固定不變，從漢代的六經，稍後的
九經、十二經到宋代的十三經，「經」和「傳」的內容不斷的有所變
化，例如《春秋》本為一經，《左傳》、《公羊》、《穀梁》三書是《春
秋》經的「傳」[4]；《儀禮》本為一經，《大戴記》、《小戴記》是《儀
禮》的「傳」；《論語》一書在西漢並不被視為經書，司馬遷在《史
記》當中引用時便言「傳曰」[5]，時人在編纂時，也使用八寸的簡，
並非二尺四寸的策[6]；《孟子》一書更是標準的子書，班固《漢書》
〈藝文志〉便將之歸類在〈諸子略〉儒家類當中。但是在後世十三經
中，《左傳》、《公羊》、《穀梁》、《禮記》、《論語》、《孟子》等書，都
擁有「經」的地位，也有學者為這些書作傳注，這種地位提升的情
況，可以視之為一種「經典化」過程。

此外，對作品的注解，也是「經典化」的方式之一，以儒家的五
經來說，它在先秦時代只是儒家看重的著作，與《道德經》、《莊
子》、《墨子》等書地位並沒有太大不同，但是隨著漢代依照其說解的
不同，為五經立十四博士，其地位便有顯著提升，而十四博士本身的
說解，也成為一種「經典」之說，後來變成了各家所不可淆亂、不能

3　〔晉〕張華撰、范寧校證：《博物志校證》（北京市：中華書局，1980年），卷6，頁72。
4　關於《左傳》一書，向來便有不附於經的《左氏春秋》與附於經的《春秋左氏傳》
　　兩種意見，本文在此不作深入討論，但就傳統說法將之歸之於「春秋三傳」當中。
5　〔漢〕司馬遷、〔宋〕裴駰集解、〔唐〕司馬貞索隱、〔唐〕張守節正義：《史記三家
　　注》（臺北市：七略出版社，1991年，清乾隆十二年武英殿本），卷109，頁1175。
6　葉國良等：《經學通論》，頁329。

不守的「師法」[7]。唐代在修訂《五經正義》之時，於《易》採王弼、韓康伯《注》、《書》主孔《傳》、《詩》用毛《傳》鄭《箋》、《禮記》採鄭玄《注》、《左傳》用杜預《集解》，孔穎達等人在作《正義》之時，大致採用了「疏不破注」的原則。在這之前，陸德明在作《經典釋文》之時[8]，所採用的注文也是這幾部，且所作音義不僅包含了經文本身之說解，也包括了注文，因此這些注解本身也成為一種「經典」。

　　劉起釪在討論元、明兩代的《尚書》學時，認為主要只是：一、蔡《傳》的傳衍問題，表現為它的擁護者與違異者；二、宋學對《尚書》疑辨的進一步發展。而在擁護蔡《傳》的元代《尚書》學著作中，他主要列舉了陳櫟《尚書集傳纂疏》、董鼎《書傳輯錄纂注》、都昌陳大猷《書傳會通》（佚）、陳師凱《書蔡傳旁通》、朱祖義《尚書句解》、鄒季友《尚書蔡傳音釋》、朱右《書集傳發揮》（佚），以及為了科舉而作所謂「兔園冊子」中稍高者的王充耘《書義矜式》、陳悅道《書義斷法》、倪士毅《尚書作義要訣》三部書[9]。在前類的七部書當中，除已亡佚者之外，再扣除掉並不是針對蔡《傳》而作的《尚書句解》，就能夠看出蔡沈《書集傳》在元代「經典化」的過程。從董鼎《書蔡氏傳輯錄纂註》、陳櫟《書集傳纂疏》，將蔡《傳》文字置於《尚書》原文之下，進而「輯錄」、「纂註」、「纂疏」之。到陳師凱《書蔡傳旁通》直接不列《書》經原文，僅就蔡氏《集傳》文字加以

7　董運庭：〈論「六經」的經典化過程〉，《西北師大學報（社會科學版）》，第35卷第1期（1998年1月），頁71-73。

8　陸德明的《經典釋文》當中總共為《周易》、《尚書》、《毛詩》、《周禮》、《儀禮》、《禮記》、《春秋》、《春秋左氏》、《春秋公羊》、《春秋穀梁》、《孝經》、《論語》、《老子道經》、《莊子》、《爾雅》十五部書，當中除了儒家經書之外，還包含了老、莊，因此可知他的經典意義亦不僅儒家經典而已。

9　劉起釪：《尚書學史》，頁285-291。

說解；以及鄒季友《尚書蔡傳音釋》，將「音釋」直接和《書集傳》
一書作結合，逐步提升了這部原本作為《尚書》「集傳」作品的重要
性，本章即是對這個過程加以討論。

第一節 以朱學立場補足蔡《傳》——董鼎、陳櫟

　　前文曾經提到，在宋末元初之際，新安地區的學者編輯了許多以
朱子經注為主，並集朱子語錄、文集中相關意見，再旁及朱門弟子，
間附各家說，最後加上自己的意見的「纂疏」體著作。而董鼎、陳櫟
兩人則是新安地區《尚書》學「纂疏」的代表性人物。董鼎著有《尚
書輯錄纂註》六卷，陳櫟著有《書說折衷》及《尚書集傳纂疏》六卷
[10]，《折衷》較為早出，但清初朱彝尊作《經義考》時便已注「佚」，
據陳櫟自己的說法，凡是董書中言「新安胡氏曰」的說法，事實上都
是陳櫟之說，而非胡一桂的說法[11]，因此，雖然其書已佚，還是可以
由董書中略知一二[12]。這幾部書籍，都是以蔡沈《書集傳》為主，再
附以其他說解。由於新安學派這些「纂疏」著作，除了汪克寬《春秋

---

10 這幾部書尚有許多其他名稱，例如董書《千頃堂書目》作《書經輯錄纂注》，元刻
　　翠巖精舍本書名則為《書蔡氏傳輯錄纂註》，陳書《千頃堂書目》又作《書集傳纂
　　注》、《書解折衷》，淡生堂抄本則作《書蔡氏傳纂疏》。本章為統一名稱，在行文時
　　採《四庫全書總目》所載之名稱，至於在注解時，則是根據該版本所記載的書名。
11 詳見陳櫟：〈與高四叔翁〉，凡三篇，《陳定宇先生文集》，收入《元人文集珍本叢刊》
　　（清康熙刊本），第4冊，卷10，頁392-393。前章亦已提過，關於董真卿刊刻《尚書
　　輯錄纂註》一書，實有一當時的學界公案，然學者已論之甚詳，本文不再複述。
12 許華峰先生便曾經將董書與陳櫟晚出且今存的《尚書集傳纂疏》作比較，得出陳櫟
　　並不如《四庫全書總目》所言，在延祐開科前後，對《書集傳》有著不同的態度。
　　見許華峰：《董鼎書傳輯錄纂註研究》，頁203-207。至於廖穎也有類似的答案，不同
　　的是，他認為陳櫟在延祐開科前後所寫的兩部書籍，立場都是駁蔡。見廖穎：《元
　　人諸經纂疏研究》，頁28。

胡傳附錄纂疏》成書較晚之外，大部分都是在延祐開科之前編成，例如陳櫟的《尚書集傳纂疏》雖然是成於元英宗至治四年（1327），但在元成宗大德七年（1303）便已著有《書解折衷》，且兩書的立場並無太大改變，董鼎《尚書輯錄纂註》雖然刊刻較晚，但〈自序〉作於元武宗至大元年（1308），可知在當時已有初稿[13]。因此，他們之所以會注重《書集傳》，並不是延祐開科的原因，而是在當時的朱學系統當中，《書集傳》本身就已經有了相當的地位。

（一）董鼎與《尚書輯錄纂註》

董鼎，《元史》無傳，目前留下來的資料也很少，討論董鼎生平者，多據《宋元學案》〈介軒學案〉中的記載，〈介軒學案〉以董夢程為傳主，將董鼎列入「介軒家學」中，並注「朱、江三傳」，由於文字不長，今全引如下：

> 董鼎，字季亨，鄱陽人，介軒之族弟也。（雲濠案：一作介軒徒）其自序曰：「鼎生也晚，于道未聞，賴族兄介軒親受學于勉齋、槃澗，故再傳而鼎獲私淑焉。」別號深山。所著《尚書輯錄纂註》六卷，草廬極稱之。其采拾諸家極博，不守一師之說，有功于《尚書》者也。（雲濠案：一本云：「有《四書疏義》、《書》、《詩》二經訓釋、《孝經大義》。深山書院崇祀之。」）子真卿。[14]

---

13 廖穎：《元人諸經纂疏研究》，頁7-8。
14 〔清〕黃宗羲等：《宋元學案》，卷89，頁2972-2973。

此外，明代李賢所編《明一統志》中則記載：

> 董鼎，德興人，自幼力學，受業於勉齋黃幹（筆者按：當作
> 榦），得其端緒。嘗著《書傳纂疏》行世，同邑余芑舒亦潛心
> 程、朱之學，所著有《書傳解》等集。[15]

其後《清一統志》、《江西通志》以及清·馮雲濠、王梓材所編的《宋
元學案補遺》均沿用此說。《四庫全書總目》又云：「朱子之學授於黃
榦。鼎族兄夢程嘗從榦游，鼎又從夢程聞緒論，故自序謂得朱子之再
傳。」[16]從黃榦生卒年（1152-1221），與後人所考的董鼎生卒年
（1244-1311）來看[17]，黃榦死後二十餘年，董鼎才出生，因此根本不
可能親自受業於黃榦，且董鼎自己在《尚書輯錄纂註》〈自序〉中亦
云：「鼎生也晚，於道未聞，賴族兄介軒（夢程）親受學于勉齋黃
氏、槃澗董氏，故再傳而鼎獲私淑焉。」[18]因此，《明一統志》的說法
當誤，應以《宋元學案》、《四庫全書總目》之說為正。

　　《尚書輯錄纂註》全書共六卷，書前有蔡沈〈書集傳序〉、董鼎
〈書蔡氏傳輯錄纂註序〉、〈朱子說書綱領〉、〈書蔡氏傳輯錄纂註凡
例〉、〈書蔡氏傳輯錄引用諸書〉、〈纂註引用諸書〉、〈纂註引用諸家姓
氏〉、〈尚書序〉，卷一為〈虞書〉，卷二為〈夏書〉、卷三為〈商書〉、
卷四為〈周書〉中自〈泰誓〉到〈梓材〉部分、卷五為〈周書〉中自
〈召誥〉到〈立政〉部分、卷六為〈周書〉中〈周官〉到〈秦誓〉部

---

15 〔明〕李賢等：《明一統志》，收入《文淵閣四庫全書》，第473冊，卷50，頁49。

16 〔清〕紀昀、永瑢等：《武英殿本四庫全書總目》，第1冊，卷12，頁271。

17 陳恆嵩：〈董鼎《書蔡氏傳輯錄纂註》對蔡沈《書集傳》之疏釋〉，收入楊晉龍主
　　編：《元代經學國際研討會論文集》，頁431。

18 〔元〕董鼎：〈書蔡氏傳輯錄纂註序〉，收入董鼎：《書蔡氏傳輯錄纂註》（臺北市：臺
　　灣商務印書館，1981年，《四部叢刊》三編影印元至正十四年翠巖精舍刊本），卷首。

分，書末將小〈序〉編為一帙[19]。其編排次序與分卷內容，與蔡沈《書集傳》完全相同。每篇之下，於《尚書》正文後，先列蔡沈《書集傳》內容；次列「輯錄」，內容是朱子《語錄》、《文集》、著作與朱門學者諸書中與《書》經相關者，依照經文列於其下，即便與蔡《傳》內容不同，或是朱子本身意見前後矛盾，除有極大差異之外，均將之列入[20]；再列「纂註」，內容是諸家傳註，或能發明蔡氏所本，或能補其不足者，若有同異並存者，亦姑列之以備一說，其排序先訓詁、後經義，後疏傳義理，後釋音，最後置入董鼎自己的意見。大抵就是經文→蔡《傳》→朱子說→諸家說→己意這樣排列，而這樣的排列次序，依〈凡例〉所言，有其輕重主從關係存在。每段之下必先全錄蔡《傳》文字，表示以其書為中心；次列朱子及朱門學者意見，表示以朱學為主；後列諸家言，表示兼納眾說；將己意置於最末，則是古人著書之通例，既有自謙之意，又有總結前說的意味。不過，不是每一條之下均是如此完整，有些條目下有「輯錄」無「纂註」，如〈舜典〉「象以典刑……惟刑之恤哉」條、〈大禹謨〉下「禹曰：『惠迪吉，從逆凶，惟影響。』」條；有些條目下則有「纂註」而無「輯錄」，如〈堯典〉「申命羲叔，宅南交……鳥獸希革」條、〈舜典〉「帝曰：『棄！黎民阻飢。汝后稷，播時百穀。』」條；至於「纂註」中用以表示己意的「愚謂」、「愚按」，除了每篇篇末較為常見，以總結全篇之意外，於正文中只出現過六十八次而已[21]。

---

19 《四庫全書》本及《通志堂經解》本，均將〈小序〉合為一篇置於卷首，然此不合蔡沈《書集傳》原有體例。又，《通志堂經解》本前有題為崔君舉所作的〈序〉文一篇。

20 〔元〕董鼎：〈書蔡氏傳輯錄纂註凡例〉，收入董鼎：《書蔡氏傳輯錄纂註》，卷首，頁7。

21 按，在董書當中，愚謂、愚案總共有68條，其中〈大序〉4條、〈小序〉7條，置於全篇之末的有34條，於正文中表示意見的有23條。

　　至於《尚書輯錄纂註》一書的立場，《四庫全書總目》〈書集傳〉一條下曾云：「陳櫟、董鼎、金履祥，皆篤信朱子之學者，而櫟作《書傳折衷》、鼎作《書傳纂注》、履祥作《尚書表注》皆斷斷有詞。」[22]又於《尚書輯錄纂註》條下曰：「（吳澄）又稱『鼎作是書，有同有異，俱有所裨。如解〈西伯戡黎〉則從吳棫，解〈多士〉則從陳櫟，解〈金縢〉則兼存鄭、孔二義，不以蔡《傳》之從鄭為然』云云。然則鼎於《集傳》，蓋不免有所未愜，恐人以源出朱子為疑，故特引朱子之說補其闕失，其舉《集傳》歸之朱子，猶曰以朱翼朱，則不以異蔡為嫌耳，非其考之不審也。」[23]似乎董書對於蔡沈《書集傳》有諸多不滿之處，因此，採用了其他各家的說法來補正，又因為《書集傳》這部書，當時在朱學內部的權威性已經建立，所以又刻意先引用朱子的說法來表示朱子的原意是如此，以避免反對朱子手訂親傳之書的說法。四庫館臣作此說解，不免太過迂曲。事實上，如果細看全書便可知道，這部書本身即是兼採之書，〈凡例〉中已經說明，「輯錄」以朱子為主，故朱子之說靡不蒐輯，即便是與蔡《傳》相異，或是本身便前後異同者，亦照樣收入，但「甚異者略之」，可見目的是存其說，而不是刻意要用朱子之說來反駁蔡《傳》[24]。此外，從「纂註」引用諸書部分，也可以發現，從孔《傳》到金燧〈閏講星說〉共一百多家，不止是程、朱一派，還包括了其他許多學派的學

---

22 〔清〕紀昀、永瑢等：《武英殿本四庫全書總目》，第1冊，卷11，頁262。

23 〔清〕紀昀、永瑢等：《武英殿本四庫全書總目》，第1冊，卷12，頁272。

24 如〈堯典〉「欽明文思安安」，今黎本《朱子語類》卷78〈尚書一〉中有兩句相關記載，分別是「『安安』，只是簡重疊字，言堯之『聰明文思』，皆本於自然，不出於勉強也（廣）。」「『安安』，若云止其所當止。上『安』字是用，下『安』字是體。『成性存存』亦然。又恐只是重字，若『小心翼翼』。『安安』、『存存』亦然，皆得（振）。」兩條文字意思相反，後一條雖然兼存二說，但是先以為兩字各有意義。而董書「輯錄」於此只取前條，而不載後條。

者，雖然有六十五家的引用的次數只有一次，五次以下的也有五十四家，十次以上的僅有二十八家。在這二十八位學者當中，五十次到百次的有陳鵬飛、真德秀、夏僎、陳經、王炎、董鼎本人、胡一桂、王安石、蘇軾、張九成，超過百次者更是只有孔穎達、孔安國、林之奇、陳大猷、呂祖謙、陳櫟六家，可以明顯看出選擇的取向，除二孔之外，都與朱子有密切關係，或為友人、後學，或為所肯定的著作[25]。不過，更重要的是，董書時常會將不同的看法並列於一條之下，又不加以評論，例如〈益稷〉「予欲聞六律、五聲、八音，在治忽，以出納五言，汝聽」當中「五言」為何？蔡《傳》認為：「五言者，詩歌之協於五聲者也。」即是合於樂的詩歌，但是董書在這條下面的「纂註」則列有多家對五言的看法，如：

1. 蘇氏曰：五言，詩也，以諷諫之言，寄於五聲者也。
2. 陳氏大猷曰：五德之言，謂詩詠之合於五常者。
3. 吳氏曰：五言，不可被之弦歌者。
4. 葉氏曰：五言即五聲。五聲雖聲也，本於詩之所諷則為五言。[26]

在這四種說法當中，蘇氏和葉氏的說法都有將五言列入傳統的詩歌諷諫說，而陳大猷則以為是合於五常教化之詩歌，至於吳氏則與眾人相反，認為特舉五言，是因為它不能合樂。但是，在此卻將諸說並列其

---

25 根據許華峰先生的研究，雖然在書前所列的引用諸書有十七種、引用諸家姓氏有一四四種，可是實際書中所引用的數字卻有一些出入，另許先生在文中，亦對引用次數及人物作過完整的分析統計。詳見許華峰：《董鼎書傳輯錄纂註研究》，頁159-176。

26 〔元〕董鼎：《書蔡氏傳輯錄纂註》，卷1，頁63右。

下，且不立己說。又如〈甘誓〉首句云「有扈氏，威侮五行，怠棄三
正」，當中「三正」何解，一直以來就相當有爭議，蔡《傳》的解釋
是：「三正：子、丑、寅之正也，夏正建寅。怠棄者，不用正朔
也。」而在這條下面的「纂註」也列有多家對三正的說法，計有：

1. 馬氏曰：建子、丑、寅三正也。
2. 林氏曰：商方有改正朔事，夏以前未有也。要之，但言廢三
   綱五常耳。
3. 夏氏曰：董仲舒謂：「舜紹堯順天道，改正朔、易服色，此
   非夏以前事乎？」
4. 王氏炎曰：夫子論孝、子產論禮，皆曰天之經、地之義、民
   之行，三正不過如此。堯授時以寅為正月，舜、禹因之，
   堯、舜之前，安有子、丑二正？
5. 陳氏大猷曰：使果不用正朔，亦豈應言三正，仲舒所云，乃
   漢儒多喜言改正朔耳。
6. 新安陳氏曰：商以前若果無子、丑三正，則是自古以來皆建
   寅，孔子何獨言行夏之時乎？或謂威侮五行為威侮五行之
   理，蓋仁為木之神、愛之理之類，是慢五常也。怠棄三正，
   是棄三綱也。二說姑兼存之。[27]

這六種說法當中，馬融與《書集傳》之說同，林之奇認為三正是三
綱，王炎則以為是天經、地義、民行，以及其他折衷存疑的意見。在
此亦是並列其下，而不立己說。其他如〈禹貢〉「導弱水，至於合、
黎，餘波入於流沙」，蔡《傳》曰：「合、黎，山名。」「纂註」下則

---

27 〔元〕董鼎：《書蔡氏傳輯錄纂註》，卷2，頁37右。

既引「孔氏曰：合、黎，水名」，又引「馬氏曰：地名」、「程氏曰：合黎流沙，不可意度」[28]；〈說命上〉「乃審厥象，俾以形旁求于天下」，蔡《傳》曰：「詳所夢之人，繪其形象，旁求于天下。」「纂註」下則引「孔氏曰：刻其形象」、「皇甫謐曰：寫其形象」[29]；〈多方〉「厥圖帝之命，不克開于民之麗」，蔡《傳》曰：「麗，猶日月麗乎天之麗，謂民之所依以生者也。」「纂註」下則引「孔氏曰：麗音黎，施也。不能開於民之所施也」、「蘇氏曰：麗，著也，奠民之居，王政之本」、「葉氏曰：麗，附於最法也。古者治獄以附罪為麗，故者治獄以附罪為麗……不克開于民之附法者，而大降之罰」[30]。當時人貝瓊（1297?-1379）便曾在〈卜洛辯〉一文中，指出這個問題，他說：「鼎於蘇氏、陳氏二家無所折衷，前錄其再卜之說，後錄其不卜之說，以待學者審而擇之。今當直據經文，豈不白乎？」[31]可見，其書並存諸說的用意相當明顯。

　　至於一般常見用以表現己意的「愚謂」、「愚案」，在這部書出現的次數並不多，全書約有六十八條，而置於全篇之末的便有三十四條，除了在〈泰誓中〉一篇之末的「愚案」是解釋該段文意之外[32]，其他三十三條多用來總結一篇之意，例如〈皋陶謨〉篇末：「愚謂：皋陶發明知人之謨，尤覺詳於安民之謨者。蓋二者雖均為難事，而知人為尤難，必明於知人，則安民者不難矣。然於言知人之餘，則戒逸欲、崇競業，惟恐人君不知戒懼，而至於曠官廢事。於安民之中，則懋政事、敬有土，惟恐人君不知懋敬，而至於褻天玩民。蓋以人君一

28 〔元〕董鼎：《書蔡氏傳輯錄纂註》，卷2，頁23左。

29 〔元〕董鼎：《書蔡氏傳輯錄纂註》，卷3，頁38左。

30 〔元〕董鼎：《書蔡氏傳輯錄纂註》，卷5，頁43右。

31 〔元〕貝瓊：《清江貝先生集》，收入《四部叢刊初編》（影印明刊本），卷23，頁5左。

32 〔元〕董鼎：《書蔡氏傳輯錄纂註》，卷4，頁8左。

心，又知人安民之根柢歟？」[33]又〈牧誓〉篇末：「愚謂：此臨戰誓師之辭，杖鉞秉旄，所以肅己之容。稱戈、比干、立矛，所以肅人之容。軍容既肅，然後發命，則人無譁而聽者審矣。自古人有言，至恭行天罰，所以聲罪致討，而激士足之義也。自今日之事，至乃止齊焉，所以明審法令而示行陣之禮也。自勗哉以下，又勉之以臨戰之勇、撫眾之仁也。以至仁伐至不仁，而謹畏戒懼尚如此，斯其為王者之師歟？」[34]餘下有二十五條都是對於經文的直接發揮，如〈酒誥〉「又惟殷之迪諸臣、惟工，乃湎于酒，勿庸殺之，姑惟教之」下，云：「愚謂：殷諸臣湎酒者勿殺，而姑教之，以其染惡深而被化淺也。」[35]〈小序〉「太康失邦，昆弟五人須于洛汭，作〈五子之歌〉」下，云：「愚謂：五子作歌可也，作〈五子之歌〉者又誰歟？」[36]偶有對諸家之說有所疑辯者，如〈舜典〉「分北三苗」一句下，「纂註」引：「夏氏曰：分北三苗，不與上文相連，不可曲為之說。北只音如字，三苗國，在南邊之於北，如周遷頑民之類。」「王氏曰：分北三苗，黜，幽也。然止於三苗者，黜者寡矣。」之後又以己說認為「愚謂：分北，只是分別義，故文兩兩相背，天地之氣始於北而終於北，北者，陰陽之別也。」[37]〈洪範〉「一五行」一段下，「輯錄」中引《朱子語錄》，以為：「曲直作酸，將以兩片木相擦，則齒酸，是其驗也。」又於「纂註」下發揮己意曰：「愚謂：草母之實多酸，雖甘者至甘，壞亦酸，木擦齒酸之說恐未然。」[38]至於與蔡《傳》有密切關係的條目，實際上則僅有九條，今列於下：

33　〔元〕董鼎：《書蔡氏傳輯錄纂註》，卷1，頁59左。
34　〔元〕董鼎：《書蔡氏傳輯錄纂註》，卷4，頁12右。
35　〔元〕董鼎：《書蔡氏傳輯錄纂註》，卷4，頁81左。
36　〔元〕董鼎：《書蔡氏傳輯錄纂註》，卷末，頁2左。
37　〔元〕董鼎：《書蔡氏傳輯錄纂註》，卷1，頁37右。
38　〔元〕董鼎：《書蔡氏傳輯錄纂註》，卷4，頁25右-25左。

1.愚按，世傳古文《尚書》，呂汲公〈跋〉謂天寶前本字多奇古，與蔡《傳》及諸書所引皆合。（卷首，頁20左）

2.愚按，篇題下每書古今文有無者，孔壁、伏生之分耳，非以字畫言辭論也。（卷一，頁1左）

3.愚謂，日月麗乎天，宜皆隨天而行也，而曰天左旋，日月五星右轉，何哉？大要天最健而行速，日月五星不相及耳……儒家論天道則皆順而左旋，曆家考天度則日月五星逆而右轉。然其次舍雖逆，其趨向則順，自天度考之，雖成右轉，自地面觀之，仍是左旋。明於天地之說，則知左旋右轉雖異而實同矣。又按，《論語或問》乃朱子未定之書，而《語錄》中又謂日月左旋之說，恐人不曉，故《詩傳》中只載舊說，則蔡《傳》益無可疑。（卷一，頁12）

4.愚按，朱子親集《書傳》，自孔〈序〉止此，其他大義悉口授蔡氏，并親稟百餘段，俾足成之。（卷一，頁51右）

5.愚按，《傳》訓「懋」為「茂」，又謂「與時乃功懋哉」同義，而彼時訓勉，此當從之。（卷三，頁5右）

6.愚按，此章《傳》義與前題下《語錄》不同，林、董得之。（卷三，頁5左）

7.愚按，〈立政〉三亳，又本皇甫謐說。（卷三，頁三五左）

8.愚按，朱子深取王氏點句，而蔡氏不盡從，何也？（卷四，頁55右）

9.愚按，《書說》中有朱子集解〈召誥〉及〈洛誥〉之半，其間間出己說，文義及分節處與蔡氏多異，蓋未定本也。蔡已掇取之，其餘尚有當採者，今各入輯錄、纂註以備參考。（卷五頁1左至頁2右）

在這九條當中，第 1 條、第 3 條是證成蔡說；第 5 條指出蔡《傳》的前後矛盾，第 6 條、第 8 條以為蔡《傳》不用師說；第 4

條、第 9 條兩條，僅說明該書之體例；第 2 條解釋蔡《傳》作法之原因，第 7 條補充蔡說之由來。這些條目既雜亂，與蔡《傳》解釋相關的部分也不多，所以，如果要從「愚謂」方面來看董書對於《書集傳》的立場，恐怕沒有足夠的證據力與說服力。

此外，關於本書的編輯者，雖然掛名董鼎，但事實上董鼎生前僅完成初稿而已。據陳櫟在〈送董季真入閩刊書序〉中所言：「番陽深山董公，三十年前嘗宗蔡氏《書傳》、輯朱子《語錄》，增諸家注解，間以己見發明之。書成，藏于家，其嗣子季真謀刊以廣其傳。予二十年前亦嘗編《書解折衷》，宗朱、蔡，采諸家，附己見，大略相類，第不盡載蔡《傳》於前耳。」[39]可知這部書開始編輯的時間相當早，此文作於元英宗至治三年（1323），即便單純以三十年來推算，也已經是在元世祖忽必烈在位期間。據董真卿〈書傳輯錄纂註序〉中說到：

> 先世以來，多習《書經》。先君子克承家學，復私淑朱子緒論，於蔡氏《傳》尤用力焉。大德甲辰，命真卿從雙湖胡先生一桂、退齋熊先生禾，讀《易》武夷山中，因得先刊行先君所著《孝經大義》。時欲并刻此書，真卿歸而以請，先君乃曰：「有朱、蔡二師在前，編集其可苟乎？吾餘齡暇日，尚須校定。」且謂真卿曰：「是書將盛行。吾老矣，當不及見。傳之者，汝也。」及悼棄藐孤三年，會聖天子興賢，有詔命習《書》者惟蔡《傳》是宗，斯文開運，其在茲乎？蓋先君此書，懼其遺也而靡不錄，覺其繁也而欲簡是從，晚雖重加校定，尚欲質之同志，而未遂。真卿仰遵先訓，求正于當世儒先

---

39 〔元〕陳櫟：〈送董季真入閩刊書序〉，《陳定宇先生文集》，收入《元人文集珍本叢刊》，第4冊，卷2，頁281。

與先君之舊友，如葵初王先生希旦、雙湖胡先生、定宇陳先生
櫟、息齋余先生芑舒，多得所討論，於朱、蔡此書，似為大
備。敬壽梓閩坊，以廣其傳，非徒不負先君之囑，且以欽承明
詔尊崇朱學之萬一云。延祐戊午十年朔日，男真卿百拜謹識其
事于先君自序之後。[40]

又陳櫟〈與高四叔翁〉提到：

去年，婺源胡雙湖數相勉，將《蔡氏書傳》編附錄纂疏，勉從
其言，成得三分之一。繼而海口董養晦又挾雙湖書來，欲借所
編，采入其叔父董深山所編中，以不見深山所編拒之，不發。
今夏養晦之來，攜乃叔所編四冊見示，遂以發數篇授之。蓋深
山之子季真將攜入閩，板行甚堅，彼中已有刊主矣。近季真貽
書盡發全書共十一冊來，誘以刪定，但其所編多泛濫不切，自
家議論尤泛，使人不滿。其書先已經王葵初及雙湖刪之矣。[41]

其〈答胡雲峰書〉亦言：「王葵初聞其名矣，董季真以乃翁所編《蔡
傳附錄纂疏》來，竭力與刪定補注，內其葵初批字刪除處，見其學識
不凡，因附書達葵初，不蒙一字之答，想是季真匿之。其說甚長，他
日有會晤緣，當及之。」[42]從這兩段文字來看，應該是作於陳櫟已見
其書稿，而未將自己意見加入之前，可知這部書在這個時候，已經王
希旦和胡一桂刪改過，又另一封〈與高四叔翁〉信中提到：

---

40 〔元〕董真卿：〈書傳輯錄纂註序〉，收入《全元文》，第39冊，卷1245，頁594。
41 〔元〕陳櫟：《陳定宇先生文集》，收入《元人文集珍本叢刊》，第4冊，卷10，頁
　　392。
42 〔元〕陳櫟：《陳定宇先生文集》，收入《元人文集珍本叢刊》，第4冊，卷10，頁
　　381。

《蔡傳集成》亦閒置一部。此名亦大言無當，到何處謂之「集
大成」？初與約並名而刊，為改乃父之序文，外面書套之語亦
商量寫定，到後一切反之。今刊者卻是元序，何等猥談。初
焉，用半年之力，授以成本之時，震哥云：「彼拐先生耳！至
彼必自刊乃父名。」予對以未必其然。我之忠厚，不逮後生之
明了遠矣！此不緊要也。愚謂其中有精切而遭去者無限，逞其
慊懁之辭，易其擔當之語，往往有之。奪吾說以畀新安胡氏者
五十許條，雙湖在，必不容其如此。內他人名字差錯者不少，
字畫差錯無限。初授之本外，添熊氏之說，無一而是。[43]

由文意來看，當是作於董書書成刊行之後，見到完書之時。雖然陳櫟
對於這部書相當不滿，又自云當中盜竊自己的意見，冠以胡一桂之
名，不過，從這段文字當中，依然能夠得知，在王希旦、胡一桂修改
之後，書中又加入了陳櫟以及熊禾的意見，董真卿之〈序〉文所言應
是事實。因此，與其說這部書是董鼎所著，不如說是由董鼎完成初稿
後，經胡一桂、王希旦、陳櫟等人的刪改，並且最後由其子董真卿編
輯而成的一部書籍[44]。

（二）陳櫟與《書說折衷》、《尚書集傳纂疏》

陳櫟，字壽翁，休寧人，生於宋理宗淳祐十二年（1252），卒於
元順帝元統二年（1334），人稱定宇先生，關於「定宇」這個名稱的
由來，有兩個說法，一是出於《元史》〈儒學一〉載：「櫟所居堂曰定

---

43 〔元〕陳櫟：《陳定宇先生文集》，收入《元人文集珍本叢刊》，第4冊，卷10，頁
   392-393。
44 許華峰：《董鼎書傳輯錄纂註研究》，頁114。

字，學者因以定宇先生稱之。」[45]此說言「定宇」由居處而來；一是
《宋元學案》〈滄州諸儒學案下〉所載：「陳櫟，字壽翁，一字定宇，
晚稱東阜老人。」[46]此說言「定宇」由其字而來。據《元史》載：「延
祐初，詔以科舉取士，櫟不欲就試，有司強之，試鄉闈中選，遂不復
赴禮部。」[47]而《新元史》的說法則是：「延祐中，貢於鄉，因病固
辭。」[48]至於他的師傳，《元史》云：「櫟生三歲，祖母吳氏口授《孝
經》、《論語》，輒成誦。」[49]《新元史》〈儒林二〉以為「新安人，其
學以朱子為師。」[50]《宋元學案》將之列入「草窗門人」，亦即黃智孫
之徒，為滕璘、滕琪一脈的朱學傳人[51]。與同時的董鼎相較之下，陳
櫟傳世的資料較多，雖然正史與《宋元學案》當中的資料，依然只有
寥寥數字。不過，他有文集《陳定宇先生文集》傳世，其中不但有許
多他與時人的書信往來，可供考證其生平之外，書前有其族孫陳嘉基
所編的〈年表〉，書末又收有揭傒斯所作的〈墓誌銘〉、汪炎昶所著的
〈行狀〉等，皆可作為參考。例如前述稱「定宇先生」的原因，《元
史》與《宋元學案》所載不同，然而據揭傒斯的〈墓誌銘〉稱：「先
生，字壽翁。其所居堂曰定宇之堂，其自稱曰東阜老人。」[52]又如延
祐開科未赴禮部的原因，《元史》與《新元史》亦有出入，而汪炎昶
在〈行狀〉中稱「延祐甲寅，科舉肇興，皆年踰耳順，無復進取意，

45　〔明〕宋濂等：《元史》，卷189，總頁4321。
46　〔清〕黃宗羲：《宋元學案》卷70，頁2354。
47　〔明〕宋濂等：《元史》，卷189，總頁4321。《宋元學案》，卷70，頁2354的記載亦
　　相同。
48　〔民國〕柯劭忞等：《新元史》，卷235，總頁2108。
49　〔明〕宋濂等：《元史》，卷189，總頁4321。
50　〔民國〕柯劭忞等：《新元史》，卷235，總頁2108。
51　〔清〕黃宗羲：《宋元學案》，卷70，頁2350。
52　〔元〕揭傒斯：〈定宇先生墓誌銘〉，陳櫟：《陳定宇先生文集》，收入《元人珍本文
　　集叢刊》，第4冊，卷17，頁486。

而逼迫于有司之所推選，黽勉一就江浙鄉試，既試即歸，未幾以中選當赴都，郡侯勸駕親抵邑，郭度不可辭，即日上道，至行省獲辭以疾而歸。」[53] 凡此種種，都有助於考訂陳櫟之生平大要。

《尚書》是陳櫟極為用功的一部經書，他在〈書解折衷自序〉曾說「予幼習此經，老矣猶心醉焉」[54]，又據今《陳定宇先生文集》前之〈年表〉，可知他在宋度宗咸淳九年（1273）二十二歲的時候，便「使就方州試，以《書經》與待補選」，不過，在次年赴江東試時，卻因病而不能成行[55]。在入元之後，延祐元年（1314）的科舉，他也是「以《書經》登陳潤祖榜第十六名」[56]。兩次科舉皆以《書經》應試，且皆中選，可知在《尚書》方面的熟悉程度。又陳櫟一生中，曾前後編輯兩部與《尚書》相關的著作，一為《書傳折衷》，一為《尚書集傳纂疏》，前者已佚而後者尚存。前文已約略提及陳櫟與董真卿編《尚書輯錄纂註》之間的學術公案，以及這兩部書雖然分別著作於延祐開科的前後，但是對於蔡《傳》的基本態度，卻沒有太大改變。現大略將這兩部書的編輯情況整理如下。

陳櫟〈書解折衷自序〉曾自述作這部書是因由：

> 蔡氏受朱子付託，惜親訂僅三篇。朱子說《書》謂：「通其可通，毋強通其難通。」而蔡氏於難通罕闕焉，宗師說者固多，

---

53 〔元〕汪炎昶：〈定宇先生墓誌銘〉，陳櫟：《陳定宇先生文集》，收入《元人珍本文集叢刊》，第4冊，卷17，頁487。

54 〔元〕陳櫟：〈書解折衷自序〉，《陳定宇先生文集》，收入《元人珍本文集叢刊》，第4冊，卷1，頁267。

55 〔清〕陳嘉基：〈定宇先生年表〉，《陳定宇先生文集》，收入《元人珍本文集叢刊》，第4冊，卷首，頁254。

56 〔清〕陳嘉基：〈定宇先生年表〉，《陳定宇先生文集》，收入《元人珍本文集叢刊》，第4冊，卷首，頁256。

異之者亦不少。予因訓子，遂掇朱子大旨，及諸家之得經本意
者，句釋於下；異同之說，低一字折衷之；《語錄》所載，及
他可採之說，與夫未盡之蘊，皆列於是。惟以正大明白為主，
一毫穿鑿奇異，悉去之。[57]

可知這部書籍，原本是陳櫟自己準備用來教子之用，所以在選擇方
面，除了同樣是以朱子說為正之外，尚有一定的主觀程度，與董書往
往並存諸說不同，且從文字上的確可以看出，對於蔡沈《書集傳》的
不滿之意，不過這個不滿，似乎只是在於「異於師說」的部分。前章
曾提及，維護朱子之學的純粹與正統，原本就是新安學派的特色之
一，因此陳櫟會有這樣的說法，實在情理之中，而從書名來看，也可
以知道，這是一部將蔡《傳》當中某些地方，折衷討論的書籍。〈書
解折衷自序〉下題「大德癸卯十二月五日」，即一三〇三年。不過在
〈尚書集傳纂疏自序〉中則自言「聖朝科舉興行，諸經《四書》，壹
是以朱子為宗，《書》宗蔡《傳》，固亦宜然。櫟不揆晚學，三十年前
時，科舉未興，嘗編《書解折衷》，將以羽翼蔡《傳》，亡友胡庭芳見
而許可之，又勉以即蔡《傳》而纂疏之，遂加博采精究，方克成
編。」[58]下題「泰定四年丁卯正月望日」，即一三二七年，如果是單純
的往前推三十年，即一二九七年。又前曾引陳櫟〈送董季真入閩刊書

---

57 〔元〕陳櫟：〈書解折衷自序〉，《陳定宇先生文集》，收入《元人珍本文集叢刊》，
第4冊，卷1，頁267-268。

58 〔元〕陳櫟：〈尚書集傳纂疏自序〉，《書蔡氏傳纂疏》（明山陰祁氏淡生堂傳鈔元泰
定間梅溪書院刊本），卷首，頁3左。本文所引《書蔡氏傳纂疏》大抵以此本為底
本，然此本偶有漏、誤及渙漫難明的部分，故以《通志堂經解》本作為校本。又，
淡生堂本卷三〈商書〉部分，實為蔡沈《集傳》與鄒季友《音釋》合刻本，非陳櫟
《纂疏》，當為誤植，故本文於卷三〈商書〉部分採《通志堂經解》本，是以於注
解中會有兩種版本。

序〉當中提到「予二十年前亦嘗編《書解折衷》，宗朱、蔡，采諸家，附己見，大略相類，第不盡載蔡《傳》於前耳」[59]，而董真卿〈書傳輯錄纂註序〉下所題的時間是延祐戊午，即一三一八年，這個時間往回推二十年，是一二九八，而陳櫟的贈〈序〉肯定作於董〈序〉之前。是以陳櫟開始編《書傳折衷》的時間，大概可以訂在一二九七年前後，亦是元成宗大德元年（1297）前後，而成書的時間則是在大德七年（1301）。

至於《尚書集傳纂疏》這部書撰著的原因，以往的說法多認為是延祐開科，《書》用《蔡》傳的緣故。這個說法主要受到《四庫全書總目》的影響，其後劉起釪在《尚書學史》，則是沿用其說，前章均已論及，並引用原文及後人研究，說明本文在這個問題上，並不認為應該如《四庫總目》所云。此外，劉成群、鮑桐頤在〈元儒陳櫟的《尚書》學思想〉一文當中，以為陳櫟在延祐元年開科時，以《書經》應試，但僅得當榜的第十六名，對以《書經》名家的陳櫟來說，不算是理想的成績。而之所以會這樣，是否因為當時科舉程式《書》用蔡《傳》及古注疏，而陳櫟的《尚書》學思想偏離了蔡《傳》的緣故？雖然劉文當中沒有下斷語，卻說：「然而這次參加科考的確影響了他的經學研究，成為了他《尚書》學思想前後兩期的分水嶺。」[60]又引〈送董季真入閩刊書序〉中「不盡載蔡《傳》於前耳」一句，認為「砭蔡」的意味比較明顯，而〈書集傳纂疏凡例〉中第一條是「標題此書云《尚書蔡氏集傳》，法朱子刊《伊川易傳》標曰《周易程氏傳》，尊經也。首卷有『朱子訂定』四字，不忘本也；自二卷起，無四字，紀實也」，認為是「顯示了對蔡氏《書集傳》極大的尊崇意

---

59 〔元〕陳櫟：《陳定宇先生文集》，收入《元人珍本文集叢刊》，第4冊，卷10，頁281。
60 劉成群、鮑桐頤：〈元儒陳櫟的《尚書》學思想〉，《寶雞文理學院學報（社會科學版）》，第28卷第6期（2008年12月），頁47。

味」[61]，並下結論說：「陳櫟從『砭蔡』到『宗蔡』轉變得比較突然，前後也就經歷了一兩年的時間，這種驟變顯然與朝廷科舉《書經》定於蔡氏一端有極大的關係。」[62]顯然，劉、鮑二人的說法，也是受到《四庫總目》等舊說的影響。然而，前章已經提到許華峰先生與廖穎的研究，以為陳櫟在《書解折衷》與《尚書集傳纂疏》中對於蔡《傳》的意見，並沒有太大變動。雖然劉、鮑二人在此又提出了陳櫟參加延祐科考試排名不佳來作為輔證，然而，此說卻有三個疑點：第一，或曰批評者要比原作者更了解他的作品。縱未必然，陳櫟能對蔡《傳》提出各種意見，並且「折衷」之，且從宋末已研讀《尚書》，他於《書集傳》一書可能不熟悉嗎？第二，從今日留下來的資料，不論是正史、文集，都可以看出陳櫟是一個篤實認真的學者，而這樣一個人，居然只因為科舉排名，就完全改變自己原本的意見，而迎合科舉程式，豈非毫無風骨可言？第三，董鼎約卒於一三一一年前後，延祐開科是一三一四年，而董真卿在修訂父親原作期間，陳櫟在與他人往來的書信中，猶屢屢以《書傳折衷》為說，可見在這段期間，他並不以《折衷》之說為非，而董書刊成於一三一八年，如果他當真因為延祐元年科考排名不佳，受到打擊，又為何在這段時間前後，依然沒有否定舊說？抑或當真如此巧合，董季真前來尋訪陳櫟，正好是在董鼎卒後而延祐尚未開科短短數年間？

何況，陳櫟將《書傳折衷》擴編為《尚書集傳纂疏》，其實早在元成宗大德七年（1303）《書傳折衷》編成之後不久，就開始了這項工作，而促成這件事情的人，一開始是胡一桂，同樣是根據〈送董季

---

61 劉成群、鮑桐頤：〈元儒陳櫟的《尚書》學思想〉，《寶雞文理學院學報（社會科學版）》，頁47-48。

62 劉成群、鮑桐頤：〈元儒陳櫟的《尚書》學思想〉，《寶雞文理學院學報（社會科學版）》，頁48。

真入閩刊書序〉的記載，陳櫟曾言：

> 番陽深山董公，三十年前嘗宗蔡氏《書傳》、輯朱子《語錄》，
> 增諸家注解，間以己見發明之。書成，藏于家，其嗣子季真謀
> 刊以廣其傳。予二十年前亦嘗編《書解折衷》，宗朱、蔡，采
> 諸家，附己見，大略相類，第不盡載蔡《傳》於前耳。星源雙
> 湖胡公見予所編，季真聞之，轉索焉，將會于一。予以相去
> 遠、相見難，未之發也。雙湖敦勉，自成《蔡傳錄註》，至
> 〈商書〉，而雙湖不祿，意遂息。季真乃肯以其先君子全書賜
> 教，予始竭精疲神，會合以成一書。季真不遠二百餘里來見，
> 板行之謀甚堅，為留旬有五日，臨行，索贈言。[63]

可知，胡一桂在見到陳櫟《書傳折衷》一書之後，便鼓勵他將之再擴
充，以成《蔡傳錄註》，而且原文所謂的「第不盡載蔡《傳》於前
耳」，是陳櫟自己說，他和董鼎兩人都有類似的著作，只不過董書將
蔡《傳》原文置於前，而自己的書沒有這麼做，就上下文意看來，與
其說是「砭蔡」，不如說是有些不服輸的意味，說明自己早年已有完
成類似著作，並非僅有董鼎之書而已。不過，擴充的工作只進行到
〈商書〉部分，便因為胡一桂逝世，自己也意興闌珊，沒有繼續往下
編纂。從這裡可以知道，陳櫟對於擴編書籍這件事，在態度上並非積
極。後來董家拿著董鼎遺作來訪，並且希望能夠將已經完成的部分納
入其著作中。在〈與高四叔翁〉，他曾說到：

> 去年，婺源胡雙湖數相勉，將《蔡氏書傳》編附錄纂疏，勉從

---

63 〔元〕陳櫟：《陳定宇先生文集》，收入《元人珍本文集叢刊》，第4冊，卷10，頁281。

其言，成得三分之一。繼而海口董養晦又挾雙湖書來，欲借所
編，采入其叔父董深山所編中，以不見深山所編拒之，不發。
今夏養晦之來，攜乃叔所編四冊見示，遂以發數篇授之。蓋深
山之子季真將攜入閩，板行甚堅，彼中已有刊主矣。[64]

雖然說，前文論及董鼎時，曾經提到後來董真卿是否將陳櫟的意見冠
之以胡一桂之名此一公案。不過，可以肯定的是，在陳櫟未見到董氏
全書之時，對於董真卿所編的著作，事實上是採認可的態度，在〈與
徽學屠教授書〉當中，他曾經說道：「自讀無所可用，惟致力先儒之
書，發其未盡發之蘊，以圖不朽而已。去冬編《蔡書傳附錄增註》已
成，已與番陽一董兄謀刊之閩坊矣。」[65]只不過，當書成之後，陳櫟
見到董書，發現內容和自己所想像的差距甚遠，加上又有諸多錯誤，
遂大怒[66]，並云：「此子不識，妄加去取，令人憤悶，不得為完書也。
已改定成六卷，近日方畢，非一紙所能盡，其詳自述一刊蔡《傳》本
末。」[67]因此，本文以為，《尚書集傳纂疏》的編成，一開始是源於胡
一桂的鼓勵，後來因為對於董真卿刻《尚書輯錄纂註》一書的不滿，
於是便欲自成一書，一方面主張某些條目乃自己的原始發明，另一方
面也希望留給後人一部尊朱、不駁雜的《尚書》學著作，以正世人之
視聽。至於延祐開科，《書》用蔡《傳》的關係，或許沒有那麼密切。
　　《尚書集傳纂疏》全書分六卷，書前有蔡沈〈書集傳序〉、陳櫟
〈自序〉、〈書蔡氏傳纂疏凡例〉、〈讀尚書綱領〉、〈尚書序〉及〈小

64　〔元〕陳櫟：《陳定宇先生文集》，收入《元人珍本文集叢刊》，第4冊，卷10，頁392。
65　〔元〕陳櫟：《陳定宇先生文集》，收入《元人珍本文集叢刊》，第4冊，卷10，頁385。
66　陳櫟之文於前段論董鼎時已引，今不再贅述。
67　〔元〕陳櫟：《陳定宇先生文集》，收入《元人珍本文集叢刊》，第4冊，卷10，頁393。

序〉編為一篇[68]。第一卷為〈虞書〉、第二卷為〈夏書〉、第三卷為
〈商書〉、卷四為〈周書〉中自〈泰誓〉到〈梓材〉部分、第五卷為
〈周書〉中自〈召誥〉到〈立政〉部分、第六卷為〈周書〉中〈周
官〉到〈秦誓〉部分，除將〈小序〉置於前之外，各卷收錄的篇章與
編排次序均與蔡沈《書集傳》相同。不過，在〈讀尚書綱領〉部分，
與董鼎《尚書輯錄纂註》所收條目不同，並於題下註明「朱子說外附
以他說」[69]，是以除朱說之外，末了尚有柴中行、程氏及滕和叔等人
的說法[70]。每篇之下，於《尚書》正文後，先列蔡沈《書集傳》內
容，次列「纂疏」。據陳櫟自云，當初在作《書解折衷》之時，並未
將蔡《傳》文字置於前，不過，在這部書當中，他卻改變了作法，於
經文之下先列蔡《傳》文字，雖然不知道原因，但是可以視為對蔡
《傳》地位的提升。所謂「纂疏」的內容，即是各家說法與己說，不
過，如果這條底下有朱子意見，則一定居於諸說之前，以示尊重[71]。
而在諸說當中，將己說置於最末。因此，這部書雖然不像《尚書輯錄
纂註》細分成「輯錄」和「纂註」兩個部分，但兩者同樣都是以「經
文 → 蔡《傳》→ 朱子說 → 諸家說 → 己意」這樣的編排次序，偶有
未置於最末，而於諸家說間以己意評之者。且雖然不若董書其〈凡
例〉註明有釋音，然而在某些部分，也有類似的作法，如於〈堯典〉
題下注「丌，巨基反」[72]，〈益稷〉首句下注：「輴音春；欙音閣；
橇，丘喬反；梮音菊」[73]，〈禹貢〉「灉、沮會同」下注：「汳，芳萬

68 《通志堂經解》本卷首同樣收錄這六個部分，只是順序有些許不同。《文淵閣四庫
　全書》本則是直接從卷一收錄至卷六，而無卷首部分。

69 〔元〕陳櫟：《書蔡氏傳纂疏》，卷前，頁5右。

70 〔元〕陳櫟：《書蔡氏傳纂疏》，卷前，頁9右-11左。

71 〔元〕陳櫟：〈書蔡氏傳纂疏凡例〉，收入陳櫟：《書蔡氏傳纂疏》，卷前，頁4右。

72 〔元〕陳櫟：《書蔡氏傳纂疏》，卷1，頁1右。

73 〔元〕陳櫟：《書蔡氏傳纂疏》，卷1，頁61左。

反」，這些都不是針對經文本身，而是對蔡《傳》說解中的文字作釋音。此外，比較值得注意的地方，在於陳櫟對朱子言《尚書》有些地方可通，有些地方不可通這一點，相當在意與堅持，不但前引〈書解折衷序〉中曾經提到這點，在〈凡例〉當中也提到「一部《尚書》，朱子於闕疑諄諄言之，今遇可疑處，姑略存舊說，然後明云當闕疑焉」[74]，例如〈益稷〉「予違，汝弼；汝無面從，退有後言。欽四鄰」一段下，陳櫟便言：「愚按，『欽四鄰』上下，疑有闕文，朱子已嘗疑之。」[75]〈康誥〉「凡民自得罪，寇攘姦宄，殺越人于貨，暋不畏死：罔弗憝」，下云：「愚按，此段實與上文不貫，缺之是。」[76]〈梓材〉：「今王惟曰：先王既勤用明德，懷為夾，庶邦享作，兄弟方來；亦既用明德，后式典集，庶邦丕享」下，亦云：「愚謂，自此以後，朱子既以為他書錯簡誤綴在此，則解說者不當復以為武王命康叔，只云臣告君可也。」[77]至於在成書時間上，陳嘉基在〈年表〉中將之繫於延祐三年冬（1316），並在泰定四年（1327）於梅溪書院開版刊刻[78]。根據今國家圖書館藏明山陰淡生堂傳鈔梅溪書院本，書前牌記及陳櫟〈自序〉的時間，的確應該是刊刻於泰定四年無誤。但是在成書時間方面，由於陳櫟本身經濟狀況一直不好，他曾說自己著有許多書，但「貧不能刊」[79]，又曾在遭祝融之災，毀去許多文稿後，寫信給張純

74　〔元〕陳櫟：〈書蔡氏傳纂疏凡例〉，收入陳櫟：《書蔡氏傳纂疏》，卷前，頁4左。

75　〔元〕陳櫟：《書蔡氏傳纂疏》，卷1，頁64左。

76　〔元〕陳櫟：《書蔡氏傳纂疏》，卷4，頁72右。

77　〔元〕陳櫟：《書蔡氏傳纂疏》，卷4，頁88右。

78　〔清〕陳嘉基：〈定宇先生年表〉，《陳定宇先生文集》，收入《元人珍本文集叢刊》，第4冊，卷1，頁256。

79　〔元〕陳櫟：〈上許左丞相書〉，《陳定宇先生文集》，收入《元人珍本文集叢刊》，第4冊，卷10，頁374。

愚，希望能夠協助出版自己的一些著作[80]，是以成書時間早於刊刻時間多年，也並非不合理。然而，前已述及這部書成書的可能背景，加上書中又引董鼎之說，因此，完成的時間不太可能較董鼎《尚書輯錄纂註》刊刻時間（1318）來得早。又，陳師凱的《書蔡傳旁通》一書，作於至治元年（1321），這是一部為了讀蔡《傳》入門者所撰寫的書籍，而他在〈序〉中又提到董鼎《輯錄纂註》一書，認為這部書資料太多，是為「通本《傳》」之後的人所作，而他自己的書是為了初讀《書集傳》者所作[81]，董、陳二書性質相同，又均為新安著名學者，如果此時陳櫟之書已成，陳師凱不應厚此薄彼，理當一併提及，故陳嘉基〈年表〉中的記載，實有修正之必要。

由於此書也採集註體的方式，故在書中亦引各家之說，不過，由於陳櫟在書前並沒有像董書一樣有一個引用諸家姓氏表，僅說：「所纂諸家解，只書其名於姓下，而不列姓名於篇端。」[82]故只能採逐篇統計的方式來計算。依據筆者的初步統計，在這部書當中，不含朱子及己說，共引用了一百四十家的說法，但這只是從其分不從其合的結果。因為在引用的時候，陳櫟在體例上，有時並不統一，例如書中引「真氏」說凡十次，今考其文字，知其為真德秀《大學衍義》，然又於〈堯典〉首句下引「真氏德秀」說，考此段亦出自《大學衍義》，又〈皋陶謨〉首句下引「真氏《大學衍義》」之說，於〈康誥〉中有引一條《西山讀書記》，因此，全書引真德秀說法當為五十四次。又如書中引「董氏」者有八次，經察其文字，知當是董琮之說，然又

---

80 〔元〕陳櫟：〈答張純愚書〉，《陳定宇先生文集》，收入《元人珍本文集叢刊》，第4冊，卷10，頁382。

81 〔元〕陳師凱：〈書蔡傳旁通序〉，陳師凱：《書蔡氏傳旁通》（元至正乙酉建安余氏勤有堂刊本），卷前，頁1。

82 〔元〕陳櫟：〈書蔡氏傳纂疏凡例〉，收入陳櫟：《書蔡氏傳纂疏》，卷前，頁4左。

於〈禹貢〉「六府孔修；庶土交正，厎慎財賦，咸則三壤，成賦中邦」[83]、〈武成〉「今商王受無道，暴殄天物，害虐烝民，為天下逋逃主，萃淵藪。予小子既獲仁人，敢祗承上帝，以遏亂略。華夏蠻貊，罔不率俾」[84]之下，各引「復齋董氏」之說一次，則全書引董琮之說當有十次。其他如引「碧梧馬氏」之說有十次，「馬氏廷鸞」之說一次，總計當有十一次；「息齋余氏」一次，「余氏芑舒」兩次，總計當為三次；「新安胡氏」兩次，「胡氏一桂」一次，總計當為三次等。因此，如要完全理解陳櫟於《書蔡氏傳纂疏》當中，所引各家的詳細數字，恐怕不能只是單純統計而已，還需要將其體例不一之處重新爬梳，方可得出正確數字。

雖然如此，依舊不影響對於本書引用諸家學派的初步判斷，因為本書的引用相當集中，引用百次以上者只有六人，分別是呂氏（呂祖謙）二一四次、陳氏大猷一七九次、林氏（林之奇）一五四次、孔氏（孔《傳》）一三九次、唐孔氏（孔穎達）一〇四次、陳氏經一〇三次，接下來排名第七的王氏僅有六十四次，相差已有三十九次之多，而若是以引用五十次以上的人，對照董鼎《書蔡氏傳輯錄纂註》的引用次數，會發現兩書的引用排名有極其相似之處，茲分列於下：

新安陳氏	呂氏	陳氏大猷	林氏	孔氏	唐孔氏	張氏	蘇氏
303	247	199	182	164	122	86	84
王氏	新安胡氏	愚按	王氏炎	陳氏經	夏氏	真氏	陳氏
70	69	67	61	60	60	56	55

（董鼎《書蔡氏傳輯錄纂註》[85]

---

83 〔元〕陳櫟：《書蔡氏傳纂疏》，卷2，頁37左。
84 〔元〕陳櫟：《書蔡氏傳纂疏》，卷4，頁16右-16左。
85 本表根據許華峰：《董鼎書傳輯錄纂註》中，第四章第二節的統計所整理。

呂氏	陳氏大猷	林氏	孔氏	唐孔氏	陳氏經
213	179	155	139	104	103
張氏	王氏	蘇氏	夏氏	王氏炎	真氏
66	64	59	58	54	54

（陳櫟《書蔡氏傳纂疏》）

從這兩個表格中可以發現，對照之下，陳櫟《書蔡氏傳纂疏》當中十二家引用五十次以上者，完全包含於董鼎《書蔡氏傳輯錄纂註》中十六家引用超過五十次以上者，而除董書引用最多的是陳櫟之外，前五名引用的次序甚至完全一致，可知這兩部書在引用方面的擇取標準一致，是同一個學派體系之下的產物。

不過，雖然二書在引用諸書的擇取立場一致，但是陳櫟在《書蔡氏傳纂疏》當中，不僅僅是引用諸家說法並存而已，而是有相當明確的判斷觀點，不同於董鼎《書蔡氏傳輯錄纂註》往往是並存各家說法而不加以評議，陳櫟在引用諸說之後，除是單純引用之外，大多數情況都會下以己意說明，有時亦會判斷何說較佳、何說當駁。前文曾經引過董書對〈甘誓〉首句「有扈氏威侮五行，怠棄三正」的處理方式，今用同樣的段落，以明瞭兩者處理的差異，在《書蔡氏傳纂疏》當中，陳櫟的處理方式如下：

【纂疏】呂氏曰：五行之氣，散在天地間，秀者為人，偏者為物，殘民殄物，威侮之實也。○陳氏大猷曰：凡皆五常之道，拂生長斂藏之宜，皆威侮五行也。○孔氏曰：惰廢天地人之正道，言亂常也。○馬氏融曰：建子、丑、寅三正也。○林氏曰：商方有改正朔事，夏以前未有也。此但言其廢三綱五常耳。○夏氏曰：董仲舒謂舜紹堯，順天道，改正朔，此非夏以

前事乎？陳氏大猷曰：使果不用正朔，亦豈應言三正？仲舒所
云，漢儒多喜言改正朔耳。○王氏炎曰：夫子論孝，子產論
禮，皆曰天之經、地之義、民之行，三正不過如此，堯授時以
寅為正月，舜、禹因之，堯、舜之前安有子、丑二正？○程氏
大昌曰：創建丑、子，惟商、周耳。自唐迄夏，即皆建寅，高
堂隆謂舜更堯曆，首歲以子；堯同少昊，首歲以亥，皆不與
《詩》、《書》合，不足據也。○愚按，三正有二說，未知孰
是，姑兩存之，以俟來哲。行夏之時，夫子只就三代說耳。威
侮五行，或謂侮五行之理，如仁為木之神、愛之理之類，是慢
五常也；怠棄三正，是棄三綱也。蔡氏以暴殄天物為威侮五
行，是偏以質具於地之五行言，陳氏兼之，氣行於天之五行，
與五行之理言。[86]

不同於董書僅將諸說並列，陳櫟在書中，先是引各家說法之後，再整
理出各家對於「三正」的說法，大體可分為兩類，因為他無法判定兩
者究竟何者說法較為正確，因此只能兩存其說。並且於下文將三代建
正朔與三綱五常兩種說法的根據和道理，以及切入角度，略作分析。
又如〈無逸〉「周公曰：嗚呼！君子所其無逸」一句下，陳櫟是這樣
處理的：

> 【纂疏】東萊解「所」為「居」字，先生曰：若某則不敢如此
> 說，恐有脫字，則不可知。若說不行而必強立一字，雖若可
> 觀，只恐道理不如此。○孔氏曰：君子之道，所在其無逸
> 豫。○呂氏曰：凡人乍動乍息，亦有無逸之時，然能暫而不能居，

86　〔元〕陳櫟：《書蔡氏傳纂疏》，卷2，頁43右-43左。

非所其無逸者。惟君子以無逸為所，如魚之于水，鳥之于林，
有不可得而離者焉。○陳氏大猷曰：所在北辰，居其所之所
居，而不移動也。○李氏杞曰：所，安也。如止其所安于無逸
也。○愚按，「所其無逸」與「王敬作所，不可不敬德」，朱子
皆不以處安居之意釋之，懼其巧也。然呂說儘可喜，外此則孔
註之說，林氏亦本之，此外則無說矣。呂說朱子非之，蔡氏仍
本之，真氏乙記全不取呂、蔡說，《大學衍義》則又全采呂說
云。[87]

先引朱子之說，再引呂祖謙、孔《傳》、陳大猷、李杞四人的說法。
不過，雖說朱子不取呂氏之說，但是在陳櫟的判斷當中，還是覺得呂
說有可取之處，是以也沒對蔡沈在《書集傳》中沿用呂說有太多的指
責[88]。除此之外，還認為孔《傳》古註疏的意見，也是可以參考的說
法之一。最後，指出真德秀在《西山讀書記》與《大學衍義》當中的
矛盾。此外，像〈禹貢〉「祗台德先，不距朕行」下，纂疏云：「陳氏
曰：台、朕皆史氏，我其君上也。○馬氏曰：水土已平，天子於是封
建分理，又敬己德以先之，而莫敢或違，皆禹功所致也。即迪朕德，
時乃功，惟敘之意。○王氏炎曰：曰台曰朕，皆禹自言。○愚按，
台、朕蔡說欠明，陳、馬說當，雙溪謂皆禹自言，恐非。二句接「錫
土姓」，封建亦禹專之乎？」[89]又如〈禹貢〉「厥貢漆、枲、絺、紵，
厥篚纖纊，錫貢磬錯」下，纂疏云：「孔氏曰：纖纊，細綿也。○林
氏曰：纊，自為一物。愚案，徐之玄纖縞，則纖為繒，此之纖纊，則

---

87 〔元〕陳櫟：《書蔡氏傳纂疏》，卷5，頁28右-28左。
88 在認為蔡氏說法該修正時，陳櫟往往都直接指出，詳見後文。
89 〔元〕陳櫟：《書蔡氏傳纂疏》，卷2，頁38右-38左。

當為細，孔說是。」[90]陳櫟都在引用各家說之後，對於何者較佳提出評論，因此可以肯定，在作這部書的時候，實有包含自己的一家之言在內。

正因為陳櫟有成一家之言的意圖，所以在《書蔡氏傳纂疏》一書中，陳氏用「愚謂」、「愚按」之類表達自己意思的部分，不計注音切語，便有三八五條之多，如果包含進去，則超過四百條以上，可見陳氏於此書之用功。當中除了上文所列，關於當為錯簡、闕疑部分之看法，以及引用諸家之說後加以評論之外，也有許多陳氏自己的發揮，例如〈禹貢〉「厥土惟黃壤」一句下，蔡《傳》之下逕作：「【纂疏】愚按，土黃壤最貴，故雍田上上；塗泥最下，故揚田下下。」[91]再如〈五子之歌〉「其一曰：皇祖有訓……」下亦於蔡《傳》之後，直接云：「【纂疏】愚謂，五歌節奏有序，若出一手，其史之所次第歟？」[92]〈咸有一德〉題下引蔡《傳》之後言：「【纂疏】愚謂『一德』二字，實此篇之綱領。」[93]像這些情況，都是於《書集傳》文字之後，直接繼述自己的意見，當中沒有他家的說法，顯然若非各家無解，便是陳櫟以為其解不足取，故僅將一己之所得列入。

至於本文所最關心的對於蔡沈《書集傳》看法這個問題，事實上，在三八五條陳櫟自己的看法當中，直接寫出與蔡《傳》有關的文字，僅有四十六條而已，約佔全書意見的一成二，其中同意蔡說者有十條，如〈多士〉題下云：「愚謂，諸家過信〈小序〉，所以昔朕來自奄等，全解不通，蔡說當矣。」[94]〈呂刑〉「惟呂命。王享國百年，耄

90　〔元〕陳櫟：《書蔡氏傳纂疏》，卷2，頁18左。

91　〔元〕陳櫟：《書蔡氏傳纂疏》，卷2，頁32左。

92　〔元〕陳櫟：《書蔡氏傳纂疏》，卷2，頁46右。

93　〔元〕陳櫟：《書集傳纂疏》，收入《通志堂經解》，第15冊，卷3，總頁8765。

94　〔元〕陳櫟：《書蔡氏傳纂疏》，卷5，頁22左。

荒；度作刑以詰四方」下，云：「愚謂，王享國百年，耄荒，如朕在位三十三載，耄期耳。當百年耄荒之時，能裁奪，作以詰四方，乃見，在篤，乃刑，而尚精明仁厚，非真耄亂荒迷也。荒度，雖有〈益稷〉可證，然與土功不同，蔡氏采之，以備一說，得之矣。」[95]

反對蔡說者有二十二條，如〈小序〉「皋陶矢厥謨，禹成厥功，帝舜申之。作〈大禹〉、〈皋陶謨〉、〈益稷〉」下，云：「愚按，朱子語錄甚明，蔡氏不純祖述，仍用交互，申禹使有言申、皋使有功之說」。[96]〈禹貢〉「厥貢羽、毛、齒、革、惟金三品⋯⋯」下，云：「愚按，世子執纁，公子孤執玄。玄，黑色；纁，赤色。二色幣也。蔡云『玄纁，絳色幣』，恐非。」[97]

單純引出論述，看不出有明確贊成或反對立場者有十四條，如〈說命中〉「爰立作相王置諸其左右」下，云：「愚謂，置左右不徒相之，而必親近之也。蔡氏謂以冢宰兼師保，則據〈君奭·小序〉『召公保，周公師，相王為左右』之語乎？」[98]〈洪範〉首句「惟十有三祀，王訪于箕子」下，云：「蔡西山元定有〈洪範〉說，其嗣多祖述之餘。」[99]

不過，還有一類是陳櫟於文中未明引蔡氏說，但從上下文便可知道是在反駁蔡說，如〈盤庚中〉「嗚呼！古我前后，罔不惟民之承保，后胥慼；鮮以不浮于天時」下作：「愚謂，承，順也，何必訓敬？」[100]雖然沒有特別指出來，但是，在這段經文底下，蔡《傳》的說解是：「承，敬也。」加上於纂疏下並沒有引其他家說法，很明顯

---

95 〔元〕陳櫟：《書蔡氏傳纂疏》，卷6，頁39左-40右。
96 〔元〕陳櫟：《書蔡氏傳纂疏》，卷前，頁22左。
97 〔元〕陳櫟：《書蔡氏傳纂疏》，卷2，頁16左-17右。
98 〔元〕陳櫟：《書集傳纂疏》，收入《通志堂經解》，第15冊，卷3，總頁8771。
99 〔元〕陳櫟：《書蔡氏傳纂疏》，卷4，頁20左-21右。
100 〔元〕陳櫟：《書集傳纂疏》，收入《通志堂經解》，第15冊，卷3，頁8768。

可以看出來，陳櫟所反即是蔡說。又如〈武成〉「恭天成命，肆予東征，綏厥士女。惟其士女，篚厥玄黃，昭我周王。天休震動，用附我大邑周」下，作：「愚謂，『玄黃天地之色』之說當刊。」雖然在這段底下，纂疏的部分有引到朱子及陳經的說法，但是，這兩家的說法當中，都沒有講到相關的文字，而再往前看，在經文底下，蔡《傳》的說法是：「玄黃，色幣也。敬奉天之定命，故我東征，安其士女。士女喜周之來，篚篚盛其玄黃之幣，明我周王之德者，是蓋天休之所震動，故民用歸附我大邑周也。或曰，玄黃：天地之色。篚厥玄黃者，明我周王有天地之德也。」[101]可知，亦是針對蔡《傳》，但是以全書的比例來看，依舊屬於少數。

因此本文以為，陳櫟在此書當中，並沒有對於刊正蔡《傳》這件事放太多心思在上面，而是更重視對於經文的詮釋。不過，雖然如此，本書亦不若《四庫全書總目》所言：「是書之作，乃於蔡《傳》有所增補，無所駁正，與其舊說迥殊。」[102]事實上，雖然在這部書來說，蔡《傳》的駁正並不是重點，但是據上文所統計，明引蔡《傳》的部分，贊成者十條，反對者二十二條，無明顯立場者十四條，反對部分還是贊成部分的兩倍。是以，四庫館臣之言，似為過論。

第二節　僅取蔡《傳》文字為之註解──陳師凱

由於元代科舉《尚書》採蔡《傳》兼用古注疏，加上新安學派一批為朱學著作做「纂注」的人當中，董鼎與陳櫟都選擇了蔡沈《書集傳》這部書，自是以後，就如同偽孔《傳》、唐孔《疏》一樣，蔡《傳》與《尚書》在學林之中，便有了緊密的結合，不再只是眾說當

101　〔元〕陳櫟：《書蔡氏傳纂疏》，卷4，頁16左。
102　〔清〕紀昀、永瑢等：《武英殿本四庫全書總目》，第1冊，卷12，頁271。

中的一說，而是提到《尚書》，直接便想到蔡《傳》這種極具代表性的註解。而陳師凱作《書蔡傳旁通》，更是直接將這樣的地位點明，他在〈書蔡傳旁通序〉曾說：「嗟夫！《書》之有《傳》，如堂之階，如室之戶，未有不由此而可以造其地也。」[103] 書中註解亦可看出這樣的態度，如〈泰誓上〉「夫改正朔不改月數，於〈太甲〉辨之詳矣。而四時改易，尤為無[義][104]」下，先是講述三代正朔的各家說法，然後認為「蔡氏立說甚確」，又引古《周書》為例，最後說：「讀是書自當以蔡《傳》為正，不必為他書所惑也。」[105] 又如〈無逸〉「祖甲之為祖甲，而非太甲明矣」一段下，討論祖甲與太甲的關係，先引西山真氏、新安陳氏、蘇氏三人的說法，然後說：「蔡《傳》所考不可破，而孔氏、蘇氏、真氏、陳氏諸說非是。」[106] 可見對蔡《傳》推崇的程度。黃虞稷曾於《千頃堂書目》中言本書：「凡《傳》中所引名物度數，必詳究所出，有功蔡《傳》甚大。」[107]

關於陳師凱，傳世生平學術的資料不多，《四庫提要》云：「家彭蠡，故自題曰東匯澤，其始末則不可得。」[108]《元史》無傳，《新元史》附於〈儒林三〉陳澔傳之下，然亦僅有「子師凱，於《易》象、樂律多所撰述，能世其家學」十七字而已[109]。《宋元學案》將之列入〈九峯學案〉中，云字道男，南康人，與劉實翁、黃鎮成並列於九峯續傳，亦即蔡沈的再傳弟子[110]，其父陳澔即宋代理學家都昌陳大猷之

---

103 〔元〕陳師凱：《書蔡氏傳旁通》，卷前，頁1左。

104 呂本作「藝」，不可解，據《通志堂經解》本、《四庫薈要》本正。

105 〔元〕陳師凱：《書蔡氏傳旁通》，卷4上，頁2左。

106 〔元〕陳師凱：《書蔡氏傳旁通》，卷5，頁10右。

107 〔清〕黃虞稷：《千頃堂書目》，卷1，頁25。

108 〔清〕紀昀、永瑢等：《武英殿本四庫全書總目》，卷12，頁272-273。

109 〔民國〕柯劭忞：《新元史》，卷236，頁2112。

110 〔清〕黃宗羲：《宋元學案》，卷67，頁2215。

子，陳大猷則是師事雙峰，因此雖然資料不多，但由其父、祖可以推論陳師凱與朱學關係密切[111]。《四庫提要》以為《書蔡傳旁通》一書：「於名物度數蔡《傳》所稱引而未詳者，一一博引繁稱，析其端委。其蔡《傳》歧誤之處，則不復糾正，蓋如孔穎達諸經《正義》主於發揮注文，不主於攻駁注文也。」[112]而陳師凱自己在〈書蔡傳旁通序〉也說：「是以《旁通》之筆，不厭煩碎，專務釋《傳》，固不能效《正義》之具舉，但值片言隻字之我當尋繹、所當考訓者，必旁搜而

---

111 以為陳澔為陳師凱之父者有《新元史》及瞿鏞於《鐵琴銅劍樓藏書目錄》「書蔡氏傳旁通六卷」條下云：「題後學東滙澤陳師凱撰，并〈序〉。案，陳氏即雲莊先生之子，《易》象、樂律，皆有著述，見危太樸撰〈雲莊墓志〉。又《千頃堂書目》注云：『浮梁人，至治辛酉為此書』」。見所著：《鐵琴銅劍樓藏書目錄》，收入《續修四庫全書》，第926冊，卷2，頁78。其他的資料皆較為保留，如陸心源〈書蔡傳旁通拔〉即以為：「《提要》：『師凱家彭蠡，故自題曰東滙澤，其始末則不可得詳。』愚案，師凱，字叔才，都昌人，專究理學，纂《蔡傳旁通》，見《西江人物志》。或曰：『即陳澔可久之子也。』查陳澔〈禮記集說序〉亦題『東滙澤』，容再攷。」見所著：《儀顧堂題跋》，收入《續修四庫全書》，第930冊，卷1，頁16。王德毅等編：《元人傳記資料索引》，亦以為：「陳師凱，字道勇，一字叔才，都昌人，或云澔子。專究理學，至治元年撰《尚書蔡傳旁通》六卷。」見所編：《元人傳記資料索引》，頁1328。雖然沒有直接肯定陳澔與陳師凱的關係，但亦懷疑兩人為父子。今《全元文》當中，有危素（1303-1372）〈元故都昌陳先生墓誌銘〉，當中云：「按先生諱澔，字可大。其先自南唐保大間遷都昌之南橋里。中散大夫某官諱，生鄉貢進士縉。縉之曾孫闈禮，生大猷，師石洞饒氏，以《禮》名家，登開慶元年進士第，終通直郎某官。先生，大猷之子也，則先生之學有來自矣。先生不求仕，獨治經術於山林，老而不厭，豈非篤信好古之士哉？郡守董公□□以書幣迎先生，為白鹿洞經師，居二年，然後歸。以至正元年十一月己丑沒於家。先生生於宋景定二年十月，至是得年八十有二。先生之母郭氏、張氏。娶沈氏，繼劉氏。子男三人：師元、師凱、師契。師凱世其學，於《易》象、樂□多所著述。」對陳師凱之家世交代得相當明白，此篇當即瞿《志》中所云危太樸之〈雲莊墓志〉，以往較為罕見，今收入《全元文》，第48冊，卷1480，頁514。本文則根據《新元史》及危素〈元故都昌陳先生墓誌銘〉的說法。

112 〔清〕紀昀、永瑢等：《武英殿本四庫全書總目》，卷12，頁272-273。

備錄之，期至于通而後止。」[113]雖然說「不能效《正義》」，但是，自比於孔穎達為孔《傳》作《正義》一般，為《書集傳》再作註解的意思相當明白。

《書蔡傳旁通》全書共六卷，卷首為陳師凱的〈書蔡傳旁通序〉、〈蔡傳旁通引用書目〉[114]、〈蔡傳旁通隱字審音〉，卷一上為〈書序〉、〈堯典〉，卷一中為〈舜典〉，卷一下為〈大禹謨〉、〈皋陶謨〉、〈益稷〉，卷二為〈禹貢〉、〈甘誓〉、〈五子之歌〉、〈胤征〉，卷三為〈湯誓〉、〈仲虺之誥〉、〈湯誥〉、〈伊訓〉、〈太甲上〉、〈太甲中〉、〈太甲下〉、〈咸有一德〉、〈盤庚上〉、〈盤庚中〉、〈盤庚下〉、〈說命上〉、〈說命中〉、〈說命下〉、〈高宗肜日〉、〈西伯戡黎〉、〈微子〉，卷四上為〈泰誓上〉、〈泰誓中〉、〈泰誓下〉、〈牧誓〉、〈武成〉，卷四中為〈洪範〉，卷四下為〈旅獒〉、〈金縢〉、〈大誥〉、〈微子之命〉、〈康誥〉、〈酒誥〉、〈梓材〉，卷五為〈召誥〉、〈洛誥〉、〈多士〉、〈無逸〉、〈君奭〉、〈蔡仲之命〉、〈多方〉、〈立政〉，卷六上為〈周官〉、〈君陳〉、〈顧命〉，卷六下為〈康王之誥〉、〈畢命〉、〈君牙〉、〈冏命〉、〈呂刑〉、〈文侯之命〉、〈費誓〉、〈秦誓〉，以及百篇〈書序〉的原始排列與部分字詞訓釋。可以發現，雖然因為卷帙之故，他將全書分成了十一個部分，但是為了配合蔡沈《書集傳》原本的卷數篇目，不得不將篇幅較為龐大的卷一、卷四分為上中下三部分，卷六分為上下兩部分，可是在「卷數」的名稱上，依然是用「卷一上」、「卷一中」、「卷一下」；「卷四上」、「卷四中」、「卷四下」；「卷六上」、「卷六下」的方式來命名，而不是從卷一到卷十一這樣的作法。此外，這部書最

---

113 〔元〕陳師凱：《書蔡氏傳旁通》，卷前，頁1左。

114 《通志堂經解》本於〈蔡傳旁通引用書目〉前有〈蔡傳旁通卷目〉，下註「蔡《傳》本六卷，今分為十一卷」，後有〈書蔡氏傳輯錄引用諸書〉、〈輯錄所載朱子門人姓氏〉、〈纂註引用諸書〉、〈纂註引用諸家姓氏〉，全襲董鼎《尚書輯錄纂註》書前之例。

大的特色在於，他所要註解的對象並非《尚書》，而是蔡沈《書集傳》，因此，書中並不列《尚書》經文，而是直接列蔡《傳》文字，他在〈書蔡傳旁通序〉中說道，這部書著作的目的是：「俾初學之士，對本傳於前，置《旁通》於側，或有所未了者，即轉矚而取之左右，庶幾微疑易釋，大義易暢，乘迎刃之勢，求指掌之歸，吾見其有融會貫通之期，無囁嚅齟齬之思矣。」[115]可知他這部書的性質，就是要當作入門者閱讀《書集傳》的參考，可以說是附屬於蔡《傳》的一部著作。而且，他在註解蔡《傳》文字的時候，並非逐條逐句，而是只解釋他認為需要說明的部分，例如〈堯典〉首節「曰若稽古帝堯，曰放勳。欽、明、文、思、安安，允恭克讓；光被四表，格于上下。克明俊德，以親九族；九族既睦，平章百姓；百姓昭明，協和萬邦。黎民於變時雍。」蔡《傳》的解釋是：

> 曰、粵、越通，古文作粵，曰若者，發語辭。〈周書〉：「越若來三月。」亦此例也。稽，考也。史臣將敘堯事，故先言考古之帝堯者，其得如下文所云也。曰者，猶言其說如此也。放，至也，猶孟子言：「放乎四海。」是也……明，明之也。俊，大也。堯之大德，上文所稱是也。九族，高祖至玄孫之親，舉近以該遠，五服、異姓之親，亦在其中也。睦，親而和也。平，均。章，明也。百姓，畿內民庶也。昭明，皆能自明其德也。萬邦，天下諸侯之國也。黎，黑也。民首皆黑，故曰黎民。於，歎美辭。變，變惡為善也。時，是。雍，和也。此言堯推其德，自身而家而國而天下，所謂放勳者也。[116]

115　〔元〕陳師凱：《書蔡氏傳旁通》，卷前，頁1左-2右。

116　〔宋〕蔡沈：《朱文公訂正門人蔡九峯書集傳》，卷1，頁1右-2右。

而陳師凱《書蔡傳旁通》當中，則是只針對上列引文劃底線部分，分成三條來作作注解：

> 曰、粵、越通，古文作粵。
>
> 　此即安國隸古文。
>
> 九族，高祖至玄孫之親。
>
> 　此本安國及馬氏、鄭氏說，高祖一、曾祖二、祖三、父四、
> 　己五、子六、孫七、曾孫八、玄孫九。
>
> 舉近以該遠，五服、異姓之親亦在其中也。
>
> 　此是包歐陽、夏侯及林氏說。父族有四：父本族一、姑夫
> 　二、姊妹夫三、女夫四；母族有三：母父族一、母母族二、
> 　姨母家三；妻族有二：妻父族一、妻母族二。[117]

又如〈大禹謨〉中「帝初于歷山，往于田，日號泣于旻天于父母」這段文字，蔡《傳》的解釋是：

> <u>歷山，在河中府河東縣</u>。<u>仁覆閔下，謂之旻</u>。日，非一日也。
> 言舜耕歷山，往于田之時，以不獲順於父母之故，而<u>日號呼于</u>
> <u>旻天、于其父母，蓋怨慕之深</u>也。[118]

同樣，陳師凱在為這一段作注解的時候，也只選了引文中劃底線的四條，來作說明：

117　〔元〕陳師凱：《書蔡傳旁通》，卷1上，頁6右-6左。

118　〔宋〕蔡沈：《朱文公訂正門人蔡九峯書集傳》，卷1，頁27右-27左。

歷山在河中府河東縣。

　　《韻會》云：「蒲州河東縣雷首山，一名中條，亦名歷
　　山。」又，越州餘姚縣、濮州雷澤及嬀州皆有歷山舜井。

仁覆閔下，謂之旻。

　　《爾雅》云：「秋為旻天。」〈詩序〉云：「旻，愍也。」毛
　　公云：「仁覆閔下，則稱旻天。」閔、愍通用，《書疏》云：
　　「求天愍己，故呼曰旻天。」

號呼于旻天、于其父母。

　　《朱子語錄》云：「號泣於旻天，呼天而泣也；於父母，呼
　　父母而泣也。」

怨慕之深。

　　《孟子集註》云：「怨己之不得其親而思慕也。」又云：「自
　　責不知己有何罪耳，非怨父母耳。」[119]

又如〈湯誓〉一篇，只解釋三條，〈太甲上〉、〈太甲中〉兩篇各自只
解釋一條，可見，雖然是為蔡沈《書集傳》再作注解，但是，與孔穎
達為孔《傳》作疏不同的地方，在於孔《疏》幾乎是對《注》中的每
段文字都加以說解，是以分量超越原文數倍。但是《旁通》對蔡
《傳》則並非全面性，而是選擇性的作註解。既然是作為「俾初學之
士，對本傳於前，置《旁通》於側，或有所未了者，即轉囑而取之左
右，庶幾微疑易釋，大義易暢」的一部書，陳師凱這種作法，顯然已
經預設了哪些是「初學之士」該懂的部分，而他只負責解釋他認為那
些「初學之士」會不懂的地方。或許陳師凱有自己的義例章法，但是

---

119 〔元〕陳師凱：《書蔡傳旁通》，卷1下，頁4右-4左。

作為一本給初學者的輔助用書，未必是恰當的方式。

　　《書蔡傳旁通》對於《書集傳》的註解，大概有三種情況：第一種是直接作補充解釋，即是在《書集傳》原有的文字上面，再做更仔細的進一步說明。其中有注音者，如〈舜典〉蔡《傳》「攦工垂之指」下，云：「陸氏《釋文》云：『攦，呂系反，又力結反。』」[120]〈說命上〉蔡《傳》「鶊鸇之鸇」下，云：「烏南反。」[121]有注字義者，如〈泰誓下〉蔡《傳》「社所以祭地」下，云：「社，土神。古天子諸侯於公宮之右為壇以祭之。」[122]〈梓材〉蔡《傳》「梓，良材」下，云：「梓，木名。」[123]有注文章出處者，如〈舜典〉蔡《傳》「精意以享謂之禋」下，云「見國語。」[124]〈益稷〉蔡《傳》「《漢志》堯處子朱於丹淵為諸侯。丹，朱之國名也」下，云：「見《前漢》〈律曆志〉。」[125]亦有釋古今地名之不同者，如〈禹貢〉蔡《傳》「恒山，今定州曲陽」下，云：「定州，今改中山府。曲陽割屬保定路。」[126]〈仲虺之誥〉蔡《傳》「南巢，地名。廬江六縣有居巢城」下，云：「在今淮西無為州巢縣。」[127]其他還有釋人名、釋語意、釋制度等，這一類佔全書的份量最多，可說是本書的主要構成部分。

　　第二種情況是就蔡沈《傳》文補充解釋後，再以己意說明。即作者對《傳》文補充完畢之後，認為還有更深入論述的必要，因此便以己見再說明，而這些說明，大概又可以分為三種，分別是：第一，補

120　〔元〕陳師凱：《書蔡傳旁通》，卷1中，頁16左。
121　〔元〕陳師凱：《書蔡傳旁通》，卷4，頁9左。
122　〔元〕陳師凱：《書蔡傳旁通》，卷4上，頁6右。
123　〔元〕陳師凱：《書蔡傳旁通》，卷4下，頁13左。
124　〔元〕陳師凱：《書蔡傳旁通》，卷1中，頁6右。
125　〔元〕陳師凱：《書蔡傳旁通》，卷1下，頁15右。
126　〔元〕陳師凱：《書蔡傳旁通》，卷2，頁30右。
127　〔元〕陳師凱：《書蔡傳旁通》，卷3，頁2右。

充並解釋蔡《傳》說解的理由、第二，補充蔡《傳》有缺疑的部分，
以及第三，反駁前人對蔡《傳》的批駁，首先，在第一類當中，是說
明「為什麼蔡《傳》會這麼說」，例如〈益稷〉「如周制鄉黨之官，以
時書民之孝悌睦婣有學者也」下云：

> 〈地官・黨正〉云：「正歲，屬民讀法而書其德行道義，以歲
> 時涖校比。」〈族師〉云：「月吉，則屬民而讀邦法，書其孝悌
> 睦婣有學者。」〈閭胥〉云：「既比，則讀法，書其敬敏任恤
> 者。」愚按：閭，二十五家也。族，百家也。黨，五百家也。
> 五家為比，五比為閭，四閭為族，五族為黨，五黨為州，五州
> 為鄉。黨正、族師、閭胥皆鄉大夫所屬，故蔡《傳》不別言
> 之，總稱為鄉黨之官也。[128]

原本這句是蔡《傳》針對〈益稷〉文中「書用識哉」所作的解釋，陳
師凱先是對蔡《傳》作補充解釋，引《周禮》〈地官〉當中〈黨正〉、
〈族師〉、〈閭胥〉三個段落的文字，然後再說明這三種官職只是單位
不同而已，其工作內容則大同小異。因此，蔡沈在註解的時候，就沒
有一一說明，而是統稱為「鄉黨之官」。又〈泰誓下〉「古者天子六
軍，大國三軍，是時武王未備六軍，〈牧誓〉敘三卿可見。此曰六師
者，史臣之詞也」下，云：

> 《周禮》云：「萬有二千五百人為軍，王六軍，大國三軍，次
> 國二軍，小國一軍，軍將皆命卿。二千有五百人為師，師帥皆
> 中大夫；五百人為旅，旅帥皆下大夫；百人為卒，卒長皆上

---

128 〔元〕陳師凱：《書蔡傳旁通》，卷1下，頁15左。

士；二十五人為兩，兩司馬皆中士；五人為伍，伍皆有長。」
愚按，天子之國六卿，出正軍，七萬五千人；六遂，出副軍，
亦七萬五千人。《司馬法》：「十井八十家共出車一乘，一乘計
七十五人，內甲士三人，步卒七十二。萬井八萬家，合出車千
乘，甲士三千人，步卒七萬二千人。」其時武王未立六鄉六遂
之制，不應先為六軍，而《孟子》言：「武王之伐殷也，革車
三百兩。」亦不合六軍兵車之數。〈牧誓〉止言司徒、司馬、
司空，每一卿為一軍，將合三萬七千五百人，該軍五百乘。
《孟子》止言三百兩，蓋兵士雖有三軍之數，而其兵車尚闕二
百乘，以見聖人之不恃力也如此。然此經文言「大巡六師」，
《周禮》以二千五百人為師，則六師共一萬五千人。蔡氏不以
此訓者，明知一萬五千人上不合大國三軍之數，下不合小國一
軍之文。文王、武王相繼為西伯，今日大舉必不止一萬五千人
也，故直以六師為六軍。武王雖敵紂，其實未備天子之制，不
應有六軍，且有〈牧誓〉三卿為質，故以為史臣之詞也。以三
百計之，為二萬二千五百人，孔《疏》不計甲士三人，只得二
萬一千六百人也。[129]

這段是解釋蔡《傳》在〈泰誓下〉「時厥明，王乃大巡六師，明誓眾
士」一句之下，為什麼明明經文即言「六師」，但是蔡《傳》於解釋
時，卻又要說：「古者天子六軍，大國三軍，是時武王未備六軍，〈牧
誓〉敘三卿可見。」他先引《周禮》〈夏官〉〈司馬〉的文字，說明六
軍單單正軍就有七萬五千人；再引《司馬法》中的規定，說明依照這
個數量，其車當有千乘。接著說，關於武王伐紂的這段事蹟，同時還

---

129 〔元〕陳師凱：《書蔡傳旁通》，卷4，頁5左-5右。

見於〈牧誓〉及《孟子》。如果依以本經證本經的方式，用〈牧誓〉來看，武王的誓辭中說：「嗟！我友邦冢君，御事司徒、司馬、司空。」可見當時只有三卿，而未備六軍。如果以他經證本經，用《孟子》來看，則《孟子》言革車三百輛，可見當時的軍隊數量，亦未達千乘之數。而如果不把「師」當「軍」解，而單純用《周禮》〈地官・司徒〉中「五旅為師，師亦二千五百人也」的每師二千五百人來說，六師則只有一萬二千五百人，這個數字與大國三軍或小國一軍皆不合，且以武王伐紂之勢，恐怕不止這個人數，但是時武王猶未登天子，因此於理上又不可能有六軍之備，加上與其他文獻的對照。所以，蔡《傳》在這裡才會說「此曰六師者，史臣之詞也」，是後代史官以當時之制所記，故有這樣的文字產生。

至於第二點，補充蔡《傳》有闕疑的部分，則是針對蔡《傳》沒有說明清楚，或直接註明無法解釋的部分，陳師凱以己意來協助補充，亦即跳過蔡《傳》本身，直接解釋經文，例如〈金縢〉「乃卜三龜，一習吉。啟籥見書，乃并是吉」在這一段之下，孔《傳》的解釋為：「習，因也。以三王之龜卜，一相因而吉。三兆既同吉，開籥見占兆書，乃亦并是吉。」[130]蔡《傳》則云：「卜筮必立三人以相參考。三龜者，三人所卜之龜也。習，重也。謂三龜之兆一同，開籥見卜兆之書，乃并是吉。」[131]但是，陳師凱卻認為，他們講得並不清楚，因此在這一條底下書：

　　蔡氏及古註，皆不明指是字為何物？所并者為何兆？愚竊謂：以三龜卜之，見兩兆皆吉，故云一習吉。及啟籥見書，乃云并

130　〔漢〕孔安國傳、〔唐〕孔穎達等正義：《尚書正義》，收入《十三經注疏・附校勘記》，第1冊，卷13，頁187。

131　〔宋〕蔡沈：《朱文公訂正門人蔡九峯書集傳》，卷4，頁29左-30右。

此兆為吉也。[132]

在這裡，他用蔡《傳》以「重」釋「習」，因此，經文中「一習吉」
的意思，就是三龜卜當中，有兩兆為吉，然後，打開藏卜兆之書處，
所見亦是吉兆。因為兩者都是吉兆，因此說併此兆為吉。此外，又如
〈梓材〉「汝若恒越曰：『我有師師，司徒、司馬、司空、尹、旅。
曰：予罔厲殺人；亦厥君先敬勞，肆徂厥敬勞。肆往，姦宄、殺人、
歷人、宥；肆亦見厥君事，戕敗人宥」一段下，《書蔡傳旁通》引蔡
《傳》言「此章文多未詳」，所以，陳師凱便代之發揮，云：

> 新安胡氏曰：「蔡《傳》僅訓字，而云『多未詳』，信當缺
> 之。」愚案：以意解之云：汝若常言及曰：我固有官師為師，
> 三卿及正官之長，及眾大夫。然必自曰：我不可屬虐殺人，亦
> 以為人上者，當率先恭敬勞來；故在下者，無往而不恭敬勞來
> 矣。惟其有欽恤之心，勞來之意，其用刑也，故於往日為姦為
> 宄或殺人或歷人，皆宥之。故亦於見其君事，而有毀傷人者，
> 亦宥之。往日紂在時也，見厥君事，亦紂事也。蓋商紂之時，
> 其民多有為惡者，康叔於此不當追咎既往，而與之更新，可
> 也。[133]

蔡《傳》在這段經文之下的解釋是：「恆，常也。師師，以官師為師
也。尹，正官之長。旅，眾大夫也。敬勞，恭敬勞來也。徂，往也。
歷人者，罪人所過，律所謂知情、藏匿、資給也。戕敗者，毀傷四肢

132　〔元〕陳師凱：《書蔡傳旁通》，卷4下，頁4左。
133　〔元〕陳師凱：《書蔡傳旁通》，卷4下，頁12左-13右。

面目，漢律所謂痕也。此章文多未詳。」[134]大體上，只訓解了文字的
意思，並沒有說明此章之義理，蔡沈以為這邊可能有缺漏之類，因此
沒有如其他經文一樣，每章底下在解讀文字之後，還會說明其大義之
所在。所以，既然蔡《傳》說「此章多未詳」，陳師凱便以自己的意
思，直接解釋這段《尚書》經文所要表達的義理。

　　事實上，如果細察《書蔡傳旁通》當中陳師凱所使用的文字，很
容易看出他對蔡《傳》的敬重與推崇，非但於〈序〉中和注解中屢屢
稱讚，在解釋方面也可以看到他對於蔡《傳》多有迴護。因此，便有
了第三種反駁前人對蔡《傳》的批駁這一類意見的產生。從宋末蔡沈
《書集傳》成書以來，原本並沒有受到太多矚目，但隨著朱門內建立
了正統地位，以及成為《尚書》一經的代表性註解之一後，便有許多
研究者對它提出了批評，而這些評論在極為宗蔡的陳師凱眼中，自然
不甚認可，因此，在《書蔡傳旁通》當中，遇到有機會替蔡《傳》說
解時，他便會特別點出，如〈酒誥〉中有云：

> 肇，敏。
>
> 　蔡初王氏曰：「肇訓敏，未可曉。」愚案：〈釋言〉云：
> 　「肇，敏也。」郭云：「肇，牽車牛。」蔡氏正據此，而蔡
> 　初妄譏。甚矣，學不可不博。[135]

這是對於王希旦說法所作的反駁。在〈酒誥〉有「妹土嗣爾股肱，純
其藝黍稷，奔走事厥考厥長。肇牽車牛遠服賈，用孝養厥父母」這樣
一段文字，由於孔《傳》，並沒有對「肇」字特別訓解，而蔡《傳》

134　〔宋〕蔡沈：《朱文公訂正門人蔡九峯書集傳》，卷4，頁54左-55右。

135　〔元〕陳師凱：《書蔡傳旁通》，卷4下，頁11右。

在這段底下的說解是「此武王教妹土之民也。嗣，續。純，大。肇，
敏。服，事也。言妹土民，當嗣續汝四肢之力，無有怠惰。大修農
功，服勞田畝，奔走以事其父母。或敏於貿易，牽車牛遠事賈，以孝
養其父母。」[136]因此，王氏此言，顯然是針對蔡《傳》，是以陳師凱
在此，引《爾雅》〈釋言〉的文字來反駁，並且在解釋蔡《傳》的根
據之後，還補了「學不可不博」一句，其用語相當強烈。又如〈梓
材〉中有云：

> 肆，今也。
>> 新安陳氏曰：「蔡氏訓『肆』為『今』，未安。」愚案，〈釋
>> 詁〉云：「肆，故，今也。」郭云：「肆既為故，又為今，今
>> 亦為故，故亦為今。」蔡氏正據此，陳氏未考耳。[137]

在〈梓材〉「肆王惟德用，和懌先後迷民，用懌先王受命」一段之
下，蔡《傳》云：「肆，今也。德用，用明德也。和懌，和悅之也。
先後，勞來之也。迷民，迷惑染惡之民也。命，天命也。用慰悅先王
之克受天命者也。」[138]在這裡，陳櫟認為，蔡《傳》將「肆」解釋作
「今」，恐怕不妥，而從董鼎《書蔡氏傳輯錄纂註》下所引「新安陳
氏曰：蔡氏訓『肆』為『今』，未安。肆，故也、遂也。朱子曰『承
上起下之辭』，《書》中『肆』字在句首者，如『肆類于上帝』、『肆嗣
王丕承基緒』、『肆惟王其疾敬德』，與上文『肆往姦宄』、『肆亦見厥
君事』，皆故與遂之意耳，不必訓為今也。」[139]可見陳櫟主張應該將

---

136 〔宋〕蔡沈：《朱文公訂正門人蔡九峯書集傳》，卷4，頁49左。
137 〔元〕陳師凱：《書蔡傳旁通》，卷4下，頁13左。
138 〔宋〕蔡沈：《朱文公訂正門人蔡九峯書集傳》，卷4，頁55左-56右。
139 〔元〕董鼎：《書蔡氏傳輯錄纂註》，卷4，頁85右。

「肆」解釋成過去。而在這裡陳師凱一樣是引《爾雅》的文字來為蔡沈反駁，不過，或許因為陳櫟是新安前輩，當時甚有名望，因此在這裡，他只說「陳氏未考耳」，並沒有像對王希旦一樣用那麼重的語句。

　　第三種狀況是，就蔡沈《傳》文作補充、解釋後，再對該傳文作議論，亦即認為蔡《傳》當作修改。雖說陳師凱是站在對蔡《傳》再作註解的角度來撰寫，也在各方面為蔡《傳》作解人，但在某些地方，還是認為蔡《傳》有應該修改的部分，而這種修改又可分為兩種：一是指正蔡《傳》文字之誤，一是指正蔡《傳》訓釋之誤。所謂文字之誤，意思就是蔡《傳》本身的文字有誤，這種情況本書當中有十餘條，有直接指出何字錯，當改為何者，如〈禹貢〉「及其而大祥」下，遽云：「『及』當作『又』。」[140]〈武成〉「五教君臣父子夫婦兄弟長幼，五典之教也」下，云：「愚按，長幼即兄弟，誤重書而遺朋友，當改正。」[141]亦有引他書以證者，如〈舜典〉「虞，掌山澤之官。《周禮》分為虞、衡，屬於〈夏官〉」一條，下云：「『夏』字誤。按，《周禮・地官》：山虞，每大山中士四人，下士八人。」[142]引《周禮》的說法，來證明「夏」字應該改作「地」字。又如〈湯誥〉「屈原曰：『人窮則反本。』故勞苦倦極，未嘗不呼天也」下，云：「當作『〈屈原傳〉曰』，本太史公之辭也。」舉《史記》為證，認為這句話應該是司馬遷所說，而不是屈原所說。今考《史記》〈屈原賈生列傳〉中有「夫天者，人之始也；父母者，人之本也。人窮則反本，故勞苦倦極，未嘗不呼天也；疾痛慘怛，未嘗不呼父母也」[143]一段，可

140　〔元〕陳師凱：《書蔡傳旁通》，卷2，頁14右。

141　〔元〕陳師凱：《書蔡傳旁通》，卷2，頁14左。

142　〔元〕陳師凱：《書蔡傳旁通》，卷1中，頁16左-17右。

143　〔漢〕司馬遷、〔宋〕裴駰集解、〔唐〕司馬貞索隱、〔唐〕張守節正義《史記三家注》，卷84，頁1007。

證此語的確出於太史公，蔡《傳》遺漏了「傳」字。不過，有時在更正這些字之誤時，卻又可看出陳師凱的迴護，如〈舜典〉「渾天說曰：『天包地外，猶卵之裏黃，圓如彈丸』」下，云：「又按《晉志》及孔《疏》『裏』字皆作『裹』，取包裹之義。今蔡《傳》諸本並訛作『裏』字，又《隋書》謂如卵則稍長，不若如彈丸為是。」[144]如果仔細讀這段文字，似乎陳師凱所要指出的是刊刻上的錯誤，而不是蔡沈作《傳》時的筆誤。又如〈舜典〉「周髀之術」一條最末亦云：「愚按，孔《疏》下天，似下脫『蓋笠地法』四字，蔡《傳》亦脫之，當補。」[145]亦是有為蔡沈開脫的意思。

若說元代有「尊蔡」與「反蔡」兩種《尚書》學著作，陳師凱的《書蔡傳旁通》當可列入「尊蔡」一類，而且是極為尊之，不但開宗明義即言此書為讀蔡《傳》者而作，且在書中處處為蔡《傳》作解人，有時甚至令人有強為之說的感覺。即便講到蔡《傳》應該更正的地方，都會用比較保守的態度，認為該說雖然不錯，但蔡《傳》的說法也可以。可是，書中依然有四條明言蔡《傳》訓解有誤當改，這四條分別是：

> 以之審量而量多少
> 《律呂本原》云：「量者，龠合升斗斛，所以量多少也。生於黃鍾之容，以子穀秬黍中者，一千二百，實其龠。以井水準其槩，以度數審其容，合龠為合。」注云：「兩龠也。十合為升，二十龠也；十升為斗，二百龠也；十斗為斛，二千龠也。」愚按：元定律呂書以合龠為合，而蔡《傳》謂十龠

---

144 〔元〕陳師凱：《書蔡傳旁通》，卷1中，頁3左。
145 〔元〕陳師凱：《書蔡傳旁通》，卷1中，頁3右。

為合，蓋誤於孔《疏》也。孔《疏》謂「十龠為合」，非也。《漢志》亦謂「合龠為合」。蓋合者，取合并二龠之義。故一升該二十龠，一斛該二千龠也。若謂十龠為合，則一斛該萬龠，而量過於大矣。西山父子以律呂名家，不應相反，是殆誤錄《疏》文，而失於檢正也。據《朱子文集》亦作「合龠為合」，〈洪範內篇〉亦作「合龠為合」，蔡《傳》之訛當改。(〈舜典〉)[146]

金，黃金。贖，贖其罪。

黃金，依孔氏《傳》、《疏》云：「黃金，銅也。古之贖罪皆用銅，漢始用黃金，但少其斤兩，令與銅相敵。」愚謂：贖者，贖鞭朴之罪。[147] (〈舜典〉)

《周禮》：「祼圭以祀先王先公。」

〈冬官・玉人〉云：「祼圭尺有二寸，有瓚，以祀廟。瓚如盤，其柄為圭也。」林氏云：「植璧於壇，秉圭於手。」愚案，祼圭有瓚，非所秉者，所秉於手者，乃桓圭、信圭、躬圭耳。當如〈雲漢〉，總為禮神之玉。若為所秉於手者，則非祼圭也。故孔《註》以為「周公秉桓圭以為贊」，蔡氏雖以為祼圭，而遂不容解「秉」字。要之，周公當時亦無酌酒降神之事，當依古註為是。[148] (〈金縢〉)

郊，祭天地也，故用二牛。社祭，用太牢。禮也。

孔氏云：「郊，以后稷配，故二牛。」《疏》云：「《記》及

---

146 〔元〕陳師凱：《書蔡傳旁通》，卷1中，頁9左。

147 〔元〕陳師凱：《書蔡傳旁通》，卷1中，頁13右。

148 〔元〕陳師凱：《書蔡傳旁通》，卷4下，頁4右。

《公羊》皆曰：養牲必養二，帝牛不吉，以為稷牛。」呂氏曰：「郊，祭天；社，祭地。」愚案：上三說皆是也，古者無天地合祭之禮，所以郊用二牛者，一為上帝之牛，一為配帝后稷之牛。蔡《傳》謂祭天地故用二牛，此說誠誤，社為土神，即祭地之禮。朱子言之詳矣，蔡氏不用，何也？〈王制〉曰：「天子社稷皆太牢。」[149]（〈召誥〉）

如果仔細看裡面的文字，可以發現第一條與第三條，都有引到朱子的說法，事實上，其他兩條也與朱子有關。首先第一條「以之審量而量多少」，是蔡《傳》釋〈舜典〉：「同律、度、量、衡」的文字，在此蔡《傳》作「以之審量而量多少，則黃鍾之管，其容子穀秬黍中者，一千二百以為龠。而十龠為合，十合為升，十升為斗，十斗為斛」[150]，而陳師凱引《朱子文集》、《律呂本原》、《漢書》〈律曆志〉、甚至蔡沈自著的〈洪範皇極內篇〉來證明，當作「合龠為合」。的確，在這些資料中，所記載的均是「合龠為合」，除了《朱子文集》。本文第一章已提過，在《朱子文集》卷六十五當中，有朱子關於《尚書》的數篇著作，亦將兩者之間二〈典〉、〈禹謨〉的不同做過對照表，關於這段文字的說解，諸本《朱子文集》均亦作「十龠為合」。不過，與朱子有關的著作，當中的確有「合龠為合」的說法，此見於通行本《儀禮經傳通解》，在該書卷十三中，有「以之嘉量，則以子穀秬黍中者，阡有貳伯實其龠，以井水準其概，合龠為合，拾合為升，拾升為斗，拾斗為斛」[151]這樣的記載。由於在〈書蔡傳旁通引用書目〉裡《朱子文集》與《儀禮經傳通解》兩書均在其中，是以不知陳師凱所見之

149　〔元〕陳師凱：《書蔡傳旁通》，卷5，頁2左。
150　〔宋〕蔡沈：《朱文公訂正門人蔡九峯書集傳》，卷1，頁11右。
151　〔宋〕朱熹：《儀禮經傳通解》，收入《文淵閣四庫全書》，第131冊，頁234。

《朱子文集》版本與今存者不同，抑或是誤將《儀禮經傳通解》引作《朱子文集》。

第二條「金，黃金。贖，贖其罪」，是解釋〈舜典〉：「金作贖刑」一句，在這裡，陳師凱並沒有引朱子的話，然而這一句在《朱子文集》卷六十五注〈舜典〉當中，則是作：「金，罰其金也。贖，贖其罪也。」[152]所以，非但孔《疏》的主張與蔡《傳》不同，朱子亦只言罰其金，而未言是黃金。

第三條「《周禮》：「祼圭以祀先王先公」，是解釋〈金縢〉「為壇於南方，北面、周公立焉；植璧秉珪，乃告大王、王季、文王」的文字，雖然陳師凱在此段亦未言朱子云云，且在朱子的《文集》、《語錄》當中，亦找不到與此條相關的文字。但是黃榦與楊復所續的《續儀禮經傳通解》第二十六篇下有釋〈金縢〉的文字，在「周公立焉；植璧秉珪，乃告大王、王季、文王」底下注云：「璧以禮神。植，置于三王之坐。周公秉桓珪以為贄，告謂祝辭。」[153]與孔《傳》的說法相同。

至於第四條「郊，祭天地也，故用二牛。社祭，用太牢。禮也」，〈召誥〉的原文是「越三日丁巳，用牲于郊，牛二。越翼日戊午，乃社于新邑，牛一、羊一、豕一」，而蔡《傳》認為是郊祭是祭天地，因此用兩頭牛。不過，陳師凱認為蔡《傳》的說法有誤，因為依照孔《傳》、孔《疏》和呂祖謙的說法，都沒有天地合祭的情況，

---

152 《晦庵先生朱文公文集》，收入朱傑人等主編：《朱子全書》，第23冊，卷65，頁3269。

153 〔宋〕黃榦撰、楊復訂：《續儀禮經傳通解》，收入《文淵閣四庫全書》，第132冊，卷26下，頁604。此本舊以為黃榦、楊復合撰，經考證知黃榦、楊復各撰有一部《祭禮》，目前楊復祭禮已由中研院文哲所整理出版，在〈導言〉中有相當詳盡的說明。見〔宋〕楊復撰；林慶彰校訂；葉純芳、橋本秀美編輯：《楊復再修儀禮經傳通解續卷祭禮》（臺北市：中央研究院中國文哲研究所，2011年）。

而且又說朱子已經講得很清楚，何以不用？朱子之說，當是其所註〈召誥〉「越三日丁巳，用牲于郊，牛二」之下，云：「《傳》曰：『告立郊社位於天，以后稷配，故牛二耳。』」[154]在這裡，朱子的確也是引用孔《傳》的說法，所以陳師凱云蔡《傳》的說法有誤。

從上面四條明顯認為蔡《傳》需要修正的資料中，可以看出，第一、第四條，陳師凱明引朱子之說來反駁，而第二條據《朱子文集》中的《書》說部分，亦可知與蔡《傳》的意見不同，僅有第三條較有疑義，因為是出自黃榦之說。不過，如果從第二條引《朱子文集》卻出現於《儀禮經傳通解》的情況來看，或許在陳師凱心目中，這部書也與朱子有密切的關係。如果這個說法可以成立，那麼可以說，雖然陳師凱在《書蔡傳旁通》這部書當中，將《書集傳》的說法置於相當高的地位，可是，當《書集傳》與朱子的說法牴觸時，陳師凱便以為蔡《傳》當修改，所以陳師凱雖然「尊蔡」，不過，更為「尊朱」。但即便如此，他在用語上還是相當保留，例如第一條，以為蔡《傳》是誤入孔《疏》之文，第四條也只是問蔡《傳》何不用也？與論王希旦的「學不可不博」、陳櫟的「失考」，相較之下，實有極大的差別待遇。

第三節　為《書集傳》加音義——鄒季友

在本章前兩節中，舉了三部有功於蔡《傳》的元代《尚書》學著作，然而，如果要論在羽翼蔡《傳》方面，對後世影響最深最遠者，並非在明代編《書傳大全》被大量引用的董鼎與陳櫟、陳師凱的著作，而是鄒季友的《音釋》。因為董鼎、二陳的著作，充其量只是對

明代科舉有深刻的影響，而且除了陳師凱的《書蔡傳旁通》是附麗於
蔡《傳》之外，其他的兩部書，事實上都是獨立的著作，而他們原本
著書的用意，亦非專為蔡《傳》而作。但是，鄒季友的《音釋》則非
如此，他完全針對蔡《傳》的文字，加以注音釋義，有如陸德明《經
典釋文》為讀者閱讀諸經注時提供了相當大的方便一般，鄒季友的
《音釋》於蔡《傳》亦有同樣的功能。因此，這部書成書之後，自元
代便有與蔡沈《書集傳》合刻[155]，成為《書經集傳音釋》的作法，明
清以降，公、私刻書亦多有採相同的方式。長期以來幾乎已變成《書
集傳》的一部分，凡刻蔡《傳》者，多將鄒季友《音釋》包於其中，
劉起釪《尚書學史》便說：「此書成為讀蔡《傳》所不可少，自至正
五年（1345）明復齋本合刻《音釋》於《蔡傳》，後來刊本都附刻此
書，被譽為『蔡《傳》功臣』。」[156]

　　鄒季友的著作雖然在《尚書》學史上佔有如此重要的地位，但是
與之相反的是，關於他的生平資料卻幾乎沒有留下來，非但《元史》、
《新元史》、《宋元學案》等書均無隻字片語，朱彝尊的《經義考》當
中，亦僅有此書條目，目前所記載關於鄒季友較早的資料，為黃虞稷
《千頃堂書目》，該書「鄒季友《書蔡傳音釋》六卷」一條，下注：
「字晉昭，鄱陽人，《書傳會選》采用其書。」[157]此外，清代于敏中
等所編纂的《天祿琳琅書目》卷五「元版經部」有「書集傳（一函，
七冊）」一條，下云：「宋蔡沈撰，六卷。宋鄒近仁音釋。前沈〈序〉

---

155 劉起釪在《尚書學史》中，以為自至正五年（1345）始（見本文內所引），丁丙則
　　認為：「《音釋》本自單行，德星堂刊本時，併入蔡《傳》，此從元至正間單刊本影
　　寫者也。」見丁丙：《善本書室藏書志》，收入《續修四庫全書》，第927冊，卷1，
　　頁171。根據中國國家圖書館藏書目錄，目前所藏最早蔡沈撰、鄒季友音釋的合刻
　　本為元至正十一年（1351）德星書堂刻本。
156 劉起釪：《尚書學史》，頁289。
157 〔清〕黃虞稷：《千頃堂書目》，卷1，頁25。

並〈尚書纂圖〉、〈書傳序〉共一冊，後附〈書序〉一冊。」[158]又云：
「鄒近仁，《宋史》無傳，考《江西志》近仁字季友，饒州人，為龍
陽丞，嘗叩道於楊簡，一再語而頓覺，性至孝，或干以利介焉，弗
受。人告之過，斂衽以服。所當為，雖強禦不畏，著有《歸軒
集》。」[159]《天祿琳琅書目》所採者，當是明嘉靖林庭㭎等人所編修的
《江西通志》，在此書的卷八〈饒州府〉中，於「人物」的宋代之
下，有「鄒近仁，字季友，樂平人，為龍陽丞，嘗叩道於楊簡，一再
語而頓覺。性至孝，或干以利介焉，弗受。人告之過，斂衽以服。所
當為，雖強禦不畏，著有《歸軒集》」[160]這樣的記載，對比之下，兩
者一致。然而清雍正年間謝旻等人所修的《江西通志》，卷八十八饒
州府人物中有「程琰，字伯圭，德興人。父龍斗，宋咸淳進士，官上
饒主簿，因先塋在邑之蛟塘，故自署曰蛟塘子。讀書務臻實踐，與胡
雲峰、鄒季友、徐廷玉往還講習。著有《易經注議》、《書經注義》」
[161]一條。這就出現了相當大的矛盾，因為嘉靖《志》言鄒季友曾叩道
楊簡（1141-1226），慈湖為南宋理學家，然雍正《志》中，又云與程
琰、徐廷玉、胡雲峰三人有來往，徐廷玉的資料難考，程琰於《宋元
學案補遺》有傳，將之列入「雲峰講友」當中，但所載文字與《江西
通志》一致。至於胡雲峰，當是胡炳文（1250-1333），乃元代新安著
名的學者。就目前生卒年可考的楊簡和胡炳文來看，鄒季友既曾問學
於慈湖，又為雲峰來往之講友的可能性應該不大。又《音釋》於〈堯

---

158 〔清〕於敏中等編：《欽定天祿琳琅書目》，收入《文淵閣四庫全書》，第675冊，
　　卷5，頁426。
159 〔清〕於敏中等編：《欽定天祿琳琅書目》，收入《文淵閣四庫全書》，第675冊，
　　卷5，頁427。
160 〔明〕林庭㭎等編：《江西通志》，收入《四庫全書存目叢書》（濟南市：齊魯書
　　社，1996年），史部第182冊，卷9，頁400。
161 〔清〕謝旻等監修：《江西通志》，收入《文淵閣四庫全書》，第516冊，卷88，頁49。

典）論歲差時，曾提到「至元中，司天監王恂，又以七十二年差一度」[162]，可見此書至少成於元順帝至元之後。

此外，與鄒季友的資料不足相較之下，鄒近仁的資料雖然不見於《宋史》，然而在《宋元學案》〈慈湖學案〉當中，卻有少許相關記載如下：「〈縣丞鄒歸軒先生近仁〉（附子曾），鄒近仁，字魯卿，一字季友，德興人。以特恩為靜江法曹，再調龍陽丞。問學于慈湖，與語，從容良久，即了然無疑滯。嘉定二年，疾革，語其子曾曰：『吾心甚明，無事可言，爾曹修身學道則為孝矣。』言訖而瞑。（雲濠案：先生子曾，字伯傳，慈湖云：「因元祥而亦覺。」）所著有《歸軒集》。先生一再語，頓覺。人告之過，歛袵受教。所當為，不畏強禦。非道非義，一介不取。」[163]又楊簡曾為之作墓誌銘，言其祖為鄒聖從，父為鄒孟，娶董氏，長子嶧，次子曾，有姪名元降，逝於嘉定二年（1209）春[164]。因此可知，鄒近仁與鄒季友當為二人，嘉靖本《江西通志》誤將鄒近仁之字作「季友」，而《天祿琳琅書目》遂據此，與做《蔡傳音釋》之鄒季友兩人相混。是以清代藏書家錢泰吉（1791-1863）便於《甘泉鄉人稿》卷四〈跋鄒氏尚書蔡傳音釋〉下云：「《欽

---

162 〔宋〕蔡沈集傳、〔元〕鄒季友音釋：《書蔡氏傳》（臺北國家圖書館藏清光緒年間師石山房重刊明州本），卷1，頁7左。倫明以為咸豐乙卯祝鳳喈根據明正統本重刊，後於光緒己丑年江南書局又重刊之本，為讀蔡《傳》之最佳本。見中國科學院圖書館整理：《續修四庫全書總目提要・經部》（北京市：中華書局，1993年），頁216-217。然而，此本於〈校刻書傳音釋〉凡例之中，已明言經文有訛誤、有異、有似蔡《傳》而實非者，及元、明二刻本的異同等等，均加以修正。是以倫氏以為讀蔡《傳》之最佳本，然而，就初學者為最佳本，但在版本上已經過重重修正，離原貌甚遠。而目前臺灣無論是國圖、故宮，並無蔡《傳》、《音釋》合刻本之元本，而此本之祖本極有可能即是元至正辛卯德星書堂本，因此，本文依然採用此本為底本。

163 〔清〕黃宗羲：《宋元學案》，卷74，頁2494。

164 〔宋〕楊簡：〈鄒魯卿墓銘〉，《慈湖遺書》，收入《文淵閣四庫全書》，第1156冊，卷5，頁656-657。

定書經傳說彙纂》引用姓氏，宋鄒近仁魯卿，元鄒季友晉昭。而《天祿琳琅書目》載『《江西志》，近仁，字季友。』當遵《欽定傳說彙校》改正。」[165]丁丙（1832-1899）在《善本書室藏書志》卷一有「《尚書蔡傳音釋辨誤》六卷。影寫元刊本」一條，下亦引嘉靖本《江西通志》的說法，以為「鄒近仁，字季友」，由於文末調和其說以為「按，季友，字晉昭，近仁乃其大父，合而題之，豈祖孫同撰耶？」[166]不知所云何據，因為在〈小序〉最末，《音釋》云：「季友之曾大父魯卿，從學朱夫子。」[167]所以鄒近仁當非季友之祖，而是曾祖，且據本文的考證，鄒近仁去世之時，《書集傳》一書是否已刊行，亦未可知，又如何同撰此書？應以錢泰吉之說為是。

目前一般刊本的《書集傳音釋》，書前大多附有〈書圖〉，將《尚書》中所載之文字、器物、地形等繪成圖像，例如〈唐虞夏商周譜系圖〉、〈璿璣玉衡圖〉、〈日月冬夏九道之圖〉、〈虞書樂器之圖〉、〈禹貢所載隨山濬川之圖〉等，倫明在《續修四庫全書總目提要》此書一條，下云：「是書於蔡《傳》有匡正疏證之功，曾覆刊於明正統間。卷首附〈書圖〉、〈說書綱領〉、〈書序〉，最完備。」[168]並未明確說明〈書圖〉是否為鄒氏所作，又張金吾在《愛日精盧藏書志》中曾言：「〈凡例〉後有『至正辛卯孟夏德星書堂重刊』木記，〈尚書纂圖〉，未詳作者，始〈唐虞夏商周譜系圖〉，終〈任圖作貢圖〉，凡圖六十九。按《經義考》載宋鄭東卿《尚書圖》一卷，圖名與是書合者凡三十二。〈任土作貢圖〉後引合沙先生曰（《經義考》曰：合沙、漁父，

---

165 〔清〕錢泰吉：《甘泉鄉人稿》，收入《續修四庫全書》，第1519冊，卷4，頁273。

166 〔清〕丁丙：《善本書室藏書志》，收入《續修四庫全書》，第927冊，卷1，頁171。

167 〔宋〕蔡沈集傳、〔元〕鄒季友音釋：《書蔡氏傳》，卷首，頁17右。

168 中國科學院圖書館整理：《續修四庫全書總目提要·經部》（北京市：中華書局，1993年），頁216。

鄭東卿自號）云云。蓋即鄭氏原本，而稍有增刪者。」[169]以為書前〈書圖〉是取宋代鄭東卿《尚書圖》一書的圖，加以增刪而成。然而，考今臺北國家圖書館藏清光緒師石山房重刊本《書蔡氏傳》[170]暨內府刊本《書傳大全》、中國書店影印光緒己丑年十月江南書局刊本《書集傳音釋》，各本書前所附〈書圖〉均僅有四十七種，不知張氏所據為何本？抑或是從其分而不從其合之數？唯鄭東卿《尚書圖》已佚，無從對照，僅能將張氏說法誌之於此，姑備一說。

　　由於今日所見之《音釋》均為附麗於《書集傳》之本，且書坊刊刻時編排次序又不一致，然而大體上，均收有〈書集傳序〉、〈書圖〉、〈朱子說書綱領〉、〈尚書序〉、合為一篇之〈小序〉及五十八篇今古文《尚書》的正文，除〈書圖〉與〈朱子說書綱領〉兩部分之外，其他部分均有作「音釋」。編排方式是先《尚書》正文，再蔡《傳》文字，後附以「音釋」，音釋又分「經」及「傳」兩個部分，前者即釋《尚書》經文，後者則是蔡《傳》注文。如〈堯典〉：

> ①克明俊德，以親九族；九族既睦，平章百姓；百姓昭明，協和萬邦。黎民於變時雍。②明，明之也。俊，大也。堯之大德，上文所稱是也。九族，高祖至玄孫之親，舉近以該遠。五服、異姓之親，亦在其中也。睦，親而和也。平、均，章、明也。百姓，畿內民庶也。昭明，皆能自明其德也。萬邦，天下諸侯之國也。黎，黑也。民首皆黑，故曰黎民。於，歎美辭。變，變惡為善也。時、是，雍、和也。此言堯推其德，自身而家而國而天下，所謂放勳者也。【音釋】③經於，音烏。雍，於容反。④傳畿，音祈，《說文》云：171「天子千里之地。」

169　〔清〕張金吾：《愛日精盧藏書志》，收入《續修四庫全書》，第925冊，卷2，頁261。

170　此本國家圖書館善本古籍系統記為「明正統十二年司禮監本」，然書前有〈書蔡氏傳重刊明本（明本，明州本也）凡例〉一篇，後有「至正辛卯孟夏德星書堂重刊」文字，末署「光緒六年庚辰春二月，山陰快閣師石山房據召文張氏《愛日精盧藏書志》補錄」，因此，當為清代光緒年間師石山房重刊明州本，而非明正統年間本。

171　〔宋〕蔡沈集傳、〔元〕鄒季友音釋：《書蔡氏傳》，卷1，頁2左-3右。

在這一段當中，①的部分是《尚書》的經文，②的部分則是蔡沈《書集傳》的傳文，至於③則是為經文的部分作音釋，④是為傳文的部分作音釋。雖然排列次序是先經次傳後「音釋」，不過在「音釋」當中，均會將兩個部分明顯標示出來，讓讀者明白這段「音釋」是在釋「經」，還是釋「傳」。又如〈禹貢〉：

①導菏澤，被孟豬。② 菏澤，《地志》在濟陰郡定陶縣東，今興仁府濟陰縣南三里，其地有菏山，故名其澤為菏澤也，蓋濟水所經。《水經》謂：南濟東過冤句縣南，又東過定陶縣南，又東北菏水東出焉是也。被，及也。孟豬，《爾雅》作「孟諸」。《地志》在梁國睢陽縣東北，今南京虞城縣西北孟諸澤是也。曾氏曰：「被，覆也。菏水衍溢，導其餘波，入于孟豬。不常入也，故曰被。」 【音釋】③經 導，大到反。④傳 興仁府，《輿地廣記》：「漢濟陰郡，唐為曹州，宋改興仁府，隸京東西路。」冤句，172 上於袁反，下音劬。屬曹州。睢，《漢志》音雖。覆，敷救反。 荷，音柯。

同樣的也是①的部分為《尚書》原文，②的部分為蔡《傳》文字，③是經文的「音釋」，④是傳文的「音釋」。由此可知，鄒季友的音釋則是既釋經文，亦釋傳文。不僅是對經文注音釋義，也對蔡沈《書集傳》的文字作音注和解釋，可見他對蔡《傳》有相當程度的重視，就編排體制來看，甚至能說地位不在經文本身之下。當然，上述兩例是最完整的情況，亦有「音釋」之下只有「經」而無「傳」，例如〈小序〉中之〈湯誓序〉[173]、〈太甲序〉[174]；或有「音釋」下僅釋「傳」而無「經」者，如〈舜典〉中「肇十有二州，封十有二山，濬川」一句下[175]、〈禹貢〉中「浮于積石，至于龍門西河，會于渭汭」一句下[176]。

此書既名為「音釋」，自然是分成「音」與「釋」兩個部分。在注音方面，大抵上有三種方式：

---

172 〔宋〕蔡沈集傳、〔元〕鄒季友音釋：《書蔡氏傳》，卷3，頁28左-29右。

173 〔宋〕蔡沈集傳、〔元〕鄒季友音釋：《書蔡氏傳》，卷首，頁4左。

174 〔宋〕蔡沈集傳、〔元〕鄒季友音釋：《書蔡氏傳》，卷首，頁6左-7右。

175 〔宋〕蔡沈集傳、〔元〕鄒季友音釋：《書蔡氏傳》，卷1，頁23左-24右。

176 〔宋〕蔡沈集傳、〔元〕鄒季友音釋：《書蔡氏傳》，卷3，頁37左-38右。

　　第一種方式是直音，即直接用其他較常見的字，使讀者明瞭該字的音與這個常見字相近。例如〈益稷〉「暨益奏庶鮮食。予決九川，距四海；濬畎澮，距川。暨稷播奏庶艱食、鮮食，懋遷有無化居」，《音釋》曰：「鮮音仙，下同。」[177]又如〈甘誓〉「有扈氏威侮五行，怠棄三正」下蔡《傳》「有扈氏暴殄天物，輕忽不敬，廢棄正朔，虐下背上，獲罪于天」，《音釋》曰：「背，音佩。」[178]

　　第二個方式是注四聲，由於漢語有「四聲別義」的特色，同樣一個字，在平上去入聲中，可能有不同的意思，因此，注家在標音時，往往也會將之寫明。例如〈舜典〉「曰若稽古帝舜，曰重華，協于帝」，《音釋》曰：「重，平聲。」[179]表示這裡是當作「重疊」之意，而非「輕重」；又如〈微子之命〉「王若曰：猷，殷王元子」，蔡《傳》「元子，長子也」，《音釋》曰：「長，上聲。」[180]用以說明這是「長幼」之意，而不是「長短」。

　　第三個方式是反切，在注音方法當中，有用兩個字上字取聲，下字取韻調，來將某個字的字音標識出來的方法，稱之為「反切」，這在經注當中是一種相當常見的方式，尤其是在該字既不常見，又不容易找到同音字的時候，而鄒季友在《音釋》中也大量的採用這個方法。例如〈禹貢〉「厥貢鹽、絺」，《音釋》曰：「絺，抽遲反。」[181]表示「絺」這個字的讀法，應該是用「抽」字之聲與「持」字之韻、調拼讀；又如〈無逸〉「相小人，厥父母勤勞稼穡，厥子乃不知稼穡之艱難，乃逸乃諺既誕」下蔡《傳》「言視小民，其父母勤勞稼穡，其

177　〔宋〕蔡沈集傳、〔元〕鄒季友音釋：《書蔡氏傳》，卷1，頁58左。

178　〔宋〕蔡沈集傳、〔元〕鄒季友音釋：《書蔡氏傳》，卷2，頁58右。

179　〔宋〕蔡沈集傳、〔元〕鄒季友音釋：《書蔡氏傳》，卷1，頁14右。

180　〔宋〕蔡沈集傳、〔元〕鄒季友音釋：《書蔡氏傳》，卷4，頁68右。

181　〔宋〕蔡沈集傳、〔元〕鄒季友音釋：《書蔡氏傳》，卷2，頁14左。

子乃生於豢養，不知稼穡之艱難，乃縱逸自恣，乃習俚巷鄙語，既又誕妄，無所不至」，《音釋》曰：「豢，胡慣反。」[182]用以說明「豢」這個字的讀法，應該取「胡」字之聲與「慣」字之、調韻拼讀。大部分的情況下，都是用一個切語來注一個字的音，但有時也有用兩個切語，這種「又音」、「又切」的方式。不過，在注經之時，小學家往往會講究所謂的「切語系統」，亦即這部書的反切是用哪一部韻書或是哪一套系統來注音，例如南唐徐鉉校修《說文解字》時，在每字之下加反切，據他自己所說，所用的就是《唐韻》的反切。因為本文並非專門研究鄒季友《音釋》的切語系統，所以並未將本書所有的反切一一整理，而是在全書當中，隨機抽取了一百個樣本，分析之後，發現這部書似乎沒有採用特定一部韻書的反切，不過，大體上都是唐、宋時人注經時所用過，而且，一百例當中有三十二例與戴侗《六書故》所注的反切相同。戴侗是宋、元之際的著名文字學者，其《六書故》的切語系統，尚未有人整理出來。不過，從鄒季友所採用的切語當中，有相當比例與戴侗相同，所不同者，也多見於宋人的注解當中，可知他所採用的應該是宋、元時期普遍注書的一些切語，但並沒有刻意去使用哪一部韻書。

此外，在注音之時，偶有單單把音注出來，恐怕讀者還不能明瞭意思的情況，所以鄒季友有時會在注音之後，再行補充字義，在三種類形的注音方式下，都有類似作法。例如〈書序〉「古文讀應爾雅」，《音釋》曰：「應，平聲，當也。言當近正也。」[183]〈無逸〉「民否則厥心違怨，否則厥口詛祝」，《音釋》曰：「祝，職救反。孔疏云：『以言告神謂之祝，請神加殃謂之詛。』」[184]〈堯典〉「九族既睦，平

---

182 〔宋〕蔡沈集傳、〔元〕鄒季友音釋：《書蔡氏傳》，卷5，頁36右。

183 〔宋〕蔡沈集傳、〔元〕鄒季友音釋：《書蔡氏傳》，卷前，頁8左-9右。

184 〔宋〕蔡沈集傳、〔元〕鄒季友音釋：《書蔡氏傳》，卷5，頁42左。

章百姓」下，蔡《傳》「百姓，畿內民庶也」，《音釋》云：「畿音祈，《說文》云：『天子千里之地。』」[185]像這些情況，都是於注音之外，另外補充字義，使讀者不致混淆，或是能對這個字的意思掌握得更為明確。

在釋義方面，這部書有很大一部分是對書中所提及的字義、人名、地名、物名、官名、事件等名物予以訓釋，無論是在《尚書》經文或是蔡《傳》傳文方面，字義如〈禹貢〉「二百里納銍」，《音釋》云：「銍，《說文》云：『穫禾短鎌也』，以穫銍禾，即以充賦，故謂之銍。」[186]人名如〈泰誓上〉：「今商王受，弗敬上天，降災下民」，《音釋》云：「受，是酉反。孔《傳》云：『受，紂也，音相亂。』馬氏云：『受讀曰紂。』鄭氏云：『紂，帝乙之子，帝乙愛之，欲立之，號曰受德，時人轉稱為紂。』」[187]地名如〈仲虺之誥〉「乃葛伯仇餉，初征自葛」，《音釋》云：「葛，居曷反。《漢志》葛國在陳留寧陵縣葛鄉。唐隸宋州。東距南亳六十里。」[188]物名如〈舜典〉「五刑有服，五服三就」下蔡《傳》「竊恐惟大辟棄之於市，宮辟則下蠶室，餘刑亦就屏處」，《音釋》曰：「蠶室，〈漢書注〉：『凡養蠶者，欲其溫而早成，故為密室，蓄火以置之。腐刑亦有中風之患，須入密室，乃得其全，故呼為蠶室。』」[189]官名如〈書序〉「濟南伏生，年過九十，失其本經，口以傳授。裁二十餘篇。以其上古之書，謂之《尚書》。百篇之義，世莫得聞」下蔡《傳》「時伏生年九十餘，老不能行。於是詔太常使掌故晁錯往受之」，《音釋》曰：「太常，掌宗廟禮儀，秦名奉

---

185 〔宋〕蔡沈集傳、〔元〕鄒季友音釋：《書蔡氏傳》，卷1，頁3右。
186 〔宋〕蔡沈集傳、〔元〕鄒季友音釋：《書蔡氏傳》，卷2，頁53左。
187 〔宋〕蔡沈集傳、〔元〕鄒季友音釋：《書蔡氏傳》，卷4，頁4左。
188 〔宋〕蔡沈集傳、〔元〕鄒季友音釋：《書蔡氏傳》，卷3，頁7右。
189 〔宋〕蔡沈集傳、〔元〕鄒季友音釋：《書蔡氏傳》，卷1，頁30左。

常，漢景帝更名太常。」[190]釋事件出處，如〈秦誓〉題下蔡《傳》
「《左傳》：杞子自鄭使告于秦曰：『鄭人使我掌其北門之管，若潛師
以來，國可得也。』穆公訪諸蹇叔，蹇叔曰：『不可。』公辭焉，使
孟明、西乞、白乙伐鄭。晉襄公帥師敗秦師于崤，囚其三帥。穆公悔
過，誓告羣臣」，《音釋》云：「事見《左傳》僖公三十三年。」[191]凡此
種種，都是為了補充《尚書》經與蔡《傳》。整體而言，補蔡《傳》
的部分要比補《尚書》經的部分要來得多且較有引申、發揮之處。

　　鄒季友這部書，雖說是對《書集傳》作注音釋義的工作，但是，
與陳師凱不同的地方，在於陳師凱作《書蔡傳旁通》時，對蔡《傳》
採尊而敬之的態度，只有四個地方因為與朱子意見不同，而作出駁
正。鄒季友則不同，他在《音釋》當中，對蔡《傳》除了上面所說的
那些音、義的補充之外，還提了很多意見，這些意見大體上可以分成
三類：第一類是認為蔡《傳》應當更正，第二類是對蔡《傳》的說法
提出質疑，第三類則是對蔡《傳》的說法以為尚有不足而提出補充。

　　《音釋》認為蔡《傳》應當更正的地方有三十七處，例如〈牧
誓〉篇的小〈序〉言「武王戎車三百兩」下蔡《傳》注：「司馬法：
『一車甲士三人，步卒七十二人，炊家子十人，固守衣裝五人，廄養
五人，樵汲五人。』馳車七十五人，革車二十五人，凡百人，二車，
故謂之兩。三百兩，三萬人也。」《音釋》以為：

> 二車，故謂之兩。按，《風俗通》云：「車有兩輪，故一車謂之
> 一兩。」蔡《傳》云二車，故謂之兩，誤矣。《詩》言：「之子
> 于歸，百兩將之。」豈亦有二車相副乎？軍行但以戰車為數，

---

190 〔宋〕蔡沈集傳、〔元〕鄒季友音釋：《書蔡氏傳》，卷前，頁5右。
191 〔宋〕蔡沈集傳、〔元〕鄒季友音釋：《書蔡氏傳》，卷6，頁66左。

輜車不言可知也。[192]

在這裡，蔡《傳》引《司馬法》的說法，認為每單位有戰鬥人員七十五名，後備人員二十五名，前者為馳車，後者為革車（《司馬法》原作輕車、重車），因為有二車，所以叫作兩。但是《音釋》卻引《風俗通》為證，認為因為車有兩輪，所以用「兩」來當作車的單位，猶如今日所用的「輛」，又引《詩經》中的句子為例，以為不是分成馳車、革車的緣故。且又以為，以理而言，論軍力的話，應該只算戰鬥人員，後備輜重並不計算在內。又如〈金縢〉「公歸，乃納冊于金縢之匱中」下蔡《傳》注「金縢，以金緘之也」，《音釋》以為：

> 以金緘之。案，金謂鎖也，即所謂篇也。王、鄭註云：「縢，束也。」《詩》「緄縢」，註云：「緄，繩。縢，約也。」又「綠縢」，註云：「縢，繩也。」《廣雅》亦云：「縢，繩也。」蓋藏書之匱，金以鎖之，縢以緘之，二者兼用，故謂之「金縢」。所以致其固也。金不可為縢，縢無取於金。孔《傳》云「緘之以金」，而蔡《傳》因之，義殊未安也。前啟篇見書，乃視卜兆吉凶之書。此金縢之匱，乃藏國有大事穆卜冊祝之書。視兆之書，占人掌之，但篇而已。卜冊之書，藏在宗廟之中，既金又縢，啟之則必王與大夫皆弁也。[193]

在這裡，蔡《傳》解釋「金縢」的意思是「以金緘之」，也就是用金綁起來，這是延續孔《傳》的說法，但是《音釋》認為，這個沿用是錯誤的。鄒氏認為，「金縢」應該是解為既金又縢，所謂金是指

192　〔宋〕蔡沈集傳、〔元〕鄒季友音釋：《書蔡氏傳》，卷首，頁10左。
193　〔宋〕蔡沈集傳、〔元〕鄒季友音釋：《書蔡氏傳》，卷4，頁54左。

「鎖」，縢是指「繩子」，也就是先用鎖鎖起來，再用繩子捆起來，讓裡面的東西有雙重保護，以見其珍貴。而且，他還引用了王、鄭、《詩經》以及《廣雅》的例子，來說明在古籍當中，縢都是指繩子，而且認為不能用金來當作繩子的材料，因此，「金縢」只能當兩個動作解，不能當一個動作解。在這兩個例子當中，蔡《傳》之說固非無據，但是鄒季友《音釋》的說法，也不是沒有道理。筆者以為，鄒說甚至比蔡說要來得清楚明白，而且恐怕更接近於事實。

此外，雖未明言蔡《傳》解錯，卻還是對蔡《傳》的說法提出質疑的地方，有十二條。例如〈洛誥〉「惟周公誕保文武受命，惟七年」一句下，《音釋》云：

> 留洛七年。周公留洛之後七年而薨，此說無所考據。而《禮記》亦云：周公七年致政於成王。意者孔氏作《傳》，博考經籍，或當時其他有所據，宜從孔說，周公攝政盡此十二月，惟七年也。孔《傳》以「在十有二月」一句屬下章，文意甚明白。今以屬上章，殊覺未安。[194]

這一段《尚書》的原文是：「戊辰，王在新邑……王命周公後，作冊逸誥，在十有二月，惟周公誕保文武受命，惟七年。」在孔《傳》是將「王命周公後，作冊逸誥」作一句，注曰：「王為冊書，使史逸誥伯禽封命之書，皆同在烝祭日。周公拜前，魯公拜後。」而將「在十有二月，惟周公誕保文武受命，惟七年」作一句，注曰：「言周公攝政盡此十二月，大安文武受命之事，惟七年，天下太平。自『戊辰』

---

194 〔宋〕蔡沈集傳、〔元〕鄒季友音釋：《書蔡氏傳》，卷5，頁25左。

已下，史所終述。」[195]蔡《傳》則是將「王命周公後，作冊逸誥，在十有二月」作一句，注云：「逸誥者，史逸誥周公治洛留後也。在十有二月者，明戊辰為十二月日也。」而將「惟周公誕保文武受命，惟七年」作一句，注云：「吳氏曰：周公自留洛之後，凡七年而薨也。成王之留公也，言『誕保文武受民』，公之復成王也，亦言『承保乃文祖受命民，越乃光烈考武王』，故史臣於其終計其年曰：『惟周公誕保文武受命，惟七年。』蓋終始公之辭云。」[196]如果照孔《傳》的說法，就是從「戊辰」開始這一段，都是後世史官的記錄，不是成王和周公當時的對話，意思是，周公攝政的期間到這個十二月為止，而到這個時候，周公攝政七年。如果照蔡《傳》的說法，雖然在上段的注解，也是以此為史官所記，但是他認為「戊辰」當指年十二月的某個日期，而在這個日子，成王令周公留洛。《音釋》一開始，對於周公「留洛七年而薨」這個說法便提出質疑，以為在史籍上沒有這樣的紀載，而《禮記》、孔《傳》當中，也都只有提到周公攝政七年的說法，並沒有講到周公去世。接下來，在斷句方面，《音釋》也從孔《傳》，認為史臣寫道：「史臣於其終計其年曰：『惟周公誕保文武受命，惟七年。』」這樣的說法比較好，而較不認同蔡《傳》所說的記日之說，在整段文字裡，雖然沒說蔡《傳》有誤當正，但是，顯然以為當從孔《傳》較佳，而對蔡《傳》的解釋提出質疑。

又如〈多方〉「惟有胥伯小大多正，爾罔不克臬」下，蔡《傳》云「臬，事也。《周官》多以胥、以伯、以正為名」，《音釋》以為：

> 臬，事。〈康誥〉篇蔡《傳》云：「臬，法也。」此乃異釋，何

195　〔漢〕孔安國傳、〔唐〕孔穎達等正義：《尚書正義》，收入《十三經注疏·附校勘記》，第1冊，頁231。

196　〔宋〕蔡沈：《朱文公訂正門人蔡九峯書集傳》，卷5，頁73左。

也？孔《傳》云：「汝無不能用法。」[197]

在這裡，蔡《傳》將〈多方〉此句的「臬」釋為「事」，因此，「爾無不克臬」的解釋便成為不要不做事，或者不要無成事之類。但是，鄒氏指出，在〈康誥〉「外事，汝陳時臬，司師茲殷罰有倫」下，蔡《傳》的解釋是：「外事，未詳。陳氏曰：『外事，有司之事也。』臬，法也，為準限之義。言汝於外事，但陳列是法，使有司師此殷罰之有倫者用之爾。」[198]將「臬」解作「法」，以為將法陳列出來，使有司能夠依法來實行罰則。是以質疑為何蔡《傳》在〈康誥〉和〈多方〉兩篇當中，對「臬」字的解釋不一樣？其下文又列孔《傳》，鄒季友顯然認為應該兩篇當中的「臬」字均訓為「法」較當。不過，在這裡依然只是提出質疑，而沒有直接說應該改正。

至於對蔡《傳》中的說法，以為尚有不足而提出補充的部分，在《音釋》當中有十六條。事實上，整部《音釋》如果就廣義來講，在釋「傳」的「音釋」部分，全部都是在補充蔡《傳》。不過，本文這裡提到的十六條，是鄒氏在解釋蔡《傳》為什麼要這麼說，或者是蔡《傳》有缺漏，而他為之補足者。例如〈盤庚下〉「古我先王，將多于前功，適于山」下蔡《傳》云：「適于山，往于亳也……按，〈立政〉『三亳』鄭氏曰：『東成皋，南轘轅，西降谷。』以亳依山故曰適于山也。」為什麼這裡的經文明明只講到「適于山」，但是蔡《傳》卻要講到〈立政〉的「三亳」，兩者之間的因果關係，蔡《傳》沒有講清楚，因此，《音釋》先解釋了蔡《傳》引鄭註所說的「成皋」、「轘轅」、「降谷」，後言：

---

197 〔宋〕蔡沈集傳、〔元〕鄒季友音釋：《書蔡氏傳》，卷5，頁70右。

198 〔宋〕蔡沈：《朱文公訂正門人蔡九峯書集傳》，卷4，頁44左。

案，此三亳與〈立政〉篇《傳》不同，亦孔《疏》所引鄭
《註》，但於史傳，絕無考據。蔡氏以其地皆巖險，故引以釋
適於山之語耳。[199]

的確，在〈立政〉篇當中，蔡《傳》是將三亳解釋成「蒙為北亳、穀
熟為南亳、偃師為西亳」[200]，所以鄒季友認為，蔡《傳》這裡，只是
藉其險惡的地勢，來說明為什麼要「適於山」。又如〈康誥〉「肆汝小
子封」下蔡《傳》云「肆，未詳」，《音釋》則云：「肆，未詳。按，
〈梓材〉篇從《爾雅》訓『肆』為『今』，此章亦當從之。」[201]認為
蔡《傳》在〈梓材〉「肆王惟德用」一句下注「肆，今也」[202]，在這
裡也可以用相同的解法。再如〈召誥〉「夫知保抱攜持厥婦子」下，
《音釋》云：「夫，蔡《傳》無解，當音扶，陸音如字，王肅云：『匹
夫也。』孔疏云：『猶言人人也。』」由於這裡的經文，蔡《傳》並沒
有解釋，因此，《音釋》便直接為蔡《傳》作補充。正是因為鄒季友對
蔡《傳》有駁、有疑、有補，因此張金吾在《愛日精廬藏書志》中便
云：「是書雖以蔡《傳》為主，而糾正蔡《傳》者甚夥。」[203]丁丙
《善本書室藏書志》直接以《尚書蔡傳音釋辨誤》為其書名，云：「是
書雖以蔡《傳》為主，而糾正者正復不少，故題曰《辨誤》。」[204]

不過，雖然鄒季友《音釋》與陳師凱《旁通》對於蔡《傳》態度
上有相當程度的不同，但是，在「尊朱」這一點方面，卻相當一致。
鄒季友的《音釋》依然將朱子置於一個不可動搖的極高地位，因此，

199 〔宋〕蔡沈集傳、〔元〕鄒季友音釋：《書蔡氏傳》，卷3，頁48右。

200 〔宋〕蔡沈：《朱文公訂正門人蔡九峯書集傳》，卷5，頁44右。

201 〔宋〕蔡沈集傳、〔元〕鄒季友音釋：《書蔡氏傳》，卷4，頁82左。

202 〔宋〕蔡沈：《朱文公訂正門人蔡九峯書集傳》，卷4，頁55左。

203 張金吾：《愛日精廬藏書志》，收入《續修四庫全書》，第925冊，卷2，頁260。

204 丁丙：《善本書室藏書志》，收入《續修四庫全書》，第927冊，卷1，頁171。

在解說上便會出現，蔡《傳》實需駁正，卻語帶保留；或是蔡《傳》未必有過失，但反遭批評的部分。前者如〈舜典〉「同律、度、量、衡」一句下，蔡《傳》云：「而十龠為合，十合為升，十升為斗，十斗為斛。」這段在前論陳師凱《旁通》時，已有所討論，在此《音釋》亦言：

> 十龠為合，音閤。蔡西山《燕樂本原》〈嘉量篇〉：「合龠為合。」註云：「兩龠也。」又云：「十合為升。」註云：「二十龠也。」蔡氏家學相承，應有異。況合龠為合，乃《漢律志》本文……此篇《集傳》經朱子訂定，不應有誤，必傳寫之訛耳。[205]

前面已經提出了這個疑問，並且引經據典，說明當以「合龠為合」為正，「十龠為合」乃誤也。但是，因為蔡沈《書集傳》的二〈典〉、〈禹謨〉曾經過朱子訂正，是公認的事實，因此，在這裡鄒季友雖然發現錯誤，但是在更正之後，只能以「傳寫之訛」作為托詞。同樣，在〈大禹謨〉「水、火、金、木、土、穀惟修」下，蔡《傳》云：「水、火、金、木、土、穀惟修者，水克火、火克金、金克木、木克土、而生五穀。」關於這個說法，《音釋》以為：

> 蔡《傳》云「五行相克而生穀」，似主重穀之意。然四序順布，百穀用成，起必五氣相克而後生穀哉？此篇《集傳》經朱子訂定，不敢妄議。但鄙見如此，後之明者，尚商榷之。[206]

---

205 〔宋〕蔡沈集傳、〔元〕鄒季友音釋：《書蔡氏傳》，卷1，頁22右。
206 〔宋〕蔡沈集傳、〔元〕鄒季友音釋：《書蔡氏傳》，卷1，頁41左。

在這裡，鄒季友顯然不同意蔡《傳》的說法，可是，同樣是因為本篇經過朱子訂定，所以他只能把自己的講法附在這裡，而不敢直接反駁。

另外，在後一種蔡《傳》未必有過失，卻因為朱子的緣故，遭到鄒季友的批評，如〈禹貢〉「雷夏既澤」下，蔡《傳》注：「澤者，水之鐘也。雷夏，〈地志〉：「在濟陰郡城陽縣西北，今濮州雷澤縣西北也。」《山海經》云：『澤中有雷神，龍身而人頰，鼓其腹則雷。』然則本夏澤也，因其神名之曰雷夏也，洪水橫流而入于澤，澤不能受，則亦泛濫奔潰，故水治而後雷夏為澤。」此說似無可議之處，但是《音釋》卻云：「《山海經》怪誕之言，朱子多所不信，雷神之事，可不必引也。」[207] 事實上，在這裡，蔡《傳》並沒有任何訓解上的錯誤，只是因為引了《山海經》，而朱子在《語錄》當中曾說：「《楚詞注》下事，皆無這事。是他曉不得後，卻就這語意撰一件事為證，都失了他那正意。如《淮南子》、《山海經》，皆是如此。」[208] 因此鄒季友便以為蔡《傳》不當引以為據。又如〈盤庚上〉篇題之下《音釋》徑云：「今蔡《傳》於盤誥諸篇，闕疑處甚少，恐非朱子本意。讀者於其強通處略之可也。」[209] 本文第一章便曾經提過，朱子認為《尚書》為秦火之餘，本身文字便有問題，不可能句句說得通，這也是朱子用來懷疑孔《傳》的理由之一，因為既然是殘缺之書，如何能夠篇章井然有序而無不可通之處？是以朱子對《尚書》的態度是可解處解，不可解處則闕，但是，蔡沈作《書集傳》時，幾乎處處有解，因此，有些學者便以為蔡沈不從師說，代表性的意見如《四庫總目》便云：「蓋在朱子之說《尚書》於通所可通，而闕其所不可通，見於《語錄》者，不啻再三。而沈於殷盤周誥，一一必求其解，其不能無

---

207 〔宋〕蔡沈集傳、〔元〕鄒季友音釋：《書蔡氏傳》，卷2，頁10右。

208 〔宋〕黎靖德編：《朱子語類》，頁3298。

209 〔宋〕蔡沈集傳、〔元〕鄒季友音釋：《書蔡氏傳》，卷3，頁33右。

憾也。」[210]而朱子的確也說過「如《詩》之名數，《書》之盤誥，恐難理會。」[211]因此，雖然蔡《傳》在這裡未必有解錯，可是因為朱子認為盤、誥諸篇有許多問題，所以鄒季友便有這樣的說法。是以鄒季友一如陳師凱，其書以蔡《傳》為主，且鄒氏不盲從蔡說，於注音釋義之時做了許多駁正、質疑與補充，可是遇到和朱子相關的部分，還是不得不服從於朱子的權威，遵循朱子的說法。

姜廣輝主編的《中國經學思想史》上說：「在中國古代官定的注經著作中，經典與傳注有這樣一種關係，經典固然具有以往的神聖的尊崇地位，傳注亦因為欽定而具有準經典的地位，而且經文往往因傳注而有其新的解釋向度。」[212]唐代修《五經正義》，基於「疏不破注」的原則，使得原本的傳注有了更高的地位；宋代蔡沈《書集傳》也屬於這種情況。原本，它只是一部朱子交代學生所注的《尚書》學著作，在其書剛出之時，連朱門第一代弟子如陳淳，都未必認可它的合法性。但是隨著時代的變化，首先，它在朱門內站定了「朱子親傳」的正統地位，接著在元代之時，又有新安理學家董鼎、陳櫟這兩個人，以蔡《傳》為主，其他人的看法附之於後，作了「纂註」。之後，又有陳師凱在著書之時，不錄《尚書》經文，而逕以蔡《傳》傳文為主，以類似為注作疏的方式，為蔡《傳》作「旁通」。而鄒季友則是採用了與陸德明《經典釋文》同樣的手法，以《書集傳》為底本，為「經」、「傳」都作了「音釋」，而且在「傳」的音釋當中，又作了許多補充。日後明太祖洪武時期的《書傳會選》便受了鄒季友《音釋》不少影響，明成祖永樂時的所編的《書傳大全》，更大量採

---

210 〔清〕紀昀、永瑢等：《武英殿本四庫全書總目》，第1冊，卷11，頁262-263
211 〔宋〕黎靖德編：《朱子語類》，卷8，總頁141。
212 姜廣輝主編：《中國經學思想史》，第三冊上，頁21。

用董鼎與陳櫟之說[213]。由此可見，雖然讓《書集傳》提升到「至奪注疏之席而代之」[214]的地位要到明永樂年間，但是其形成的過程，卻是開始於元代。

---

213 關於明成祖修《五經大全》時，《書傳大全》所取材的內容，陳恆嵩先生在〈《書傳大全》取材來源研究〉一文當中，曾有詳盡的分析，證實是以董鼎、陳櫟書為主，並未參考陳師凱《旁通》一書。詳見陳恆嵩：〈《書傳大全》取材來源研究〉，收入《明代經學國際研討會論文集》，頁295-316

214 屈萬里：《尚書釋義》（臺北市：中國文化大學出版部，1995年），頁17。

第五章
明初《書集傳》經典地位的確立

　　元順帝二十八年（1368）閏七月丙寅日，皇帝妥懽帖睦爾開大都健德門北奔，同年八月庚午，明兵入京城，結束了在蒙古帝國在中國史上的國祚[1]。朱元璋入京之後，祀天地於南郊，即皇帝位，定國號曰明，建元洪武，開啟兩百七十六年的大明王朝。然而政治朝代可以因為江山易主而有顯而易見的斷代，學術思想卻不可能如此，它是一種連續不斷的發展過程[2]。因此，雖然蒙古帝國的勢力退出中原，可是明代經學卻是延著有元一代的脈絡而繼續發展，在《尚書》學方面也是同樣的情況。最明顯的一點呈現在科舉程式當中，本文第三章曾經提到，元代科舉在五經方面，《詩》以朱氏為主，《尚書》以蔡氏為主，《周易》以程氏、朱氏為主，以上三經兼用古註疏。《春秋》許用《三傳》及胡氏《傳》，《禮記》用古注疏[3]。而明代初期，在洪武十七年（1384）由明太祖朱元璋與劉基所設計的選舉科目[4]，據《明史》〈選

1　〔明〕宋濂等：《元史》，卷47，頁986。

2　例如《四庫全書總目提要・經部總敘》將漢到清初的經學，分成六個階段，關於第三階段的敘述是：「學脈旁分，攀緣日眾，驅除異己，務定一尊。自宋末以逮明初，其學見異不遷，及其弊也黨。」顯然是將宋末到明初視為一個段落。見〔清〕紀昀、永瑢等：《武英殿本四庫全書總目》，第1冊，卷1，頁53。又如章權才認為：「宋明經學……可以分為四個相互銜接的階段：第一階段是唐宋之際，中心是『明道』思潮的泛起；第二階段是兩宋時期，中心是程朱學派主流地位的確立。第三階段是宋元以後，中心是『四書』統治局面的形成；第四階段是明代，中心是經學中由理學而心學的發展。」見章權才：《宋明經學史》，頁4。

3　〔明〕宋濂等：《元史》，卷81，總頁2019。

4　〔清〕張廷玉等：《明史》（北京市：中華書局，1976年），卷70，總頁1696。

舉志〉所載，經義方面的五經用書則是《易》主程《傳》、朱子《本義》，《書》主蔡氏《傳》及古注疏，詩主朱子《集傳》，《春秋》主左氏、公羊、穀梁三傳及胡安國、張洽《傳》，《禮記》主古注疏[5]。對照之下，可以發現兩代的用書基本上大同小異，由此也可見元代的學術發展，一直到明代初年都沒有太大改變[6]。林慶彰先生便認為：「元代和明初在政治上雖是敵對的，但他們都是尊崇朱學的，在意識形態上已取得共通點，且也都認為提倡朱學是弘揚聖學最有效的途遜。」[7]

在明朝初期出現了兩部在《尚書》學史上相當重要的著述，一部是在太祖洪武年間，由當時的翰林學士劉三吾（1313-1400）所主持編纂的《書傳會選》；另一部則是成祖永樂年間，下詔由翰林院學士胡廣（1370-1418）、翰林院侍講楊榮、金幼孜等人負責編修《五經大全》時，由胡廣所負責編修的《書傳大全》。尤其是後者，直接影響了科舉。《明史》〈選舉志〉云：「永樂間，頒《四書》、《五經》大全，廢註疏不用。其後，《春秋》亦不用張洽《傳》，《禮記》止用陳澔集說。」[8]此外，由於《大全》的編纂過程中，大量引用了元代經說[9]，引起後人很大的不滿，而將這此一印象擴及到其他經書，因此，從顧炎武提出「若有明一代之人，其所著書，無非竊盜而已。」[10]

5　〔清〕張廷玉等：《明史》，卷70，總頁1694。

6　李威熊參考了楊國楨、陳支平的《明史新論》，將明代經學分為三個時期，初期為太祖建國（1368）到成祖永樂二十二年（1424）年，共五十六年，以為這一階段的經學，大體仍沿襲了元代朱學的舊傳統。見李威熊：〈明代經學發展的主流與旁支〉，收入林慶彰、蔣秋華主編：《明代經學國際研討會論文集》，頁78。

7　林慶彰：〈《五經大全》之修纂及其相關問題探究〉，收入林慶彰：《明代經學研究論集》（臺北市：文史哲出版社，1994年），頁50。

8　〔清〕張廷玉等：《明史》，卷70，總頁1694。

9　林慶彰：〈《五經大全》之修纂及其相關問題探究〉，收入所著《明代經學研究論集》，頁57。

10　〔清〕顧炎武著、〔清〕黃汝成集釋，《日知錄集釋》（上海市：上海古籍出版社，1985年，影印清道光十四年黃氏西谿草廬重刊定本），中冊，卷18，總頁1429。

以後，朱彝尊在《經義考》及四庫館臣在《四庫全書總目提要》的相
關條目之下，都沿用了此說。因此，皮錫瑞作《經學歷史》時，將宋
代到清代這段期間，稱之為「經學積衰時代」，並且以為在這段積衰
時代當中，元不如宋，明又不如元，他說：「明時所謂經學，不過蒙
存淺達之流；即自成一書者，亦如顧炎武云：明人之書，無非盜竊。
弘治之後，經解皆隱沒古人名字，將為己說而已。其見於《四庫存
目》者，新奇謬戾，不可究詰。《五經》掃地，至此而極。」[11]馬宗霍
的《中國經學史》亦云：「明自永樂後，以《大全》取士，四方秀
艾，困于帖括，以講章為經學，以類書為策府，其上者復高談性命，
蹈于空疏，儒林之名，遂為空疏藏拙之地。」[12]小柳司氣太在《經學
史》中也說：「元明是中國經學史上最無可觀的時代，而以明為
甚。」[13]對明代經學一直沒有良好的評價。然而，事實是否真是如
此？這兩部書的編成又對蔡沈《書集傳》的地位有什麼樣的影響？本
章便是希望藉由對《書傳會選》與《書傳大全》的研究，探討《書集
傳》一書在明初是如何確立它的地位。

第一節　《書傳會選》對《書集傳》的修改

　　《書傳會選》一書，為明洪武二十七年（1394），朱元璋敕令當
時的翰林學士劉三吾詔徵儒臣所修纂，目的是為了「定正宋儒蔡氏
《書傳》」[14]，事始當年四月丙戌日，而書成於是九月癸丑[15]，全書僅

---

11 〔清〕皮錫瑞著、〔民國〕周予同注，《經學歷史》，頁278。
12 馬宗霍，《中國經學史》，頁134。
13 〔日〕安井小太郎等，《經學史》，頁182。
14 中央研究院歷史語言研究所輯校：《明實錄・明太祖實錄》（臺北市：中央研究院歷
　　史語言研究所，1964年），卷231，頁3397。
15 中央研究院歷史語言研究所輯校：《明實錄・明太祖實錄》，卷234，頁3421。朱彝

花了不到五個月便修定而成。據劉三吾在〈序〉文中的說法，是因為
蔡沈《書集傳》「成於朱子既沒之後，有不能無可議者」，因此希望能
夠加以修正，「凡蔡氏之得者存之，失者正之，旁采諸家之說，足其
所未備」[16]。但是，在學界的普遍認知當中，都以為這件事情的源
頭，應該追溯到洪武十年（1377）三月丁未，朱元璋與群臣論天與日
月五星之行一事[17]，當時群臣與朱元璋的說法相左，並且引蔡《傳》
來反駁，導致了日後這件事情的發生[18]。在當晚之後，朱元璋作了一
篇〈七曜天體循環論〉，文中將其始末及爭議內容都交代得相當清
楚，是以不嫌煩冗，將這篇文章全引如下：

> 洪武十年春，既暇，與翰林諸儒遊於殿廷，驀論乾旋之理，日
> 月五星運行之道。內翰林應奉傅藻、典籍黃鄰、考功監丞郭
> 傳，人皆以蔡氏言為必然，乃曰天體左旋，日月亦左旋。復云

尊《經義考》引作「九月己酉，正蔡氏《書傳》成」，《四庫全書總目提要》〈書傳
會選〉條下作「成書以九月己酉」。與今本所見《實錄》所載不同。詳見〔清〕紀
昀、永瑢等：《武英殿本四庫全書總目》，第1冊，卷12，頁275。〔清〕朱彝
尊原著、林慶彰等編：《經義考》，第3冊，卷87，頁438。

16 〔明〕劉三吾：〈書傳會選序〉，收入《文淵閣四庫全書》，第63冊，卷首，頁3。
按，本文所採用的《書傳會選》底本為臺北國家圖書館藏明趙府味經堂本，然此本
缺〈序〉文、〈凡例〉，及〈堯典〉首句蔡《傳》「孔子曰惟」之下至經文「歐毿
毛」之間約五頁，〈大禹謨〉最末句「音釋」部分至〈皐陶謨〉首句《傳》文《會
選》所補王炎之語「修身之本也，思」之間約兩頁，〈夏書〉第一頁左下半部渙散
難明，凡有缺者，以《文淵閣四庫全書》本以補之，於注解中亦會註明。

17 中央研究院歷史語言研究所輯校：《明實錄・明太祖實錄》，卷111，頁1850。

18 清初朱彝尊《經義考》、四庫館臣，以及近人劉起釪、蔣秋華先生、陳恆嵩先生等
人，大體上都同意其因果關係。朱彝尊與四庫館臣之說，分別詳見《經義考》及《四
庫全書總目題要》之《書傳會選》條下，近人的意見分別見劉起釪：《尚書學史》，
頁298。蔣秋華：〈明人對蔡沈《書集傳》的批評初探〉，收入林慶彰、蔣秋華主編：
《明代經學國際研討會論文集》，頁276-281。陳恆嵩：〈劉三吾編纂《書傳會選》研
究〉，收入《經學研究論叢》，第9輯（臺北市：臺灣學生書局，2001年），59-62。

天健疾日，日不及天一度，月遲於日，不及天十三度。謂不及天，為天所棄也，有若是之云。朕失讀《詩》、《書》，不知蔡氏若此，諸儒忽然論斯，吾將謂至罕矣。及至諸儒將《尚書》之註一一細為分解，吾方知蔡氏之謬也。朕特謂諸儒曰：非也，斯說甚謬。吾觀蔡氏之為人也，不過惟能文而已。夫文章之說，凡通儒賢智者，必格物而致知，然後以物事而成章。其非通儒賢智者，或以奇以巧，雖物事可書其的，而為文不順，則棄物事，以奇巧而成者有之。或者心不奇巧，其性僻而迂，意在著所聽聞以為然，著成文者有之。吾聽諸儒言蔡氏之論，甚以為不然，雖百餘年已徃之儒，朕猶因事而罵之。時令取蔡氏所註《尚書》試目之，見其〈序〉文理條暢，於內之說，皆諸書古先哲人之見話，於蔡氏自新之言頗少。然非聰明不能若此而類成，獨蔡氏能之，可謂當時過庸愚者，故作聰明以註《書》。及觀《書》註，語纏矣。所言乾旋之道，但知膚，不究其肌，不格其物以論天象，是以以己意之順，亂乾道之順，以己意之逆，亂乾道之逆。夫何云？蓋謂朕自起兵以來，與知天文、精曆數者，畫夜仰觀俯察，二十有三年矣。知天體左旋，日月五星右旋，非此一日之辯，辯非尋常之機。所以非尋常之機者何？因與群雄並驅，欲明休咎，特用心焉，故知日月五星右旋之必然也。今蔡氏以進曰退，以退曰進。朕謂諸儒曰：何故？典籍黃鄰代蔡氏曰：以理若是。曰：理者何？曰：首以天，疾行晝夜三百六十五度，行健也。次以理，日當繼之，不及天一度。末以太陰之行，不敢過太陽，特不及天十三度。此因意僻著而為理，所以順亂逆、逆亂順是也。所謂蔡氏之僻者，但見日月在天，周流不息，安得不與天順其道而並馳，既馳安得不分次序而進，此蔡氏之機理不見也。吾以蔡氏

此說審慮之，知其不當。其蔡氏平昔所著之書，莫不多差矣。
夫日月五星之麗天也，除太陽陽剛而人目不能見其行，於列宿
之間，所行舍次，盡在數中分曉。其太陰與夫五星，昭昭然右
旋，緯列宿於穹壤。其太陰之行疾而可稽驗者，若指一宿為
主，使太陰居列宿之西一丈許，若天晴氣爽，正當望日，則盡
一夜知太陰右旋矣。何以見？蓋列宿附天，舍次定而不動者，
其太陰居列宿之西一丈，比月未入地時而行過列宿之東一丈曉
然。今蔡氏所言不過一晝夜一循環為之理，說差多矣。且天覆
地，以地上仰觀平視，則天行地上。所以行地上者，以十二方
位驗之，定列宿之循環是也。其日月附於天，以天上觀之，以
列舍不動之分，則日行上天右旋驗矣。故天大運而左旋，一晝
夜一周三百六十五度。小運之旋，一晝夜西行一度，一年一周
天。太陽同其數。太陰一晝夜行十三度，一月一周天。此日月
細行之定數也。其日月一晝夜一周天，日月未嘗西行也。乃天
體帶而循環，見其疾速也。此即古今曆家所言蟻行磨上的論。
吾為斯而著意，因蔡氏不窮稽於理。以郭傳、黃鄰等務本蔡氏
之謬言，意在刑其人以誡後人。特敕三番入禁而又權釋之，使
習知天象而畢來告，故遣行焉，因為之論。[19]

從這篇文章當中，可以很清楚的知道，在洪武十年春天，有一天朱元
璋和一群官員，在閒暇時討論天象的問題，結果，傅藻、黃鄰、郭傳
這些人，都引用了蔡《傳》的說法。由於朱元璋本人乃草莽出身，因
此對於一些經注並不十分理解，所以就仔細追究細節，沒想到，朱元

---

19 〔明〕朱元璋撰、〔明〕徐九章校：《高皇帝御製文集》（日本東京大學東洋文化研
究所藏明嘉靖十四年刊本），卷10，頁17左-20左。

璋聽了之後，不但不加以認可，而且以自身的經驗，認為蔡《傳》說
法有誤。因為他自認自己雖然沒有讀什麼書，可是帶兵多年，時觀天
象，二十三年來已頗有心得，言語中頗有以此自負之意，沒想到後來
黃鄰又不知揣摩上意，再引用蔡《傳》的說法，加以反駁，導致朱元
璋大怒，下令將黃鄰、郭傳等人，先禁再釋，凡此多次，又指示他們
重新學習天象後再來回報學習的結果。之後，朱元璋又找了《書集
傳》一書來看，以為此書只有一篇〈序〉文寫得還算文理順暢，其他
部分，多是襲古之說耳，而且編得不好，其他的著作亦不過爾爾，是
以認為蔡沈並不明瞭天象運行之理，只是比當時的一些庸愚者稍微好
些而已。事實上，蔡氏之書本為集傳之體，襲古之說是必然之事。何
況從這篇文章來看，恐怕只是朱元璋不滿臣下反駁自己的意見，因此
利用君王的權威，先是斥責，又三番兩次的處罰，之後又命令重新學
習天象。然後，又將之遷怒到作《書集傳》的蔡沈，認為這個人的才
能與著作均非上等[20]。至於要說對蔡沈《集傳》有多大的不滿，則似
未必。因為在這件事發生後的洪武十七年（1384），與劉基訂定科舉
程式之時，《書》經方面，依然採用蔡《傳》作為指定用書。由此亦
可反映，當時朱學在士林之間的影響及力量。

　　在這件事情之後，又過了十七年，在洪武二十七年四月，終於命
劉三吾負責，徵集諸儒，校定蔡氏《書傳》。《明實錄》有這樣一段記
載：

　　　初，召國子監博士致仕錢宰等至，上告以正定《書傳》之意，
　　　且曰：「爾等知天象乎？」皆對以不知。上曰：「朕每觀天象，

---

20 蔣秋華：〈明人對蔡沈《書集傳》的批評初探〉，收入林慶彰、蔣秋華主編：《明代
　經學國際研討會論文集》，頁278。

自洪武初，有黑氣凝於奎璧，乃文章之府，朕甚異焉。今日春暮，其間黑色始清，文用興矣。爾等宜考正古今，有所述作，以稱朕意。」於是命翰林院學士劉三吾等總其事，開局翰林院，正定是書。[21]

在這裡，朱元璋相當清楚的表達了自己的意思，要他們修訂一部「以稱朕意」的著作。蔣秋華先生在分析這段話時，認為：「以天象的變易作為幌子，暗示群臣撰成一部能『稱』其意的著作。試析太祖的詔辭，頗有威脅的意味，所以在其淫威之下，大臣只有遵命辦理。」[22]的確，根據《書傳會選》的修纂名單來看[23]，人數多達四十人，這些人當中怎會無一人對天象有所研究，而皆對以「不知」？顯然是洪武十年所發生的事情令群臣諸儒依然心有餘悸，加上在這當中又發生了胡惟庸案以及藍玉案，更讓人知道朱元璋是個怎麼樣的君主，因此，在表面上，只能曲從其意。

　　《書傳會選》全書六卷，由於是以修訂蔡《傳》為出發點，是以分卷方式及所收篇章，均與蔡沈《書集傳》相同。劉三吾等人在書前有〈凡例〉一篇，當中與增補修改有關的條例有三條，分別是：

自〈虞書〉二〈典〉、三〈謨〉以下，每篇悉具篇題，經略大書，傳例小書，只從原詁訓字起，如「粵越通」之類，至於新

---

21 中央研究院歷史語言研究所輯校：《明實錄》〈明太祖實錄〉，卷234，頁3421-3422。

22 蔣秋華：〈明人對蔡沈《書集傳》的批評初探〉，收入林慶彰、蔣秋華主編：《明代經學國際研討會論文集》，頁279。

23 陳恆嵩先生曾對《書傳會選》的編修人問題進行過研究，分別就《書傳會選》及《明實錄·明太祖實錄》中的名單作過比對，並討論人數不同的原因，以為當以味經堂刻本《書傳會選》中「會選今儒姓氏」所列的名單較為可靠。見陳恆嵩：〈劉三吾編纂《書傳會選》研究〉，收入《經學研究論叢》，第9輯，頁62-65。

引諸家之說，就錄于下，其下復用蔡說，則圈以別之，從省也。

蔡《傳》有須易者，以他說易之，如〈堯典〉「九族」，則易以夏侯氏之說，「民析因夷」及「日月左行」之類，皆用他說，而去其本文，即實也。

五十八篇之《傳》，有非蔡氏之舊，別而出者，凡六十六條。[24]

從這三條〈凡例〉可以看出，《會選》修訂蔡《傳》方式，基本上大概分成兩類，一類是刪去本文，即是將蔡《傳》說解當中，他們認為需要更動本文去除，例如〈舜典〉「汝作士，五刑有服，五服三就；五流有宅，五宅三居：惟克明允」下，蔡《傳》原本釋作

士，理官也。服，服其罪也。〈呂刑〉所謂上服下服是也。三就，孔氏以為：「大罪於原野，大夫於朝，士於市。」不知何據。竊恐惟大辟棄之於市，宮辟則下蠶室，餘刑亦就屏處。蓋非死刑，不欲使風中其瘡，誤而至死，聖人之仁也。五流，五等，象刑之當宥者也。<u>五宅、三居者，流雖有五，而宅之但為三等之居</u>。如列爵惟五，分土惟三也。孔氏以為：「大罪居於四裔，次則九州之外，次則千里之外。」雖亦未見其所據，然大檗當略近之。此亦因禹之讓而申命之，又戒以必當致其明察，乃能使刑當其罪，而人無不信服也。[25]

但是《會選》在此段之下，則將上所引文當中的底線部分去除[26]。一

24　〔明〕劉三吾等：〈書傳會選凡例〉，收入《文淵閣四庫全書》，第63冊，卷首，頁4。

25　〔宋〕蔡沈：《朱文公訂正門人蔡九峯書集傳》，卷1，頁16右-16左。

26　〔明〕劉三吾等：《書傳會選》，卷1，頁23右-23左。

類是增以他說，即是在《蔡》傳的說解文字裡面，加入其他諸家之說，例如〈盤庚上〉，於此篇名之下，蔡《傳》但云：

> 盤庚，陽甲之弟。自祖乙都耿，圮于河水，盤庚欲遷于殷。而大家世族，安土重遷，胥動浮言。小民雖蕩析離居，亦惑於利害，不適有居。盤庚喻以遷都之利，不遷之害。上中二篇未遷時言，下篇既遷後言。王氏曰：「上篇告羣臣，中篇告庶民，下篇告百官族姓。」《左傳》謂盤庚之誥，實誥體也。三篇今文古文皆有。但今文三篇合為一。[27]

不過《會選》則在蔡《傳》的說明之後，增加「《史記》：盤庚，祖乙之曾孫也。歷祖乙子祖辛，祖辛子開甲，開甲弟祖丁，開甲子南庚，祖定子陽甲，及盤庚凡七世都耿矣。亳殷，亳之殷地也。殷，亳之別名，在河南，耿在河北」[28]這樣一段文字。至於當中有去其本文，而易其他說的部分，只是將兩種方式併用而已。

比較令人不解的是，〈凡例〉中所謂「非蔡氏之舊，別而出之」的六十六條，從文意上看來，應該是解作在《會選》編輯中所見的《書集傳》裡，有六十六條不是蔡沈原文，因此在修訂的時候，一併將之刪去。但是《四庫全書總目》卻是解作：「計所糾正，凡六十六條。」[29]不知為何四庫館臣會如此理解，且陳恆嵩先生在〈劉三吾編纂《書傳會選》研究〉一文當中，亦曾經對《書傳會選》實際刪補蔡《傳》的數字做出統計，得出全書中所刪改的資料當為九十九條，而

---

27 〔宋〕蔡沈：《朱文公訂正門人蔡九峯書集傳》，卷3，頁22右。
28 〔明〕劉三吾等：《書傳會選》，卷3，頁26右。
29 〔清〕紀昀、永瑢等：《武英殿本四庫全書總目》，第1冊，卷12，頁274。

增補資料應有四一〇條這個數字[30]。可知六十六條應當不是《會選》
糾正蔡《傳》的數字。此外，陳先生在這篇文章當中，還將刪改與增
補的情況，各自作了若干分類，大體上可以用這樣的表來表示：

❶刪除蔡《傳》，易以他說。

刪改蔡《傳》的部分：❷刪除蔡《傳》文字，另引他說，但未註明出
處者。

❸刪除蔡《傳》文字，不改易他說，亦不增
補。

①申釋字句之義。

增補蔡《傳》的部分：②考訂篇章字句之誤。

③申釋篇章段落大意。

④增補他家說法，卻不註明出處者。

（據陳恆嵩〈劉三吾編纂《書傳會選》研究〉整理）

由於陳先生在文章中，已作了相當仔細的考證，將《書傳會選》中的
刪改、增補的部分都作了分類，並且分別均舉出數例，加上上文亦已
舉例說明過《會選》刪補蔡《傳》的方式，此不再贅。不過，尚有一
特例，就是如〈說命中〉「惟治亂在庶官，官不及私昵，惟其能。爵
罔及惡德，惟其賢」，蔡《傳》云：

庶官，治亂之原也。庶官得其人則治，不得其人則亂。〈王
制〉曰：「論定而後官之，任官而後爵之。」六卿百執事，所

---

30 陳恆嵩：〈劉三吾編纂《書傳會選》研究〉，收入《經學研究論叢》，第9輯，頁57-93。

謂官也。公卿大夫士，所謂爵也。官以任事，故曰能。爵以命
德，故曰賢。惟賢惟能，所以治也。私昵惡德，所以亂也。
按，古者公侯伯子男，爵之於侯國。公卿大夫士，爵之於朝
廷。此言庶官，則爵為公卿大夫士也。吳氏曰：「惡德，猶凶
德也。人君當用吉士。凶德之人，雖有過人之才，爵亦不可及
矣。」[31]

《會選》中在這裡的處理方式，並沒有對蔡《傳》文字加以增減，而
是將蔡沈的按語，與吳氏的說法，兩者次序互易，使吳氏之說在前，
蔡沈按語在後。

《會選》除了對蔡《傳》文字有所刪增之外，有時也會對分節加
以更動，不過比例不高，可以視作是特例，有將一節分為兩節者，如
〈洪範〉「一、五行：一曰水，二曰火，三曰木，四曰金，五曰土。
水曰潤下，火曰炎上，木曰曲直，金曰從革，土爰稼穡。潤下作鹹，
炎上作苦，曲直作酸，從革作辛，稼穡作甘」，蔡《傳》將之作為一
節，《會選》則分為二節作「一、五行：一曰水，二曰火，三曰木，
四曰金，五曰土」，「水曰潤下，火曰炎上，木曰曲直，金曰從革，土
爰稼穡。潤下作鹹，炎上作苦，曲直作酸，從革作辛，稼穡作甘」，
同時亦將蔡《傳》文字分開，使之各屬於該段經文之下[32]，又如〈呂
刑〉「五刑之疑有赦，五罰之疑有赦，其審克之。簡孚有眾，惟貌有
稽；無簡不聽，具嚴天威」在蔡《傳》為一節，而《會選》亦是將之
分為二節，以「五刑之疑有赦，五罰之疑有赦，其審克之」為一節，
以「簡孚有眾，惟貌有稽；無簡不聽，具嚴天威」為另一節，不過在

---

31 〔明〕劉三吾等：《書傳會選》，卷3，頁44左-45右。
32 〔明〕劉三吾等：《書傳會選》，卷4，頁22右-23左。

這部分,則是大量刪除蔡《傳》文字,而以他說補之[33]。亦有蔡《傳》原分經文為二節,而《會選》合為一節者,如〈梓材〉蔡《傳》將「皇天既付中國民越厥疆土于先王」作一節,「肆王惟德用,和懌先後迷民,用懌先王受命」作一節,《會選》則將二節合一,而於其下將原本分屬於兩段的蔡《傳》文字,亦合為一節作解[34]。又如〈多士〉篇,蔡《傳》是將經文分成「王若曰:「爾殷多士——今惟我周王,丕靈承帝事」、「有命曰:『割殷!』告敕于帝」兩節來解釋,而其下的說解,也是將蔡《傳》兩節的說解文字合而為一而已。

除上述情況之外,《會選》對於〈召誥〉、〈費誓〉兩篇的文字更動,較其他篇要來的更大。在〈召誥〉一篇之下,非但蔡《傳》文字幾乎全部更動,《尚書》經文部分的分節,亦與蔡沈所分不同。不過,關於〈召誥〉篇的問題,陳恆嵩先生於〈劉三吾編纂《書傳會選》研究〉一文第六節中亦言之甚詳[35]。此外,〈費誓〉一篇更動亦頗大,除篇題之下的蔡《傳》文字保留原樣之外,文中蔡《傳》的說解,原有四九八字,經《會選》刪改之後,餘下的蔡《傳》原文僅一六五字,不到原本的四成,而至少有六成以上的文字皆被刪去,而易以諸家之說,且末段「魯人三郊三遂」,更是將蔡《傳》所分的三節合而為一,而另外為之作解。此與其他五十六篇有極大的不同,不知《會選》編輯之時為何會如此處理。

此外,較值得一談的是,《書傳會選》在編輯之時,除了對《書集傳》經文的分節作更動,傳文的部分作刪補之外,它還將鄒季友的《音釋》納入其中,或者另一個可能是,《會選》是用蔡《傳》和

---

33 〔明〕劉三吾等:《書傳會選》,卷6,頁42左-43右。

34 〔明〕劉三吾等:《書傳會選》,卷4,頁75右。

35 陳恆嵩:〈劉三吾編纂《書傳會選》研究〉,收入《經學研究論叢》,第9輯,頁90-92。

《音釋》的合刻本作為底本，惟書前不附〈書圖〉[36]。且《會選》在編輯時並非僅是抄錄而已，編輯者在刪補蔡《傳》文字的同時，也會對《音釋》內容作刪改，以配合所整理過的說解文字。如〈伊訓〉「臣下不匡，其刑墨，具訓于蒙士」，蔡《傳》原有引劉侍講的說法，但《會選》將之刪去，又將此段「音釋」釋《傳》文時，引《左傳》以駁劉氏之說的部分去除[37]，使之齊整。又如〈高宗肜日〉「民有不若德，不聽罪，天既孚命正厥德，乃曰：『其如台？』」下，《會選》刪去蔡《傳》「祖己意謂，高宗當因雊雉以自省，不可謂適然而自恕。夫數祭豐昵，徼福於神，不若德也。瀆於祭祀，傅說嘗以進戒，意或吝改，不聽罪也。雊雉之異，是天既孚命正厥德矣。其可謂妖孽，其如我何耶？」整段文字，而在《音釋》的部分，也將原本解釋這段文字的「夫，音扶。數，色角反。徼，堅堯反」去除[38]。補充之時亦同，如〈禹貢〉「厥土惟白壤」之下，於《傳》文之末，補陳大猷之說，因此，在「音釋」部分，便將原本有的「陳氏曰，白言色，壤言質，後倣此」[39]這一段去掉，避免重複。又如〈泰誓上〉「受有臣億萬，惟億萬心；予有臣三千，惟一心」下，先是將蔡《傳》原本的「行道有得於身」，改成「行道而有得於心」；「百萬曰億」，改成

---

36 甄洪永在《明初經學研究》中，以為《書傳會選》一書「音釋部分頗具漢學特色」，以為「《書傳會選》的體例中，『音釋』部分是劉三吾等學者的獨創之處。《書傳會選》剔除了蔡沈《書經集傳》中的注音，採用了新的語音，這與朱元璋大力改變當時文風有關係。」並舉了釋〈堯典〉「曰若稽古」的「曰」字和「宅嵎夷」的「宅」字為例，以為《會選》具備漢學特色，對重新評價明代經學有一定意義。然而，事實上《會選》中的《音釋》並非劉三吾等人所獨創，文章中所舉的「曰」字、「宅」字的說解，皆是鄒季友所為，甄氏之說恐需再商榷。見甄洪永：《明初經學研究》（濟南市：山東大學博士論文，鄭杰文先生指導，2009年），頁101-102。

37 〔明〕劉三吾等：《書傳會選》，卷3，頁14右。

38 〔明〕劉三吾等：《書傳會選》，卷3，頁50左。

39 〔宋〕蔡沈集傳、〔元〕鄒季友音釋：《書蔡氏傳》，卷2，頁5右。

「十萬曰億」。又於說解最後補上「此章傳文俗本『有得於心』多作
『有得於身』，『十萬曰億』多誤寫作『百萬曰億』，今正之。」之
後，將《音釋》當中原用以申述此段「百萬曰億」實屬錯誤的一大段
文字刪去，不讓一個問題在同一節的解釋下有兩次說明。

　　不過，並非全書皆如此有條理，如〈盤庚下〉「式敷民德，永肩
一心」之下，於蔡《傳》無所刪減，而僅於其末補陳櫟之說，然而在
「音釋」部分，卻少了「誹，敷尾反」四字[40]。又如〈武成〉「予小子
其承厥志」之下，於蔡《傳》文字亦未加增損，然而，在「音釋」部
分，釋蔡《傳》「古公亶父」之「亶父，下音甫」部分也未見徵引[41]。
〈太甲上〉「惟尹躬先見于西邑夏，自周有終，相亦惟終」，將蔡
《傳》當中「自周有終」的說法「周，忠信也，《國語》曰：『忠信為
周。』」刪去，而補以「金氏曰：『自周當作自君，君字篆文似周，故
誤作周夏之先王有終……』」，然而《音釋》部分在釋《傳》時本有
「自周，《朱子語錄》云：『二字不可曉，或云周當作君，篆文相似而
誤也。』」[42]，不但令前後重出，且無法讓人知曉《音釋》此語為何而
發。而且，有時《音釋》的文字，會有不屬前述配合說解文字而刪改
的部分，卻遭到移除者。如〈禹貢〉「厥貢璆、鐵、銀、鏤、砮、
磬、熊、羆、狐、貍、織」下，《會選》並沒有對蔡《傳》文字作任
何更動，然而在《音釋》部分，卻僅錄後半部，前半「璆，玉磬。
《爾雅》云：『璆、琳，美玉也。』《說文》云：『璆，珠也。』孔
《傳》云：『璆，玉名。』皆不釋為玉磬。又陸氏引韋昭、郭璞釋為
『紫磨金』。則字當作鏐，音留。今按：下文既有磬，則此當為鏐，
或為璆，而釋為珠玉也」，此一大段考證「璆」為何物的部分約七十

40　〔明〕劉三吾等：《書傳會選》，卷3，頁40右。

41　〔明〕劉三吾等：《書傳會選》，卷4，頁15左。

42　〔明〕劉三吾等：《書傳會選》，卷3，頁15左-16右。

字完全遭到刪除[43]。

又如〈洛誥〉「伻來毖殷，乃命寧予；以秬鬯二卣，曰：『明禋，拜手稽首休享。』」下，《會選》亦無將蔡《傳》說解的部分作任何增損，但是在《音釋》部分，卻將「未知是否。又蔡《傳》謂和氣所生，若果爾，則非常有之物，豈得以常貢釀哉。」二十四個字去除[44]。這些部分，顯然都不是為了配合修改而所作的刪除，至於為何《會選》編輯時會去除這些文字？或許是因為這些部分，與他們希望呈現出的整體思想相扞格，否則，就常理而論，對於《音釋》文字的刪減更動，要比完全抄錄來得費工夫，更何況，在這部分的蔡《傳》文字，並沒有被修改，為何會產生這種捨易而求難的情況？如果考察蔡《傳》原本的文字，會發現，在〈禹貢〉一例下，蔡《傳》的解釋文字為：「璆，玉磬。鐵，柔鐵也。鏤，剛鐵，可以刻鏤者也。磬，石磬也。」〈洛誥〉一例下，蔡《傳》則云：「秬，黑黍也，一稃二米和氣所生。」如此一來，便可發現所去除的《音釋》部分，兩則都是針對蔡《傳》提出質疑與不認可。

像這樣的情況，《會選》不僅只有上述兩例，如〈禹貢〉「海岱惟青州」下，蔡《傳》云：「青州之域，東北至海，西南距岱。岱，泰山也，在今襲慶府奉府縣西北三十里。」《會選》完全保留，但《音釋》中：

> 東北至海，按，孔《傳》云：「東北據海」，孔《疏》云：「據，謂跨之也。」故以海北遼東西為青州之域。今蔡《傳》云「東北至海」，則疆域至海而止，又冀州《傳》中，引程氏

---

43 〔明〕劉三吾等：《書傳會選》，卷3，頁23左。
44 〔明〕劉三吾等：《書傳會選》，卷5，頁16右。

云：「冀之北境，則遼東，西右、北平、漁陽、上谷之地。」
與孔說異矣。而〈舜典〉傳尚仍孔《傳》分青州為營州之語，
自相背戾，當正之也。青州貢道有汶達濟，別無聊東西貢道。
而冀州夾右碣石入河，則正是遼東西貢道，乃青州北境之海
也。[45]

這一段記載則全部刪去。〈微子〉「今殷民，乃攘竊神祇之犧牷牲，用
以容，將食無災」下，蔡《傳》云：「色純曰犧，體完曰牷，牛羊豕
曰牲。犧牷牲，祭祀天地之物，禮之最重者，猶為商民攘竊而去。有
司用相容隱，將而食之，且無災禍，豈特草竊姦宄而已哉。此答微子
草竊姦宄之語。」《會選》於此無所更動，卻將《音釋》所載：

用，孔《傳》以「用」字屬上句，云「器實曰用」，孔《疏》
云「犧、牲為俎實，黍稷為簠簋之實」，蓋與〈泰誓〉「犧牲粢
盛，既于凶盜」同意。蔡《傳》以「用」字屬下句，則語殊不
妥，不如孔《傳》為優也。[46]

這段文字完全移除。又如〈多方〉：「爾乃迪屢不靜，爾心未愛，爾乃
不大宅天命，爾乃屑播天命；爾乃自作不典，圖忱于正」下，蔡
《傳》以為：「爾乃屢蹈不靜，自取亡滅，爾心其未知所以自愛耶？
爾乃大不安天命耶？爾乃輕棄天命耶？爾乃自為不法，欲圖見信于正
者，以為當然耶？此四節，責其不可如此也。」《會傳》亦未加刪
改，反倒是把《音釋》「『屢蹈不靜』，此章『迪屢』二字，蔡氏從孔

---

45 〔明〕劉三吾等：《書傳會選》，卷2，頁10右。
46 〔明〕劉三吾等：《書傳會選》，卷3，頁54左。

《傳》，故與〈康誥〉『迪屢未同』異釋，合從前說」的意見整個移除，使這段之下沒有「音釋」部分[47]。此外，在〈牧誓〉「時甲子昧爽，王朝至于商郊牧野，乃誓」下[48]，〈洪範〉「曰貞，曰悔」下[49]，〈君陳〉「爾克敬典在德，時乃罔不變，允升于大猷」[50]下，均有類似的情況，同樣都對蔡《傳》文字無所更易，而將《音釋》認為蔡《傳》有誤或當改的部分去除。若是只有一、二例，或許尚可用特例解釋，但從以上如此多例看來，不得不令人懷疑，《會選》編輯者在編書之時，有意將《音釋》當中不利於蔡《傳》的文字移除。

劉起釪《尚書學史》，將此書列於「明代反蔡或異於蔡的『古義』之作」當中，並引《四庫總目》之說云「可知這是明初官修書中較好的一部。它能指出蔡《傳》之誤六十六條，是有助於《尚書》學的。」[51]的確，在《書傳會選》一書當中，對於蔡《傳》做了很多的修改補正，以上文所引陳恆嵩先生的研究，便有五百餘條，加上本文所觀察到，《會選》對於《音釋》也一併將之納入，且同時加以整理，在有助於《尚書》學方面，殆無可疑。然而，是否即可逕將這部書歸在「反蔡或異於蔡」一類當中？固然，這部書的產生原因，是因為明太祖朱元璋對於蔡《傳》說法的不滿，而《會選》的編纂人員，也對蔡《傳》的文字內容有所刪改，這是《書集傳》成書之後，從來沒人做過的事情，同時，也是少數在《書集傳》二〈典〉、〈禹謨〉朱子嘗親自校定的權威之下，改動《尚書》前三篇文字的一群編纂者，可是，這樣就代表他們是站在反對或不認可的立場上嗎？

---

47 〔明〕劉三吾等：《書傳會選》，卷3，頁50右。

48 〔明〕劉三吾等：《書傳會選》，卷4，頁11左。

49 〔明〕劉三吾等：《書傳會選》，卷4，頁30左。

50 〔明〕劉三吾等：《書傳會選》，卷6，頁11左。

51 劉起釪：《尚書學史》，頁298-299。

　　上文曾引陳恆嵩先生在〈劉三吾編纂《書傳會選》研究〉中，將《會選》增補蔡傳的部分，分成四類：第一，申釋字句之義，第二，考訂篇章字句之誤，第三，申釋篇章段落大意，第四，增補他家說法，卻不註明出處者。在這四類當中，除了第二類之外，事實上都只是對蔡《傳》的增補說明。而第二類的情況，在陳先生文章當中，舉了五例[52]，而據本文綜觀整部《會選》，實際上出現的次數也不多，茲全列如下：

　　1.〈舜典〉「同律、度、量、衡」下，蔡《傳》云：「而十龠為合，十合為升，十升為斗，十斗為斛。」《會選》引鄒季友說法，以為當作「合龠為合」，作「十龠為合」者非矣。（卷 1，頁 17 右～頁 17 左）

　　2.〈皋陶謨〉「天明畏，自我民明威」下，蔡《傳》云：「威，古文作畏，二字通用。」《會選》引王應麟之說法，以為古文「天明畏，自我民明畏」，今文下「畏」字作「威」，蓋衛包所改，當從古。（卷 2，頁 45 右）

　　3.〈禹貢〉「嶓冢導漾，東流為漢，又東為滄浪之水，過三澨，至于大別，南入于江；東匯澤為彭蠡，東為北江，入于海」下，《會選》引仁山金氏之言，舉朱子、鄭樵的說法，認為「東為北江，入于海」應該是衍文。又引朱子之說，以為「東匯澤為彭蠡」之「匯」當作「會」。（卷 3，頁 35 右）

　　4.〈甘誓〉「有扈氏威侮五行，怠棄三正」下，蔡《傳》云：「三正：子、丑、寅之正也，夏正建寅。怠棄者，不用正朔也。」《會選》將這段文字去除，而引孔氏及林氏的說法，以為此但言其廢三綱五常耳。（卷 3，頁 44 右）

---

52 陳恆嵩：〈劉三吾編纂《書傳會選》研究〉，收入《經學研究論叢》，第9輯，頁81-83。

5.〈仲虺之誥〉「簡賢附勢，寔繁有徒。肇我邦于有夏，若苗之有莠，若粟之有秕。小大戰戰，罔不懼于非辜。矧予之德，言足聽聞」下，《會選》言：「葉賀孫問：『矧予之德，言足聽聞。』據古注作道德善言，竊意『言足聽聞』自當作一句讀，言吾之德言之足使人聽聞，未知是否？朱子曰：是若然，則《傳》內言『則足人之聽聞』，亦當作一句是。」（卷3，頁4左）

6.〈太甲上〉「惟尹躬先見于西邑夏，自周有終，相亦惟終」將蔡《傳》當中「自周有終」的說法「周，忠信也，《國語》曰：『忠信為周。』」刪去，而補以「金氏曰：『自周當作自君，君字篆文似周，故誤作周夏之先王有終……』」（卷三，頁15左至頁16右）

7.〈盤庚上〉「曰：我王來，既爰宅于茲；重我民，無盡劉。不能胥匡以生；卜稽曰其如台」下，《會選》引陳櫟之說，以為此句上下疑有闕文。（卷3，頁26左）

8.〈盤庚下〉「肆予沖人，非廢厥謀，弔由靈；各非敢違卜，用宏茲賁」下，《會選》引「陳氏櫟曰：多于前功以下，朱子本疑之。『弔由靈』、『宏茲賁』等語，尤難曉，姑存舊說而已。」（卷3，頁38左）

9.〈西伯戡黎〉最後，《會選》引「鄒季友按，此篇祖伊之言，危迫之甚，必在周師劑渡河之後。若文王時，必無『殷之即喪』、『不無戮爾邦』之語，篇次不當在〈微子〉之前。」（卷3，頁52左）

10.〈泰誓上〉「受有臣億萬，惟億萬心；予有臣三千，惟一心」下，蔡《傳》云「德，得也，行道有得於身也」、「百萬曰億，紂雖有億萬臣，而有億萬心」，《會選》先是改成「行道有得於心」、「十萬曰億」，又言：「此章傳文俗本『有得於心』多作『有得於身』，『十萬曰億』多誤寫作『百萬曰億』，今正之。」（卷4，頁4左至頁5右）

11.〈武成〉「底商之罪，告于皇天后土、所過名山大川，曰：惟

有道曾孫周王發，將有大正于商。今商王受無道，暴殄天物，害虐烝民，為天下逋逃主，萃淵藪。予小子既獲仁人，敢祗承上帝，以遏亂略。華夏蠻貊，罔不率俾」下，蔡《傳》云：「曰者，舉武王告神之語。有道，指其父祖而言。周王二字，史臣追增之也。正，即湯誓不敢不正之正。萃，聚也。紂殄物害民，為天下逋逃罪人之主，如魚之聚淵，如獸之聚藪也。」《會選》將此段蔡《傳》全去之，而補以陳大猷之說，並於後云：「《傳》謂『周王二字，史臣追增之』，未審然否。」（卷4，頁16右）

12.〈大誥〉蔡《傳》本對於《尚書》經文的分法是「已，予惟小子，若涉淵水，予惟往求朕攸濟。敷賁，敷前人受命，茲不忘大功，予不敢閉于天降威用」作一節，「寧王遺我大寶龜，紹天明；即命，曰：『有大艱于西土，西土人亦不靜，越茲蠢。』」作一節，而《會選》則先引：「朱子曰：『用』字當屬下句。今從之。」又引：「金氏以『用寧王遺我大寶龜，紹天明』作一句讀，即『命曰』以下述命龜之辭。」因此在經文的部分，便使之以「已，予惟小子，若涉淵水，予惟往求朕攸濟。敷賁，敷前人受命，茲不忘大功，予不敢閉于天降威」、「用寧王遺我大寶龜，紹天明；即命，曰：『有大艱于西土，西土人亦不靜，越茲蠢。』」的方式來分節。（卷四，頁 44 右至頁44左）

13.〈大誥〉「爾庶邦君，越庶士、御事，罔不反曰：『艱大，民不靜，亦惟在王宮、邦君室。越予小子，考翼，不可征；王害不違卜」下，《會選》引「陳櫟曰：據蔡說則以小子為邦君等之自稱，以考翼為父早敬事者。據諸家說則以小子為成王自言，接上文王之宮、邦君之事及我小子之生，當考成其翼以自反而已，不可征也。二說皆為允當，宜與下文『厥考翼』之言兩處一樣說，而皆通可也。大抵周誥聱牙，又或訛缺，不可強通，姑解其大略而已，可也。」（卷 4，頁 46 右）

14.〈大誥〉「肆予大化誘我友邦君；天棐忱辭，其考我民，予曷其不于前寧人圖功攸終」下，蔡《傳》云：「化者，化其固滯。誘者，誘其順從。棐，輔也。寧人，武王之大臣。」《會選》引朱子之說，以為「棐」字不應解作「輔」，又引許月卿之說，以為「天棐忱辭」謂「天非誠有言辭」，末引陳櫟之說，以為許氏之說甚明順且不背朱子意，又以為「寧人」應當是指「武王」，而非武王舊臣。（卷 4 頁 47 左至 48 右）

15.〈大誥〉「王曰：若昔，朕其逝。朕言艱日思。若考作室，既厎法，厥子乃弗肯堂，矧肯構？厥父菑，厥子乃弗肯播，矧肯穫？厥考翼其肯曰：『予有後，弗棄基？』肆予曷敢不越卬敉寧王大命？」《會選》引「陳氏曰：『厥考翼』與前『考翼，不可征』，要當闕疑。」（卷 4，頁 48 左）

16.〈大誥〉「若兄考，乃有友伐厥子，民養其勸弗救？」《會選》云：「此段王氏、張氏、林氏皆云當闕疑。金氏曰：『堂播之喻則之吾身，伐救之喻責邦君御事。』」（卷 4，頁 49 右）

17.〈大誥〉「王曰：『嗚呼！肆哉！爾庶邦君，越爾御事。爽邦由哲，亦惟十人，迪知上帝命。越天棐忱，爾時罔敢易法，矧今天降戾于周邦？惟大艱人，誕鄰胥伐于厥室；爾亦不知天命不易」下，蔡《傳》以為：「爽，明也，爽厥師之爽。桀昏德，湯伐之，故言爽師。受昏德，武王伐之，故言爽邦。言昔武王之明大命於邦，皆由明智之士，亦惟亂臣十人，蹈知天命及天輔武王之誠，以克商受。」《會選》則引陳櫟的說法，以為「十人即十夫，所謂爽邦之哲人也」，來反對「蔡氏必以十人為十亂」的說法。（卷 4，頁 46 左）

18.〈康誥〉「王曰：『外事，汝陳時臬，司師茲殷罰有倫軀。』」下，蔡《傳》云：「外事，未詳。陳氏曰：『外事，有司之事也。』臬，法也，為準限之義。言汝於外事，但陳列是法，使有司師此殷罰

之有倫者用之爾。呂氏曰：『外事，衛國事也。《史記》言：康叔為周司寇。』司寇，王朝之官，職任內事，故以衛國對言為外事。今按篇中言『往敷求』、『往盡乃心』。篇終曰：『往哉封。』皆令其之國之辭，而未見其留王朝之意。但詳此篇，康叔蓋深於法者，異時成王或舉以任司寇之職。而此則未必然也。」對於康叔既封於衛，又於王廷之內為司寇之職，提出了質疑。《會選》則引：「陳氏櫟曰：《左傳·定公四年》有曰：『武王之母弟八人，周公為太宰，康叔為司寇。』則康叔以諸侯入為王朝之卿明矣，為司寇與即衛封，兩不相妨，往來乎朝廷邦國之間，何往不可？呂、陳內事、外事、外庶子之說極當。蔡氏何必疑之？」以為此事在理之內，不必有疑。（卷4，頁58右）

19.〈康誥〉「不率大戛，矧惟外庶子訓人、惟厥正人、越小臣、諸節，乃別播敷，造民大譽，弗念弗庸，瘝厥君；時乃引惡，惟朕憝。已，汝乃其速由茲義率殺」下，蔡《傳》云：「戛，法也。言民之不率教者，固可大寘之法矣，況外庶子以訓人為職，與庶官之長，及小臣之有符節者，乃別布條教，違道干譽，弗念其君，弗用其法，以病君上。」《會選》則引：「陳氏櫟曰：『不率大戛』一句，或以屬上文，或以屬下文，不勝異說。孔訓『戛』為『常』，固不通矣。蔡訓『戛』為『法』，易未見所本。一說『戛，擊也』，承上文，如此而不率從，乃大戛擊之，以痛懲之。上文寇攘殺越，乃不待教而誅者，此則教以不改，而後誅之者，此說其庶幾乎？」（卷4，頁61右）

20.〈康誥〉「汝亦罔不克敬典，乃由裕民；惟文王之敬忌，乃裕民。曰：『我惟有及。』則予一人以懌」下，引陳大猷的說法，以為「此上三節，疑有錯簡」。（卷4，頁61左）

21.〈酒誥〉「庶士、有正，越庶伯君子，其爾典聽朕教。爾大克羞耇惟君，爾乃飲食醉飽，丕惟曰，爾克永觀省，作稽中德。爾尚克羞饋祀，爾乃自介用逸。茲乃允惟王正事之臣；茲亦惟天若元德，永

不忘在王家」下，蔡《傳》於「爾大克羞耇惟君」言：「惟君，未詳。」《會選》則引仁山金氏之言以為：「『惟』字當訓為『與』字，羞耇惟君，謂薦羞于耇老與羞于君所也。」（卷4，頁66左）

22.〈梓材〉一篇最後，《會選》引陳櫟之說，以為「此篇只依朱子以殘編錯簡讀之，庶免實鑿。」（卷四，頁75左）

23.〈洛誥〉題下，《會選》引陳櫟之說，以為此處有脫簡。（卷5，頁7右）

24.〈洛誥〉「王拜手稽首曰：公不敢不敬天之休，來相宅，其作周匹休。公既定宅，伻來、來，視予卜休恒吉，我二人共貞；公其以予萬億年。敬天之休；拜手稽首誨言」下，蔡《傳》云：「十萬曰億，言周公宅洛，規模宏遠，以我萬億年敬天休命。」《會選》引仁山金氏之言，再次申述十萬曰億、百萬曰億的問題，並云蔡氏於〈泰誓〉「百萬曰億」之說解不當。（卷5，頁8右至頁8左）

25.〈洛誥〉「周公曰：王肇稱殷禮，祀于新邑，咸秩無文」下，《會選》引陳氏之說，以為當時必有大法號令之文，今脫去。（卷5，頁9左至頁10右）

26.〈洛誥〉「孺子其朋，孺子其朋，其往。無若火始燄燄，厥攸灼，敘弗其絕」下，《會選》引陳櫟的說法，認為此上下文意不相貫，必有脫誤，當闕疑。（卷5，頁11右）

27.〈洛誥〉「王若曰：公！明保予沖子。公稱丕顯德，以予小子，揚文武烈。奉荅天命，和恒四方民，居師」下，《會選》引陳櫟的說法，以為當時公從王至新邑，必有發命之事，今缺。（卷5，頁12左）

28.〈君奭〉「公曰：君奭！在昔上帝，割申勸寧王之德，其集大命于厥躬」下，蔡《傳》云：「申，重。勸，勉也。在昔上帝降割于殷，申勸武王之德，而集大命於其身，使有天下也。」而《會選》先

是將蔡《傳》下半部刪去，改為「申，重。勸，勉也。申勸武王之
德，而集大命於其身也。」之後，又引「金氏曰：『割勸』傳記引此
作『周田觀』，按『周』字蒙文割似害，從害而多刀，聲亦近似。此
字當作『害』，而音『曷』。曷，何也。言上帝何為而申勸武王之德，
集大命於其身哉？」（卷5，頁35左至頁36右）

　　29.〈多方〉「慎厥麗、乃勸，厥民刑、用勸」下，《會選》引
「陳櫟曰：此段當在下文，亦克用勤之下。」（卷5，頁46左）

　　30.〈康王之誥〉「太保暨芮伯，咸進，相揖，皆再拜稽首，曰：
敢敬告天子，皇天改大邦殷之命，惟周文武，誕受羑若，克恤西土」
下，蔡《傳》釋曰：「羑若，未詳。蘇氏曰：『羑，羑里也。文王出羑
里之囚，天命自是始順。或曰：羑若即下文之厥若也。羑、厥或字有
訛謬。西土，文武所興之地。言文武所以大受命者，以其能恤西土之
眾也。進告不言諸侯，以內見外。』」《會選》先是將「天命自是始
順」以下的文字全部去除，然後，引仁山金氏之言，以為依《說
文》，即「誘」字也，云：「羑若，謂天之陰誘助訓也，舊說皆不
考。」（卷6，頁23左）

　　以上三十條，即是《書傳會選》一書中，「考訂字句篇章之誤」
的部分，若以陳先生的統計，全書刪改資料九十九條，增補資料四一
○條這個數字來看，實在很難說《會選》是站在「反蔡或異於蔡」，
更何況，在這三十條當中，有很多其實並非針對蔡《傳》文字，而是
針對《尚書》原文，認為當有缺疑或當有錯簡之類，真正反對蔡
《傳》說解或訓釋的部分，只有十五條，以《會選》所更動的比例而
言，實在是少之又少。當然，如果從另一方面來看，刪去的九十九條
當中，或可視不盡認同蔡《傳》，可是，事實上，在這九十九條當
中，並非完全「反對」蔡《傳》的說法，有時只是將蔡《傳》存它說
的部分，刪去而已，如〈仲虺之誥〉「夏王有罪，矯誣上天，以布命

于下。帝用不臧，式商受命，用爽厥師」下，蔡《傳》云：

> 矯，與矯制之矯同。誣，罔。臧，善。式，用。爽，明。師，
> 眾也。天以形體言，帝以主宰言。桀知民心不從，矯詐誣罔，
> 託天以惑其眾。王用不善其所為，用使有商受命，用使昭明其
> 眾庶也。○王氏曰：「夏有昏德，則眾從而昏。商有明德，則
> 眾從而明。」○吳氏曰：「用爽厥師，續下文簡賢附勢，意不
> 相貫，疑有脫誤。」[53]

《會選》只是將「王氏曰」這段文字刪去[54]。又如〈金縢〉「王執書以
泣，曰：『其勿穆卜。昔公勤勞王家，惟予沖人弗及知；今天動威，以
彰周公之德；惟朕小子其新逆，我國家禮亦宜之』」下，蔡《傳》云：

> 新當作親。成王啟金縢之書，欲卜天變，既得公冊祝之文，遂
> 感悟，執書以泣，言不必更卜。昔周公勤勞王室，我幼不及
> 知。今天動威以明周公之德，我小子其親迎公以歸，於國家禮
> 亦宜也。按，鄭氏《詩》傳：「成王既得金縢之書，親迎周
> 公。」鄭氏學出於伏生，而此篇則伏生所傳，當以親為正，親
> 誤作新，正猶〈大學〉新誤作親也。[55]

《會選》則只錄至「於國家禮亦宜矣」，而將下段按語所引的鄭氏
《詩》傳的說法完全去除[56]。

---

53 〔宋〕蔡沈：《朱文公訂正門人蔡九峯書集傳》，卷3，頁4右。
54 〔明〕劉三吾等：《書傳會選》，卷3，頁4右。
55 〔宋〕蔡沈：《朱文公訂正門人蔡九峯書集傳》，卷4，頁32右-32左。
56 〔明〕劉三吾等：《書傳會選》，卷4，頁42左。

　　甚至有時候《會選》會刪去蔡《傳》說解內容，並非訓釋有誤，更不是齊一說法，而只是讓文字讀起來更為順暢而已，如〈舜典〉「舜曰：咨！四岳。有能奮庸，熙帝之載，使宅百揆，亮采惠疇」下，蔡《傳》云：「此章稱舜曰，此下方稱帝曰者，以見堯老舜攝。堯在時舜未嘗稱帝，此後舜方真即帝位而稱帝也。」而《會選》在此作的更動，只是將「堯老舜攝」四字去除，改為「此章稱舜曰，此下方稱帝曰者，以見堯在時舜未嘗稱帝，此後舜方真即帝位而稱帝也」[57]而已，並不是對於蔡《傳》的說解有任何的不滿。又如〈禹貢〉「覃懷厎績，至于衡漳」下，蔡《傳》云：「〈地志〉漳水二，一出上黨沾縣大黽谷，今平定軍樂平縣少山也。名為清漳；一出上黨長子縣鹿谷山，今潞州長子縣發鳩山也，名為濁漳。」《會選》在此亦是刪去「鹿谷山，今潞州長子縣」一句，使之成為：「〈地志〉漳水二，一出上黨沾縣大黽谷，今平定軍樂平縣少山也。名為清漳；一出上黨長子縣發鳩山也，名為濁漳。」[58]更動前後，亦沒有訓解說法的問題，只是將一個重複的古今地名去除，使其文字更為齊整罷了。因此，從實際狀況來看，也不能將九十九條刪改蔡《傳》的部分，都視為是對蔡《傳》的反對。

　　從上述各種情況，包含刪去《音釋》中以為蔡《傳》有誤當改的部分，全書考訂章句篇章之誤部分，針對蔡《傳》僅十餘條，以及刪去蔡《傳》文字並非全都是訓解說明問題，有些情況只是為了使文字齊整。最重要的一點是，《書傳會選》本身還是以蔡《傳》為底本，加以增補修改所成的一部《尚書》傳注，而不是以《尚書》經文為主，重新撰著的書籍。因此，導致《書傳會選》這部書的編纂，固然

57　〔明〕劉三吾等：《書傳會選》，卷1，頁23右。

58　〔明〕劉三吾等：《書傳會選》，卷2，頁3右。

源於一件反《蔡》說的事件所造成，但是，以劉三吾為首的這群編輯者，心中對於蔡《傳》的態度，是不是就因為皇帝的壓迫，而能夠口服心也服呢？從書中所呈現的種種跡象來看，答案恐怕是否定的。因此，將之列入「反蔡或異於蔡」的一類《尚書》學著作，似乎還可以加以斟酌。誠如陳恆嵩先生在〈劉三吾編纂《書傳會選》研究〉中所言，《書傳會選》的編纂「目的在使蔡《傳》註解能更臻於完美無缺。」[59]而蔣秋華先生以為：「明代官修的二部《書》解，雖說編纂的動機有所不同，但基本上仍是宗主蔡《傳》的，對於其中的說解，雖然有些許的不滿，而予以刪除，那只不過佔極小部分，大致還是以蔡氏為主，再添增諸儒相關的說解，為蔡《傳》補益罷了。」[60]這應是較為合乎實情的說法。

第二節　《書傳大全》的編成與《書集傳》地位的獨尊

明洪武二十七年（1394）九月，劉三吾等人編成《書傳會選》後，太祖朱元璋大喜，親自為之命名，並且命禮部刊行天下[61]。雖然後世學者，對於明代經學的評價都不高，但這部書卻是少數受到肯定的著作之一，顧炎武評云：「蓋宋元以來諸儒之規模猶在，而其為此書者，皆自幼為務本之學，非由八股發身之人，故所著之書，雖不及先儒，而尚有功於後學。」[62]《四庫全書總目》亦引用其說，以為：

---

59 陳恆嵩：〈劉三吾編纂《書傳會選》研究〉，收入《經學研究論叢》，第9輯，頁62。

60 蔣秋華：〈明人對蔡沈《書集傳》的批評初探〉，收入林慶彰、蔣秋華主編：《明代經學國際研討會論文集》，頁282。

61 中央研究院歷史語言研究所輯校：《明實錄》〈明太祖實錄〉，卷234，頁3422。

62 〔清〕顧炎武著、〔清〕黃汝成集釋：《日知錄集釋》，中冊・卷18，總頁1389-1390。

「以炎武之淹博絕倫，罕所許可，而其論如是，則是書之足貴可略見矣。」[63]皮錫瑞在《經學歷史》當中，雖然以為明代為經學積衰時代中之最末者，亦引用了這段評語[64]。然而，這部書卻沒有廣為流傳，因為，在書成不久之後，就有另一部著作代替了它的地位，那就是後世爭議最大、評價最低的《五經大全》當中之《書傳大全》。

　　關於《五經大全》的編輯動機及目的，根據學者研究大抵以為有兩個：第一個原因是明洪武之後，太孫朱允炆即位，是為建文帝，之後太祖四子燕王朱棣發動政變，篡位成功，是為成祖，史稱「靖難」。而在成祖登基之後，首先是將當初親建文帝一派的臣子進行斬草除根式的誅殺，當中最為後世所知者就是被「誅十族」的文學博士方孝孺。之後為了撫平及籠絡文人，遂有《永樂大典》以及《四書》、《五經》、《性理》三部大全的編輯。第二個原因便是，為了讓成祖得位尋得正統性，亦即是繼承堯、舜、武、湯、文、武、周、孔的道統，因此便要尊孔崇儒，這點成祖亦早有著力用心，例如當初他在靖難時兵過山東孔孟之鄉，便曾下令不得入境騷擾，又於永樂四年（1406）三月祭孔，之後賜《五經》予儒臣，命之進講且禮遇之。因此，修三部大全的目的，還有紹承聖王道統、宣示正統地位的用意在其中[65]。《明史》〈藝文志〉在「洪武中敕修書傳會選六卷」一條下註記：「太祖以蔡沈《書傳》有得有失，詔劉三吾等訂正之。又集諸家之說，足其未備。書成頒刻，然世竟鮮行。永樂中，修《大全》，一

---

63 〔清〕紀昀、永瑢等：《武英殿本四庫全書總目》，第1冊，卷12，頁275。

64 〔清〕皮錫瑞著、〔民國〕周予同注：《經學歷史》，頁284。

65 林慶彰：〈《五經大全》之修纂及其相關問題探究〉，收入林慶彰：《明代經學研究論集》，頁35-39。陳恆嵩：《《五經大全》纂修研究》，頁24-27。陳恆嵩：〈《書傳大全》取材來源探究〉，收入林慶彰、蔣秋華主編：《明代經學國際研討會論文集》，頁297-300。

依蔡《傳》，取便於士子舉業，此外不復有所考究也。」[66]明成祖永樂
十二年（1414）十一月甲寅，皇帝命胡廣、楊榮、金幼孜曰：「《五
經》、《四書》，皆聖賢精義要道，其傳註之外，諸儒議論，有所發明
餘蘊者，爾等采其切當之言，增附於下。其周、程、張、朱諸君性理
之言，如《太極》、《通書》、〈西銘〉、〈正蒙〉之類，皆六經之羽翼，
然各自為書，未有會統，爾等亦別類聚成編。二書務精備，庶幾以垂
後世。」[67]經過不到一年的時間，於永樂十三年（1415）九月己酉，
《五經》、《四書》及《性理》三部大全書成，成祖為之作御序，亦命
禮部刊賜天下[68]。

　　永樂十三年三部大全編纂完成之後，隨後在永樂十五年（1416）
三月甲午頒《五經》、《四書》與《性理》大全於六部，並與兩京國子
監及天下郡縣學，從此之後，這三部書籍便成為各級學校的指定教科
書。成祖並對禮部曰：「此書學者之根本，而聖賢精義悉具矣。自書
成，朕旦夕宮中批閱不倦，所益多矣。古人有志于學者，苦難得書
籍，如今之學者，得此書而不勉其力，是自棄也。爾禮部其以朕意喻
天下學者，令盡心講命，毋徒視為具文也。」[69]不但如此，還更改洪
武時所制定的科舉程式，將以朱學和古註疏為主的用書廢除。《明
史》〈選舉志〉云：「永樂間，頒《四書》、《五經大全》，廢註疏不
用。其後，《春秋》亦不用張洽《傳》，《禮記》止用陳澔《集說》。二
場試論一道，判五道，詔、誥、表、內科一道。三場試經史時務策五
道。」[70]這就使得《五經大全》，成為想要投身科場學子必讀之書。雖

66　〔清〕張廷玉等：《明史》，卷96，總頁2352。
67　中央研究院歷史語言研究所輯校：《明實錄》〈明太宗實錄〉，卷108，頁1803。
68　中央研究院歷史語言研究所輯校：《明實錄》〈明太宗實錄〉，卷113，頁1872。
69　中央研究院歷史語言研究所輯校：《明實錄》〈明太宗實錄〉，卷124，頁1990-1991。
70　〔清〕張廷玉等：《明史》，卷70，總頁1694。

然就目前的資料來看，無法清楚得知是在哪一年所下的決定，但是明制三年一榜，鄉試在前一年八月，會試二月，廷試三月，三部大全於永樂十三年九月編成，因此，不會在十三年乙未榜採用，而從永樂十五年三月，頒部三部大全來看，最快在永樂十六年（1418）的戊戌榜便有可能實施。是以《四庫全書總目》云：「是洪武中，尚不以蔡《傳》為主，其尚主蔡《傳》，定為功令，則始自是書。」[71]

在中國經學史上，有兩次官方修《五經》，且作為科考定本的事件：一次是唐代的《五經正義》，另一次就是明代的《五經大全》，然而，在學術史上對於這兩部書的評價卻相當兩極，顧炎武在《日知錄》中論及《五經正義》時，並未加以批評，只謂非成於孔穎達一人之手，但在講到《五經大全》時卻說：「夫八股行而古學棄，大全出而經說亡。」[72]然而，同樣是批評《大全》，實際上卻有兩種立場，第一種立場是自內容言，如皮錫瑞在《經學歷史》一書中，談到《五經正義》雖言是書有彼此互異、曲徇注文、雜引讖緯三個缺點，但亦云：「唐人義疏，其可議者誠不少矣；而學者當古籍淪亡之後，欲存漢學於萬一，窺鄭君之藩籬，舍是書無徵焉。是又功過互見，未可概論者也。」[73]講到《五經大全》時則曰：「惟唐所因者，六朝舊籍，故該洽猶可觀。明所因者，元人遺書，故讓陋為尤盛。此《五經正義》至今不得不鑽研，《五經大全》入後遂盡遭唾棄也。」[74]馬宗霍論《五經正義》時言：「其實唐人義疏之學，雖得失互見，而瑕不掩瑜。名宗一家，實採眾說，固不無附會之弊，亦足破門戶之習。」[75]談《五

71 〔清〕紀昀、永瑢等：《武英殿本四庫全書總目》，第1冊，卷12，頁276。

72 〔清〕顧炎武著、〔清〕黃汝成集釋，《日知錄集釋》，中冊·卷18，總頁1390。

73 〔清〕皮錫瑞著、〔民國〕周予同注：《經學歷史》，207。

74 〔清〕皮錫瑞著、〔民國〕周予同注：《經學歷史》，289。

75 馬宗霍：《中國經學史》，頁98。

經大全》時則說：「《大全》所據者，乃僅元人之遺耳。其去《正義》所據，已不可道里計，而又不及一年，書即告成，無暇甄擇，自亦勢所必至，宜朱彝尊亦有『大全乃至不全』之譏也。」[76]然而，若仔細體會皮、馬二人之義，之所以貴《正義》而賤《大全》者，乃因前者之取材為六朝舊籍，後者之所用為元人經說，平心而論，這種批評實帶有學術立場在其中，因為兩人重漢人之學而輕元人之書，所以採漢人之學為基礎的《正義》與用元人之書為材料的《大全》，其差距自然不可以千里計。故葉國良先生等在《經學通論》一書中便云：「事實上，明末清初的學者對《四書五經大全》的指責，大半是基於對宋學反感的心理。」[77]的確，從這方面來看，實不得謂《大全》不如《正義》。

至於批評《大全》的第二種立場，則不是批評書中採用的來源，而是編輯時的作法，例如顧炎武就說：「當日儒臣奉旨修《四書》、《五經大全》，頒餐錢、給筆札，書成之日，賜金遷秩，所費於國家者，不知凡幾。將謂此書既成，可以章一代教學之功，啟百世儒林之緒，而僅取已成之書，抄謄一過，上欺朝廷，下誑士子，唐宋之時，豈有是事乎？」[78]朱彝尊亦云：「永樂中詔修《五經》、《四書》大全，開館則給月饌，書成則賜鈔賜幣賜燕，又御製〈序〉文頒行，稱為廣大悉備，不知胡廣諸人止就前儒成編，一加抄錄而去其名，如《詩》則取諸劉氏；《書》則取諸陳氏；《春秋》則取諸汪氏，《四書》則取諸倪氏；《禮》則於陳氏《集說》外，增益吳氏之《纂言》；《易》則天台、鄱陽二董氏，雙湖、雲峰二胡氏。於諸書之外，全未寓目，所

---

76 馬宗霍：《中國經學史》，頁133-134。

77 葉國良等：《經學通論》，頁583。

78 〔清〕顧炎武著、〔清〕黃汝成集釋，《日知錄集釋》，中冊，頁1387-1388。

謂大全，乃至不全之書也。」[79]不同於皮、馬二氏對於《大全》來源的指責，顧炎武和朱彝尊都指出，當初編大全之時，國家給予這些人良好的待遇，希望能夠成就一部足以名垂後世的著作，沒想到這些編輯者卻只是將元人經說逕取一、兩部來抄錄便了事，取材既不廣博，編輯也不用心，因此林慶彰先生談論到這個問題時便說：「這是因為《大全》不僅取材問題，已有公然剽竊的嫌疑。」[80]的確，這才是《大全》最大的問題，否則，平心而論，就取材這點而言，《正義》、《大全》並無二致，皆是採前人之說。但是就編輯方面來說，《正義》雖採前人的說法，然於剪裁去取之際，亦多有著力；但《大全》則是將前人的成果幾乎整部抄襲，只不過稍加修改而已，這即是兩者最大的不同。

　　既然《五經大全》之編輯者，皆是將前人之說抄錄一遍便已成書，那麼，題為胡廣所編的《書傳大全》的來源究竟為何？陳恆嵩先生《五經大全纂修研究》的第五章〈《書傳大全》研究〉以及〈《書傳大全》取材來源探究〉當中，已經做過相當詳細的考證，大抵來說，自明代李默以來以至今人林慶彰先生，較具代表性的說法約有十種，而且相當分歧[81]，其中，大部分人都認為與董鼎《尚書輯錄纂註》、陳櫟《尚書集傳纂疏》與陳師凱《書蔡傳旁通》三部書有密切關係[82]。而陳恆嵩先生則以最徹底的方式，將《書傳大全》與這三部書一一做比較，他在《《五經大全》纂修研究》中將全書引用學者說法，分為

79　〔清〕朱彝尊原著、林慶彰等編：《經義考》，第2冊，卷49，頁343。

80　林慶彰：〈《五經大全》之修纂及其相關問題探究〉，收入林慶彰：《明代經學研究論集》，頁45。

81　陳恆嵩：《五經大全纂修研究》，頁115-124。陳恆嵩：〈《書傳大全》取材來源探究〉，收入林慶彰、蔣秋華主編：《明代經學國際研討會論文集》，頁302-304。

82　陳恆嵩：《五經大全纂修研究》，頁115-124。陳恆嵩：〈《書傳大全》取材來源探究〉，收入林慶彰、蔣秋華主編：《明代經學國際研討會論文集》，頁302-304。

三〇〇七條，一一對照得出來的結論是：全書抄襲前人經說疏文者有二五七五條，佔總數的百分之八十五點六三；《書傳大全》編輯者自行增補的經說疏文者則僅有二六六條，佔百分之八點八五。而在二五七五條當中，抄自董鼎書者有二二七五條，抄自陳櫟書者僅有二九七條[83]。在〈《書傳大全》取材來源探究〉一文中，則以段落條目合併計算，將全書段落分成一〇一六條，則抄自董鼎書者有五七五條，抄自陳櫟書者有六十二條，合抄董、陳二書者有一七一條，全同於二家者有二十九條[84]，因此，《書傳大全》以抄自董鼎書者為最多，抄自陳櫟書則次之，至於陳師凱的《旁通》則不在取材之列。一部〈凡例〉當中，引用先儒姓氏自孔安國至陳雅言，共列一三一人，且為皇帝敕令編纂的《書傳大全》，居然是有八成以上全襲自董、陳二書，實在令人感到不可思議。

　　由於陳恆嵩先生已做過如此詳盡、深入的研究，因此，本文便不需引用次數上再加以著力討論，僅將他的研究成果陳列於上。今試舉一例，以明《書傳大全》抄襲之嚴重。事實上，如果對於元人《尚書》學經注有一定的熟悉程度，實不難發現《書傳大全》乃抄襲而來，因其中斧鑿痕跡太過明顯，甚至不用看到內文，剛翻至〈凡例〉便會有種熟悉感。《書傳大全》前凡例共六條，除第五條引用先儒姓氏，第六條修纂人員名單之外，前四條分別是：

　　　經文之下大書《集傳》，而以諸說分註於其後者，主蔡說也。
　　　不拘諸儒時世先後者，以釋經為序也。以朱子冠諸儒之首，
　　　《集傳》本朱子之意也。

83　陳恆嵩：《五經大全纂修研究》，頁132-134。
84　陳恆嵩：〈書傳大全取材來源探究〉，收入林慶彰、蔣秋華主編：《明代經學國際研討會論文集》，頁307-308。

朱子於書諄諄以闕疑為言，今采用諸說，一以《集傳》為準，遇可疑之處，諸說有理有通者，亦姑存之。

朱子之說或有與蔡《傳》不合，及前後自相異同處，亦不敢遺。庶幾可備參攷，甚異者則略之。至於諸家之說，或節取其要語，其有文勢辭旨未融貫處，則頗加檃括云。

《集傳》舊為六卷，今采輯諸說，卷帙增益，復釐為十卷。[85]

這四條〈凡例〉，除了第一、第四條之外，其實，亦全是襲董鼎《尚書輯錄纂註》、陳櫟《尚書集傳纂疏》二書的〈凡例〉。陳書〈凡例〉第四條是「一部《尚書》朱子於闕疑處諄諄言之，今遇可疑處，姑略存舊說，然後明云當闕疑焉。」[86]《大全》〈凡例〉第二條，蓋由此條修改。而董書〈凡例〉第二條則是「是書以朱子為主，故凡《語錄》諸書，應有與《書》經相關者，靡不蒐輯，仿〈輯略〉例，名曰『輯錄』，附蔡《傳》之次。或有與蔡《傳》不合，及先後說自相異同處，亦不敢遺，庶幾可備參攷，其甚異者，則略之。」第五條是「增纂諸家之說，或節取其要語，其有文勢未融貫處，與夫辭旨未條暢處，仿《集註》例，頗加檃括並用其意足之。」[87]《大全》〈凡例〉第三條，顯然是由此兩條合併，而刪除前半段而成。一部書竟開卷未至本文，於〈凡例〉即已抄襲他書而成，亦難怪會受到後世學者的譏笑與責難。至於《書傳大全》中其他的因襲徵用方式，陳恆嵩先生在其研究中，亦將之分為：第一，增補疏文、第二，合併疏文、第三，移改疏文位置、第四，刪除疏文、第五，合抄疏文五種方式，分類詳盡

---

85 〔明〕胡廣等：《書傳大全》（臺北國家圖書館藏明內府刊本），卷首，頁1右-1左。

86 〔元〕陳櫟：《書蔡氏傳纂疏》，卷首，頁4左。

87 〔元〕董鼎：《書蔡氏傳輯錄纂註》，卷首，頁7右-7左。

且均有舉例[88]，是以本文亦不再作分類工作。

　　不過，雖說《書傳大全》幾乎全襲董鼎與陳櫟之說，但是在編輯之時，依然是有其目的存在，而並非只是將二書取來，抄過一遍而已，事實上，從〈凡例〉的第一條及第二條，便可看出一些端倪。〈凡例〉第一條中，言「經下之大書《集傳》，而以諸說分註於其後者，主蔡說也」，在《書傳大全》當中，於每段經文之下，先以最大字體書寫《尚書》正文，再以次大字體抄錄蔡《傳》文字，之後再用小字雙排的方式，將各家之說列於後。很明顯，這也是一部以蔡沈《書集傳》為主的書籍，因此，胡廣等人選擇了董鼎與陳櫟這兩部也是以蔡《傳》為主的書籍，來當作抄襲的對象。其次，〈凡例〉第二條雖然襲自陳櫟《尚書集傳纂疏》的〈凡例〉第四條，但是《書傳大全》將「今遇可疑處，姑略存舊說，然後明云當闕疑焉」，改為「今采用諸說，一以《集傳》為準，遇可疑之處，諸說有理有通者，亦姑存之」，立場便與陳櫟大不相同。對於陳櫟來說，朱子的說法是絕對權威，蔡《傳》只是朱門後學代表性的作品，因此，他還是以朱子的意見為主。可是，到了胡廣等人，變成是以蔡氏《集傳》為準，而所引諸家說時，將朱子的意見置於最前面，也非如董鼎的「是書以朱子為主」[89]，或是陳櫟的「尊先師」[90]，而僅僅只是「《集傳》本朱子之意」，前後取向差別相當明顯。

　　除此之外，《書傳大全》還有一個特色，就是對於《書集傳》的意見幾乎完全接受，即便是引用諸家說法當中，也罕有見到反對蔡《傳》的意見，例如元代學者屢屢提出的〈舜典〉「同律、度、量、

88　陳恆嵩：《《五經大全》纂修研究》，頁135-144。陳恆嵩：〈《書傳大全》取材來源探究〉，收入林慶彰、蔣秋華主編：《明代經學國際研討會論文集》，頁308-315。

89　〔元〕董鼎：《書蔡氏傳輯錄纂註》，卷首，頁7右。

90　〔元〕陳櫟：《書蔡氏傳纂疏》，卷首，頁4右。

衡」下，蔡《傳》云：「而十龠為合，十合為升，十升為斗，十斗為
斛」、〈舜典〉「金作贖刑」下，蔡《傳》云：「金，黃金。贖，贖其
罪」這兩個問題，因涉及到與朱子意見的衝突，所以即便是極度尊蔡
的陳師凱，亦對蔡《傳》的意見提出批駁，但在《書傳大全》中非但
未加處理，甚至完全看不到有反對說法。即以整部《書傳大全》來
看，對於蔡《傳》的反對意見亦寥寥無幾，因此，茲全列於下：

1.〈舜典〉「肇十有二州，封十有二山，濬川」下，蔡《傳》
云：「十二州：冀、兗、青、徐、荊、揚、豫、梁、雍、幽、并、營
也。中古之地，但為九州，曰：冀、兗、青、徐、荊、揚、豫、梁、
雍。禹治水作貢，亦因其舊。及舜即位，以冀青地廣，始分冀東恆山
之地為并州，其東北醫無閭之地為幽州。又分青之東北遼東等處為營
州，而冀州止有河內之地，今河東一路是也」，《大全》言：「蔡仲默
集註《尚書》，至肇十有二州，因云禹即位後又并作九州。曰也見不
得。但後面皆只說帝命式于九圍，以有九有之師，不知是甚麼時候，
又復并作九州？」（卷2，頁39右）

2.〈堯典〉「帝曰：龍，朕聖讒說殄行，震驚朕師。命汝作納
言，夙夜出納朕命，惟允」下，蔡《傳》云：「聖，疾。殄，絕也。
殄行者，謂傷絕善人之事也。師，眾也，謂其言之不正，而能變亂黑
白，以駭眾聽也。納言，官名，命令政教，必使審之既允而後出，則
讒說不得行，而矯偽無所託矣。敷奏復逆，必使審之既允而後入，則
邪僻無自進，而功緒有所稽矣。」《大全》言：「新安陳氏曰：自孔
《註》出『納朕命』，以為聽下言納於上，受上言宣於下。蔡《傳》
又分命令政教、敷奏復逆，以配出納。然終於『朕命』二字欠通。切
意欲其審君命之當否，當者出之，否則納之，惟至於允當而止。如後
世批勑審覆之官，庶於出納朕命，文義明順也。」（卷2，頁58右）

3.〈益稷〉「予違，汝弼；汝無面從，退有後言。欽四鄰」下，蔡《傳》云：「違，戾也，言我有違戾於道，爾當弼正其失。爾無面諛以為是，而背毀以為非，不可不敬爾鄰之職也。申結上文弼直鄰哉之義，而深責之禹者如此。」《大全》言：「新安陳氏曰：『欽四鄰』，《傳》語欠當，當云：不可不敬爾為四鄰近臣之職也。又按，『欽四鄰』上下疑有闕文，朱子嘗疑之。今於此等處姑據眾說，雖略可通，然深繹之，與上下文意皆不貫，闕之可也。」（卷2，頁43右）

4.〈泰誓上〉「同心度德，同德度義。受有臣億萬，惟億萬心；予有臣三千，惟一心」下，蔡《傳》云：「度，量度也。德，得也，行道有得於身也。義，宜也，制事達時之宜也。同力度德，同德度義，意古者兵志之詞，武王舉以明伐商之必克也。林氏曰：『左氏襄三十一年，魯穆叔曰：「年鈞擇賢，義鈞以卜。」昭二十六年，王子朝曰：「年鈞以德。德鈞以卜。」蓋亦舉古人之語，文勢正與此同。』百萬曰億，紂雖有億萬臣，而有億萬心，眾叛親離，寡助之至，力且不同，況德與義乎？」《大全》言：「新安陳氏曰：此謂『百萬曰億』，〈洛誥〉中又謂『十萬曰億』。韋昭注〈楚語〉云：『十萬曰億，古數也，秦改制始以萬萬為億。』今解《尚書》合主十萬為億之說，百萬為億，未見所本。」（卷6，頁8左）

5.〈武成〉「既生魄，庶邦冢君暨百工，受命于周」下，蔡《傳》云：「生魄，望後也。四方諸侯及百官，皆於周受命，蓋武王新即位，諸侯百官，皆朝見新君，所以正始也」，《大全》曰：「新安陳氏曰：諸家多謂『生魄，望後也』，而不察『既』字，以『望』與『既望』例之，則哉生魄，十六日；既生魄，十七日也。」（卷6，頁23左）

6.〈洛誥〉「王拜手稽首曰：公不敢不敬天之休，來相宅，其作周匹休。公既定宅，伻來、來，視予卜休恒吉，我二人共貞；公其以予

萬億年。敬天之休；拜手稽首誨言鋤」下，蔡《傳》云：「此王授使者
復公之辭也。王拜手稽首者，成王尊異周公，而重其禮。匹，配也。
公不敢不敬天之休命，來相宅，為周匹休之地，言卜洛以配周命於無
窮也。視，示也，示我以卜休美而常吉者也。二人，成王、周公也。
貞，猶當也。十萬曰億，言周公宅洛，規模宏遠，以我萬億年敬天休
命。故又拜手稽首，以謝周公告卜之誨言。」《大全》言：「新安陳氏
曰：『視』於『示』古通用，《漢書》凡『示』字例作『視』。『十萬曰
億』，〈泰誓〉又云『百萬曰億』，不同，何也？《詩》『禾三百億』，
鄭注『十萬曰億』，毛公『萬萬曰億』，孔疏：『今九章籌數皆以萬萬
為億，鄭以古數言之。』韋昭注〈楚語〉云：『十萬曰億，古數也，
秦改制始以萬萬為億。』百萬為億，未見所本。」（卷 8，頁 19 左）

　　以上六條，便是本文初步觀察到《書傳大全》一書中，對蔡
《傳》說法提出反駁的文字，以十卷巨帙，千條引文來說，這樣的數
字少得相當令人懷疑。雖說《書傳大全》的來源是董鼎《尚書輯錄纂
註》和《尚書集傳纂疏》，在這兩書當中，關於引用蔡《傳》成書之
後的學者的意見本來就不是佔大多數。然而，在上述六條當中，除了
第一條未註出處之外，其他五條皆為陳櫟的意見，而本文第四章第一
節，曾經提到無論是董鼎《纂註》或是陳櫟《纂疏》，都包含了許多
陳櫟的說法，在董鼎書中，引新安陳氏共三○一次，而陳櫟在自己的
著作當中，不含注音、切語，即有三八五條，而當中至少有二十二條
明顯反對蔡《傳》，因此，即便《書傳大全》全襲董、陳二書而無所
增補，也不可能只有這個數字。是以，會產生這麼低的數字，一定是
有所刪減，既然如此，本文遂對董鼎《尚書輯錄纂註》、《尚書集傳纂
疏》與《書傳大全》中的陳櫟意見加以觀察，結果發現兩個現象。

　　第一個現象是，在某些情況之下，於董鼎《尚書輯錄纂註》、陳
櫟《尚書集傳纂疏》二書所徵引的陳氏原文當中，對於蔡《傳》有所

批駁，但是，《書傳大全》在引用時，卻將批駁部分去除。如〈金縢〉「二公曰：我其為王穆卜」下，蔡《傳》云：

> 二公，太公、召公也。李氏曰：「穆者，敬而有和意。穆卜，猶言共卜也。」愚謂，古者國有大事卜，則公卿百執事皆在，誠一而和同以聽卜筮，故名其卜曰穆卜。下文成王因風雷之變，王與大夫盡弁，啟金縢之書以卜者，是也。先儒專以穆為敬，而於所謂其勿穆卜，則義不通矣。[91]

董鼎《尚書輯錄纂註》引：

> 【纂註】新安陳氏曰：蔡《傳》非孔《註》專以「穆」為「敬」，是矣。而共卜，亦未然也。以昭穆之穆證之，有幽陰深遠之意。[92]

陳櫟《尚書集傳纂疏》則云：

> 陳氏大猷曰：穆，敬和而有深遠之意。○愚按，共卜之訓恐未當，證以昭穆，有幽陰深遠之意也。[93]

然而，《書傳大全》在此卻云：

> 陳氏大猷曰：穆，敬和而有深遠之意。○新安陳氏曰：蔡

---

91 〔宋〕蔡沈：《朱文公訂正門人蔡九峯書集傳》，卷4，頁28右。
92 〔元〕董鼎：《書蔡氏傳輯錄纂註》，卷4，頁47右。
93 〔元〕陳櫟：《書蔡氏傳纂疏》，卷4，頁47左。

《傳》非孔《註》專以「穆」為「敬」，是矣。以昭穆之穆證
之，又有幽陰深遠之意。[94]

取陳書的陳大猷說法，與董書的新安陳氏文字拼合，但是，卻將陳櫟
認為蔡《傳》共卜之訓錯誤的意見刪除了。

又如〈立政〉「文王惟克厥宅心，乃克立茲常事司牧人，以克俊
有德」下，蔡《傳》云：

文王惟能其三宅之心。能者，能之也，知之至，信之篤之謂。
故能立此常任、常伯，用能俊有德也。不言準人者，因上章言
文王用人，而申克知三有宅心之說，故略之也。[95]

董鼎《尚書輯錄纂註》之下的文字為：

【輯錄】文王惟克厥宅心，人皆以宅心為處心，非也。即前面
所說三有宅心，爾若處心，則云克宅厥心。方子。【纂註】孔
氏曰：文王惟其能居心。○呂氏曰：前章敷敘文武眾職已詳，
復恐成王覽其目而不議其綱也，故極本原以示之。心者，萬事
之綱也。君心既宅安，厥攸居，則經世事業皆此心之建立也，
舉世人才皆此心之感應也。文王之官繁矣，曷嘗求之外哉？惟
能宅心而已。○真氏曰：不曰「克宅厥心」，而曰「克厥宅
心」，猶〈皋謨〉不曰「慎修厥身」，而曰「慎厥身修」也。○
新安陳氏曰：以宅心為三宅之心，與上文「克知三有宅心」合

---

94 〔明〕胡廣等：《書傳大全》，卷7，頁7左。
95 〔宋〕蔡沈：《朱文公訂正門人蔡九峯書集傳》，卷5，頁44右。

為一說，免添出文王克宅心一腳，豈不甚好？然如蔡氏所謂
「能其三宅之心」，於文理欠順，否則「克」字下或脫一
「知」字，或「厥」字本「知」字之誤乃可耳。[96]

陳櫟《尚書集傳纂疏》云：

> 文王惟克厥宅心，人皆以宅心為處心，非也。即前面所說「三
> 有宅心」耳，若處心則云「克宅厥心」。○孔氏曰：文王惟其
> 能居心。呂氏曰：此又極本原以示之，心者，萬事之綱也。君
> 心既安，則經世事業皆此心之建立也，舉世人才皆此心之感應
> 也。文王之官繁矣，曷嘗求之外哉？惟能宅心而已。真氏曰：
> 不曰「克宅厥心」，而曰「克厥宅心」，猶〈皋謨〉不曰「慎修
> 厥身」，而曰「慎厥身修」也。○愚謂：以宅心為三宅之心，
> 與上文「克知三有宅心」合為一說，免添出文王克宅心一腳，
> 豈不甚好？然蔡氏所謂「能其三宅之心」欠順，「克」字下或
> 脫一「知」字，或「知」字誤作「厥」字，則不可知。仍孔注
> 為妥，真氏之證極當。[97]

《書傳大全》在此下所徵引的卻是：

> 朱子曰：文王惟克厥宅心，人皆以宅心為處心，非也。即前面
> 所說「三有宅心」耳，若處心則云「克宅厥心」。○西山真氏
> 曰：不曰「克宅厥心」，而曰「克厥宅心」，猶皋陶不曰「慎修

---

96 〔元〕董鼎：《書蔡氏傳輯錄纂註》，卷5，頁53右-53左。
97 〔元〕陳櫟：《書蔡氏傳纂疏》，卷5，頁65右-65左。

厥身」，而曰「慎厥身修」也。○新安陳氏曰：以宅心為三宅之心，與上文「克知三有宅心」合為一說。○臨川吳氏曰：……○陳氏雅言曰：……[98]

由於董鼎、陳櫟二書在此皆無引臨川吳氏、陳氏雅言之說，可斷定為胡廣等人在二書之外所增補，而由文字觀之，此段《書傳大全》所引當是以陳櫟《尚書集傳纂疏》為抄錄對象，不過，在此則將陳櫟用來批評蔡《傳》的部分刪除，只留下前半句。

　　此外，如〈益稷〉「無若丹朱傲，惟慢遊是好，傲虐是作，罔晝夜頟頟；罔水行舟，朋淫于家；用殄厥世。予創若時：娶于塗山，辛壬癸甲；啟呱呱而泣，予弗子，惟荒度土功。弼成五服，至于五千；州十有二師；外薄四海，咸建五長。各迪有功，苗頑弗即工。帝其念哉。」一句下，董鼎《纂註》與陳櫟《纂疏》當中，皆有陳櫟以為蔡氏關於「弼成五服，至于五千；州十有二師」的說解，為諸家中較差的說法，但是在《大全》之中，則只引「新安陳氏曰：禹欲帝無恃刑威之用，而益廣明得之及，以丹朱為帝戒，復以己之懲戒丹朱者繼之。末言天下皆順，而苗民獨頑，若以為不止於庶頑之頑者，欲帝念之也。」將陳櫟的說解中，與五服十二州相關的文字完全去除[99]。由上述之例可見，《書傳大全》編輯時，雖然有採用陳櫟的說法，但是，有時會將陳氏的說法加以剪裁，除去對蔡《傳》批駁、反對的部分，而僅留下補充說明的部分。

　　第二個情況是，董鼎《尚書輯錄纂註》、陳櫟《尚書集傳纂疏》二書皆有陳櫟反對蔡《傳》的說法，但是《大全》在引用之時，於他

98　〔明〕胡廣等：《書傳大全》，卷9，頁24左-25右。
99　〔明〕胡廣等：《書傳大全》，卷3，頁48右-49左。

說皆取之，但偏偏將陳氏之說刪除，如〈泰誓〉中「我武惟揚，侵于之疆，取彼凶殘，我伐用張，于湯有光」下，蔡《傳》云：

> 揚，舉。侵，入也。凶殘，紂也，猶孟子謂之殘賊。武王弔民伐罪，於湯之心，為益明白於天下也。自世俗觀之，武王伐湯之子孫，覆湯之宗社，謂之湯讎，可也。然湯放桀、武王伐紂，皆公天下為心，非有私於己者。武之事，質之湯而無愧。湯之心，驗之武而益顯。是則伐商之舉，豈不於湯為有光也哉？[100]

董鼎《尚書輯錄纂註》下引：

> 【輯錄】言武王威武奮揚，侵彼紂之疆界，取其殘賊，而殺伐之功，因以張大，比於湯之伐桀，又有光焉。孟註。【纂註】新安陳氏曰：于湯有光乃武王之夸辭，如所謂功光祖宗云耳，孟註甚得本意。蔡氏於湯之心為益明白之說，議論似深一步，似失本文之意。[101]

陳櫟於《尚書輯錄纂註》下，則未引朱子之語，而徑云：

> 愚按：於湯有光，乃武王之夸辭，如功光祖宗云耳，深一步說，非本文意。[102]

---

100 〔宋〕蔡沈：《朱文公訂正門人蔡九峯書集傳》，卷4，頁6右。
101 〔元〕董鼎：《書蔡氏傳輯錄纂註》，卷4，頁8右
102 〔元〕陳櫟：《書蔡氏傳纂疏》，卷4，頁8右。

但是《書傳大全》在此段之下，蔡《傳》文字之後，僅云：

> 朱子曰：武王威武奮揚，侵彼紂之疆界，取其殘賊，而殺伐之功，因以張大，比於湯之伐桀，又有光焉。[103]

顯然是引用了董書的說法，但是於董書接下來所接著引用的陳櫟說，卻將之刪去而不錄。

又〈武成〉「恭天成命，肆予東征，綏厥士女。惟其士女，篚厥玄黃，昭我周王。天休震動，用附我大邑周」下，蔡《傳》云：

> 成命，黜商之定命也。篚，竹器。玄黃，色幣也。敬奉天之定命，故我東征，安其士女。士女喜周之來，筐篚盛其玄黃之幣，明我周王之德者，是蓋天休之所震動，故民用歸附我大邑周也。或曰，玄黃，天地之色。篚厥玄黃者，明我周王有天地之德也。[104]

董鼎《尚書輯錄纂註》下言：

> 【輯錄】商人而曰我周王，猶〈商書〉所謂我后也。孟註。
> 【纂註】陳氏曰：成命，一定不易，決於伐商也。肆，遂也。武王為西伯，紂在東，故曰東征。士女，猶曰男女，詩中士，多連女言之。〇新安胡氏曰：《傳》采「或曰玄黃」之說，非也。[105]

103　〔明〕胡廣等：《書傳大全》，卷6，頁13右-13左。
104　〔宋〕蔡沈：《朱文公訂正門人蔡九峯書集傳》，卷4，頁13右。
105　〔元〕董鼎：《書蔡氏傳輯錄纂註》，卷4，頁16左。

陳櫟於《尚書輯錄纂註》則云：

> 商人而曰我周王，猶夏人曰後我后。○陳氏經曰：武王為西
> 伯，紂在東，故曰東征。○愚謂：「玄黃，天地之德」之說當
> 刊。[106]

此處雖然一曰新安胡氏，一為陳櫟自述，不過本文第四章曾經提到關
於這兩部書的公案，陳櫟曾指責董季真在《尚書輯錄纂註》，將他的
意見都改為「新安胡氏」，由此看來，董書所引當亦是陳櫟說。然
而，《書傳大全》在此段的蔡《傳》之後，則是接：

> 朱子曰：商人而曰我周王，猶〈商書〉所謂我后也。○陳氏
> 曰：成命，一定不易，決於伐商也。肆，遂也。武王為西伯，
> 紂在東，故曰東征。士女，猶曰男女，《詩》中士多連女言
> 之。[107]

顯然，也是抄錄自董鼎書的說法，不過，卻把兩書皆有引到的陳櫟反
對蔡《傳》意見給刪除了。

除此之外，如〈洪範〉「一、五行：一曰水，二曰火，三曰木，
四曰金，五曰土。水曰潤下，火曰炎上，木曰曲直，金曰從革，土爰
稼穡。潤下作鹹，炎上作苦，曲直作酸，從革作辛，稼穡作甘」下，
蔡《傳》云：

> 此下九疇之目也。水、火、木、金、土者，五行之生序也。天

---

106 〔元〕陳櫟：《書蔡氏傳纂疏》，卷4，頁16左。
107 〔明〕胡廣等：《書傳大全》，卷6，頁27右。

一生水，地二生火，天三生木，地四生金，天五生土。唐孔氏
曰：萬物成形，以微著為漸。五行先後，亦以微著為次。五行
之體、水最微為一，火漸著為二，木形實為三，金體固為四，
土質大為五。潤下、炎上、曲直、從革，以性言也。稼穡，以
德言也。潤下者，潤而又下也。炎上者，炎而又上也。曲直
者，曲而又直也。從革者，從而又革也。稼穡者，稼而又穡
也。稼穡獨以德言者，土兼五行，無正位，無成性，而其生之
德，莫盛於稼穡，故以稼穡言也。稼穡不可以為性也，故不曰
曰而曰爰。爰，於也，於是稼穡而已。非所以名也。作，為
也。鹹、苦、酸、辛、甘者，五行之味也。五行有聲色氣味，
而獨言味者，以其切於民用也。[108]

董鼎《纂疏》與陳櫟《纂疏》之書皆引有陳櫟以為蔡《傳》於水之潤
下、火之炎上、木之曲直、金之從革四者皆以性言，獨土之稼穡以德
言，這是本於蘇氏的說法，然此說與四者不協，讀之亦不順。不過，
《大全》在這一句下面，引了介軒董氏、徽庵程氏、陳經、陳大猷、
唐孔氏、陳雅言、夏氏、董鼎等人的說法，卻獨缺二書皆有引用的
陳櫟。

　　由上述兩個現象可以知道，《書傳大全》雖然沿用了很多董鼎
《尚書輯錄纂註》與陳櫟《尚書集傳纂疏》的說法，有時甚至是整段
抄襲，但是在某些情況下，《大全》雖然抄錄了陳櫟的意見，但是會
刻意將這條意見當中，反駁蔡《傳》的部分去除。或者是，直接刪除
陳櫟反對蔡《傳》的文字，只留前後的各家說法。

　　除此之外，關於《書傳大全》的編輯，還有一點值得一提的就

108　〔宋〕蔡沈：《朱文公訂正門人蔡九峯書集傳》，卷4，頁18左-19右。

是，除了以董鼎《尚書輯錄纂註》為主，然後加上陳櫟《尚書輯錄纂
註》的意見之外，胡廣等人還大量的引用陳雅言（1318-1385）的意
見，根據陳恆嵩先生的統計，在本書當中，引用陳雅言的次數高達一
三四次，在全書所引用的數字當中，排名第五，僅次於陳櫟的三六一
次、呂祖謙的二三六次、陳大猷的一九三次、林之奇的一六九次[109]。
然而，前四名的說法大多是從董、陳之書襲來，只有陳雅言是元明之
際的學者，所以，關於陳雅言的意見，當是胡廣等人自行補充的條
目。

　　陳雅言，正史無傳。明楊士奇（1364-1444）《東里續集》「書卓
躍」一條，下云：「《書卓躍》二冊，元永豐陳雅言著，專為科舉設。
今南昌有刻版，余得之雅言之孫彝訓，今為中書舍人。」[110]清黃虞稷
（1629-1691）《千頃堂書目》將《書義卓躍》歸為明人《尚書》著
作，注云：「永豐人，洪武中被薦，因病不赴，領本縣教諭事。楊士
奇云：專謂科舉設也。」[111]朱彝尊《經義考》〈尚書卓躍〉條下引除
引用楊、黃二說外，尚有鄒緝（？-1422）〈墓表〉曰：「永豐陳雅言
受《詩》於傅志行，受《書》於徐復。明興，首起典教縣學，其著述
多所發明，有《四書一覽》、《大學管闚》、《中庸類編》、《書經卓躍》
行於世。」[112]此墓表全文今見於《明文衡》。《四庫全書總目》亦引
《經義考》，並及鄒說，又言：「卷首彭勗〈序〉稱鄉先生雅言陳公，
似乎雅言其字也，舊本又作元人。」[113]於陳雅言的生平均無太多敘
述，甚至究為元人或明人都有異說。此書今存二本，一本藏於日本名

---

109 陳恆嵩：《五經大全纂修研究》，頁127-129。

110 〔明〕楊士奇：《東里續集》，收入《文淵閣四庫全書》（臺北市：臺灣商務印書
　　館，1986年），第1238冊，卷16，頁22左-23右，總頁583。

111 〔清〕黃虞稷：《千頃堂書目》（上海市：上海古籍出版社，2001年），卷1，頁19。

112 〔清〕朱彝尊：《經義考》，卷87，頁447。

113 〔清〕紀昀等：《四庫全書總目》，第1冊，總頁296。

古屋蓬左文庫，為完本；一本藏於中研院傅斯年圖書館，則僅有前三
卷，為殘本。至於本書性質，前引楊士奇文已云：「專為科舉設」，
《四庫全書總目》亦云：「此書則殊無可觀。蓋元代以經義取士，遂
有擬題之書，以便剽竊，此書蓋亦其一。故每段必以『此題』二字冠
首，所論亦皆作文之法，於經旨無所發明。」[114]今觀《書傳大全》中
所引，皆為補充、解釋《尚書》及蔡《傳》文字，而胡廣等人在編書
之時，多次且大量採用此書的言論，於全書僅次於陳櫟、呂祖謙、陳
大猷與林之奇四家，甚至超過了二孔，可見他們在補充資料時，所採
用的資料實有經過擇取。

　　因此，如果要論《書傳大全》讓蔡沈《書集傳》在永樂之後成為
獨尊，可以從兩個面向來談：第一個面向，就著作本身而言，《書傳
大全》雖然是抄錄董鼎《尚書輯錄纂註》與陳櫟《尚書集傳纂疏》，
再補充少許其他說法而成，但是，胡廣等人在編輯時，實際上並不只
是純粹抄錄，而是有意的將《書傳大全》成為一部羽翼蔡《傳》的書
籍。是以在這部書當中，只能看見極少量反對蔡《傳》的意見，因為
在編輯之時他們就刻意不錄反對意見，而在補充意見的擇取上，也選
擇了對蔡《傳》有所發揮增補而無所批駁的著作。第二個面向，對於
蔡《傳》在學術上的影響來說，由於在《五經大全》編成之後，永樂
皇帝便命禮部刊行，授於兩京國子監以及天下郡學，成為學子的標準
教科書。此後，在科舉考試方面，《尚書》一科便以《書傳大全》取
代了洪武時所訂下的蔡《傳》兼用古注疏的規定，導致不論是學校的
學子，或是有意於科場的士子，均不得不將《書集傳》作為必定閱讀
的書籍。不過，必須說明的是，這僅是在學校以及科舉兩方面而已，
在學術上，即便是成祖過世之後，明代批評蔡沈《書集傳》的書籍並

---

114 〔清〕紀昀等：《四庫全書總目》，第1冊，頁296。

沒有絕迹，如陳泰交《尚書注考》，即是針對蔡《傳》的內容再作考證，當中言蔡《傳》「引經註經不照應」者三條，「同字異解」者三百二十三條；馬明衡《尚書疑義》於〈自序〉明言「凡於所明而無疑者從蔡氏，其所有疑於心，而不敢苟從者，輒錄為篇，以求是正」[115]，可知其書亦是對蔡《傳》有所疑而發。更別說袁仁之書甚至直接以「砭蔡」為名，將其命為《尚書砭蔡編》。可見，即便在學校與科場上取得「獨尊」的地位，但是在學術發展史上，《書集傳》從來就不是一個不可批評的「至尊」。

---

115 〔明〕馬明衡：〈尚書疑義序〉，馬明衡：《尚書疑義》，收入《文淵閣四庫全書》，第64冊，卷首，頁101。

結論

　　在漫長的《尚書》學史上，如果要在其前、中、後三段各找一部代表性書籍，那麼西漢伏生所傳的《尚書》、唐代孔穎達所修的《正義》，以及宋末蔡沈所編的《集傳》，應該是當之無愧的代表，這三部書無論是在官學或是民間學術上，都擁有極高的影響力，而當中尤以《書集傳》的性質最為特殊。西漢時，伏生所傳的二十八篇《尚書》很快便被朝廷設立博士，唐代修《五經正義》，亦隨即頒佈天下，但是，蔡沈的《書集傳》卻不是如此。一開始，這部書的地位只是朱門眾多弟子所編《書》說中的一部而已，雖然有得到朱子的親授，以及為之訂正二〈典〉、〈禹謨〉，然而在書出之時，並未受到普遍的認可。今觀朱彝尊《經義考》當中，朱學一傳弟子所著的《尚書》著作多矣，如果這批朱子弟子的《書》說都是曾經存在的書籍，那麼，蔡沈這部《集傳》在一傳弟子的心目當中，恐怕根本不能代表朱門。更何況，朱子雖然將工作的資料給予蔡沈，並於臨死之前數日指點多處，可是畢竟這部書是出於朱子過世之後，究竟有多少是朱子後來更正的意見，亦是一宗學術史上各說各話的公案。但是，目前能肯定的是，《書集傳》當中的內容，與現存的朱子語錄、文集多有相異之處，而且如果單以朱子親訂的前三篇來看，《書集傳》的意見較《朱子文集》中所註的三篇，採用了更多孔《傳》的說法，也更接近古註疏。

　　至於《書集傳》的流行與其地位的上升，始終與官學脫不了關係。或許是慶元黨禁之故，蔡元定的子輩，如蔡淵、蔡沈、蔡沆等人皆未出仕，而是從事教育著述的工作，反倒是其孫輩在朝廷當中有較

好的發展。《書集傳》成書後雖曾在坊間刊行，但是真正受到各方重視，還是蔡杭在南宋理宗淳祐七年（1247）上書，得到皇帝讚賞之後，理宗淳祐十年（1250），呂遇龍在上饒郡學為之開刻，這也是目前所存最早的《書集傳》版本，學界通稱「呂本」。雖然南宋晚年在印刷書籍方面已經有相當好的技術，坊間書肆出版事業亦極為發達，但是一部受到皇帝賞賜，而由郡學刊刻的書籍，自然有與他書不同的地位，在傳播上也更為有利。基於這個有利因素，宋末元初之際，《書集傳》的地位逐漸上升，雖然評價不若後世之高，但是「文公親訂」這一點已受到朱學後人普遍的承認，也因此成為朱門的《尚書》學代表著作。之後，元初新安學派為朱門經說作「纂疏」，於《易》取朱子《易本義》，於《詩》亦選文公的《詩集傳》，而在《書》方面，則是以蔡沈《書集傳》作為底本，可見在這個時候，這部書的地位至少提高到了「朱學代表」的位置。

元代延祐開科，程式以朱學為主，兼用古注疏，從此《書集傳》除了擁有朱子學派內部的代表性外，還擁有了朝廷開科取士時指定用書的官方地位，使得從事科舉考試的學生，都要將這部書當作參考書。雖說以中國科舉史論，元代科舉並不重要，因為它向來不是進官的主要途徑，不過一旦經過官方的認可，無論如何地位都會有所提升。而事實上，從新安學派選取《書集傳》作為「纂疏」的底本之後，便開始了這部書經典化的過程。從董鼎《尚書輯錄纂註》、陳櫟《尚書集傳纂疏》兩書，將《書集傳》文字列於前，而以朱子、諸家之說附麗於後；到陳師凱《書蔡傳旁通》直接不錄《尚書》原文，以類似為「注」作「疏」的方式，逕以《書集傳》文字為主，而自己為之作補充；之後鄒季友更是以類似陸德明《經典釋文》的方式，對《書集傳》作「音釋」的工作，後來當書坊將蔡沈《集傳》與鄒季友《音釋》合刻之後，便成為之後數百年間，《書集傳》普遍通行的版本。

　　到了明代，先是明太祖朱元璋，不滿臣子以《書集傳》中的天體運行之道與之辯論，遂命劉三吾等人編了一部《書傳會選》。後來又有明成祖朱棣因靖難之故，基於為帝位賦與正當性以及平撫文人憤懣的雙重考量，令胡廣等人編了包含《書傳大全》的《五經大全》。不過，事實上兩部書對於《書集傳》都是採正面的態度，《書傳會選》固然未因為太祖的不滿，而對蔡《傳》大肆批駁；《書傳大全》更站在尊蔡的立場，刪去各家說法中對《書集傳》的反對意見。且在永樂中《五經大全》頒布之後，懸為功令，去古註疏不用，遂使得《書集傳》無論在學校或是科舉方面，都站上了「獨尊」的地位。

　　元、明兩代雖然皆以《書集傳》取士，然而元代兼用古注疏，明永樂之後則否，兩朝仍些許有不同。但科舉功令對於學者而言，並不是需要絕對服從的權威。因此，在元代延祐之後，有吳澄《書纂言》、許謙《讀書叢說》、王充耘《讀書管見》，這些人對於《書集傳》都提出了許多問題與批評。下逮明代，永樂之後也有馬明衡《尚書疑義》、袁仁《尚書砭蔡編》、陳泰交《尚書註考》，對於蔡沈《書集傳》的內容也發出了相當多的疑意與不滿。因此，元、明二代從來沒有因為《書集傳》立為科舉用書，便不再出現有人質疑、反對這部書的情形。更遑論因朝廷開科，遂致自毀少作，以求合上意這種情事發生。雖然由於科舉指定用書的關係，元、明兩朝出現了很多類似教人如何考試的參考書，但並不表示學界就不敢討論、沒有活力。在《尚書》學史的後半段，《書集傳》雖然因為宋理宗皇帝的欣賞，使它能在官學刊刻流傳，宋、元之際朱學內部的肯定，元仁宗皇帝開科指定，使它取得官方認可，元代董鼎、陳櫟、陳師凱、鄒季友等人成就它的「經典性」，以及明成祖皇帝時用它來編《書傳大全》，取得學校與科舉雙重的「獨尊」地位，使得這部書在元初以來就擁有極大的影響力，甚至直到今日的大學「《尚書》」課程還有採用為指定教材

者。但是，對於《書集傳》的種種意見與批評，亦是從成書以來就不曾斷過。它的地位無庸置疑，但它的內容並非不可質疑，它或許曾經是「獨尊」，但從來不是「至尊」。

參考書目

傳統文獻

題〔漢〕孔安國傳　〔唐〕孔穎達等正義　《尚書正義》　收入《十三經注疏・附校勘記》　第1冊　臺北市　藝文印書館　1997年。

〔宋〕蔡　沈　《朱文公訂正門人蔡九峯書集傳》　北京　北京圖書館出版社　2003年　北京圖書館藏宋理宗淳祐十年呂遇龍上饒郡學刻本。

〔宋〕林之奇　《三山拙齋林先生尚書全解》　收入〔清〕納蘭性德輯　《通志堂經解》　第11冊　臺北市　漢京文化事業有限公司　1980年。

〔宋〕陳大猷　《書集傳》〈或問〉　收入《續修四庫全書》　第42冊　上海市　上海古籍出版社　1995年　據北京圖書館藏元刊本影印。

〔宋〕王　柏　《書疑》　收入〔清〕納蘭性德輯　《通志堂經解》　第13冊　臺北市　漢京文化事業有限公司　1980年。

〔宋〕金履祥　《尚書注》　收入《續修四庫全書》　第42冊　上海市　上海古籍出版社　1995年　據十萬卷樓本影印。

〔宋〕金履祥　《尚書表注》　收入〔清〕納蘭性德輯　《通志堂經解》　第13冊　臺北市　漢京文化事業有限公司　1980年。

〔元〕王天與　《尚書纂傳》　收入〔清〕納蘭性德輯　《通志堂經
　　　　解》　第13冊　臺北市　漢京文化事業有限公司　1980年。

〔元〕許　謙　《讀書叢說》　收入《文淵閣四庫全書》　第61冊
　　　　臺北市　臺灣商務印書館　1986年。

〔元〕吳　澄　《今文書纂言》　收入〔清〕納蘭性德輯　《通志堂
　　　　經解》　第14冊　臺北市　漢京文化事業有限公司　1980年。

〔元〕董　鼎　《書蔡氏傳輯錄纂註》　收入《四部叢刊三編》　臺
　　　　北市　臺灣商務印書館　1981年　據元至正十四年翠巖精舍
　　　　刊本影印。

〔元〕陳　櫟　《書集傳纂疏》　收入〔清〕納蘭性德輯　《通志堂
　　　　經解》　第15冊　臺北市　漢京文化事業有限公司　1980年。

〔元〕陳　櫟　《書蔡氏傳纂疏》　臺北市　國家圖書館藏明山陰祁
　　　　氏淡生堂傳鈔元泰定間梅溪書院刊本。

〔元〕陳師凱　《書傳旁通》　收入〔清〕納蘭性德輯　《通志堂經
　　　　解》　第14冊　臺北市　漢京文化事業有限公司　1980年。

〔元〕陳師凱　《書蔡氏傳旁通》　臺北市　國家圖書館藏元至正乙
　　　　酉建安余氏勤有堂刊本。

〔元〕王充耘　《王耕野先生讀書管見》　收入〔清〕納蘭性德輯
　　　　《通志堂經解》　第15冊　臺北市　漢京文化事業有限公司
　　　　1980年。

〔宋〕蔡沈集傳　〔元〕鄒季友音釋　《書蔡傳音釋》　臺北市　國
　　　　家圖書館藏光緒年間師石山房重刊明州本。

〔元〕陳雅言　《書義卓躍》　名古屋市　蓬左文庫藏明正統年間刊
　　　　本。

〔元〕陳雅言　《書義卓躍》　臺北市　中央研究院傅斯年圖書館藏
　　　　殘前三卷本。

〔明〕劉三吾　《書傳會選》　臺北市　國家圖書館藏明趙府味經堂本。

〔明〕劉三吾　《書傳會選》　收入《文淵閣四庫全書》　第63冊　臺北市　臺灣商務印書館　1986年。

〔明〕胡廣等　《書傳大全》　臺北市　國家圖書館藏明內府刊本。

〔宋〕范處義　《詩補傳》　收入《文淵閣四庫全書》　第72冊　臺北市　臺灣商務印書館　1986年。

〔宋〕嚴　粲　《詩緝》　收入《文淵閣四庫全書》　第75冊　臺北市　臺灣商務印書館　1986年。

〔宋〕朱　熹　《儀禮經傳通解》　收入《文淵閣四庫全書》　第131冊　臺北市　臺灣商務印書館　1986年。

〔宋〕黃榦撰　〔宋〕楊復訂　《續儀禮經傳通解》　收入《文淵閣四庫全書》　第132冊　臺北市　臺灣商務印書館　1986年。

〔宋〕楊復撰　林慶彰校訂　葉純芳、橋本秀美編輯　《楊復再修儀禮經傳通解續卷祭禮》　臺北　中央研究院中國文哲研究所　2011年。

〔清〕皮錫瑞著　〔民國〕周予同注　《經學歷史》　臺北市　漢京文化事業有限公司　1983年。

〔漢〕司馬遷著　〔宋〕裴駰集解　〔唐〕司馬貞索隱　〔唐〕張守節正義　《史記三家注》　臺北市　七略出版社　1991年　據清乾隆十二年武英殿本影印。

〔元〕脫脫等　《宋史》　北京市　中華書局　1977年。

〔元〕脫脫等　《遼史》　北京市　中華書局　1974年。

〔元〕脫脫等　《金史》　北京市　中華書局　2008年。

〔明〕宋濂等　《元史》　北京市　中華書局　2008年。

〔清〕張廷玉等　《明史》　北京市　中華書局　1976年。

〔民國〕柯劭忞　《新元史》　臺北市　藝文印書館　1955年。

中央研究院歷史語言研究所輯校　《明實錄・明太祖實錄》　臺北市　中央研究院歷史語言研究所　1964年。

〔明〕李賢等　《明一統志》　收入《文淵閣四庫全書》　第473冊　臺北市　臺灣商務印書館　1986年。

〔明〕林庭㭿等編　《江西通志》　收入《四庫全書存目叢書》　史部第182冊　濟南市　齊魯書社　1996年　據明嘉靖本影印。

〔清〕謝旻等監修　《江西通志》　收入《文淵閣四庫全書》　第516冊　臺北市　臺灣商務印書館　1986年。

〔清〕董萼策等修　《樂平縣志》　臺北市　成文出版社　1989年。

〔元〕馬端臨　《文獻通考》　北京市　中華書局　1986年。

〔清〕朱彝尊原著、林慶彰等編　《經義考》　臺北市　中央研究院中國文哲研究所　2004年。

〔清〕永瑢等　《武英殿本四庫全書總目》　臺北市　臺灣商務印書館　1983年。

〔清〕黃虞稷撰　瞿鳳起、潘景鄭整理　《千頃堂書目》　上海市　上海古籍出版社　2001年。

〔清〕于敏中等編　《欽定天祿琳琅書目》　收入《文淵閣四庫全書》　第675冊　臺北市　臺灣商務印書館　1986年。

〔清〕瞿鏞　《鐵琴銅劍樓藏書目錄》　收入《續修四庫全書》　第926冊　上海市　上海古籍出版社　1995年　據清光緒常熟瞿氏家塾刻本影印。

〔清〕陸心源　《儀顧堂題跋》　收入《續修四庫全書》　第930冊　上海市　上海古籍出版社　1995年　據清刻潛園總集本影印。

〔清〕丁丙　《善本書室藏書志》　收入《續修四庫全書》　第927冊　上海市　上海古籍出版社　1995年　據清光緒二十七年錢塘丁氏刻本影印。

〔清〕張金吾 《愛日精廬藏書志》 收入《續修四庫全書》 第925
　　　冊 上海市 上海古籍出版社 1995年 據清光緒十三年吳
　　　縣靈芬閣集字版校印本影印。

〔清〕黃宗羲原著 〔清〕全祖望補修 陳金生等點校 《宋元學
　　　案》 北京市 中華書局 1986年。

〔清〕錢大昕 《元進士考》 收入《嘉定錢大昕先生全集》 第5
　　　冊 南京市 江蘇古籍出版社 1997年。

〔晉〕張華撰 〔晉〕范寧校證 《博物志校證》 北京市 中華書
　　　局 1980年。

〔宋〕黎靖德編 王星賢點校 《朱子語類》 北京市 中華書局
　　　2007年。

〔宋〕王應麟著 〔清〕翁元圻等注 欒保羣等校點 《困學紀聞》
　　　上海市 上海古籍出版社 2008年。

〔宋〕王應麟 《六經天文編》 收入《文淵閣四庫全書》 第786
　　　冊 臺北市 臺灣商務印書館 1986年。

〔清〕顧炎武著 〔清〕黃汝成集釋 《日知錄集釋》 上海市 上
　　　海古籍出版社 1985年。

〔宋〕朱　熹 《晦庵先生朱文公文集》 收入朱傑人等主編 《朱
　　　子全書》 第20-25冊 上海市 上海古籍出版社 合肥市
　　　安徽教育出版社 2002年。

〔宋〕黃　榦 《勉齋黃文肅公文集》 北京市 北京圖書館出版社
　　　2005年 據北京國家圖書館藏元延祐二年重修本影印。

〔宋〕陳　淳 《北溪大全集》 收入《文淵閣四庫全書》 第1168
　　　冊 臺北市 臺灣商務印書館 1986年。

〔宋〕真德秀 《西山先生真文忠公集》 收入《四部叢刊初編》
　　　臺北市 臺灣商務印書館 1965年 據明正德刊本影印。

〔宋〕真德秀　《西山讀書記》　收入鍾肇慶選編　《讀書記四種》
　　　　第3-9冊　北京市　北京圖書館出版社　1998年　據宋開慶
　　　　元年福州官刻元修本影印。

〔宋〕黃　震　《黃氏日鈔》　收入《文淵閣四庫全書》　第707冊
　　　　臺北市　臺灣商務印書館　1986年。

〔宋〕呂　午　《竹坡類藁》　收入《續修四庫全書》　第1320冊
　　　　上海市　上海古籍出版社　1995年　據北京圖書館藏清抄本
　　　　影印。

〔宋〕姚　勉　《雪坡集》　收入《文淵閣四庫全書》　第1184冊
　　　　臺北市　臺灣商務印書館　1986年。

〔宋〕陳　普　《石堂先生遺集》　收入《續修四庫全書》　第1321
　　　　冊　上海市　上海古籍出版社　1995年　據明萬曆三年薛孔
　　　　洵刻本影印。

〔宋〕劉克莊　《後村先生大全集》　收入《四部叢刊初編》　臺北
　　　　市　臺灣商務印書館　1965年　據舊抄本影印。

〔宋〕王　柏　《魯齋集》　收入《文淵閣四庫全書》　第1186冊
　　　　臺北市　臺灣商務印書館　1986年。

〔金〕元好問　《遺山先生文集》　收入《四部叢刊初編》　臺北市
　　　　臺灣商務印書館　1965年　據明弘治戊午刊本影印。

〔元〕柳　貫　《柳待制文集》　收入《四部叢刊初編》　臺北市
　　　　臺灣商務印書館　1965年　據元刊本影印。

〔元〕王　惲　《秋澗先生大全集》　收入《元人文集珍本叢刊》
　　　　第2冊　臺北市　新文豐出版股份有限公司　1985年　據臺
　　　　北國家圖書館藏元至治刊本明代補修本影印。

〔元〕姚　燧　《牧庵集》　收入《四部叢刊初編》　臺北市　臺灣
　　　　商務印書館　1965年　據清武英殿聚珍本影印。

〔元〕許　謙　《白雲集》　收入嚴一萍編　《百部叢書集成》　臺北市　藝文印書館　1966年　據同治間刊退補齋《金華叢書》本影印。

〔元〕吳師道　《禮部集》　收入《文淵閣四庫全書》　第1212冊　臺北市　臺灣商務印書館　1986年。

〔元〕陳　櫟　《陳定宇先生文集》　收入《元人文集珍本叢刊》　第4冊　臺北市　新文豐出版股份有限公司　1985年　據清陳嘉基刻本影印。

〔元〕黃仲元　《莆陽黃仲元四如先生文藁》　收入《四部叢刊三編》　臺北市　臺灣商務印書館　1975年　據北平圖書館藏明嘉靖刊本影印。

〔元〕袁　桷　《清容居士集》　收入《四部叢刊初編》　臺北市　臺灣商務印書館　1965年　據元刻本影印。

〔元〕貝　瓊　《清江貝先生集》　收入《四部叢刊初編》　臺北市　臺灣商務印書館　1965年　據明刊本影印。

〔明〕朱元璋撰　〔明〕徐九章校　《高皇帝御製文集》　東京都　東京大學東洋文化研究所藏明嘉靖十四年刊本。

〔清〕錢泰吉　《甘泉鄉人稿》　收入《續修四庫全書》　第1519冊　上海市　上海古籍出版社　1995年　據清同治十一年刻光緒十一年增修本影印。

〔明〕蔡有鵾輯　《蔡氏九儒書》　哈佛大學圖書館藏三餘書屋同治戊辰刊本。

〔清〕張金吾輯　《金文最》　收入《續修四庫全書》　第1654冊　上海市　上海古籍出版社　1995年　據清光緒江蘇書局重刻本影印。

近人論著

中國科學院圖書館整理　《續修四庫全書總目提要‧經部》　北京市　　中華書局　1993年。

方齡貴校注　《通制條格校注》　北京市　中華書局　2001年。

王德毅等編　《元人傳記資料索引》　北京市　中華書局　1987年。

王　錕　《朱學正傳──北山四先生理學》　上海市　上海三聯書店　2010年。

王　鐵　《宋代易學》　上海市　上海古籍出版社　2005年。

甘鵬雲　《經學源流考》　臺北市　廣文書局　1977年。

朱維錚編　《周予同經學史論著選集》　上海市　上海人民出版社　1996年。

余英時　《宋明理學與政治文化》　臺北市　允晨文化　2004年。

吳雁南等主編　《中國經學史》　北京市　人民出版社　2010。

李修生主編　《全元文》　南京市　江蘇古籍出版社　1999年。

束景南　《朱子大傳》　北京市　商務印書館　2003年。

束景南　《朱熹年譜長編》　上海市　華東師範大學出版社　2001年。

周予同　《羣經概論》　高雄市　復文出版社　1989年。

屈萬里　《尚書釋義》　臺北市　中國文化大學出版部　1995年

昌彼得、潘美月　《中國目錄學》　臺北市　文史哲出版社　1991年。

林政華　《黃震及其諸子學》　臺北市　嘉新水泥公司文化基金會　1976年。

林慶彰　《明代經學研究論集》　臺北市　文史哲出版社　1994年。

姜廣輝主編　《中國經學思想史》　第3卷　北京市　中國社會科學出版社　2010。

孫先英　《真德秀學術思想研究》　上海市　上海人民出版社　2008年。

馬宗霍　《中國經學史》　臺北市　臺灣商務印書館　2000年。

國立中央圖書館編　《明人傳紀資料索引》　臺北市　國立中央圖書館　1978年。

張　偉　《黃震與東發學派》　北京市　人民出版社　2003年。

章權才　《宋明經學史》　廣州市　廣東人民出版社　1999年。

許錟輝編著　《尚書著述考（一）》　臺北市　國立編譯館　2003年。

陶晉生　《宋遼金元史新編》　臺北市　稻鄉出版社　2008年。

傅衣凌編　《明史新編》　臺北市　雲龍出版社　2003年。

曾棗莊、劉琳主編　《全宋文》　上海市　上海辭書出版社、合肥　安徽教育出版社　2006年。

程元敏　《書序通考》　臺北市　臺灣學生書局　1999年。

黃清連　《元代戶計研究》　臺北市　臺灣大學文學院　1977年。

楊新勳　《宋代疑經研究》　北京市　中華書局　2007年。

葉國良等　《經學通論》　臺北市　大安出版社　2006年。

趙　琦　《金元之際的儒士與文化》　北京市　人民出版社　2004年。

劉海峰、李兵　《中國科舉史》　上海市　東方出版中心　2004年。

劉起釪　《尚書學史》　北京市　中華書局　1989年。

蔡方鹿　《朱熹經學與中國經學》　北京市　人民出版社　2004年。

蕭啟慶　《元代史新探》　臺北市　新文豐出版公司　1984年。

蕭啟慶　《元代族群文化與科舉》　臺北市　聯經出版事業股份有限公司　2008年。

蕭啟慶　《元代進士輯考》　臺北市　中央研究院歷史語言研究所　2012年。

錢伯城等編　《全明文》　上海市　上海古籍出版社　1992年。

《朱子新學案》　錢穆　臺北市　三民書局　1971年。

錢　穆　《宋明理學概述》　臺北市　中國文化大學出版部　1980年。

閻鳳梧主編　《全遼金文》　太原市　山西古籍出版社　2002年。

戴君仁　《閻毛尚書古文公案》　臺北市　國立編譯館　1979年。

韓儒林主編　《元朝史》　北京市　人民出版社　2008年。

〔日〕安井小太郎著　連清吉譯　《經學史》　臺北市　萬卷樓圖書
　　　　有限公司　1996年。

〔日〕安部建夫　《元代史の研究》　東京都　株式會社創文社
　　　　1981年。

〔匈牙利〕斯蒂文‧托托西（Steven Tötösy de Zepetnek）講演　馬瑞
　　　　琦譯　《文學研究的合法化》　北京市　北京大學出版社
　　　　1997年。

學位論文

王　琦　《元代的儒學教官》　臺北市　中國文化大學史學研究所博
　　　　士論文　2009年。

史甄陶　《元代前期徽州朱子學——以胡一桂、胡炳文和陳櫟為中
　　　　心》　新竹市　清華大學中國文學研究所博士論文　2009年。

何澤恆　《王應麟之經史學》　臺北市　臺灣大學中國文學研究所博
　　　　士論文　1981年。

李蕙如　《陳淳研究》　臺北市　東吳大學中國文學系碩士論文　2005
　　　　年。

李莉褱　《嚴粲《詩緝》之研究》　臺中市　中興大學中國文學系碩
　　　　士論文　1998年。

金承炫　《元代「北許南吳」理學思想研究——附論它對高麗理學的
　　　　影響》　臺北市　輔仁大學哲學研究所博士論文　1988年。

許華峰　《董鼎書傳輯錄纂註研究》　中壢市　中央大學中國文學研
　　　　究所博士論文　2000年。

林政華 《黃震之經學》 臺北市 臺灣大學中國文學研究所博士論文 1967年。

周春健 《元代四書學研究》 上海市 華東師範大學出版社 2008年。

涂雲清 《蒙元統治下的士人及其經學的發展》 臺北市 臺灣大學中國文學研究所博士論文 2009年。

徐玉梅 《元人疑經改經攷》 臺北市 東吳大學中國文學研究所碩士論文 1988年。

孫建平 《元代理學官學化初探》 長沙市 湖南大學岳麓書院碩士論文 2003年。

陳良中 《朱子《尚書》學研究》 上海市 華東師範大學博士論文。2007年。

陳恆嵩 《《五經大全》纂修研究》 臺北市 東吳大學中國文學研究所博士論文 1998年。

游均晶 《蔡沈《書集傳》研究》 臺北市 東吳大學中國文學研究所碩士論文 1996年。

楊晉龍 《明代詩經學研究》 臺北市 臺灣大學中國文學研究所博士論文 1997年。

廖　穎 《元人諸經纂疏研究》 上海市 華東師範大學碩士論文 2006年。

蔡根祥 《宋代尚書學案》 臺北市 臺灣師範大學國文研究所博士論文 1994年。

蘇惠慧 《元代新安理學研究》 合肥市 安徽師範大學碩士論文 2006年。

單篇論文

王春林　〈「朱熹疑偽古文《尚書》一說考辨〉　《福建論壇》（人文社會科學版）　2009年第8期　頁41-44。

王明蓀　〈金代諸帝之漢學〉　《史學彙刊》　第24期（2009年12月）　頁65+67-86。

〔美〕艾爾曼著　呂妙芬譯　〈南宋至明初科舉科目之變遷及元朝在經學歷史的角色〉　收入《元代經學國際研討會論文集》（臺北　中研院文哲所　2002年）　頁23-69。

古國順　〈蔡沈《書集傳》之研究論著述評〉　《北市師專學報》第12期（1980年6月）　頁77-95。

李學勤　〈朱子的《尚書》學〉　《朱子學刊》　總第1輯（福州福建人民出版社　1989年4月）　頁88-99。

李佳明　〈元代朱子學發展初探〉　《問學集》　第15期　（2008年4月）　頁35-49。

許華峰　〈論陳櫟《書解折衷》與《書蔡氏傳纂疏》對《書集傳》的態度〉　收入《元代經學國際學術研討會論文集》（臺北中研院文哲所　2002年）　頁395-424。

許華峰　〈陳大猷《書集傳》與《書集傳或問》的學派歸屬問題〉收入《宋代經學國際學術研討會論文集》（臺北　中研院文哲所　2006年）　頁229-247。

張　循　〈漢學的內在緊張　清代思想史上「漢宋之爭」的一個新解釋〉　《中央研究院近代史研究所集刊》　第63期（2009年3月）　頁49-96。

孫建平　〈趙復和太極書院對元代理學發展的促進〉　《湖南大學學報（社會科學版）》　第19卷第3期（2005年5月）　頁32-35。

陳榮捷　〈元代之朱子學〉　收入所著《朱學論集》（上海　華東師範大學出版社）　2007年　頁194-214。

陳良中　〈朱子與蔡沈《書》學異同考論〉　《重慶師範大學學報（哲學社會科學版）》　2010年　第3期　頁75-81。

陳恆嵩　〈劉三吾編纂《書傳會選》研究〉　收入《經學研究論叢》第9輯　臺北　臺灣學生書局　2001年　頁57-93。

陳恆嵩　〈《書傳大全》取材來源探究〉　收入《明代經學國際研討會論文集》（臺北　中研院文哲所　2002年）　頁295-316。

黃筱敏　〈馬廷鸞及其佚文〉　《書目季刊》　第5卷第2期　1970年12月　頁43-66。

黃忠慎　〈嚴粲《詩緝》的解經態度與方法及其在經學史上的意義〉　《興大中文學報》　第19期　2006年6月　頁55-96。

蔡根祥　〈蔡元定之尚書學及其相關問題之研究〉　《高雄師大學報》　第17期（2004年12月）　頁173-196。

劉人鵬　〈論朱子未嘗疑《古文尚書》偽作〉　《清華學報》　新22卷第4期（1992年12月）　頁399-430。

蔣秋華　〈明人對蔡沈《書集傳》的批評初探〉　收入《明代經學國際研討會論文集》（臺北　中研院文哲所　2002年）　頁269-294。

蔣秋華　〈王充耘的《尚書》》學　收入《元代經學國際研討會論文集》（臺北　中研院文哲所　2002年）　頁363-394。

魏崇武　〈趙復理學活動述考〉　《信陽師範學院學報（哲學社會科學版）》　第15卷第1期　1995年1月　頁79-85。

索引

二劃

七曜天體循環論　284
二典　30 76 102
十六字心傳　20 24 26

三劃

大禹謨　14 16 20 24 26 30 32 47
　52 76 81 90 98 110 133 140
　143 197 199 215 244 246 276
　284
大學衍義　104 107 178 179 234
　238

四劃

五經　2 6 8 9 12 13 18 19 20 21
　23 93 149 162 163 164 168 170
　171 180 183 186 187 191 210
　278 279 281 282 309 310 311
　312 313 314 316 328 329 331
　333

今、古文　24 25 26 29 31 32
　193 196
今文　2 25 26 27 29 30 32 48 78
　95 113 133 135 186 194 195
　196 221 290 299
六經天文編　122 123
天原發微　98 99 124
孔《傳》　13 25 32 33 35 41 42
　46 48 55 56 57 59 60 61 68 69
　81 96 97 110 121 126 137 143
　144 171 177 178 192 195 204
　205 211 216 235 238 241 244
　247 251 253 259 269 271 272
　274 277 295 296 297 298 331
孔安國　17 24 25 31 32 33 35 36
　41 42 97 98 121 132 169 217
　251 273 314
孔穎達　35 36 41 42 97 98 132
　137 169 171 178 184 207 211
　217 235 243 247 251 273 311
　331

方岳　96

王天與　131 132 133 134 135
　136 146 179 185 196

王充耘　192 196 197 198 199
　200 201 208 211 333

王安石（荊公）　22 34 61 93
　111 132 139 141 192 217

王希旦　223 224 253 255 260

王炎　111 217 218 284

王春林　5 26 38 146

王柏　112 113 114 127 141 159
　201

王若虛　147 167 168 172

王惲　99 156 169 174 175

王應麟　120 121 122 123 124
　141 179 299

五劃

世侯　173 175

世祖（元世祖）　99 127 150
　154 155 158 175 189 194 222

古文　2 8 23 24 25 26 27 28 29
　30 31 32 33 35 38 42 46 48 78
　82 95 113 114 128 133 135 137
　178 186 192 193 194 195 196
　197 201 203 208 221 245 246
　265 268 290 299

古注疏　4 22 35 36 41 46 49 50
　54 57 58 63 78 81 97 119 120
　150 162 163 165 166 173 176
　178 179 185 188 191 192 228
　241 281 329 332 333

古國順　4 45

四庫全書總目（四庫總目）　2
　3 5 6 8 11 46 90 93 103 107
　109 110 111 125 126 127 132
　133 136 139 145 146 151 152
　165 176 177 178 181 183 184
　186 187 188 201 202 206 207
　212 214 216 228 229 241 242
　243 263 264 277 278 281 283
　284 290 298 308 309 311 328
　329 338 342

四書　8 12 13 18 19 20 22 23 33
　36 37 44 99 102 107 141 149
　157 159 160 161 163 164 167
　169 172 185 191 202 213 227
　281 282 309 310 312 328

戊戌選試　150 152 153 154 155
　175

永樂　2 6 136 139 186 187 278
　282 309 310 312 329 333

甘鵬雲　192

皮錫瑞　12 33 42 149 180 283 309 311

六劃

伏生　29 30 51 52 189 194 203 221 269 306 331

安井小太郎　26 29 149 165 283

成祖（明成祖）　4 8 9 278 279 282 309 310 329 333

朱子（熹，文公，晦庵）　1 2 4 5 7 8 11 12 13 14 15 16 17 18 19 20 21 22 23 24 25 26 27 28 29 30 31 32 33 34 35 36 37 38 39 40 41 42 43 44 45 46 47 48 49 50 51 62 68 89 90 91 92 93 94 95 96 98 99 100 101 102 103 108 111 112 113 114 115 116 118 119 120 122 123 125 126 127 128 129 131 132 133 134 135 138 140 141 143 144 145 146 147 148 149 158 159 160 161 162 163 164 165 166 171 175 176 177 178 179 180 181 182 185 186 189 191 195 200 201 204 206 207 209 212 214 216 220 221 222 225 226 227 228 230 232 234 238 240 241 244 245 246 247 251 253 254 257 258 259 260 265 270 273 274 275 276 277 278 282 284 289 290 295 298 299 300 301 302 304 306 314 315 316 317 318 320 321 322 324 325 326 327 331 332

朱元璋　4 9 281 283 286 288 294 298 308 333

朱傑人　15 16 17 21 28 29 34 36 39 44 45 65 69 98 103 134 163 164 177 259 260

朱彝尊　17 92 109 110 128 129 142 180 181 182 189 193 197 212 261 283 284 312 313 328 331

牟巘　138

西山讀書記　104 105 106 107 108 143 144 146 234 238

七劃

余莒舒　2 3 136 145 186 187 188 189 214

吳泳　93 94 95 96 99

吳澄　25 26 43 99 158 192 194 195 196 201 208 216 333

呂午　93 96 99

呂光洵　91 176

呂祖謙（東萊）　2 34 93 96
　121 144 157 167 179 180 181
　182 183 217 235 237 238 259
　328 329

呂遇龍　8 34 89 96 100 141 158
　332

困學紀聞　120 121 122 123

宋元學案　38 89 91 96 101 104
　115 129 131 132 155 158 196
　201 206 213 214 225 242 261
　263

李方子　19 32 39

李相祖（時可）　7 38 39 142

李道傳　11 147

束景南　18 19 20 39

八劃

周予同　11 12 32 42 177 283 309
　311

尚書注　124 125 126 127 142
　173 187 193 330

尚書表注　7 41 124 125 126 128
　216

尚書集傳纂疏　3 9 187 188 211

212 224 226 227 228 229 231
　313 315 316 319 320 322 323
　327 329 332

尚書義粹　147 167 168

尚書學史　1 3 4 13 24 33 187
　195 196 197 211 228 261 284
　298

尚書輯錄纂註　9 43 212 213
　214 216 226 231 232 244 313
　315 319 320 321 323 324 325
　326 327 328 329 332

尚書纂傳　132 133 134 135 136
　146 179

屈萬里（翼鵬）　1 37 279

延祐　2 3 5 8 32 89 90 132 136
　150 154 162 185 186 187 188
　190 191 192 197 208 212 213
　223 225 226 228 231 233 332
　333

忽必烈　146 150 158 174 190
　222

林子武　7 40 101 102

林之奇　34 35 41 42 93 96 111
　115 127 138 140 143 145 181
　217 218 235 328 329

林慶彰　1 13 22 26 29 38 43 92

109 110 128 180 181 182 189 193 259 282 284 287 288 308 309 313 314 316

林虁孫　39 141

金履祥　7 8 40 90 112 124 125 126 127 128 129 141 147 148 159 189 201 205 208 216

九劃

姚勉　97 98 99

姚樞　155 156 157 172 174

洪武　2 6 186 187 278 281 282 283 284 286 287 288 308 309 310 328 329

洪範皇極內篇　39 107 108 258

科舉　1 2 3 4 6 8 12 13 20 33 41 90 149 150 151 153 154 161 162 163 164 165 166 168 169 171 184 185 186 187 188 190 191 192 197 199 211 225 226 227 228 241 261 281 282 287 310 328 329 332 333

耶律楚材　152 153 155 172 176

胡一桂　160 161 212 217 223 224 229 230 231

胡炳文　161 262

胡廣　5 282 310 312 313 315 316 321 323 325 326 328 329 333

十劃

倒了六經　25 27

夏僎　145 187 217

徐鹿卿　94 95 140

書今古文集注　24 192 193 201 208

書集傳（蔡《傳》）　1 2 3 4 5 6 7 8 9 12 13 24 25 32 34 37 38 39 40 41 42 43 44 45 46 47 49 50 51 52 53 54 56 57 58 59 60 61 62 63 64 66 67 68 69 70 71 72 73 74 75 76 77 78 79 80 81 82 83 84 85 87 89 90 91 92 93 94 96 98 99 100 101 102 103 104 105 107 108 109 110 111 113 114 115 116 117 118 119 120 121 122 123 124 125 126 128 129 130 131 133 134 135 136 137 139 140 141 142 143 144 145 146 147 148 149 150 154 157 159 160 161 165 167 177 185 186 187 188 189 191

192 195 196 197 198 199 200
201 202 203 205 206 207 208
209 211 212 214 215 216 218
220 221 222 224 226 227 228
229 230 231 232 238 239 240
241 243 244 245 246 247 248
249 250 251 252 253 254 255
256 258 259 260 261 263 264
265 266 267 269 270 271 272
273 274 275 276 277 278 281
283 284 286 287 288 289 290
291 292 293 295 296 297 298
299 300 301 302 303 304 305
306 307 308 310 311 313 315
316 319 320 321 322 323 324
325 326 327 329 331 332 333

書集傳（東陽陳大猷著）　7
109 110 111 144

書傳大全　4 5 6 9 187 260 265
278 279 282 308 309 313 314
315 316 319 320 321 322 323
325 326 327 329 333

書傳折衷　2 3 125 136 160 161
186 187 188 216 226 228 229
230

書傳會選　2 4 6 9 145 186 261

278 282 283 284 288 289 290
291 292 293 294 295 296 297
298 299 305 306 307 308 309
333

書經集傳音釋　261

書疑　113 114 330 333

書蔡傳旁通　8 43 44 109 125
211 234 242 243 244 246 247
248 249 250 252 253 254 255
256 257 258 260 261 270 313
332

書講義　129 130 138 142 176

書纂言　25 192 194 195 201 208
333

涂雲清　12 164

真德秀（西山）　7 38 45 46 96
104 105 106 107 108 131 132
133 141 142 143 144 146 147
148 178 179 217 234 238 242
322

袁仁　4 188 330 333

郝經　158 175

馬廷鸞　136 137 138 145

馬宗霍　11 149 165 283 311

馬明衡　330 333

十一劃

張仲實　138

張葆舒　2 3 136 145 186 187

理宗（宋理宗）　8 12 34 89 94
96 100 109 115 120 137 14 141
145 146 147 148 154 158 160
224 332 333

理學　11 12 18 19 22 24 26 36
46 96 111 115 124 136 140 141
149 155 158 160 163 165 166
171 174 175 179 185 187 192
194 228 229 242 243 262 278
281

許華峰　5 27 37 44 45 48 90 109
111 137 146 160 161 165 188
189 212 217 229 235

許謙　112 127 158 159 201 202
203 204 205 206 207 208 333

陳大猷　7 109 110 111 136 141
144 211 217 238 242 294 301
303 321 327 328 329

陳良中　17 24 36 39 44 48 111
147 167

陳恆嵩　5 9 279 284 288 290
291 293 298 299 308 309 313
314 315 316 328

陳師凱　6 8 43 125 211 234 241
242 243 244 245 246 247 248
249 250 251 252 253 254 255
256 257 258 259 260 270 275
278 279 313 317 332 333

陳泰交　330 333

陳埴　7 38 96

陳淳（北溪）　7 17 38 40 90 91
100 101 102 103 104 125 141
142 146 148 278

陳普　129 130 131 141

陳雅言　314 327 328

陳經　176 217 241 327

陳澔　8 109 242 243 282 310

陳櫟　2 3 4 5 9 125 136 146 160
161 186 187 188 189 211 212
216 222 223 224 225 226 227
228 229 230 231 232 233 234
235 236 237 238 239 240 241
254 260 278 279 295 300 301
302 304 305 313 315 316 319
320 321 322 323 324 325 326
327 328 329 332 333

陳鵬飛　217

陸德明　7 202 211 261 278

雪坡集　97 98

十二劃

堯典 14 16 18 22 32 34 35 43 47 54 56 58 90 97 98 116 118 119 133 137 139 140 144 147 167 178 195 197 198 199 202 203 205 206 215 216 232 234 244 263 265 268 284 289 294 317

欽定書經傳說彙纂 2 145 186 264

游均晶 3 5 25 41 44 45 91 125 187

湯中 7 17 38

程元敏 4 7 37 45 46 90 112 113 125

程直方 2 3 136 145 186 187 188 189

舜典 14 16 32 35 47 62 81 90 97 102 116 119 133 137 139 140 143 147 167 178 197 198 199 203 215 220 244 248 255 257 258 259 266 267 269 276 289 297 299 307 316 317

黃士毅 7 17 38 147

黃氏日鈔 43 115 116 117 118 119 144 145

黃仲元 99

黃自然 45 96 148

黃度 91 176

黃景昌 2 3 90 125 136 145 186 187 189

黃榦 7 14 32 39 101 102 142 159 214 259 260

黃震 3 43 115 116 117 118 119 141 142 144 145 179 187

十三劃

新安 5 160 195 212 218 224 225 227 234 235 241 252 254 262 278 317 318 319 320 321 323 324 325 326 332

楊惟中 155 156 176

經典化 7 209 210 211 332

經義考 17 38 41 42 43 92 109 110 128 129 136 142 146 176 180 181 182 189 193 197 212 261 264 283 284 313 328 331

董真卿 212 222 223 224 226 228 229 231

董鼎 5 9 27 37 43 44 45 48 91 109 125 137 138 160 161 165 189 211 212 213 214 215 216

217 218 219 220 222 224 225
229 230 231 232 235 236 241
244 254 260 278 279 313 315
316 319 320 321 322 323 324
325 326 327 328 329 332 333

虞集　149

鄒季友　7 147 148 211 227 260
261 263 264 265 266 267 268
269 270 271 272 274 275 276
277 278 293 294 299 300 332
333

鄒近仁　261 263

鄒補之　38 142

十四劃

熊禾　100 224

趙孟頫　8 24 189 192 194 195
201 208

趙復　8 154 155 156 157 158
166 172 174 176

十五劃

劉三吾　6 9 282 283 284 287
288 289 290 291 292 293 294
295 296 297 298 299 306 307
308 309 333

劉克莊　93 96

劉海峰　163 190

劉起釪　1 3 4 13 24 32 187 188
195 197 201 211 228 261 284
298

蔡元定　16 39 40 89 101 140
151 331

蔡方鹿　17 19 20 33

蔡沈（蔡沉，仲默）　1 2 3 4 5
6 7 12 13 24 25 32 34 37 38
39 40 41 42 43 44 45 46 47 48
49 50 89 90 91 92 94 96 98 99
100 101 102 103 104 107 108
111 114 116 117 118 119 122
123 125 126 128 129 131 133
134 135 136 139 140 141 142
143 144 145 146 147 148 157
159 160 161 177 178 179 185
186 187 188 189 195 197 198
199 200 201 206 207 208 211
212 214 215 216 227 231 238
239 241 242 244 245 246 247
248 249 251 253 254 255 258
261 263 264 265 266 267 268
269 270 271 272 273 274 275
276 277 278 283 284 287 288

289 290 292 293 294 306 308
309 316 317 320 321 324 325
327 329 331 332 333

蔡杭（蔡抗，久軒）　37 46 89
90 94 95 96 97 100 140 141
154 158

蔡根祥　5 25 40 44 92 109 111
114 124 126

蔣秋華　1 13 21 176 197 199
282 284 287 288 308 309 313
314 316

十六劃

儒戶　151 152 153 154 175 191

蕭啟慶　12 152 153 163 174 191
196

融堂書解　139

錢時　139

錢基博　13

錢穆（賓四）　11 15 18 19 20
21 23 115 155 177

鮑雲龍　98 99 124

十七劃

徽州　160 161

戴君仁（靜山）　24 26 32 33
196

謝誠　7 38 39 103

韓儒林　153 192

十八劃

魏了翁　7 104 178 180

二十劃

蘇軾（東坡）　34 35 41 42 50
71 87 93 96 98 111 115 127 132
133 140 143 145 217

二十一劃

顧炎武　282 308 311 312

二十二劃

讀書管見　192 196 197 198 199
200 201 208 333

讀書叢說　160 201 202 203 204
205 206 207 208 333

漢學研究叢書・文史新視界叢刊 0402002

蔡沈《書集傳》經典化的歷程：宋末至明初的觀察

作　　　者	許育龍
責任編輯	翁承佑
特約校稿	林秋芬

發 行 人	陳滿銘
總 經 理	梁錦興
總 編 輯	陳滿銘
副總編輯	張晏瑞
編 輯 所	萬卷樓圖書股份有限公司
排　　版	林曉敏
印　　刷	百通科技股份有限公司
封面設計	斐類設計工作室

發　　行　萬卷樓圖書股份有限公司

臺北市羅斯福路二段 41 號 6 樓之 3

電話 (02)23216565

傳真 (02)23218698

電郵 SERVICE@WANJUAN.COM.TW

大陸經銷　廈門外圖臺灣書店有限公司

電郵 JKB188@188.COM

香港經銷　香港聯合書刊物流有限公司

電話 (852)21502100

傳真 (852)23560735

ISBN 978-986-478-120-1

2018 年 2 月初版一刷

定價：新臺幣 520 元

如何購買本書：

1. 劃撥購書，請透過以下郵政劃撥帳號：

帳號：15624015

戶名：萬卷樓圖書股份有限公司

2. 轉帳購書，請透過以下帳戶

合作金庫銀行 古亭分行

戶名：萬卷樓圖書股份有限公司

帳號：0877717092596

3. 網路購書，請透過萬卷樓網站

網址 WWW.WANJUAN.COM.TW

大量購書，請直接聯繫我們，將有專人為

您服務。客服：(02)23216565 分機 10

如有缺頁、破損或裝訂錯誤，請寄回更換

國家圖書館出版品預行編目資料

蔡沈<<書集傳>>經典化的歷程：宋末至明初
的觀察 / 許育龍著. -- 初版. -- 臺北市 ： 萬卷
樓, 2018.02

面 ；　公分

ISBN 978-986-478-120-1(平裝)

1.(宋)蔡沈 2.書經 3.學術思想 4.研究考訂

621.117　　　　　　　　　　　　106021313